Karsten Müller / Alexander Markgraf

Teste und verbessere deine strategischen Fähigkeiten

Karsten Müller – Schachstrategie

Joachim Beyer Verlag

ISBN 978-3-95920-178-0

2. Auflage 2023

Ein Imprint des Schachverlag Ullrich, Zur Wallfahrtskirche 5,
97483 Eltmann

Originaltitel: *The Chess Puzzle Book 4,* erschienen 2012 bei Russell Enterprises, Milford (USA)

Inhalt

Vorwort

Regelmäßiges Training spielt eine wichtige Rolle bei der Verbesserung verschiedenster Fähigkeiten. Das ist jedem Sportler ebenso bewusst wie jedem Musiker oder Tänzer, usw. Leider wird dieser Tatsache von vielen Lernenden nicht genügend Beachtung geschenkt.

Ein Spieler, der seine Fähigkeiten verbessern und neue Techniken erlernen möchte, statt sein Erinnerungsvermögen mit unendlichen Eröffnungsanalysen zu strapazieren, braucht gute Übungsbücher zu verschiedenen Bereichen des Schachspiels. Diesbezüglich sind Großmeister Karsten Müllers Bücher genau das Richtige.

Der vorliegende Band stellt gewissermaßen die Krönung einer kleinen Serie von vier äußerst interessanten und nützlichen Büchern dar. Zwar gibt es Unmengen von Taktikbüchern, aber Bücher mit positionellen Übungen sind viel seltener. Natürlich kann man aber das ein oder andere auf dem riesigen Markt der Schachliteratur finden. Allerdings kommen mir keine Bücher in den Sinn, in denen u.a. Kapitel wie *Domination*, *Das Prinzip 'nichts überstürzen'*, *Das Prinzip der 'zwei Schwächen'* zu finden sind – während Müller und sein Koautor Alexander Markgraf diese Themen gründlich und verständlich behandeln, zudem mit erstklassigen Übungen anreichern und abrunden.

Eine beachtliche Anzahl der Übungen beschäftigt sich mit der Verwertung angesammelter Vorteile. Bei jeder Entscheidung muss man nicht nur schachliche, sondern auch psychologische Faktoren berücksichtigen. In der Tat macht es oft Sinn, eine Fortsetzung zu wählen, die objektiv nicht die stärkste ist, die einem jedoch das weitere Spiel erleichtert – oder dieses dem Gegner erschwert, weil man ihm 'hilft', Fehler zu machen.

Ein starker Spieler und ein erfahrener Trainer (und Müller ist beides) kann die 'innere Logik' solcher Positionen erklären – eine Logik, die manchmal nicht auf den ersten Blick ersichtlich ist. Die Kommentare, mit denen der Autor die behandelten Themen erläutert, sind interessant und lehrreich. Die Übungen, die der Leser selbstständig lösen muss, sind nicht immer einfach.

Da bei positionellen Übungen (im Gegensatz zu rein taktischen) psychologische Erwägungen natürlich eine größere Rolle spielen, kommen verschiedene Lösungen bzw. 'Interpretationen' in Betracht. Entsprechend schwer kann die Entscheidung fallen, welcher Ansatz der richtige sein mag. Oft wird sogar ein Computer keine eindeutige Wahl treffen. Wenn Sie Ihre Entscheidungen allerdings mit den Kommentaren der Autoren vergleichen, können Sie sich auf deren Meinung sehr wohl verlassen.

Tatsächlich genießt Müller aufgrund seiner vorigen Bücher und Artikel den Ruf eines äußerst fleißigen Autors, der sein Material stets gründlich überprüft. Wenn man sich andrerseits vor Augen führt, dass es für Übungen dieser Art gar keine 'einzig richtige Lösung' geben mag, so kann man u.U. auch an der *eigenen* Lösung festhalten. Ganz ungeachtet Ihrer letztendlichen Entscheidung ist deren gründliche Überprüfung und ein Vergleich mit der vom Autor vorgeschlagenen Lösung dennoch sehr nützlich.

Ich hoffe, dass Sie an diesem Buch von Müller und Markgraf Ihre Freude haben, und ich rate Ihnen, sich gründlich mit den darin besprochenen Stellungsbeispielen zu beschäftigen. Im Endergebnis werden Sie Ihr Schachverständnis deutlich verbessern, was sich auch in Ihrer Spielpraxis zeigen wird.

Mark Dworetski, Moskau 2012

Vorwort zur deutschen Ausgabe

„Strategie ohne taktische Verwicklungen ist der langsamste Weg zum Erfolg, Taktik ohne Strategie ist dagegen der Lärm vor der Niederlage.“ Daher ist es wichtig, die strategische Intuition zu schulen. Während es aber unzählige mit Taktikaufgaben gefüllte Bücher gibt, ist die Anzahl an Aufgabensammlungen zum Thema Strategie und Positionsspiel überschaubar. Daher freuen wir uns, dass das vorliegende Buch nun auch in Deutsch erhältlich ist. Wir haben einige wenige Fehler verbessert und neue Tests mit aktuellen Aufgaben hinzugefügt.

Wir möchten uns bei Lothar Nikolaiczuk für die pointierte Übersetzung ins Deutsche und bei Thomas Beyer für das sehr gute Layout bedanken, sowie bei den Verlegern Robert Ullrich und Hanon W. Russell für Ihre freundliche Haltung gegenüber dem gesamten Projekt.

Karsten Müller und Alexander Markgraf

Hamburg, im Februar 2017

Einleitung

Jeder Schachtrainer weiß, dass eine gute Methode zur Verbesserung der Spielstärke darin besteht, Übungen quasi 'vom Blatt' zu lösen, also ohne Verwendung von Brett und Figuren. Was Übungsmaterial anbetrifft, gibt es natürlich Unmengen zu taktischen Themen, während man zu anderen Bereichen des königlichen Spiels viel weniger Material findet.

Das vorliegende Buch beschäftigt sich vornehmlich mit der wichtigen technischen Frage, wie man einen statischen Vorteil verwertet. Einige Kapitel wie z.B. *Prophylaxe* oder *Richtig abtauschen* behandeln allerdings auch weiter gefasste Themen. Die Kapitel *Prophylaxe* und *Das Prinzip der 'zwei Schwächen'* fußen auf Abhandlungen, die Alexander Markgraf zwecks Erhalt seiner Trainerlizensen A und B verfasst hat. Sie wurden von Karsten Müller geprüft und durch teilweise Umarbeitung dieser Serie angepasst.

An dieser Stelle möchten wir Mark Dworetski für sein Vorwort und unseren Schülern Fiona Sieber, Spartak Grigorian, Philipp und Marcel Kyas, Rasmus Svane, Jonas Lampert, Julian Kramer sowie Daniel und Julian Grötzbach für die Überprüfung der Übungen danken. Wir wünschen Ihnen viel Spaß bei der Verbesserung Ihres Positionsgefühls!

Karsten Müller und Alexander Markgraf, Hamburg im März 2012

Kapitel 1
Prophylaxe

1.1 Das theoretische Konzept

Von Nimzowitsch stammt das Konzept der *Prophylaxe*. Dieses hatte für ihn großen Wert und er erklärte es sogar zum wichtigsten Prinzip des Positionsspiels. In seinem Buch *Mein System* definiert er Prophylaxe als „die Summe vorbeugender Maßnahmen, um positionell schädliche Möglichkeiten unschädlich zu machen".

Er traf eine prinzipielle Unterscheidung zwischen zwei Formen von Prophylaxe: der inneren und der äußeren. Der Begriff 'äußere Prophylaxe' bezieht sich auf die Verhinderung von gegnerischen Ideen und Plänen, besonders von sogenannten *Befreiungszügen*. Hingegen bezieht sich 'innere Prophylaxe' auf die Überdeckung wichtiger Punkte, wie z.B. der Basis einer Bauernkette.

Unter den modernen Autoren, die sich mit Prophylaxe beschäftigt haben, nimmt Dworetski eine besondere Stellung ein. Er trug nicht nur gute Beispiele für prophylaktisches Spiel zusammen, sondern entwickelte auch ein Gedankenmodell zur Anwendung des Prophylaxe-Prinzips in der praktischen Partie – das sogenannte 'prophylaktische Denken'.

Seine Empfehlung lautet: Frage dich nach jedem Zug, was der Gegner droht oder plant und insbesondere, was er spielen würde, wenn er am Zuge wäre. Darüber hinaus sollte die Fähigkeit trainiert werden, die Antworten auf diese Fragen bei der eigenen Entscheidungsfindung zu nutzen. Dworetski betont ausdrücklich, dass diese Methode kein reines Schachphänomen darstellt. Auch psychologische Aspekte müssen beachtet werden. Er führt aus:

„Es liegt in der menschlichen Natur, hauptsächlich über die eigenen Pläne, Ideen und Gefühle nachzudenken. Der Gegner (der ja im Schach genau dieselben Rechte hat!) gerät oft in Vergessenheit, weswegen von Zeit zu Zeit Partien unnötig verloren und sogar Tränen vergossen werden.

In der Tat ist es hilfreich, sich während der Partie zu fragen, was der Gegner wohl planen mag. Nur so kann sichergestellt werden, dass man den gegnerischen Plänen dieselbe Bedeutung beimisst wie den eigenen."

1.2 Wie trainiert man prophylaktisches Denken?

Warum sollte ein Schachspieler daran interessiert sein, das Konzept der Prophylaxe zu beherrschen? Schach ist ein Spiel zwischen zwei Spielern, die beide dieselben Möglichkeiten und Rechte haben. Also muss ein optimaler Plan bei der Verfolgung der eigenen Ziele immer die gegnerischen Möglichkeiten beachten. Prophylaktisches Denken ist in nahezu allen Situationen von Bedeutung. Wenn man bereits großen Vorteil erzielt hat, ist es bei dessen Verwertung wichtig, dem Gegner nicht mehr

Gegenspiel zu gestatten als unbedingt nötig. Andernfalls kann es nämlich passieren, dass man ihn in ein und derselben Partie zwei- oder gar dreimal besiegen muss. Vor allem auch in taktischen Positionen muss man sich unbedingt ein Bild von den gegnerischen Optionen verschaffen. Wenn dieses Konzept stets sorgfältig angewandt wird, kann die Zahl taktischer Versehen beachtlich reduziert werden.

Die Verteidigung schwieriger Stellungen beruht oft auf der Vermeidung gegnerischer Pläne und Ideen. Dies ist natürlich viel einfacher, wenn man sie bereits sieht, bevor sie auf dem Brett ausgeführt werden. Als Angreifer sollte man frühzeitig nach gegnerischen Verteidigungsmöglichkeiten suchen und nicht erst, wenn der ganze schöne Angriff daran abprallt. Wie man sehen wird, kann 'prophylaktisches Denken' in allen Partiephasen angewandt werden, ganz gleich, ob in der Eröffnung, im Mittelspiel oder im Endspiel, und ganz gleich, ob man es mit einer strategischen, taktischen oder technischen Stellung zu tun hat.

Entsprechend ist ein besseres Verständnis von Prophylaxe gleichbedeutend mit einem besseren Verständnis *aller* Bereiche des Spiels. Allerdings bringt das umfangreiche Gebiet der Prophylaxe auch Probleme für Lehrer und Schüler mit sich. Erfolgreiche Prophylaxe kann nur stattfinden, wenn der gegebene Stellungstyp mit den dazugehörigen beidseitigen Plänen vollkommen verstanden wird. Zum Beispiel sollte der Besitzer des Läuferpaars sich dessen bewusst sein, dass ein gegnerischer Hauptplan in der 'Halbierung' des Paares besteht. Bei bestimmten Bauernstrukturen ist es wichtig zu wissen, welche Figuren abgetauscht und welche behalten werden sollten, z.B. zur Verwendung auf einem Vorposten.

Im Endspiel muss man wissen, welche theoretischen Stellungen zu gewinnen sind und welche nur zum Remis reichen. Und diese Liste könnte natürlich beliebig fortgesetzt werden. Also sollte sich das Training der Prophylaxe immer im Einklang mit der allgemeinen Entwicklung des Schülers befinden.

Eine wichtige Frage lautet: Sollte die Methode des prophylaktischen Denkens – die fortwährende Suche nach den gegnerischen Absichten und Plänen – schon früh ins Training aufgenommen werden, damit sich der Schüler daran gewöhnen kann? Das Studium von klassischen Partien der großen Meister der Prophylaxe ist zu diesem Zweck sehr hilfreich. Dabei ist speziell an Spieler wie Petrosjan und Karpow zu denken, denn beide pflegten einen äußerst prophylaktischen Stil.

Petrosjan dachte in größeren Dimensionen und versuchte, jegliches Gegenspiel in der gesamten Partie zu verhindern. Das folgende Beispiel ist dafür ziemlich typisch. Auf den ersten Blick scheint er in einem typischen Königsinder mit den Bauern am Königsflügel anzugreifen. In Wirklichkeit will er diesen Flügel jedoch schließen, um die übliche Gegenspielquelle f7-f5 aus der Welt zu schaffen und dann ungestört auf seinem Hoheitsgebiet am Damenflügel angreifen zu können.

01.01

Petrosjan – Schweber

Stockholm 1962

1.d4 ♘f6 2.c4 g6 3.♘c3 ♗g7 4.e4 d6 5.♗e2 0-0 6.♗g5 h6 7.♗e3 e5 8.d5 c6 9.h4 cxd5 10.cxd5 ♘bd7 11.h5

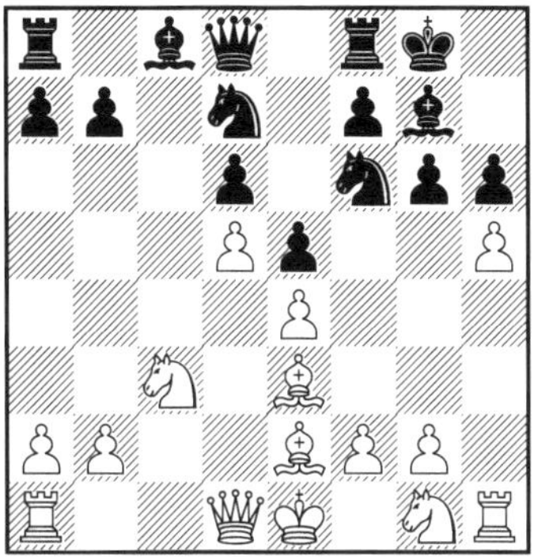

Dies sieht auf Anhieb wie ein Angriff aus, aber in Wirklichkeit will Petrosjan jedes Gegenspiel bereits im Keim ersticken.

11...g5 12.f3 a6 13.g4 b5 14.a4 b4 15.♘b1 a5 16.♘d2 ♘c5 17.♗xc5 dxc5 18.♗b5 ♗b7 19.♘e2 ♘e8 20.♗xe8 ♖xe8 21.♘c4 ♗a6 22.♕b3 ♕f6 23.♖c1 ♗f8 24.♘g3 ♗c8 25.0-0 ♖d8 26.♔g2 ♖a7 27.♖f2 ♔h7 28.♖fc2

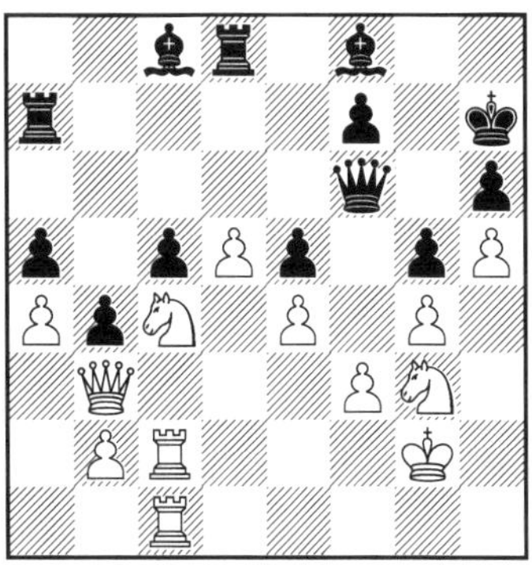

Petrosjans Strategie triumphiert. Schwarz ist positionell verloren, da er viele strukturelle Schwächen und kein Gegenspiel hat.

28...♕a6?! 29.♘xe5 ♖c7 30.♘c4 ♗g7 31.♕d3 ♔g8 32.♖d2 ♖e7 33.e5 ♗xe5 34.♘xe5 ♖xe5 35.♕xa6 ♗xa6 36.♖xc5 ♗c8 37.♖xa5 f5 38.gxf5 ♗xf5 39.♘xf5 ♖xf5 40.♖b5 ♖df8 41.d6 ♖xb5 42.axb5 ♔f7 43.d7 1-0

Karpows Stil ist konkreter. Er vereitelt gegnerische Drohungen, die einige Züge später entstehen können. Dies wird im folgenden Beispiel gut veranschaulicht.

01.02

Karpow – Jussupow

Moskau 1983

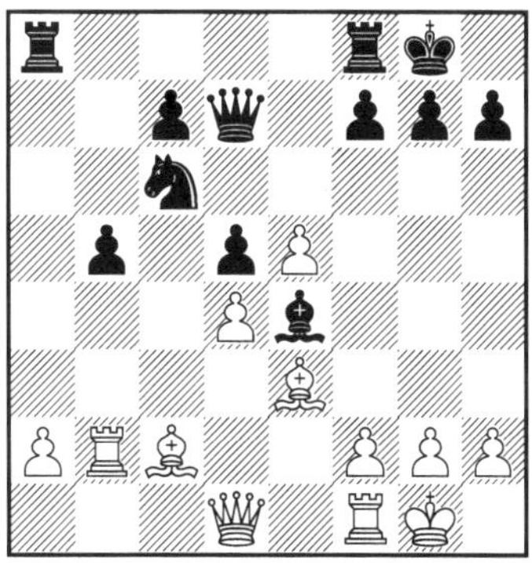

In den folgenden Zügen bekämpft Karpow die Umsetzung des Springers nach c4, da dieser dort den weißen Angriff auf den schwachen Bauern c7 entkräften würde.

20.♗d3! ♗xd3 21.♕xd3 ♖fb8 22.♖fb1 b4 23.h3 h6 24.♖c1

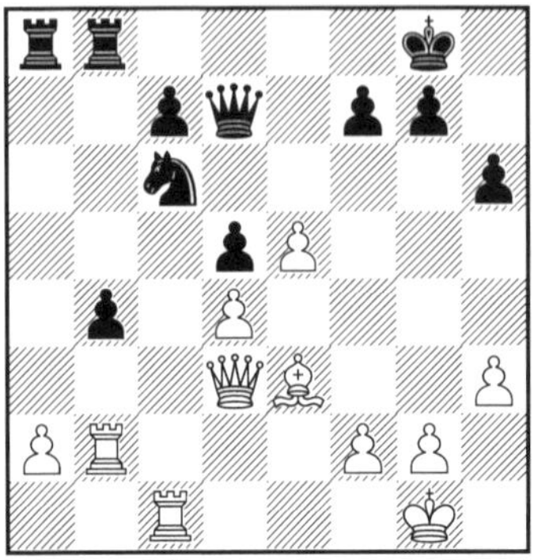

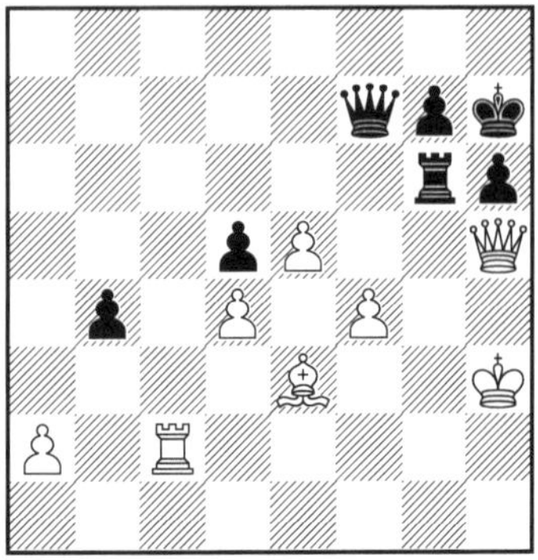

24...♖b6

Auf den Versuch, den Springer mit 24...♘a5 umzugruppieren, folgt 25.♕b1! (Karpow im *Informator* 35/ 427), und nach 25...♘c4 26.♖xb4 ♖xb4 27.♕xb4 würde 27...♖xa2?? auf 28.♕b8+ ♔h7 29.♕b1+ +− treffen.

25.♕b1 ♖ab8 26.♖c5!

Jetzt kann Karpow ...♘a5 direkt verhindern.

26...♘d8 27.♖cc2 ♘c6 28.♕c1 ♖8b7 29.♖c5

Das Motiv wird wiederholt.

29...♘e7 30.♔h2

Karpows Plan, durch Angriff am Königsflügel eine zweite Front zu schaffen, zieht augenblicklich einen gegnerischen Fehler nach sich.

30...♘f5?

Jussupow musste stillhalten und mit z.B. 30...♖a6 abwarten.

31.♖bc2 ♖g6?! 32.♖xc7 ♖xc7 33.♖xc7 ♕b5 34.g4 ♘h4 35.♖c8+ ♔h7 36.♕d1 ♕a6 37.♖c2 f5?! 38.♔g3 fxg4 39.♔xh4 gxh3 40.f4 ♕e6 41.♕h5 ♕e7+ 42.♔xh3 ♕f7

Zum Abschluss bildet ein prophylaktischer Zug die taktische Pointe von Karpows Kombination.

43.♖h2!! ♕d7+ 44.f5 1-0

Es ist auch sehr nützlich, außer den Partien dieser beiden großen Spieler diejenigen der zwei Dworetski-Schüler Jussupow und Dolmatow zu studieren.

1.3 Prophylaxe im Mittelspiel

Wegen der universellen Anwendbarkeit der Prophylaxe können wir nicht alle Aspekte ausführlich behandeln, sondern werden uns zumeist aufs Mittelspiel beschränken. In Eröffnung und Endspiel müssen die spezifischen Eigenheiten dieser Partiephasen mit berücksichtigt werden. In der Eröffnung kann Prophylaxe z.B. gegen die Besetzung des Zentrums durch den Gegner oder gegen dessen ungehinderte Entwicklung ausgerichtet sein. Im Endspiel kann Prophylaxe z.B. beim Umgang mit Schwächen Anwendung finden, oder auch zur Verhinderung von technisch und/oder theoretisch kränkelnden Positionen. Bevor wir uns den Übungen zuwenden, hier noch ein weiteres Beispiel aus der Praxis, um Sie in die richtige prophylaktische Stimmung zu bringen.

01.03

Beljawski – Nikolic

Polanica Zdroj 1996

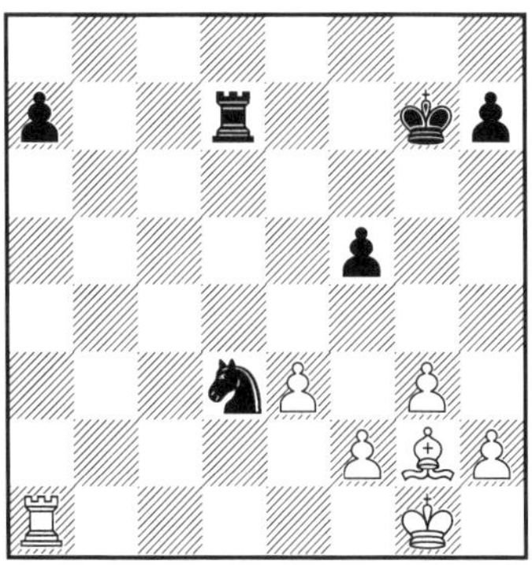

Wie kann man den weißen Vorteil reibungslos verwerten?

31.♖a5!

In dieser Stellung muss Schwarz drei Probleme lösen. Die ersten beiden sind die Schwächen auf a7 und f5 und das dritte ist der Springer d3, der in steter Gefahr schwebt, gefangen zu werden. Der letzte weiße Zug hat Salz in diese Wunden gerieben, denn von a5 aus greift der Turm beide Schwächen an und hindert den Springer daran, via a5 zur schwarzen Resttruppe aufzuschließen.

31...♔g6 32.♗h3!

Der Angriff der weißen Figuren ist gut koordiniert und zwingt Schwarz in eine passive Stellung.

32...♖f7 33.♗f1!

Jetzt richtet Weiß sein Spiel direkt gegen den Springer aus, der von Turm und Läufer eingesperrt werden soll.

33...♘e1

Die Alternativen sind nicht besser:

1) 33...♘b4 34.♖a4

a) 34...♘c6 35.♖a6 ♖f6 36.♗g2 ♘e5 37. ♖xa7+−;

b) 34...♘d5 35.♗c4 ♖d7 36.♗xd5 ♖xd5 37.♖xa7+−.

2) 33...♖d7 34.♗xd3 ♖xd3 35.♖a6+ ♔g7 36.♖xa7++−.

3) 33...♘c1 34.♗c4 ♖ c7 35.♗e6 ♔f6 36.♗xf5 ♘b3 37.♖d5 +−.

34.♗e2

Verhindert die Flucht des Springers via f3.

34...♖c7

Nach dem direkten Rückzug 34...♘c2 wird mit 35.g4 die schlechte Königsposition auf g6 ausgenutzt; z.B. 35...♘b4 (35...fxg4? 36.♗d3+ +−) 36.gxf5+ ♖xf5 37. ♖xa7+−.

35.♖a1!

Zwingt den Springer in eine tödliche Fesselung.

35...♘c2 36.♖c1 ♖c6 37.♗b5! ♖c3

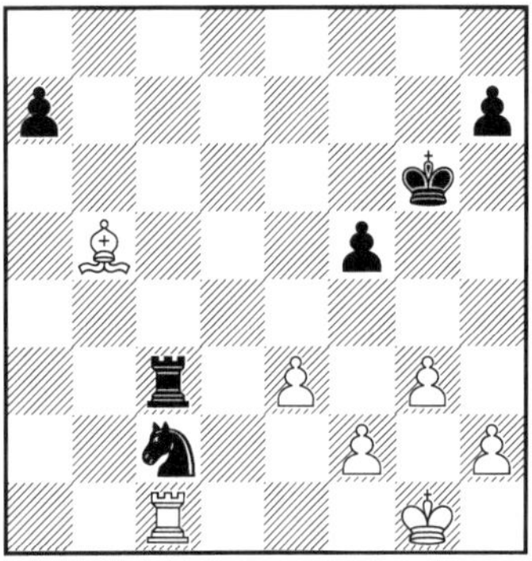

Weiß zieht und gewinnt!

38.♔h1! 1-0

Dieser prophylaktische Zug bringt Schwarz zur Strecke, da es keine Verteidigung gegen ♗a4 gibt. Hingegen scheitert direkt 38.♗a4? an dem taktischen Trick 38...♘d4! 39.♖xc3? (besser 39.♖d1) 39...♘e2+ 40.♔f1 ♘xc3, und Schwarz kann noch kämpfen.

Übungen

Lösungen ab Seite 199

Ü01.01

Jepischin – Nikolic

Deutschland 2002 **(S)**

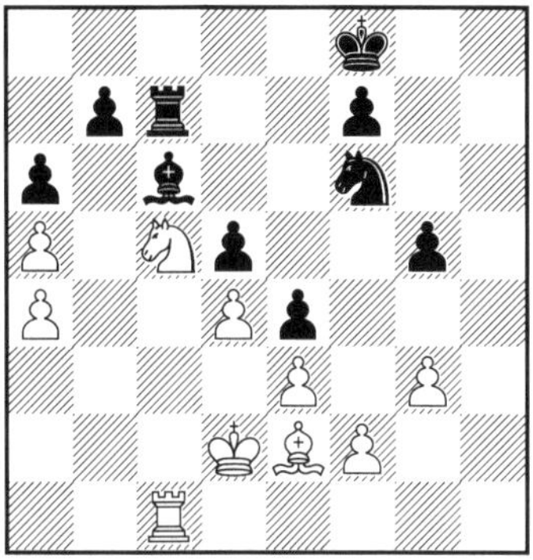

Weiß übt offensichtlich starken Druck aus. Wie aber lautet seine Drohung? Finden Sie diese und parieren Sie sie!

Ü01.02

Baklan – Tschernjajew

Istanbul 2003 **(W)**

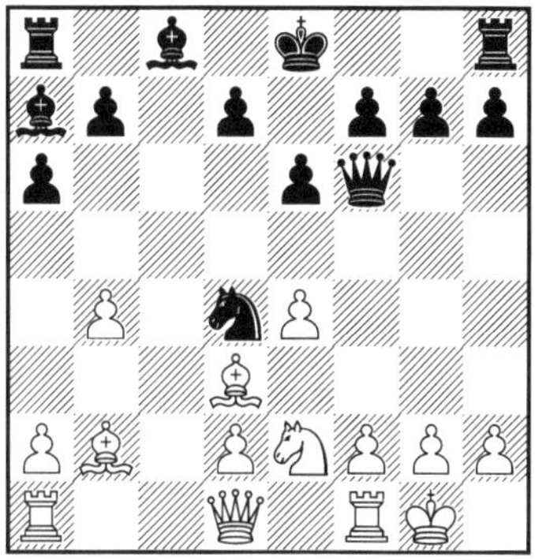

Wie kann man aus der Fesselung in der langen Diagonale Kapital schlagen?

Ü01.03

Gdanski – Beljawski

Rijeka 2010 **(W)**

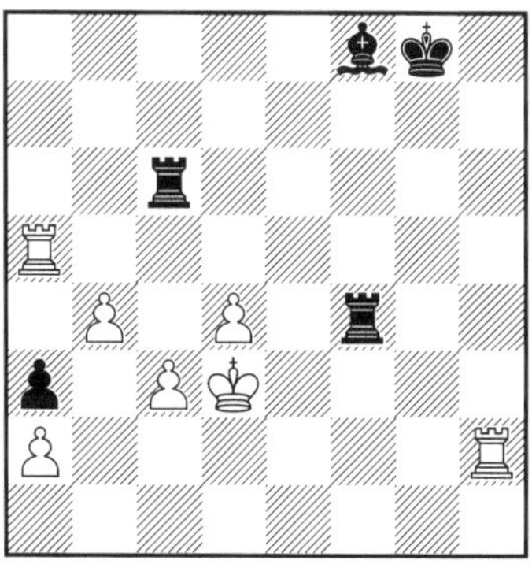

Welcher Zug ist am genauesten?

1.3.1 Defensive Prophylaxe

Vor allem in der Verteidigung ist prophylaktisches Denken besonders wichtig. Um diese schwierige Aufgabe erfolgreich zu erfüllen, muss man die gegnerischen Pläne und Drohungen verstehen und entkräften. Zuerst müssen konkrete taktische Ideen verhindert werden. Allerdings erfordert eine erfolgreiche Verteidigung auch die Befolgung strategischer Richtlinien.

1.3.1.1 Taktische Defensiv-Prophylaxe

Die wichtigste Aufgabe des Verteidigers besteht in der Verhinderung taktischer Schläge, die zum Matt, zu Materialverlust oder zu einer technischen Verluststellung führen. Zu diesem Zweck muss der Verteidiger alle Drohungen erkennen. Wird auch nur eine einzige nicht erkannt, so ist dies oft gleichbedeutend mit einer Vorentscheidung. Werden hingegen alle Ideen und Drohungen entdeckt, so sind adäquate Gegenmittel oft leicht zu finden. Entsprechend besteht die Hauptaufgabe prophylaktisch defensiven Denkens im Aufspüren der Drohungen. Um diese Aufgabe zu erleichtern, ist es hilfreich, alle typischen taktischen Schläge bei einer bestimmten Figurenverteilung zu kennen und stets danach Ausschau zu halten.

01.06

Hickl – Jussupow

Deutschland 1998

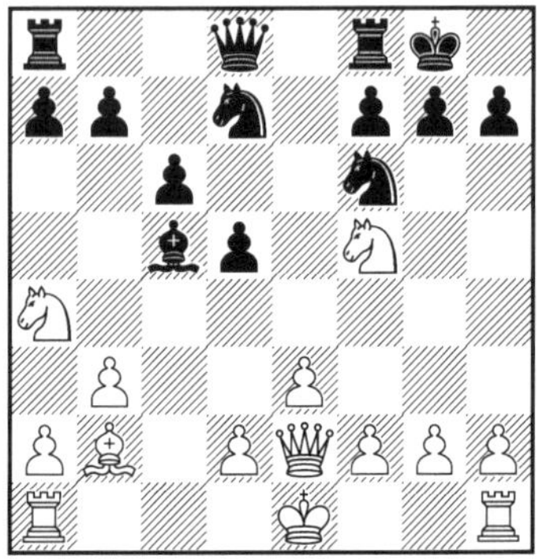

Mit seinem letzten Zug (12.♘a4) hat Weiß den Läufer c5 angegriffen. Kann Schwarz den Abtausch seines guten schwarzfeldrigen Läufers verhindern? Bevor man jedoch konkrete Züge in Betracht zieht, sollte man *alle* weißen Drohungen aufspüren. Hickl hat einen starken Springer auf f5 postieren können. In Verbindung mit dem Läufer in der langen Diagonale a1-h8 ergibt dies eine typische Angriffsformation, die in der einschlägigen Literatur explizit erwähnt wird. Daher sollten die Alarmglocken laut klingeln! Beide Figuren erzeugen starken Druck auf den dunklen Feldern. Ein typisches Motiv ist z.B. der Einschlag ♘xg7, um die nach ♔xg7 entstehende Fesselung des Springers f6 mit ♕g4+ oder ♕h5 auszunutzen. Eine andere Idee besteht in der völligen Öffnung der langen Diagonale, denn wenn man sich die Stellung ohne den f6-Springer und den g7-Bauern denkt, taucht das Mattmotiv 14.♘h6 (oder u.U. 14.♘e7) aus der Versenkung auf.

12...♗b4?!

Jussupow verhindert die positionelle Drohung ♘xc5, übersieht jedoch die taktische Pointe der gegnerischen Spielweise, wonach Hickl augenblicklich zuschlägt. Besser war 12...♖e8 13.♘xc5 ♘xc5 14.0-0 ♘e6=.

13.♘xg7!

Wie bereits angemerkt, ist dies ein typisches Motiv in dieser Art von Stellung. Wird der Springer geschlagen, geht nach 14.♕g4+ der Läufer b4 verloren. Also entscheidet Jussupow sich für den Gewinn des Springers a4, wonach Weiß jedoch unwiderstehlichen Angriff erhält.

13...b5

Nach 13. ..♔xg7 14.♕g4+ ♔h8 15.♕xb4 kann Schwarz aufgeben.

14.♘f5 bxa4 15.♕h5!

Ein weiteres typisches Motiv – diesmal für den Aufbau mit ♘f5 und ♗b2 gegen einen schwarzen König auf g8. Die Dame kann nicht geschlagen werden wegen ♘h6#.

15...♔h8 16.♕g4

Dank der Doppeldrohung ♕g7# und ♕xb4 gewinnt Weiß seine Figur bei anhaltendem Angriff zurück.

16...♗xd2+ 17.♔xd2 ♖g8 18.♕xa4 ♖xg2

Materiell steht es jetzt zwar gleich, aber der übermächtige Läufer b2 kann nicht unter Kontrolle gehalten werden. Somit ist die Partie entschieden.

19.♔e2 ♕g8 20.♘g3 ♕g6 21.♖ac1 ♖e8 22.♕f4 c5 23.♔f1 ♖xg3 24.♗xf6+ ♘xf6 25.hxg3 ♘e4 26.♖h6 ♕g7 27.♖d1 ♖e5 28.♔g2 ♘g5 29.♖c6 h6 30.♖xh6+ 1-0

01.07

Nielsen – Baburin

Göteborg 2005

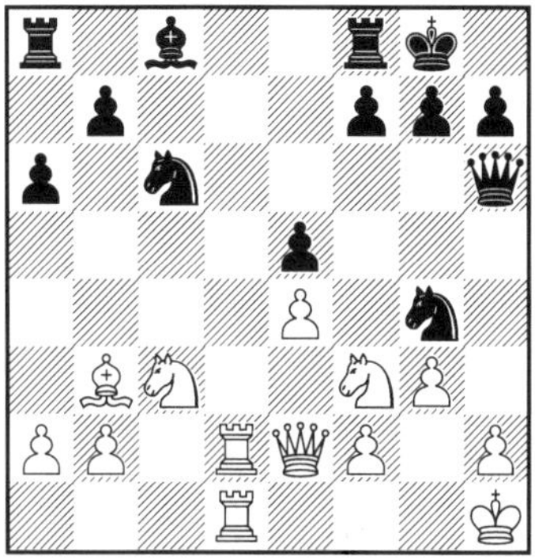

Auf den ersten Blick machen die schwarzen Figuren einen sehr aktiven Eindruck. Die ♕h6 und der ♘g4 haben den Schwachpunkt h2 im Auge, der nur vom ♘f3 geschützt wird. In solchen Fällen werden typischerweise alle erdenklichen Kombinationen akut, die auf Ablenkung bzw. sonstiger Vernichtung der Wache beruhen. Entsprechend droht der letzte schwarze Zug 18...e5 mit der Ablenkung 19...♘d4!. Aber natürlich hat Nielsen dieses Motiv längst erkannt und ergreift Gegenmaßnahmen.

19.h4!

Nach Verhinderung der erwähnten Drohung wird plötzlich deutlich, dass die schwarze Stellung gar nicht so gesund ist. Seine Entwicklung ist noch nicht abgeschlossen, was speziell daran liegt, dass der ♗c8 nicht effektiv ins Spiel gebracht werden kann. Andrerseits sind alle weißen Figuren aktiv postiert und kontrollieren das Zentrum sehr gut.

19...♗e6

Nach 19...♘f6 hat Weiß das starke Qualitätsopfer 20.♘g5! mit mehr als genug Kompensation in den beiden Abspielen:

1) 20...♗g4 21.f3 ♘d4 22.♖xd4 exd4 23.♖xd4 ♗h5 24.e5;

2) 20...♘d4 21.♖xd4 exd4 22.♖xd4.

20.♖d6 ♖ad8 21.♖xd8 ♘xd8

21...♖xd8 22.♖xd8+ ♘xd8 23.♘g5 ♗xb3 24.axb3 ♘f6 25.♕d1 ♘c6 26.♕d6 ♕g6 27.♕c7±.

22.♘g5?!

Weiß verpasst die Möglichkeit, den Vorteil des harmonischeren Aufbaus mit 22.♘d5! ♗xd5 23.exd5 zu verwerten. Der Springer d8 hat Probleme und der freie d-Bauer ist nicht so einfach zu blockieren.

22...♗xb3 23.axb3 ♘f6?

Zu passiv. 23...♕h5! mit der Idee 24...h6 wäre viel stärker, da 24.♘d5? mit 24...♘xf2+−+ widerlegt werden kann. Deswegen sollte Weiß 24.♖d7 ♘c6 25.♔g2 (25.♖xb7?! ♘d4 26.♕f1 h6 27.♘h3 ♘f6) 25...♘d4 26.♕d3 wählen, obwohl Schwarz noch immer etwas Gegenspiel hätte.

24.♖d6 ♘c6?

Mit 24...♕h5 war der weiße Vorteil in erträglichen Grenzen zu halten.

25.♘d5± ♖d8? 26.♖xd8+ ♘xd8 27.♘e7+ ♔f8 28.♘f5+− ♕g6 29.♕d2 ♘c6 30.♕d6+ ♔e8 31.♕c7 1-0

01.08

Motoc – Gutsko

Budva 2003

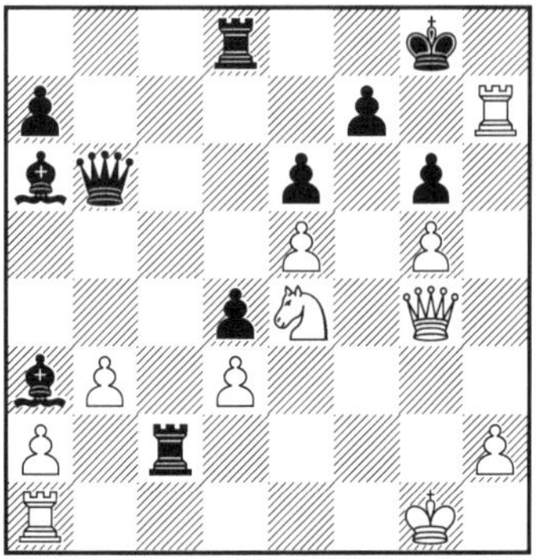

Weiß hat soeben eine Figur (22.♗a3) und einen Turm (23.♖xh7) geopfert, um den schützenden Bauernschild des schwarzen Königs zu zerstören. Und nach der Partiefolge **1...♗b7??** gelang ihm das auch, und zwar recht kurz und schmerzlos. **2.♕h4 ♔f8 3.♖xf7+ ♔xf7 4.♕h7+ ♔e8 5.♘f6+ ♔f8 6.♕g8+ 1-0**

Aber Schwarz ist ja nicht ohne Alternativen.

1) Der Gegenangriff 1...♕c7(?) stellt (nur) ein Remis sicher:

a) 2.♘f6+ ♔f8 3.♕xe6 ♖c1+ 4.♔f2 ♕c2+ 5.♔g3 ♕xd3+ 6.♔h4 fxe6 7.♖h8+ ♔e7 8.♖h7+ ♔f8 9.♖h8+=;

b) 2.♕h4!? ♖c1+! (2...♕xe5? 3.♖e1!±) 3.♖xc1 ♕xc1+ 4.♔g2 ♔f8 5.♖xf7+ ♔xf7 6.♕h7+=.

2) Aber was ist denn mit dem natürlichen 1...♔xh7!?. Als Schachschüler lernt man doch, dem Gegner nicht alles blind zu glauben, sondern alles kritisch zu überprüfen. Also prüfen wir mal: 2.♕h4+ ♔g8 3.♕h6

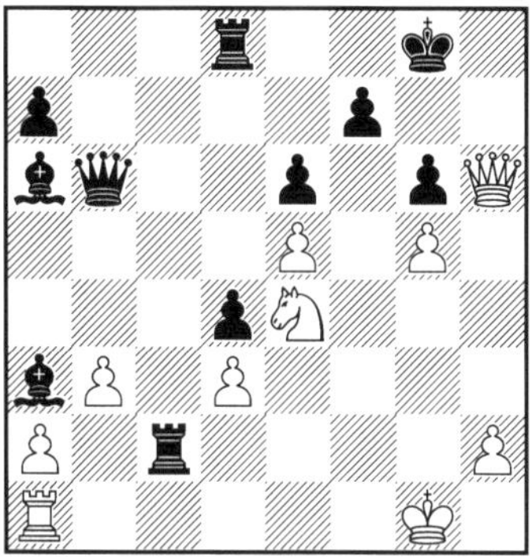

Nun scheint es unmöglich, das Matt Sf6 zu verhindern, bzw. nach 1...♗e7 2.♘f6+ ♗xf6 3.gxf6 – das auf g7. Aber wieder hilft uns das prophylaktische Denken. In Kenntnis der Drohung (♘f6#) muss nun nach Möglichkeiten gesucht werden, dieser Drohung den Zahn zu ziehen. In diesem Fall gestattet der gewaltige Materialvorteil eine entsprechend großzügige Materialrückgabe, ohne deshalb in eine technische Verluststellung zu geraten. Nur selbst unter diesen Bedingungen: Kann Schwarz die Mattdrohung denn *überhaupt* parieren? Jawohl, und zwar – was kaum überraschen dürfte – unter Einsatz brachialer taktischer Mittel.

3...♖g2+!! 4.♔h1 (4.♔xg2 ♗b7!–+) Was ist nun die einzige verbleibende weiße Drohung und wie kann sie pariert werden? Mit 4...♖f2!! 5.♘xf2 ♕c6+ 6.♔g1 ♗c1–+.

01.09

Jussupow – Caruana

Amsterdam 2008

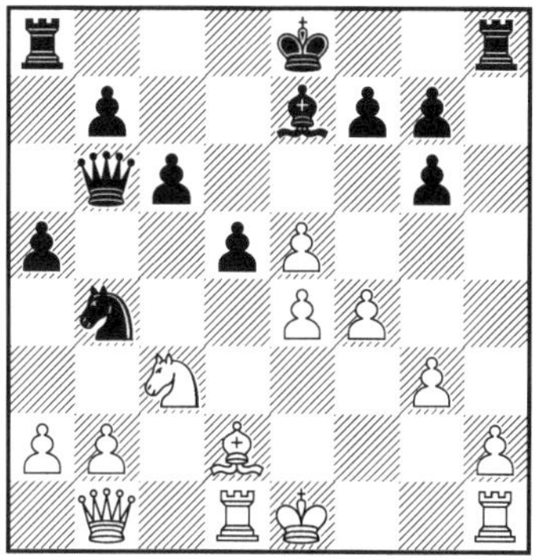

Aus weißer Sicht ist die Eröffnung missraten. Die Figuren stehen passiv und der König steckt in der Mitte fest. Wenn es ihm jedoch gelingt, den Springer b4 mit a2-a3 zu verjagen und dann auf d5 zu schlagen, so ist ihm Gegenspiel gewiss. Allerdings muss er extrem vorsichtig zu Werke gehen, da die Aktivität der schwarzen Figurenstellung (♕b6, ♖h8, ♘b4) ein enormes taktisches Potenzial gegen den exponierten weißen König mit sich bringt. Also muss Weiß nach konkreten taktischen Drohungen Ausschau halten. In der Partie versäumte er dies jedoch.

19.a3?

Nach diesem achtlosen Zug verfügt Schwarz über einen starken Konter.

1) Auch 19.h4? ist zu langsam wegen 19...d4 20.♘e2 d3 21.♘c3 ♖xh4!! 22.gxh4 ♗xh4+ –+.

2) Und auch 19.exd5?! erlaubt 19...♖xh2. Nach etwa 20.♖xh2 ♕g1+

21.♗e2 ♕xh2+ 22.♔f3 ♕h5+ 23.♔g2 ♘xd5 24.♖e1 0-0-0 25.♘xd5 ♖xd5 26.♗c3 ♗b4 hat Schwarz starke Initiative.

3) 19.♔e2! d4 20.♔f3! 0-0-0 (Nach 20...dxc3 21.bxc3 gewinnt Weiß den Springer zurück.) 21.♘e2 Nun kann sich Weiß mit ♔g2 und ♖he1 konsolidieren und den Kampf fortsetzen. Aber natürlich hat Schwarz die Nase immer noch vorne.

19...♖xh2!−+ 20.♖xh2 ♕g1+ 21.♔e2 ♕xh2+ 22.♔f3 d4 23.axb4 dxc3 24.♗xc3 ♕h5+ 25.♔f2 axb4 26.♗d4 ♕h2+ 27.♔f3 g5 28.♗f2 g4+ 29.♔e2 ♗c5 30.♖f1 ♕g2 31.♕d3 ♖d8 32.♕c2 ♕f3+ 33.♔e1 b3 0-1

1.3.1.2 Strategische Prophylaxe bei der Verteidigung

Als Verteidiger muss man einige grundlegende Richtlinien befolgen, die bereits Steinitz verallgemeinernd formuliert hat. Gemäß seiner Theorie muss der Verteidiger um jeden Preis eine Schwächung des bedrohten Flügels vermeiden. Darüber hinaus sollte die Verteidigung ökonomisch geführt werden. Das bedeutet, dass nicht mehr Figuren als unbedingt nötig zur Verteidigung herangezogen werden sollten, weil diese sonst beim Gegenangriff fehlen.

01.10

Nilsson – Hansen

Laholm 2008

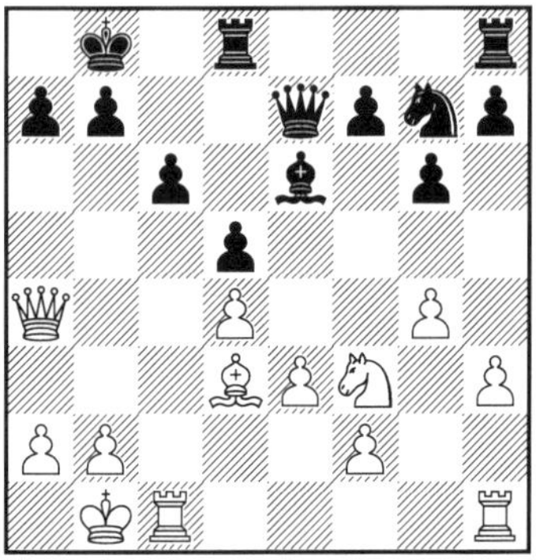

Weiß hat soeben mit 17.♖c1 den Turmschwenk ♖c3-a3 vorbereitet, um eine Schwächung des schwarzen Damenflügels zu provozieren. Kann Schwarz eine solche verhindern?

17...♘e8!

Dieses starke prophylaktische Manöver ist mit dem Verteidigungsprinzip von Steinitz in Einklang. Der Springer wird via d6 nach c8 verlegt, um a7 sicher und ohne schwächenden Bauernzug zu decken.

Welch verheerende Konsequenzen ein solcher Zug haben kann, geht aus der folgenden Partie zwischen zwei serbischen Großmeistern hervor. 17...♖c8? 18.♖c3 ♖c7 19.♖hc1 ♗c8 20.♖a3 Jetzt ist Schwarz zur Schwächung seines Bauernwalls am Damenflügel gezwungen. 20...a6 21.♖b3 b5

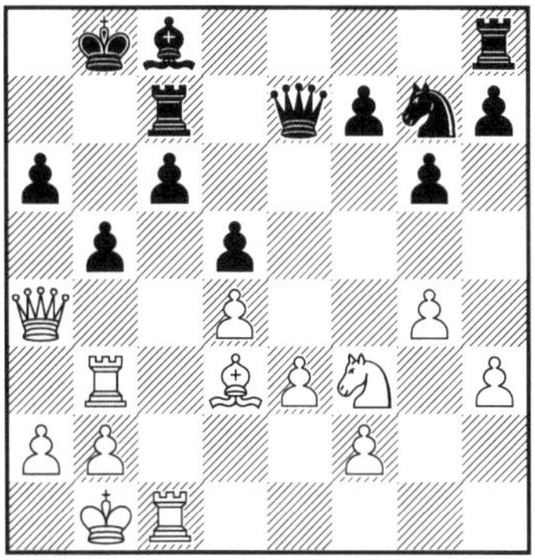

Nun kann Weiß aus der massiv gelockerten Rochadestellung Nutzen ziehen. 22.♕a5 ♗b7 23.♖bc3 ♖hc8 24.♕b6 f6 25.♘d2 ♘e6 26.♘b3 ♕d6 27.f4 ♖e7 28.♘a5 ♘d8 29.♘xc6+ ♘xc6 30.♖xc6 ♖xc6 31.♖xc6 ♕b4 32.♕d8+ ♔a7 33.♕b6+ ♔b8 34.a3 ♕e1+ 35.♔a2 ♕xe3 36.♖d6 1-0, Pavlovic – Kosic, Bar 2003.

18.♖c3 ♘d6 19.♖a3?!

Nach dem schwarzen Verteidigungsmanöver macht dieser Standardplan keinen Sinn mehr, da ja keine Schwächung mehr hervorgerufen werden kann. Die weißen Figuren wären besser im Zentrum aufgehoben.

19...♘c8 20.♖c1 ♖d7!

Und gleich noch ein starkes Defensivmanöver. Schwarz bringt den Turm nach c7, um den c6-Bauern und die siebte Reihe zu schützen.

21.♘e5 ♖c7 22.♖c5 h5!

Schwarz hat die Verteidigung ökonomisch geführt und nicht mehr Figuren als nötig eingesetzt. Jetzt beginnt er mit dem Gegenspiel am anderen Flügel.

23.♖a5 b6!

Nun ist klar, dass Weiß am Damenflügel nichts erreichen kann, da die schwarzen Figuren alle wichtigen Punkte gedeckt halten.

24.♖a6

24.♘xc6+ ♖xc6 25.♕xc6 bxa5 26.♖b3+ ♘b6 27.♖xb6+ axb6 28.♕xb6+ ♕b7!–+.

24...hxg4 25.hxg4 ♕d6 26.♕d1 g5 27.♖c3 f6 28.♘g6 ♖h2 29.♕f3 ♗f7 0-1

01.11

Spasski – Petrosjan

Moskau 1966

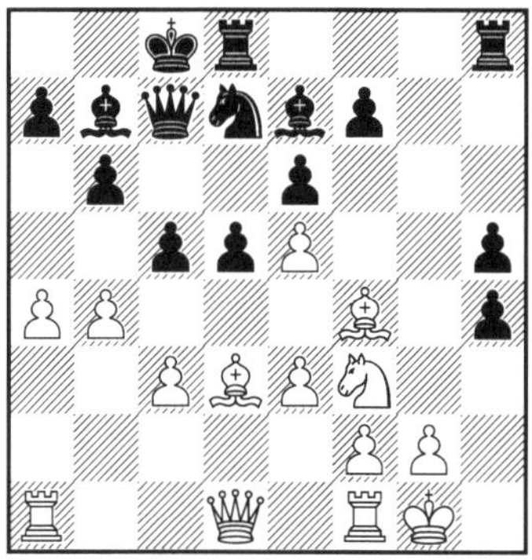

Mit 17.a4 hat Weiß soeben seine Absichten am Damenflügel bekundet: Der weitere Vorstoß a4-a5 soll Linien gegen den schwarzen König öffnen. Vielleicht hätte Petrosjan sich sogar auf ein typisches Wettrennen bei entgegengesetzten Rochaden einlassen können, da ihm die halboffene g-Linie gute Chancen verspricht. Allerdings wäre Petrosjan nicht Petrosjan, wenn er vor Verfolgung der eigenen Ziele nicht zuerst die gegnerische Angriffsidee verhindern würde.

17...c4! 18.♗e2

Auf 18.♗f5!? folgt

1) nicht 18...exf5? 19.e6 ♗d6 20.exd7+ ♖xd7 21.♕d4 mit unklaren Konsequenzen.

2) Richtig ist 18...d4! mit den Abspielen:

a) 19.♘xd4? exf5 20.e6 ♘e5+; 20.♘b5 ♕b8 21.e6 ♘e5+;

b) 19.cxd4 exf5 20.e6 ♗d6 21.exd7+ ♖xd7 22.♗xd6 ♕xd6 Schwarz herrscht über die hellen Felder. (Kasparow)

18...a6!

Petrosjans Pointe besteht in der Anwendung dieser typischen Methode zur Vermeidung von Linienöffnung. Weiß kann weder mit 19.a5 b5 noch mit 19.b5 a5 etwas erreichen. Und deshalb kann Schwarz jetzt ein ‘Spiel auf ein Tor’ folgen lassen.

19.♔h1 ♖dg8 20.♖g1 ♖g4 21.♕d2 ♖hg8 22.a5 b5 23.♖ad1 ♗f8! 24. ♘h2 ♘xe5! 25.♘xg4 hxg4 26.e4 ♗d6 27.♕e3 ♘d7 28.♗xd6 ♕xd6 29.♖d4? e5! 30.♖d2 f5! 31.exd5 f4! 32.♕e4 ♘f6 33.♕f5+ ♔b8 34.f3 ♗c8 35.♕b1 g3 36.♖e1 h3 37.♗f1 ♖h8 38.gxh3 ♗xh3 39.♔g1 ♗xf1 40.♔xf1 e4! 41.♕d1 ♘g4! 42.fxg4 f3 43.♖g2 fxg2+ 0-1

1.3.2 Prophylaxe beim Angriff

Auch im Angriff kann Prophylaxe eine sehr wichtige Rolle spielen. Häufig nimmt ein Spieler beim Königsangriff erhebliche Risiken in Kauf. Womöglich hat er jede Menge Material geopfert, seine Bauernstruktur ruiniert oder dem Gegner freie Hand am anderen Flügel gelassen. Um die Partie zu gewinnen, ist also ein erfolgreicher Abschluss des Angriffs unverzichtbar. Und dies kann oft nur erreicht werden, wenn die wesentlichen Verteidigungsideen gesehen und verhindert werden. Wie auch bei der Verteidigung, besteht die größte Schwierigkeit darin, die gegnerischen Ressourcen rechtzeitig zu entdecken. Und ‘rechtzeitig’ ist oft gleichbedeutend mit ‘bevor der Angriff überhaupt eingeleitet wird’. Ohne diese Vorsehung entbehrt nämlich die Entscheidung für oder gegen einen Angriff jeglicher Grundlage.

01.12

Fischer – Benkö

New York 1963

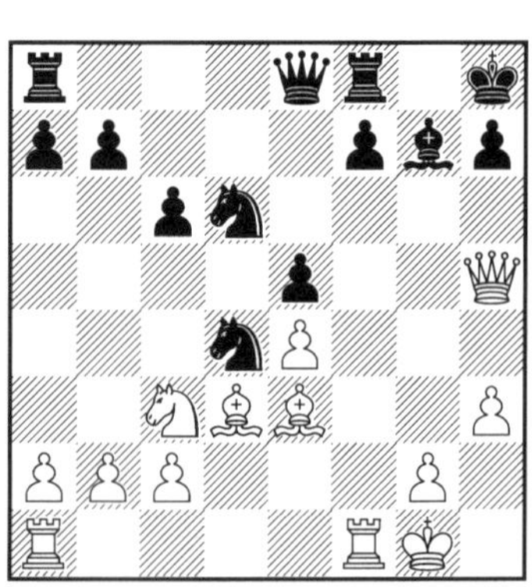

Dies ist eine von Fischers berühmtesten Partien. Benkö hat soeben 17...♕e8 gespielt, um die Dame nach f7-f6 bzw. f7-f5 zur Verteidigung des Königsflügels einzusetzen. Wie verhindert man dieses Manöver?

18.♗xd4! exd4 19.♖f6!!

Ein sehr berühmter Prophylaxezug! Fischer opfert einen ganzen Turm, um den f-Bauern zu blockieren. Nun ist die Drohung e4-e5 nebst ♕xh7# entscheidend. Hingegen hätte Schwarz nach dem hastigen 19.e5? seine Verteidigungspointe 19...f5! präsentieren können.

19... ♔g8

19...dxc3 20.e5+−; 19...♗xf6 20.e5+−.

20.e5 h6 21.♘e2! 1-0 Wegen der Folge 21...♗xf6 22.♕xh6+− gab Benkö auf.

Übungen

Lösungen ab Seite 199

Ü01.04

Waganjan – Beljawski

Moskau 1988 **(S)**

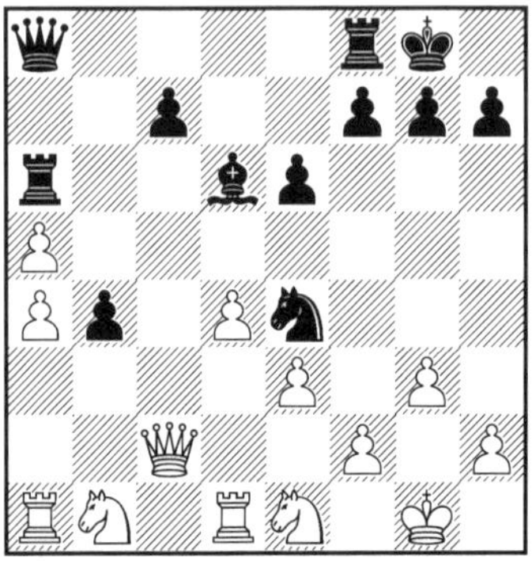

Schwarz hat eine deutlich überlegene Stellung erreicht. Seine Leichtfiguren sind viel aktiver postiert, die a-Bauern sind schwach und die weiße Königsstellung ist weißfeldrig geschwächt. Allerdings verfügt Weiß über die wichtige Verteidigungsressource f3! nebst ♘d2, die seine Stellung ausreichend stabilisieren würde. Wie verhinderte Beljawski diese Idee?

Ü01.05

Markgraf – Schuster

Deutschland 2006 **(W)**

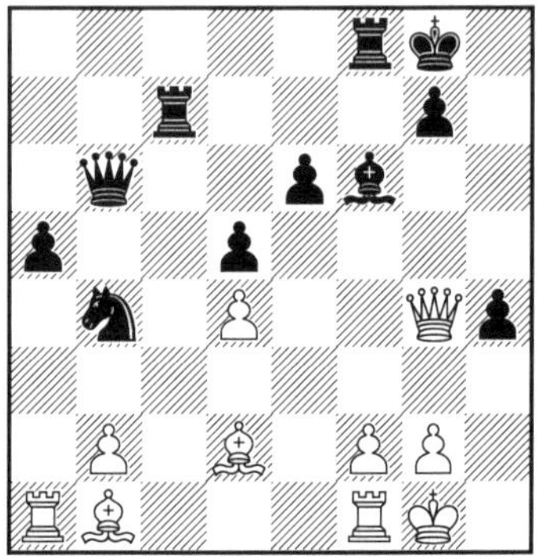

Schwarz hat einen Mehrbauern und droht mit dem Gewinn eines weiteren auf d4. Auf lange Sicht kann der Läufer dies nicht kompensieren. Also muss Weiß angreifen. Sehen Sie, womit er beginnen sollte?

1.3.3 Prophylaxe und Strategie

In den beiden ersten Kapiteln über Verteidigung und Angriff spielte das prophylaktische Denken eine mehr oder weniger von der Taktik geprägte Rolle. Allerdings ist es in ruhigen strategischen Positionen nicht minder wertvoll. Aber in deutlichem Kontrast dazu, eine Variante zu berechnen und am Ende die Figuren zu zählen, müssen beim Positionsspiel die wichtigsten Strategien und Pläne gefunden und bewertet werden. Diese Fähigkeit muss durch das Studium vieler Beispiele zu einem bestimmten Thema entwickelt werden.

1.3.3.1 Raumvorteil

„Jede gedrängte Stellung trägt den Keim des Verlusts in sich.“ Natürlich darf dieses berühmte Tarrasch-Zitat nicht allzu wörtlich genommen werden. In der Regel ist es von Vorteil, mehr Raum zu besitzen und frei manövrieren zu können. Wichtiger für ein zutreffendes Stellungsurteil ist allerdings die Frage, inwiefern die gegnerischen Figuren in ihrer Beweglichkeit eingeschränkt sind. Können die Figuren wegen Raummangel nicht harmonisch postiert werden, fällt der gegnerische Raumvorteil voll ins Gewicht.

Hat jedoch beispielsweise Weiß großen Raumvorteil, aber Schwarz steht aktiv und seine Leichtfiguren haben ungeachtet des Raummangels genug Manövrierraum, so mag er keinerlei Probleme haben oder u.U. sogar besser stehen. Weit vorgedrungene Bauern und die Felder im Hinterland können sogar schwach sein, insbesondere natürlich, wenn es der Gegenseite gelingt, hinter die Bauern zu gelangen.

Ein gutes Beispiel, um dieses Problem zu veranschaulichen, ist die Struktur des sogenannten ‘Igel-Aufbaus’, die aus verschiedenen Eröffnungen hervorgehen kann. Weiß hat großen Raumvorteil, aber Schwarz steht aktiv und die vier Leichtfiguren haben genügend Manövrierraum. Offenbar warten sie darauf, ihre Energie nach einem Befreiungszug wie d6-d5 oder b6-b5 freizusetzen. Und wenn Schwarz ein solcher Durchbruch gelingt, gerät Weiß oft in Schwierigkeiten, da Schwarz sich an die Ausnutzung der Schwächen im gegnerischen Lager begeben kann.

Die Seite mit Raummangel hat zwei Möglichkeiten, diesen Missstand zu beheben. Sie kann auf Figurentausch abzielen oder auf Befreiungszüge, um hinter die gegnerischen Bauern zu gelangen und Manövrierraum zu erobern. Die Gegenseite versucht selbstredend, dies zu verhindern. Gelingt dies, kann die bessere Manövrierfähigkeit langfristig ausgenutzt werden.

Gemäß Nimzowitsch sollte man seine Kräfte ökonomisch organisieren. Ein Befreiungszug sollte nur verhindert werden, wenn er dem Verteidiger tatsächlich weiterhilft. Erscheint es ratsam, einen solchen Zug zu verhindern, so sollte nur das absolut notwendige Minimum an Kräften zu diesem Zweck eingesetzt werden.

01.13

Anand – Portisch

Biel 1993

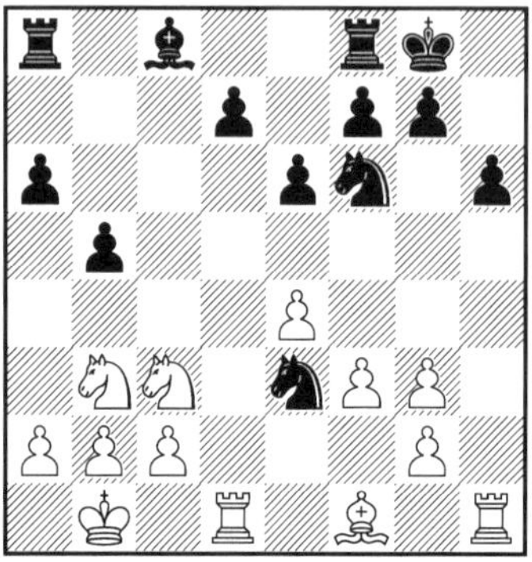

Weiß hat etwas Vorteil, denn er ist besser entwickelt und beherrscht mehr Raum. Auch kann der Bauer d7 später schwach werden. Aber zunächst muss der schwarze Befreiungsversuch b5-b4 nebst d7-d5 unterbunden werden.

19.♖d6!

Ein wichtiger Zug, der den Bauern d7 einfach blockiert. Und nach dem einzigen Zug zur Sprengung der Blockade ♘e8 kann der Springer den Zug d7-d5 nicht mehr unterstützen und wird sowieso schmerzlich im Zentrum vermisst.

Nach dem oberflächlichen Herangehen 19.♖d3? kann Schwarz mit 19...♘xf1 20.♖xf1 d5 21.exd5 b4 22.♘e2 ♘xd5 ausgleichen.

19...♘e8 20.gd3 ♘c4?!

Auch nach 20...♘xf1 21.♖xf1± hat Weiß die Stellung voll im Griff. Aber der Textzug erlaubt es Anand, den Damenflügel zu seinen Gunsten zu öffnen.

21.a4! ♘e5 22.♖d2 b4 23.♘a2 ♘c6 24.♘d4 ♘xd4 25.♖xd4 a5 26.♗b5±

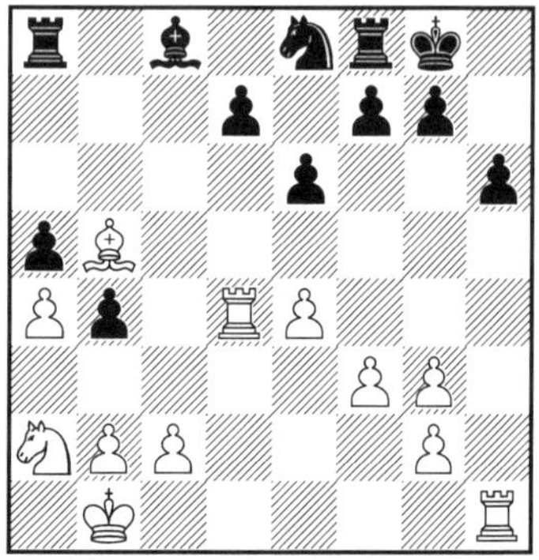

Weiß steht klar besser, da Schwarz den Befreiungszug d7-d5 nicht ausführen konnte und die Schwächung seiner Damenflügelstruktur erlauben musste.

26...♘f6 27.♖hd1 ♖d8 28.c3 bxc3 29.♘xc3 ♖a7 30.e5 ♘e8 31.♘e4 ♖f8 32.♖a2 ♖e7 33.♘d6 ♘xd6 34.exd6+ ♖e8

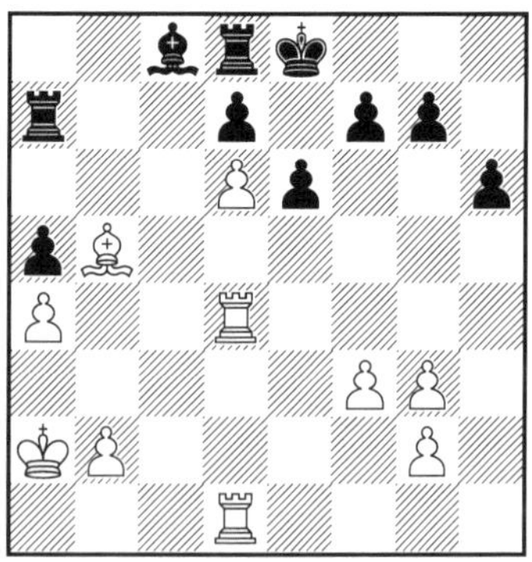

35.♖c4?!

Die Verwertung eines Vorteils verlangt oft präzise Züge, damit der Verteidiger seine Kräfte nicht koordinieren kann. Zwar vergibt der Textzug den Vorteil nicht komplett, aber korrekt war dennoch der Zwischenzug 35.♖g4! erst nach 35...♔f8 (35...g6?! 36.♖h1) gefolgt von 36.♖c4.

35...♗a6 36.♖c7 ♖aa8 37.♖dc1?

Schließlich ist der Vorteil völlig dahin. Anand musste mit 37.♔a3 ♗xb5 38.axb5 ♖db8 39.♔a4± seinen König aktivieren.

37...♗xb5 38.axb5 ♖ab8 39. ♖1c5 ♖b6 40.♔a3 ♖xd6 41.♔a4 ♔e7 42.♖c8 ♖d2 43. ♖c2 ♖xc2 44.♖xc2 d5 45.b6 d4 46.♔b5 d3 47.♖d2 e5 48.b7 f5 49.♖xd3 ♖xd3 50.b4 ♖d5+ 51.♔c6 ♖d6+ 52.♔c5 ♖d8 53.bxa5 e4 54.fxe4 fxe4 55.a6 e3 56.a7 e2 57.b8♕ ½-½

01.14

Topalow – Movsesjan

Batumi 1999

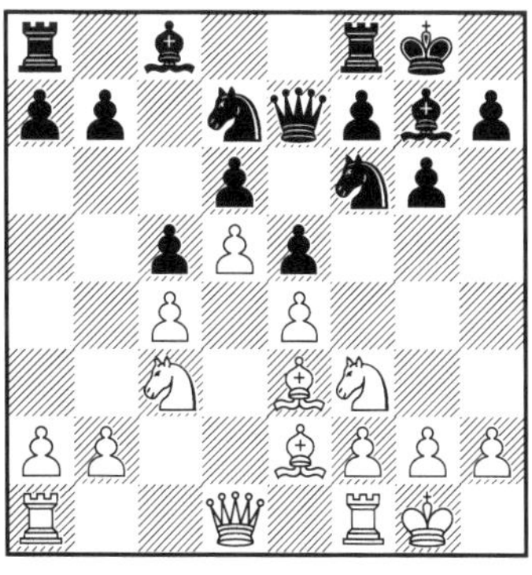

In diesem typischen Königsinder mit dem Zug c5 stellen die zentralen Bauernketten weißen Raumvorteil sicher. Weiß kann eventuell mit b2-b4 fortsetzen und Schwarz mit f7-f5, wonach er gutes Gegenspiel erhielte. Also trifft Topalow zuerst prophylaktische Vorkehrungen gegen den schwarzen Befreiungszug, zumal sein eigenes Spiel am Damenflügel ja nicht weglaufen kann.

10.♗g5!

Topalow provoziert h7-h6, um g6 zu schwächen.

10...h6 11.♗d2 ♘e8

Aber wie geht es jetzt weiter? Der geplante Vorstoß f7-f5 würde g6 noch weiter schwächen. Entsprechend verlegt Topalow seinen ♘f3 nach h4, von wo er beide weißen Schwächen g6 und f5 im Auge behält. Übrigens hätte Topalow auch nach 11...♘h5 denselben Plan verfolgt: 12.g3 mit der Idee 12...f5? 13.♘h4+−.

12.g3!

Fürs Erste hat Weiß den Vorstoß f7-f5 mit strategischen Mitteln verhindert. Nun würde 12...f5?! mit 13.♘h4! ♕f6 14.exf5 gxf5 15.f4! beantwortet, wonach die Festlegung der schwarzen Bauern jeglichen Fortschritt am Königsflügel so gut wie illusorisch machen würde. Also muss Schwarz auf einen geeigneten Moment für den Befreiungsvorstoß warten und aktiviert nach Umsetzung des ♘d7 zunächst seinen ♗c8.

12...♘df6 13.♘h4 ♗h3 14.♖e1 ♔h7

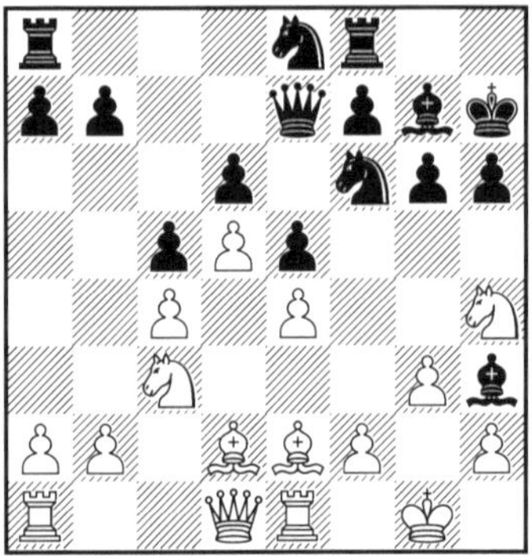

Nach vorläufiger Hemmung des gegnerischen Spiels am Königsflügel kann Topalow jetzt das eigene Spiel am Damenflügel vorbereiten.

15.♖b1 b6 16.a3 ♗d7

Hier sollten wir einen genaueren Blick darauf werfen, was Topalow gegen den direkten Ansatz mit f7-f5 im Sinn hatte. Danach würden die geschwächten hellen Felder am Königsflügel eine entscheidende Rolle spielen; z.B. 16...♘g8 17.♗d3, um 17...f5? mit 18.♘xg6! ♔xg6 19.exf5+ ♗xf5 20.♕g4+ +− und Rückgewinn der Figur beantworten zu können. Dieses Motiv stellt die Pointe des mit 10.♗g5 eingeleiteten prophylaktischen Konzepts dar. Der Vorstoß f7-f5 scheidet wegen der Schwäche der hellen Felder aus.

17.b4±

Somit hat Weiß seinen Schlüsselzug ausgeführt und schwarze Fortschritte am Königsflügel vereitelt. In der nächsten Phase wird er die Batteriebildung ♗d3/♕c2 anstreben, um den schwarzen Vorstoß f5 radikal zu verhindern.

17...♕d8 18.♗d3! ♘g8 19.♕c2 ♖c8 20.bxc5! dxc5

Eine riskante Entscheidung. Schwarz räumt d6 für seinen Springer. Der Nachteil besteht natürlich darin, dass der weiße Vorstoß f2-f4 an Kraft gewinnt, da der schwarze e-Bauer die Verankerung durch den Bauern d6 verloren hat. Schlägt Schwarz jedoch anders auf c5 zurück, so setzt Weiß sein Spiel am Damenflügel fort; z.B. 20...♖xc5 21.♗e3 ♖c8 22.a4 oder 20...bxc5 21.♖b7 mit starker Initiative in beiden Fällen.

21.f4!

Topalow leitet den Kampf um das Feld e5 zum richtigen Zeitpunkt ein, da keiner der schwarzen Springer angemessen postiert ist, um daran teilzunehmen.

21...♘d6

21...exf4? erlaubt Weiß die Öffnung der Schleusentore mit 22.e5 fxg3 23.hxg3 ♘e7 24.d6 ♘c6 25.♗xg6+ ♔h8 26.♗f4+− bzw. 25...fxg6 26.♕xg6+ ♔g8 27.♗xh6+−.

22.a4!?

Mit diesem starken strategischen Zug will Weiß eine zweite Front schaffen. Er plant den Abtausch des starken Blockadespringers d6 mittels ♘b5. Um diesen zu behalten, wird Schwarz auf b5 mit dem Läufer schlagen müssen, was dem Weißen nach axb5 so oder so Druckspiel gegen den schwarzen a-Bauern einbringt.

Der direktere Ansatz 22.♘f3!? war auch sehr interessant, da die Antwort 22...f6 (22.. .exf4? 23.e5±) 23.f5 ♘e7 24.♘h4 g5 25.♘g2 so gut wie erzwungen ist, wonach der g7-Läufer sehr schlecht steht.

22...♘e7

Die typische Antwort 22...a5!? war womöglich die bessere praktische Wahl, obwohl dies der weißen Initiative natürlich keinen Abbruch tut; z.B.:

1) 23.fxe5 23...♗xe5 24.♘f3 f6 25.♖b3 ♘e7 26.♘xe5 fxe5 27.♖eb1 ♖b8 28.♕b2 ♘ec8 29.♗e3 ♕c7;

2) 23.♘f3 f6 24.f5 ♘e7 25.♘h4 g5 26.♘g2 ♖b8.

23.♘b5 ♗xb5 24.axb5 ♕d7 25.fxe5 ♗xe5 26.♘f3 f6 27.♘xe5 fxe5 28.♗c3 ♘f7 29.♖f1 ♖ce8 30.♔h1±

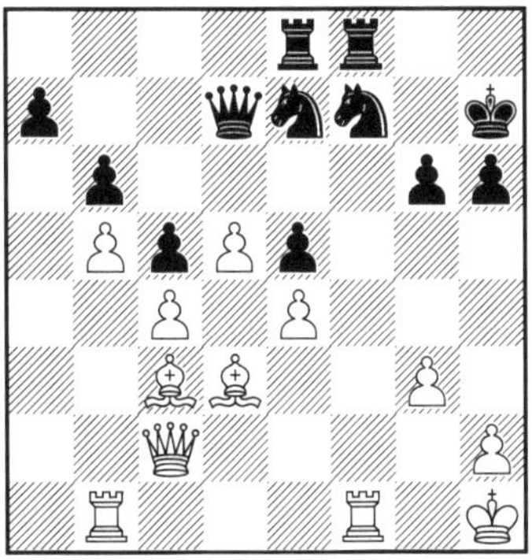

Weiß verfügt über eine strategische Gewinnstellung wegen seines großen Raumvorteils, der Schwächen auf e5 und a7, seines Läuferpaars und der Möglichkeit der Turmverdopplung in der offenen f-Linie.

30...g5 31.♖f6 ♘g6 32.♖bf1 ♘d6 33.♖xf8 ♘xf8 34.♗e2 ♔g7 35.♗h5 ♖e7 36.♕e2 ♘h7 37.♗g4 ♕e8 38.♗f5 ♘f6 39.♔g2 ♕g8 40.h4 g4

Hier wählte Topalow **41.♗xg4?!** und gewann später.

Stattdessen hätte er die deutlich stärkere prophylaktische Spielweise 41.♗d2 wählen können, um erst nach 41...♖e8 42.♗c1 ♖e7 43.♗xg4 auf g4 zuzugreifen – mit der Idee 43...♘xg4 44.♕xg4+ ♔h7 45.♗g5 ♖f7 46.♕e6 hxg5 47.hxg5+–.

1.3.3.2 Mysteriöse Turmzüge

Auch dieser Begriff wurde von Nimzowitsch geprägt. Manchmal stellte er seine Türme in geschlossene Linien, und weil seine Zeitgenossen dies oft nicht verstanden, nannten sie solche Turmzüge *mysteriös*. Allerdings verfolgte Nimzowitsch in der Regel ein tiefes Konzept zur Verhinderung von befreienden Bauernzügen. Zwar steht der Turm momentan in einer geschlossenen Linie, aber wenn der Gegner jetzt den befreienden Bauernvorstoß ausführt, wird die Linie geöffnet und der Turm wird aktiv. Nimzowitsch nannte eine solche Linie, die nur auf Betreiben des Gegners geöffnet werden kann: 'Eventuallinie'. Der 'mysteriöse Turmzug' stellt eine Sonderform von Prophylaxe gegen Befreiungszüge dar, bei der einige wichtige Fragen beantwortet werden müssen.

1) Welche Befreiungszüge plant der Gegner?

2) Handelt es sich um einen 'echten' Befreiungszug, oder könnte es sogar von Vorteil sein, den Vorstoß zu erlauben?

3) Kann der Vorstoß verhindert werden?

4) Ist der Vorstoß es wert, die Kraft eines ganzen Turms zu seiner Verhinderung einzusetzen?

Das folgende Beispiel veranschaulicht Nimzowitschs Konzept gut (siehe *Mein System*, Seite 203).

01.15

Nimzowitsch

Mein System **(S)**

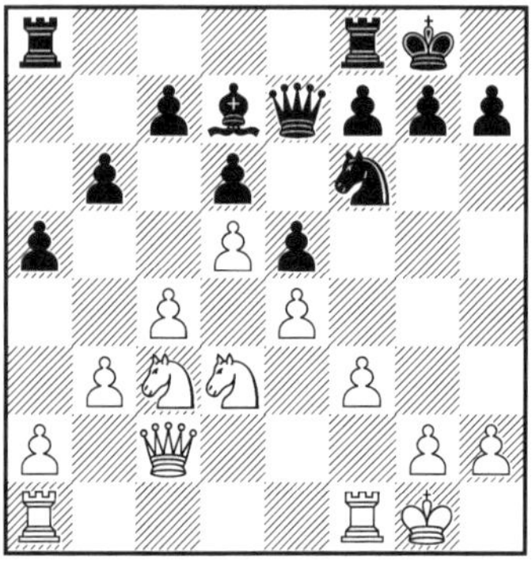

Will Weiß Fortschritte erzielen, muss er am Damenflügel das Manöver a3 nebst b4 und c5 durchführen. Schwarz richtet sich auf die Öffnung an diesem Flügel ein, indem er seine Türme in Stellung bringt.

1...♖a7!?

Schwarz verdoppelt die Türme in der noch geschlossenen a-Linie, denn wenn Weiß seinen Plan mit a3 nebst b4 fortführt, werden diese sehr aktiv stehen. Die Alternative bestand in dem natürlichen Ansatz 1...♘h5!?, um mit ...f5 ein Spiel am Königsflügel folgen zu lassen.

2.a3 ♖fa8 3.♕b2 ♕d8 4.b4

Da die schwarzen Türme so weit vom Schuss stehen, kam natürlich auch die Schaffung einer zweiten Front mit 4.f4 in Betracht.

4...axb4 5.axb4 ♕b8 6.♖fb1

6.♖xa7?! ♕xa7 käme Schwarz entgegen, da er die Kontrolle über die a-Linie erhielte.

6...♔f8 7.c5 bxc5 8.♖xa7 ♖xa7 9.bxc5 ♕xb2 10.♖xb2 ♖a3 11.♖c2 ♗c8?

Hier ist die von Nimzowitsch gegebene Zugfolge nicht präzise, denn statt des Textzugs sollte Schwarz sofort 11... ♘e8 spielen.

12.c6?

Besser war 12.cxd6! cxd6 13.♘b5 ♖xd3 14.♖xc8+ ♔e7 15.♖c7+ ♘d7 16.h3 ♖d1+ 17.♔h2 g6 18.♘a7 f5 19.♘c8+ ♔d8 20.♖c6± mit beträchtlichem Vorteil.

12...♘e8=

Übungen

Lösungen ab Seite 200

Ü01.06

Kupchik – Capablanca

Lake Hopatcong 1926 **(S)**

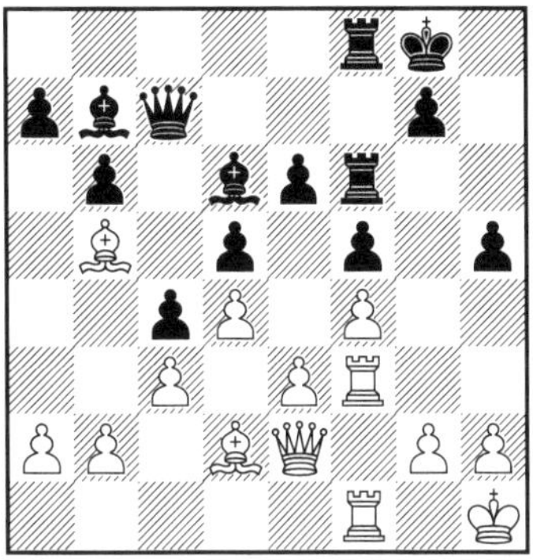

Die Stellung hat geschlossenen Charakter. Dank seines c4-Bauern hat Schwarz Raumvorteil am Damenflügel, wo er eventuell einen Bauernsturm mit a6 nebst b5-b4 folgen lassen möchte. Weiß hingegen sollte seine Chancen am Königsflügel suchen. Nach g7-g6 könnte er dort nur mit einem Figurenopfer oder mit dem Hebel g2-g4 Linienöffnung bewirken. Wie vereitelte Capablanca diesen Plan ein für alle Mal?

Ü01.07

Dolmatow – Beljawski

Odessa 1989

1.e4 e5 2.♘f3 ♘c6 3.♗b5 a6 4.♗a4 ♘f6 5.0-0 ♗e7 6.♖e1 b5 7.♗b3 d6 8.c3 0-0 9.h3 ♘b8 10.d4 ♘bd7 11.♘bd2 ♗b7 12.♗c2 ♖e8 13.a4 ♗f8 14.♗d3 c6 15.b3 g6 16.♗a3 ♕c7 17.♕c2 ♖ad8

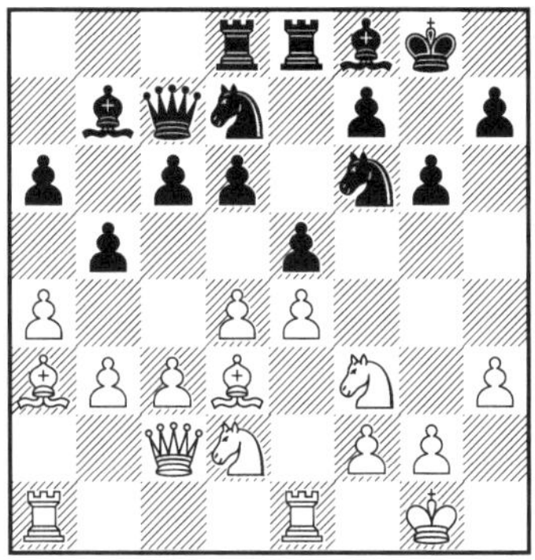

Die erreichte Stellung ist typisch für die Breyer-Variante der Spanischen Partie. Noch ist nicht einmal ein einziger Bauer getauscht worden. Schwarz hat etwas weniger Raum, aber seine Stellung ist solide und seine Figuren sind harmonisch platziert. Früher oder später muss er sein Spiel jedoch durch Zentrumsöffnung mit c6-c5 oder d6-d5 befreien, u.U. nach vorherigem Tausch auf a4. Also muss Weiß diese Befreiungszüge im Auge behalten und entscheiden, ob sie Schwarz wirklich weiterhelfen oder eben nicht. Und wie sieht das Ergebnis entsprechender Überlegungen aus?

1) 18...d5 Mit diesem Zug sind die schwarzen Probleme nicht zu lösen, da Weiß mit 19.♗xf8 ♔xf8 20.b4 reagieren kann. Nach Festlegung der schwarzen Damenflügelbauern auf weißen Feldern bleibt der b7-Läufer dauerhaft schlecht. Also ist der Vorstoß 18...d5 keine echte Drohung.

2) Es scheint allerdings stärker, diesen Vorstoß mit 18...bxa4!? 19.bxa4 d5! vorzubereiten.

(19...c5?! ist nicht so gut, da Weiß sich mit 20.d5! einen kleinen aber beständigen Vorteil sichern kann.)

Diese Öffnung des Zentrums gibt Schwarz gutes Spiel; z.B. 20.♗xf8 ♔xf8 21.exd5 (21.♖ab1 c5!) 21...cxd5 22.dxe5 ♘xe5 23.♘xe5 ♖xe5 24.♖xe5 ♕xe5 mit ungefährem Ausgleich. Das Manöver b5xa4 gefolgt von d6-d5 hat also das Potenzial, das schwarze Spiel zu befreien.

Folglich könnte Schwarz (wenn er am Zug wäre) sein Spiel nur mit bxa4 nebst d6-d5 befreien. Welche Maßnahmen kann Weiß gegen diese Absicht ergreifen?

1.3.3.3 Das Prinzip der 'am schlechtesten platzierten Figur'

Dieses wird auch 'Makogonow-Prinzip' genannt, und es besagt, dass man die Aussichten der am schlechtesten platzierten Figur verbessern solle, wenn es keinen konkreten besseren Plan gibt. Aber das Prinzip kann auch auf gänzlich andere Weise angewandt werden: Wenn man feststellt, dass eine gegnerische Figur schlecht steht, so kann man sein Spiel speziell *gegen* diese ausrichten.

Dies könnte z.B. darauf hinauslaufen, dass man am Königsflügel angreift, weil ein gegnerischer Springer am Damenflügel festsitzt. In aller Regel wird jedoch bei diesem Prophylaxethema häufiger eine andere Technik angewandt. Man schränkt die schlecht stehende Figur in ihrer Beweglichkeit ein und hindert sie daran, ins Spiel zu finden. Schließlich lautet eine alte Regel von Tarrasch: „Wenn *eine* Figur schlecht steht, ist die ganze Stellung schlecht."

01.16

Anand – Barejew

Dortmund 1992 **(W)**

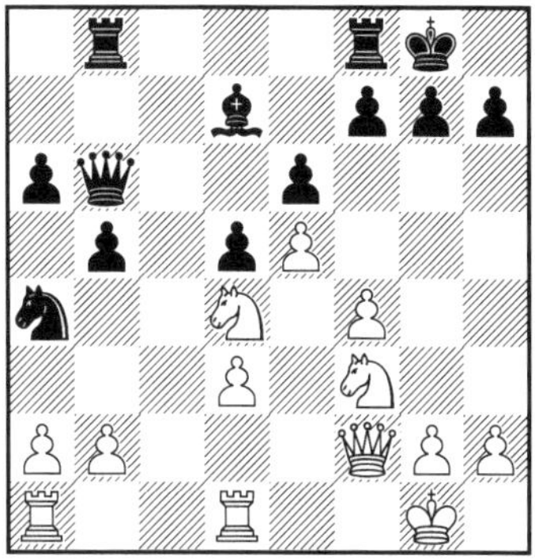

Diese Stellung ist aus einem Franzosen mit 3.♘c3 ♘f6 entstanden. Als recht typische Folge für dieses oder ähnliche Systeme hat Schwarz einen schlechten weißfeldrigen Läufer. Wenn es ihm gelingt, diesen zu aktivieren oder abzutauschen, kann er Ausgleich erzielen. Gelingt es ihm hingegen nicht, so wird er eine lange Partie zu durchleiden haben. Schwarz hat soeben 17...♘a4 gespielt, um dem Springer ein halbwegs gutes Feld am Damenflügel zu erkämpfen. Außerdem will er seinen Läufer nach den Zügen a5 und b4 aktivieren. Gegen welchen dieser beiden Pläne sollte Weiß Maßnahmen ergreifen?

18.b4!±

Der stärkste Zug. Weiß richtet sein Spiel gegen den schlechten französischen Läufer d7 aus und verhindert dessen Aktivierung radikal. Die Schwächung des Feldes c3 hat dabei keine größere Bedeutung. Der schwarze

Springer steht dort nämlich nur optisch gut, zumal er keinerlei Unterstützung hat. Die weißen Springer werden hingegen nach ♘b3 und ♘fd4 starke Vorposten finden. Schwarz wird für den Rest der Partie Probleme wegen seines passiven Läufers haben.

18...a5 19.a3 ♖fc8 20.♖dc1 axb4 21.axb4 ♖xc1+

Auf 21...♖c7 antwortet Weiß 22.♘b3 und behält seinen Vorteil. Er kann die Damen und/oder die Türme abtauschen. Solange Schwarz auf seinem schlechten Läufer sitzen bleibt, wird Weiß in fast allen denkbaren Endspielen besser stehen. In der Folge nutzt Anand seinen Vorteil für einen Angriff am Königsflügel mit dem typischen Aufmarschplan h4-h5 nebst g4 und f5. Weiß erhält Raumvorteil und Angriffschancen und kann womöglich sogar einen Freibauern bilden.

22.♖xc1 ♖c8?! 23.♖xc8+ ♗xc8 24.♕c2?!

Direkt 24.♕h4!? ist sogar noch stärker:

1) 24...♕c7 25.♘xb5 ♕b6+ 26.♔h1 h6 27.♘d6 ♕c7 28.h3+−.

2) 24...g6 25.♔f1 ♘b2 26.♕e7 ♘xd3 27.♘g5+−.

24...♗d7 25.♔f2 ♔f8 26.g4 ♔e8 27.♔e3 f6?

Diese Öffnung geht nach hinten los, aber guter Rat war sowieso schon teuer.

28.h4 ♕b8 29.♕c1 ♔f8 30.♔e2 ♔f7 31.♕e3 ♕f8 32.f5 ♕e8?! 33.g5! exf5 34.gxf6 gxf6 35.♕h6 fxe5 36.♕xh7+ ♔f6 37.♕h6+ ♔f7 38.♘g5+ ♔e7 39.♕g7+ ♔d6 40.♘f7+ ♔c7 41.♘xe5 ♘b6 42.♘xb5+ ♔b8 43.♘d4 ♕h5+ 44.♘df3 ♗e8 45.♔f2 f4 46.♕e7 ♘c8 47.♕f6 ♔b7 48.♕xf4 ♕h8 49.♘g5 ♕h6 50.♔g3 ♘d6 51.♕f3 ♗c6 52.♘gf7 ♘xf7 53.♕xf7+ ♔b6 54.♕f4 ♕e6 55.h5 ♗b7 56.♕f6 1-0

01.17

Jussupow – Lipnowski

UdSSR 1986 **(W)**

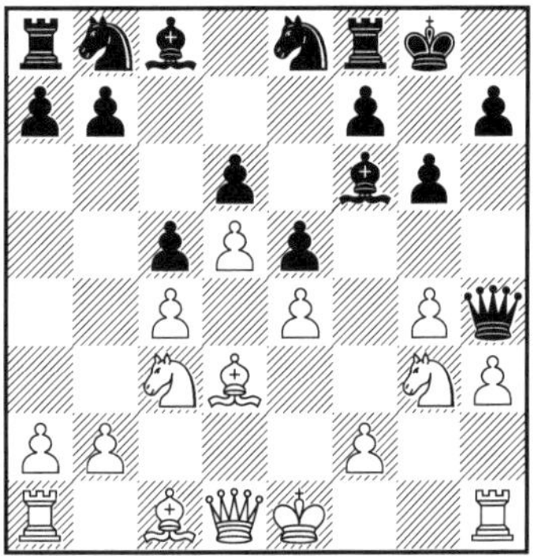

Hier ist eine typische Stellung aus dem Tschechischen Benoni entstanden. Die Struktur geht manchmal auch aus dem Königsinder hervor. Das Zentrum ist komplett geschlossen, so dass sich das Spiel auf die Flügel verlagern wird. Da Weiß umfangreiche prophylaktische Maßnahmen gegen den wichtigsten schwarzen Befreiungshebel f7-f5 ergriffen hat (e4, g4, ♘g3, ♗d3), wählt Schwarz einen anderen Plan. Er will auf g5 seinen passiven schwarzfeldrigen Läufer abtauschen. Wie kann Weiß diese Absicht verhindern?

11.♕d2! ♔g7

Jetzt will Schwarz h6 nebst ♗g5 spielen. Kann Weiß auch das verhindern?

12.♘d1!

Dieses sehr starke Manöver wurde durch ♕d2 ermöglicht. Weiß verlegt den Springer nach e3, wo er zwei prophylaktische Aufgaben erfüllt: Er verhindert den Abtausch der schwarzfeldrigen Läufer und den Befreiungsvorstoß f7-f5.

12...h6 13.♘e3 ♗g5

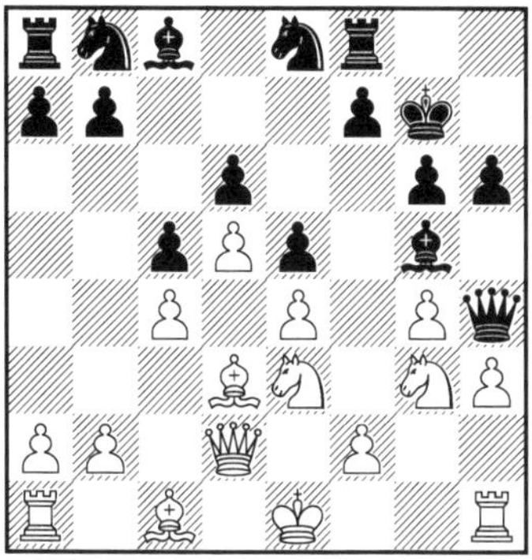

Weiß hat den schwarzen Plan durchkreuzt, wonach sein Raumvorteil und seine aktiven Figuren ihm klaren Vorteil sichern. Aber wie soll er jetzt fortsetzen? Und wieder hilft das Prinzip der 'am schlechtesten platzierten Figur' und prophylaktisches Denken dabei, eine passende Idee zu finden. Schwarz hat große Probleme mit seiner Dame, da diese über kein Fluchtfeld verfügt. Aber da sogleich 14.♘g2 noch nicht geht, muss Weiß zuerst seine Dame evakuieren. Es bleibt nur noch die Frage: In welche Richtung?

14.♕e2?!

Dieser Zug gibt Schwarz die Chance, sich mit 14...♗f4 15.♘g2 ♕f6 aus der Affäre zu ziehen. Dies hätte prophylaktisch mit 14.♕c3! verhindert werden können, denn dann folgt auf 14...♗f4 15.♘g2! ♕f6 16.♘xf4 exf4 17.♕xf6+ ♔xf6 18.♗xf4 mit einem gesunden Mehrbauern. Also muss Schwarz entweder mit 14...♗xe3 15.♗xe3 seinen Läufer für den Springer geben oder ihn passiv nach d8 oder e7 zurückziehen.

14...♗f4! 15.♕f3 ♕f6

Laut Dworetski besteht der beste weiße Plan jetzt in 16.Ld2! nebst ♗c3, ♔e2 und erst dann ♘g2. Schwarz wird früher oder später auf g3 nehmen müssen, was Weiß den starken Hebel f2-f4 an die Hand gibt.

16.h4?!

Dieser Vorstoß schwächt g4. Nun beginnt Schwarz mit prophylaktischen Aktionen, indem er den Turm in die 'Eventuallinie' stellt.

16...♖h8 17.♘ef5+?!

Dieser schockierende Schlag sieht vernichtend aus, aber mit klarem Kopf hätte Schwarz die ruhige Antwort 17...♔g8! finden sollen. (17...gxf5? 18.♘h5++−; 17...♗xf5? 18.exf5!±)

Danach ist weder 18.g5? hxg5 19.hxg5 ♖xh1+ 20.♕xh1 ♕xg5 noch 18.♘xh6? ♖xh6! 19.g5 ♗d2+!! 20.♔e2 ♕xf3+ 21.♔xf3 ♗xc1 22.gxh6 ♗xh6 spielbar. Also muss der weiße Springer nach e3 zurück und Schwarz könnte mit ♘a6 oder ♕e7 nebst ♘f6 fortfahren.

17...♔f8? 18.g5! 1-0

Schwarz gab auf wegen der Folge 18...hxg5 (18...♕d8 19.♘xh6+−) 19.hxg5 ♖xh1+ 20.♕xh1 ♗xg5 21.♗xg5 ♕xg5 22.♕h8#.

01.18

Karpow– Timman

Montreal 1979 **(W)**

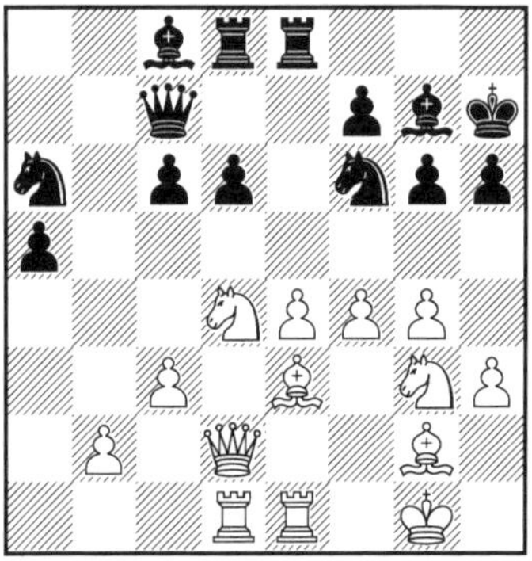

Weiß hat großen Raumvorteil am Königsflügel und eine besser zentralisierte Armee. Aber auch die schwarzen Figuren sind harmonisch platziert. Nur der Springer a6 hat gewisse Probleme. Und genau daran setzt Karpows Plan an. Er demonstriert auf überzeugende Art und Weise, wie effektiv die Methode des prophylaktischen Denkens sein kann. Er spielt gegen den schlecht stehenden Springer und hindert ihn daran, zur Resttruppe aufzuschließen – und allein das sichert ihm klaren Vorteil.

22.♕c2!

Dworetski kommentiert: „Womöglich der beste Zug in der ganzen Partie. Er wendet beide Formen von Nimzowitschs Prophylaxe-Konzept an. Die Verhinderung des gegnerischen Plans (äußere Prophylaxe) und der Schutz strategisch wichtiger Punkte (innere Prophylaxe). Tatsächlich ist der Zug ♕c2 sehr stark. Er überdeckt den wichtigen Bauern e4 und verhindert 22...♘c5?, worauf jetzt 23.b4 folgen könnte."

Die Alternative 22.♘xc6 ♕xc6 23.e5 d5 24.exf6 ♗xf6 und jetzt 25.f5 (oder 25.♗xd5) stellt einen völlig anderen Ansatz dar, ist aber auch recht stark.

22...♗d7?!

Timman arbeitet an der Aktivierung seines Sorgenspringers. Der Läufer schützt den schwachen Bauern c6, so dass die Variante 23...♘c5 24.b4 axb4 25.cxb4 ♘e6 folgen könnte.

22...Sd7 wäre möglicherweise etwas zäher, aber das schwarze Haus sieht sowieso ziemlich wackelig aus.

23.♘f3!?

Wieder spielt Karpow gegen den gestrandeten Springer a6. Auf 23...♘c5 soll jetzt 24.e5! folgen. Und falls Schwarz 24...♘d5 antwortet, gewinnt Weiß mit 25.♗xc5 dxc5 26.♘h5 die Oberhand, denn er erhält sehr gefährliche Drohungen am Königsflügel.

Auch der alternative Ansatz 23.g5!? hxg5 24.fxg5 ♘g8 25.♕f2± ist stark.

23...♖e7

Zu dem Zug 23...c5 merkte Karpow an, dass der Springer a6 danach einen traurigen Anblick geboten hätte.

24.♗f2 ♗e8?

Dieser taktische Fehler verliert schlicht einen Bauern. 24...♗c8 war nötig.

25.♕d3! ♕b7

Schwarz hatte kaum eine Wahl. ♘a6 hing und 25...♘b8? träfe auf 26.e5 ♘d5 27.exd6 ♖xe1+ 28.♘xe1 ♕xd6 29.c4+− mit Figurengewinn.

26.♖a1!

Die schwarzen Figuren sind so schlecht platziert, dass der Bauer a5 nicht gedeckt werden kann. Der Rest ist eine Sache der Technik.

26...♘c7 27.♖xa5 ♖dd7?! 28.b4 ♘e6 29.♗e3 c5 30.f5 ♘d8 31.b5 ♔h8 32.♗f2 ♕c7 33.♖a4 ♕b8 34.c4 ♖a7 35.♖xa7 ♖xa7 36.e5 dxe5 37.♘xe5 ♖a2 38.♗xc5 1-0

Das prophylaktische Denken kann in allen Phasen des königlichen Spiels angewendet werden. Die folgenden Beispiele und Übungen bieten eine lehrreiche kleine Auswahl.

1.3.3.4 Schwächen

01.19

Baklan – Murdzia

Hamburg 2005 **(W)**

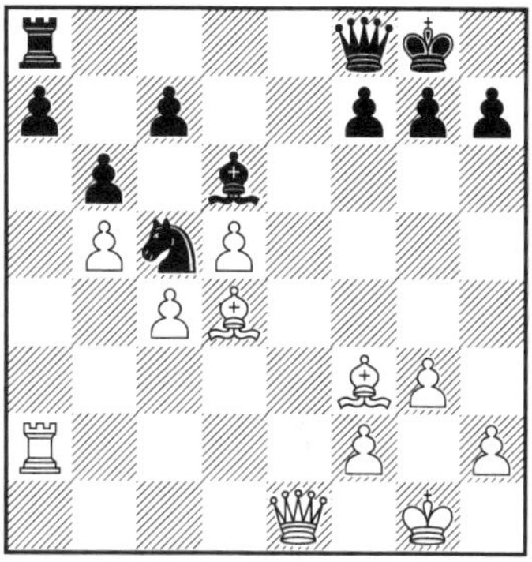

Weiß hat das Läuferpaar und Bauer a7 ist rückständig. Allerdings ist der weiße Vorteil wegen der soliden schwarzen Struktur nicht sonderlich groß. Der Springer c5 bildet einen starken und sicheren Vorposten und Schwarz steht bereit, die Schwäche a7 mittels a7-a5 aufzulösen. Wenn ihm dieser befreiende Vorstoß gelingt, wird er mühelos ein Remis erreichen. Also steht Weiß vor der Aufgabe, diesen Hebel zu verhindern. Aber wie gelingt ihm das?

27.♕b1!

Ein starker prophylaktischer Zug. Jetzt kann Weiß 27...a5? mit 28.bxa6 ♘xa6 29.♕a1+− bzw. 28...♖xa6 29.♗xc5 ♖xa2 30.♗xd6 ♕a8 31.♗e5+− beantworten.

1) Schwächer ist 27.♗xc5? ♗xc5 28.d6 ♖e8!.

2) Und auch 27.♕a1 ♘b3 nebst 28...♘xd4 führt zum Ausgleich.

3) Andere Züge wie z.B. 27.♔g2 können mit dem befreienden 27...a5 28.bxa6 ♖xa6 29.♖xa6 Sxa6 beantwortet werden. Schwarz ist seinen schwachen a-Bauern losgeworden und sollte sich verteidigen können.

27...♕c8

Wieder bereitet Schwarz 28...a5 vor.

28.♗e4 ♕g4?

Dieser schwache Zug führt zu einem inkorrekten Abtausch. Schwarz hofft darauf, das resultierende Endspiel mit Türmen und ungleichen Läufern verteidigen zu können, jedoch vergeblich. Auch eine Schwächung des Königsflügels mit 28...g6 oder 28...h6 führt zu klarem weißen Vorteil. Also hätte Schwarz mit 28...♘xe4 29.♕xe4 h5 das Läuferpaar entkräften sollen, was ihm Verteidigungschancen gegeben hätte. Es sei angemerkt, dass 29...a5? wegen 30.bxa6 ♖xa6? 31.♖xa6 ♕xa6 32.c5+− noch nicht spielbar wäre.

29.♗xc5! bxc5 (29...♗xc5? 30.d6+−) **30.♗xh7+ ♔f8 31.♕f5 ♕xf5 32.♗xf5**

Schwarz hat einen Bauern weniger und a7 ist dauerhaft schwach. Das Endspiel ist langfristig nicht zu verteidigen.

32...♖e8 33.♔f1 g6 34.♗d3 ♖a8 35.h4 ♔g7 36.♔g2 ♔f6 37.♔f3 ♔e5 38.♔e3 ♔f6 39.f4 ♔g7 40.♔f3 ♔f6 41.♗f1 ♔e7 42.♗h3 f5 43.♗f1 ♔f6 44.♗d3 ♗f8 45.♖a6+ ♗d6 46.♗c2 ♔f7 47.♗a4 ♔f6 48.♔f2 ♔g7 49.♔f3 ♔f6 50.b6 cxb6 51.♗c6 ♖f8 52.♖xa7 ♖f7 53.♖a6 ♗c7 54.♗b7 ♖e7 55.♗c8 ♖e4 56.♖a7 ♖e7 57.♗e6 ♗d6 58.♖a6 ♖b7 59.♗c8 ♖b8 60.♗d7 ♗f8 61.♖a7 ♗d6 62.♗c6 ♗f8 63.♔e2 ♖c8 64.♖a6 ♗d6 65.♔d3 ♖c7 66.♗b5 ♖b7 67.♔c2 ♔e7 68.♗c6 ♖c7 69.♖xb6 ♖a7 70.♔b2 ♗c7 71.♖b3 ♔f7 72.♖e3 ♗d8 73.d6 ♗f6+ 74.♔b3 ♖a6 75.♗d5+ ♔f8 76.♖e6 1-0

1.3.3.5 Das Läuferpaar

Ein wichtiger Plan für die Seite mit dem Läuferpaar besteht einfach darin, es auch zu behalten! Sobald die Läufer alles unter Kontrolle haben, können Zugstraßen unter günstigen Bedingungen geöffnet werden. Und später können sie im rechten Moment sogar abgetauscht werden, um einen Vorteil in einen anderen zu verwandeln. Diese Verfahrensweise kommt oft in Betracht, wenn der verbleibende Läufer einem gegnerischen Springer klar überlegen ist, oder wenn die gegnerische Bauernstruktur beträchtlich geschwächt ist.

01.20

Markgraf – Pena Gomez

Pardubice 2007 **(W)**

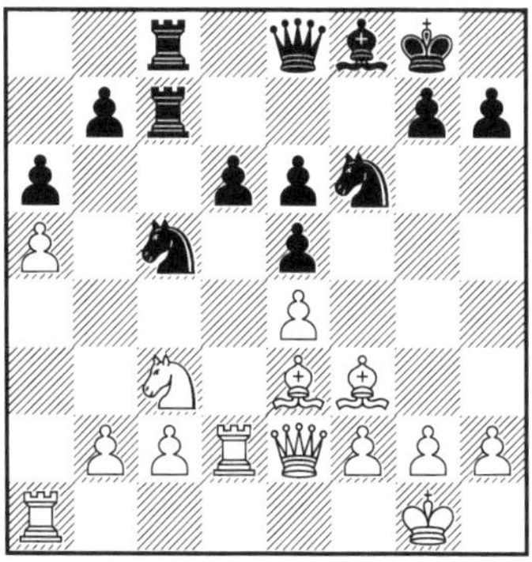

In diesem Sizilianer hat Weiß sich das Läuferpaar verschafft. Als Kompensation hat Schwarz seine Figuren aktiv aufstellen können (verdoppelte Türme in der c-Linie, starker Druck auf e4). Der schwarze Doppelbauer stellt keinen wirklichen Nachteil dar, da er wichtige Zentrumsfelder kontrolliert. Schwarz will den Druck auf e4 mit 20...♕g6 erhöhen und Weiß dadurch zur Aufgabe eines der Läufer zwingen. Wie kann Weiß das verhindern?

20.♖dd1!

Dieses starke prophylaktische Manöver war am Brett nicht einfach zu finden! Zwar hatte Weiß seinen Turm erst vor wenigen Zügen nach d2 gezogen, aber ein genauerer Blick führte zu dem Ergebnis, dass der Druck in der d-Linie nur eine Illusion war. Es ist viel wichtiger, den schwarzfeldrigen Läufer zu behalten, selbst wenn dieser für eine Weile mit einer passiven Rolle vorliebnehmen muss.

20...♕g6 21.♖e1!

Ein weiterer wichtiger Zug! Weiß verhindert nicht nur das Schlagen auf e4, sondern auch den zentralen Vorstoß d6-d5, der andernfalls folgen könnte; z.B.:

1) 21.♗d2 d5! Nun geht nach 22.exd5? e4!−+ der Läufer f3 verloren. Und nach 22.♖e1 d4! steht Schwarz weit überlegen.

2) Andrerseits war 21.h4!? spielbar – mit der Idee, auf 21...♘fxe4?? mit 22.♘xe4 ♘xe4 23.h5! ♕f5 24.g4! zu reagieren, aber ich wollte noch keinen Bauern am Königsflügel bewegen.

21...♖c6

Die taktische Rechtfertigung von 21.♖e1 zeigt sich nach 21...♘cxe4 22.♘xe4 ♘xe4 23.♗b6! ♘g5 24.♗xc7 ♖xc7 25.c3. Schwarz hat einen Bauern und ein starkes Zentrum als Kompensation für die Qualität, aber Weiß steht dennoch deutlich besser, da die zentrale Bauernmasse nicht so einfach vorstoßen kann.

Nach 21...d5? und der Antwort 22.♗xc5 ♖xc5 23.exd5± behält Weiß einen soliden Mehrbauern.

22.♗d2 ♕f7 23.♖ed1!?

Im Moment kann Schwarz nicht d6-d5 spielen, was ich dazu nutzen wollte, die Harmonie meiner Figurenstellung zu erhöhen. Der schwarzfeldrige Läufer wird nach e1 versetzt. Von dort hält er den a5-Bauern im Auge, er steht den Türmen nicht im Weg und, was am wichtigsten ist, er kann nicht abgetauscht werden. Später wird er wieder einen aktiveren Posten beziehen. Diese Methode habe ich übrigens durch das Studium von Kortschnoi-Partien gelernt.

23...♘cd7 24.♗e1 ♖c5 25.♕d3 ♘h5 26.g3 ♕g6 27.♗g2

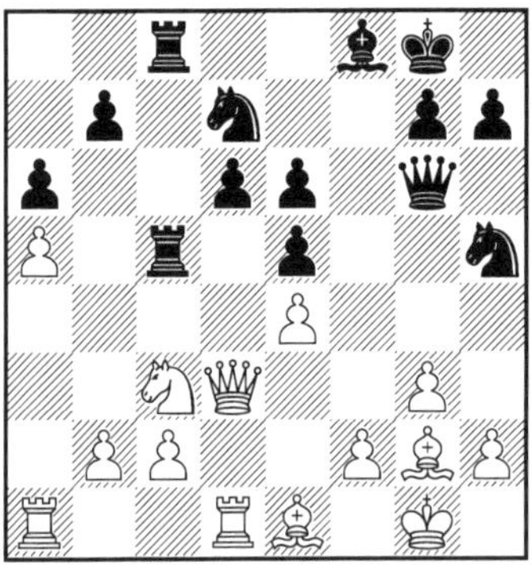

Die weiße Prophylaxe war erfolgreich. Er hat das Läuferpaar behalten, der e4-Bauer ist gut geschützt und Schwarz konnte den Befreiungszug d6-d5 nicht ausführen. Weiß wird in der Folge seine Damenflügelbauern langsam aber sicher vorziehen und die Öffnung der Stellung erzwingen, wonach seine Läufer ihre volle Kraft entfalten können.

27...♘hf6 28.♘a4!? ♖c4

Nach 28...♖xc2? und der Antwort 29.♗c3 sitzt der Turm in der Falle.

29.b3 ♖d4 30.♕e2 ♖xd1?!

Das macht die weiße Aufgabe noch leichter, da Schwarz kein rechtes Gegenspiel mehr hat.

Erforderlich war 30...d5 31.c3. (31.♖xd4 exd4 32.exd5 ♘xd5 33.♗e4)

1) Nach 31...♖xd1? 32.♖xd1 dxe4 33.♖xd7 ♘xd7 34.♗xe4 ♕f7 35.♗xb7 ♖b8 36.♕xa6± erhält Weiß Initiative am Damenflügel.

2) 31...♖xe4!? 32.♗xe4 ♘xe4 33.f3 ♘g5 34.h4 ♘f7 35.c4 d4 36.♕d3 Auch hier steht Weiß etwas besser, obwohl die Sache nicht ganz klar ist.

31.♖xd1 d5 32.c4!? dxc4?!

32...d4 hält die Stellung geschlossen.

33.♖c1 c3 34.♖xc3 ♖xc3 35.♗xc3 ♘c5?

Dies verliert zwangsläufig Material, aber guter Rat war schon teuer.

36.♘xc5 ♗xc5 37.♕c4 ♘d7 38.b4 ♗f8 39.♗h3! ♔f7 40.♕c7 ♔e7 41.♕xb7 ♕h5 42.♔g2 ♕e2 43.♕c6 ♘f6 44.♕xe6+ ♔d8 45.♕c8+ ♔e7 46.♕c7+ ♔e8 47.♕c6+ ♔d8 48.♗f5 ♕c2 49.♕c8+ ♔e7 50.♕e6+ ♔d8 51.♗xe5 ♕d3 52.♗xf6+

Schneller gewinnt 52.♗c7+! ♔xc7 53. ♕b6#.

52...gxf6 53.♕xf6+ ♔e8 54.♕e6+ ♔d8 55.♗xh7 ♕d4 56.♕d5+ ♕xd5 57.exd5 ♗xb4 58.♗d3 1-0

Übungen

Lösungen ab Seite 203

Ü01.08

Berelowitsch – Popovic

Deutschland 2008 **(W)**

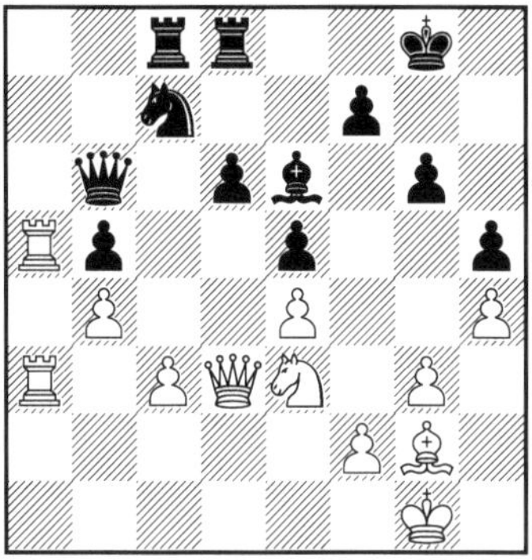

Schwarz will mit ♖a8 den Druck reduzieren. Wie kann man das verhindern?

Ü01.09

Vukic – Davcevski

Jugoslawien 1979 **(W)**

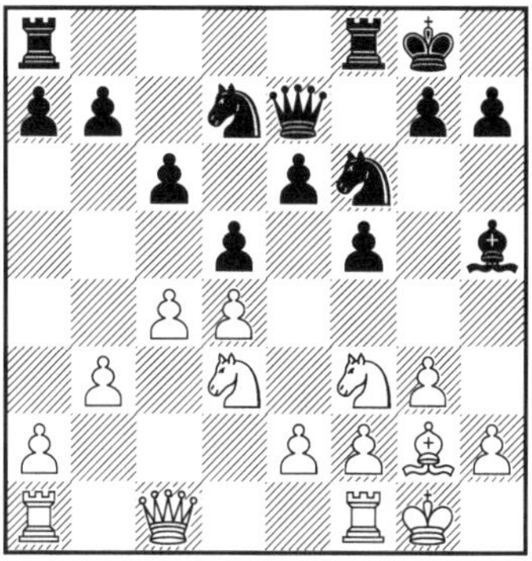

Mit seinem letzten Zug 13...♗h5 hat Schwarz den Abtausch seines schlechten Läufers vorbereitet. Wie reagiert man darauf?

Ü01.10

Markgraf – Breuer

Deutschland 2005 **(S)**

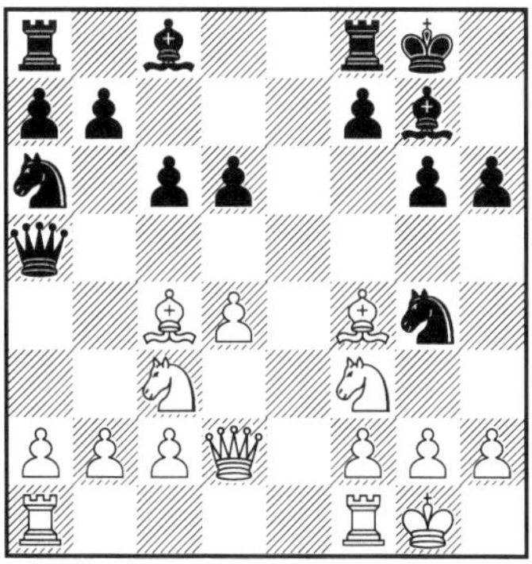

Als Folge seiner übermäßig 'kreativen' Eröffnungsbehandlung (1.e4 c6 2.d4 ♘a6?!) ist Schwarz in Schwierigkeiten. Die Doppeldrohung 13.♗xd6 und 13.h3 ♘f6 14.♗xh6 scheint bei anhaltender Initiative einen Bauern zu gewinnen. Wie setzt man sich am besten dagegen zur Wehr?

Ü01.11

Timman – Larsen

Mar del Plata 1982 **(S)**

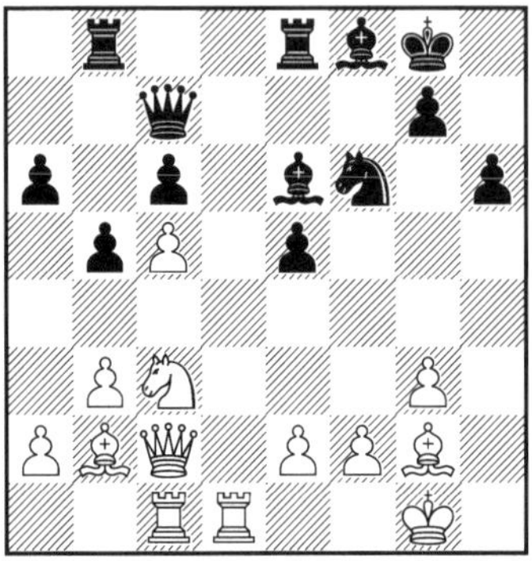

Mit ♗xc5 kann Schwarz einen Bauern schlagen. Aber was tut man, wenn Weiß dies mit ♘e4 beantwortet?

Kapitel 2

Das Prinzip der zwei Schwächen

Bauern oder Felder, die nicht mehr von Bauern verteidigt werden können, bezeichnet man als 'Schwächen'. Eine Schwäche allein ist in der Regel noch nicht verhängnisvoll, aber zwei Schwächen oder gar ein schwacher Farbkomplex ist doch bedenklich. Der Grund dafür besteht darin, dass eine einzige Schwäche in der Regel recht bequem verteidigt werden kann.

Allerdings sind die Verteidiger nicht so flexibel wie die Angreifer, so dass diese oft den geeigneten Moment wählen können, um eine zweite Front oder eine zweite Schwäche am anderen Flügel zu schaffen. Vor allem 'langsame' Figuren wie König und Springer können 'schnellen' Angreifern nicht rechtzeitig folgen und sind somit nicht für ein Spiel an beiden Flügeln geeignet. Also ist diese Methode speziell gegen langsame Figuren oft sehr effektiv. Im folgenden Bauernendspiel ist es offensichtlich, dass der König nicht beide Flügel verteidigen kann.

02.01

Lehrbeispiel (W)

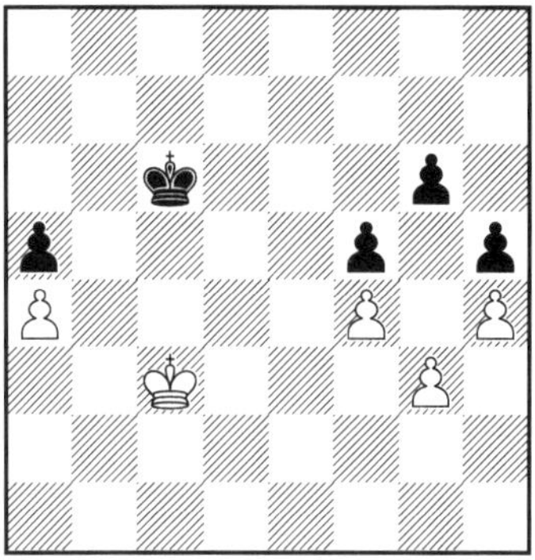

1.♔c4 ♔b6 2.♔d5 ♔b7 3.♔c5 ♔a6 4.♔c6 ♔a7 5.♔b5 ♔b7 6.♔xa5 ♔a7 7.♔b5 ♔b7 8.♔c5 ♔a6 9.♔d5 ♔a5 10.♔e5 ♔xa4 11.♔f6 ♔b5 12.♔xg6+−

02.02

Votava – Serebrjanik

Israel 1992 **(S)**

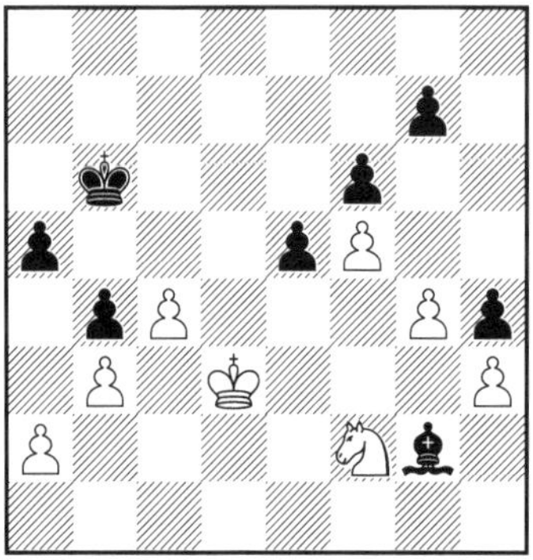

Schwarz steht deutlich besser. Der schwache Bauer h3 zwingt den weißen Springer zu dauerhafter Passivität. Hingegen kann der Läufer auch schnell am Damenflügel eingesetzt werden, z.B. nach ♗f1. Da das Spiel gegen eine einzige Schwäche oft nicht ausreicht, muss Schwarz unter Nutzung der Unbeweglichkeit des Springers eine zweite Schwäche am Damenflügel schaffen.

1...a4!

Durch diesen Bauernvorstoß markiert Schwarz die weißen Damenflügelbauern als Schwächen und fixiert sie auf der Farbe des Läufers. Danach wird die Idee eines Durchbruchs mit ♗xc4, ♗xb3 in Kombination mit dem Plan einer Königsinvasion den Tag entscheiden.

2.♔e2 a3!

Viel besser als 2...axb3? 3.axb3, denn wenn die zweite Schwäche näher zum Zentrum gerückt wird, wird die Aufgabe des Weißen erleichtert.

3.♘d3

1) Auf 3.♔e3 folgt 3...♗f1 mit der Drohung 4...♗xc4 5.bxc4 b3 6.axb3 a2.

2) Auch 3.♔d3 hilft nicht mehr: 3...♗f1+ 4.♔c2 e4−+.

3...♗xh3 4.♔f3 e4+!

Die einfachste Lösung. Beim Kampf gegen einen Springer ist ein Zentrumsbauer nicht so wichtig wie ein Randbauer.

5.♔xe4 ♗xg4

5...♗f1 6.♘f2 ♗xc4!−+ war auch sehr stark.

6.♔f4 ♗d1 7.♘xb4 ♔c5 8.♘d3+ ♔d4

Weiß kann nicht mit den beiden Randbauern fertigwerden.

9.♘b4 ♔c3! 10.♘d5+ ♔b2 11.c5 ♗xb3! 12.♘b6

12.♘b4!? ♗a4 13.c6 ♗xc6 14.♘xc6 ♔xa2 15.♘b4+ (15.♔g4 ♔b3−+) 15...♔b3 16.♘d3 ♔c4 17.♘c1 ♔d5 18.♔g4 ♔e4 19.♘a2 h3 20.♔xh3 ♔xf5 21.♘c3 ♔f4 22.♔g2 ♔e3 23.♔g3 ♔d3 24.♘a2 ♔c2 25.♔f4 ♔b2 26.♘b4 a2 27.♘xa2 ♔xa2−+.

12...h3 13.♔g3

13.c6 h2 14.c7 h1♕ 15.c8♕ ♕f1+ 16.♔e3 ♕g1+ 17.♔d2 ♕xb6−+; 16.♔e4 ♕e2+ 17.♔d4 ♕f2+ −+.

13...♗c2 0-1

Beide vorangegangenen Beispiele waren sehr klar. Der Angreifer hatte ein Ziel an einem Flügel und verschaffte sich dann auch Spiel am anderen Flügel. In der nächsten Partie hat Weiß am Damenflügel ein Plus in Form des Freibauern b5, der über großes Gewinnpotenzial verfügt. Allerdings braucht dieser Bauer die Hilfe des Königs, um den Widerstand des Springers zu brechen. Nun würde jedoch jeder Versuch, mit dem König vorzudringen, vom gegnerischen König zunichtegemacht. Also muss Weiß eine zweite Schwäche am Königsflügel schaffen, um den gegnerischen König dazu zu zwingen, zu deren Verteidigung an diesem Flügel zu bleiben.

02.03

Tschiburdanidse – Muresan

Luzern 1982 **(W)**

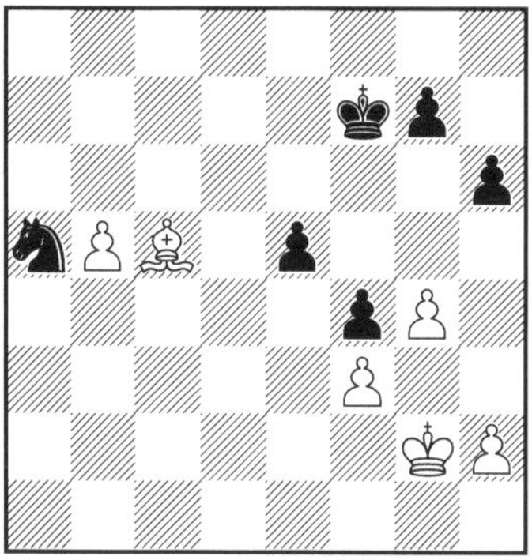

1.h4!

Ein sehr starker Zug. Weiß geht korrekt davon aus, dass die schwarzen Bauern am Königsflügel nur dann angegriffen werden können, wenn sie auf der Farbe des Läufers fixiert werden. Und dieser entscheidende Schritt muss geschehen, bevor Schwarz die Konsolidierung mit g7-g6 und h6-h5 gelingt.

1...g6

1...♘b7 2.♗b4 ♔e6 3.♗f8 ♔f7 4.♗a3 ♔e6 5.b6 ♘d6 6.♗b2

1) 6...g6 7.h5 gxh5 8.gxh5 ♘b7 9.♗c3 ♔f5 10.♔f2+−.

2) 6...g5 7.h5 ♘b7 8.♔f2 ♘d8 9.♔e2 ♔d5 10.♔d2

a) 10...e4 11.♗f6 ♘b7 12.♗xg5+−;

b) 10...♔c6 11.♗xe5 ♔xb6 12.♗g7 ♘f7 13.♔d3+−.

2.h5! gxh5 3.gxh5 ♔f6 4.b6 ♘b7 5.♗f8 ♔g5 6.♗g7 ♔xh5 7.♗xe5

Schwarz hat den h5-Bauern erobert, aber jetzt muss der König den f4-Bauern schützen.

7...♔g5 8.♔f2

Der direkte Ansatz 8.♔h3?! ♘a5 9.♗d6 ♘b7 10.♗e7+ ♔h5 führt zu nichts.

8...♔f5 9.♗g7

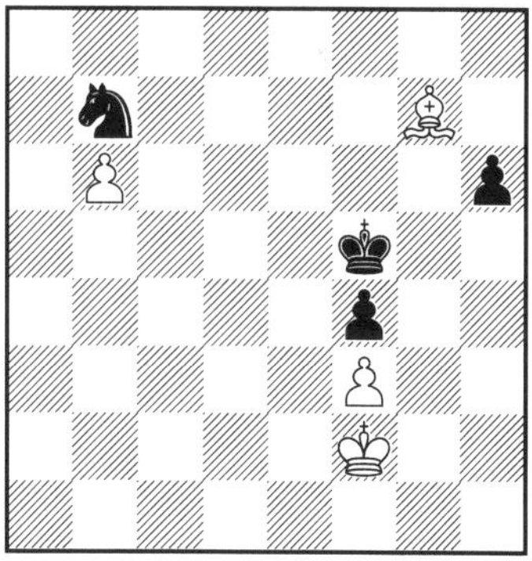

Nun kann der schwarze König nur eine Einbruchsweg verteidigen und der gegnerische benutzt halt die andere.

9...h5

Nach 9...♔g5 10.♔e2 ♔g6 11.♗f8

muss Schwarz wegen der drohenden Invasion ♔d3-e4-d5 den h-Bauern ziehen.

10.♔g2!

Nun entscheidet Weiß den Kampf am Königsflügel.

10...♘c5 11.♗f8 ♘b7 12.♔h3 ♔g5 13.♗e7+ ♔f5 14.♔h4 1-0

Schwarz gab auf, da der König nicht beide Schwächen h5 und f4 schützen kann – wieder ist das Prinzip der 'zwei Schwächen' am Werk.

02.04

Aljechin – Sämisch

Baden-Baden 1925 **(W)**

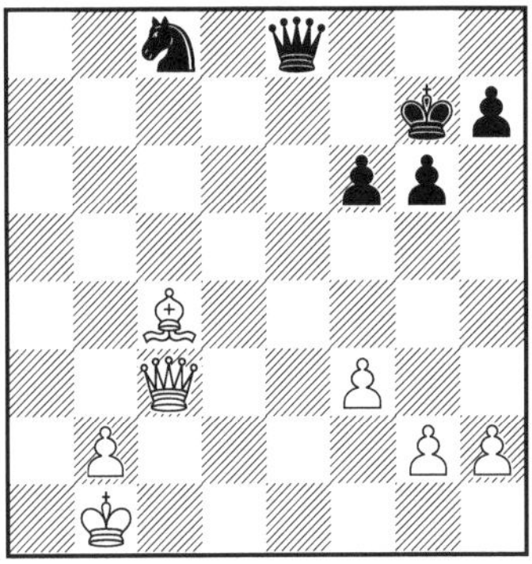

Dieser Fall ist viel komplizierter. Im Gegensatz zu den vorherigen Beispielen muss Weiß sein Spiel an beiden Flügeln um einen extrem wichtigen Baustein ergänzen: Prophylaxe. Für die Anwendung des Prinzips der 'zwei Schwächen' benötigt man oft viel Zeit für langwierige Manöver. Dies ist nur dann möglich, wenn der Gegner über kein aktives Gegenspiel – wie im gegebenen Fall über einen Dauerschach-Angriff – verfügt.

Bevor Aljechin seine eigenen Ziele verfolgen kann, muss er sich zuerst um dieses Gegenspiel kümmern. Er besitzt den entfernten Freibauen in der b-Linie, aber dessen Vormarsch ohne entsprechende Vorbereitung entblößt den König und gewährt dem Schwarzen Chancen, ein Dauerschach zu erreichen.

34.♕d4!

So verbessert Weiß nicht nur die Stellung seiner Dame, sondern er deutet auch bereits den Gewinnplan an. Zuerst werden seine Figuren zentralisiert, um die gegnerischen Figuren durch die Verwehrung vieler Felder in ihrer Wirkung einzuschränken. Dann werden die Königsflügelbauern vorstoßen, um den schwarzen Königsschutz zu schwächen und Damentausch zu erzwingen. Und erst dann wird sich der b-Bauer in Bewegung setzen.

34...♕e7 35.♗d3! ♕c7 36.g4 ♔f7 37.h4 ♘b6 38.h5 gxh5?

Dies gibt Weiß Zutritt zum h-Bauern. 38...♕c6! war erforderlich.

Hingegen würde 38...♘d7? mit 39.hxg6+ hxg6 widerlegt.

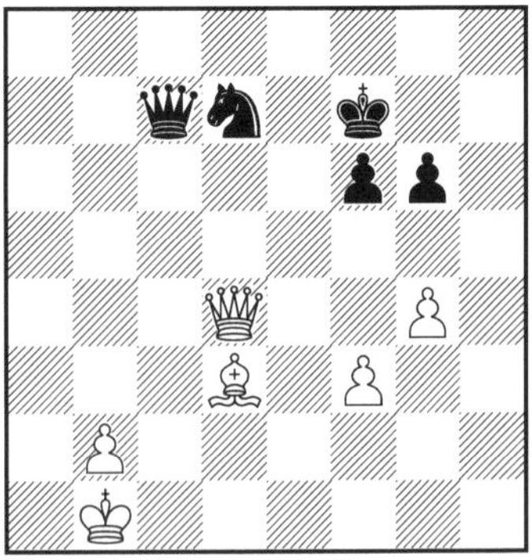

Mit 40.g5!! schafft Weiß die zweite Front für den Angriff auf den König.

1) 40...fxg5 41.♗c4+ ♔f8 42.♕h8+ ♔e7 43.♕g7+ ♔d8 44.♕g8+ ♔e7 45.♕f7+ ♔d8 46.♗e6+−.

2) 40...♕c6 41.♗e4 ♕b5 42.♕d6 ♕f1+ 43.♔a2 ♕c4+ 44.♔a1 ♕c1+ 45.♗b1+−.

39.gxh5

Aljechin hat es geschafft, eine zweite Schwäche hervorzurufen. Die erste besteht nämlich in dem Freibauern – einem weißen Machtfaktor, der aus anderer Perspektive auch als 'schwarze Schwäche' angesehen werden kann. Der schwarze h-Bauer wird auf Dauer verletzlich.

39...♕c6

39...h6 40.♗g6+ ♔g7 41.♗c2 ♘d7 42.♕g1+ ♔f8 43.♕e3+−.

40.♗e4!

Weiß konnte auch mit 40.♕e4? auf Damentausch abzielen, aber dann könnte Schwarz den h-Bauern auf einem schwarzen Feld vor dem Läufer in Sicherheit bringen.

40...♕b5 41.h6!

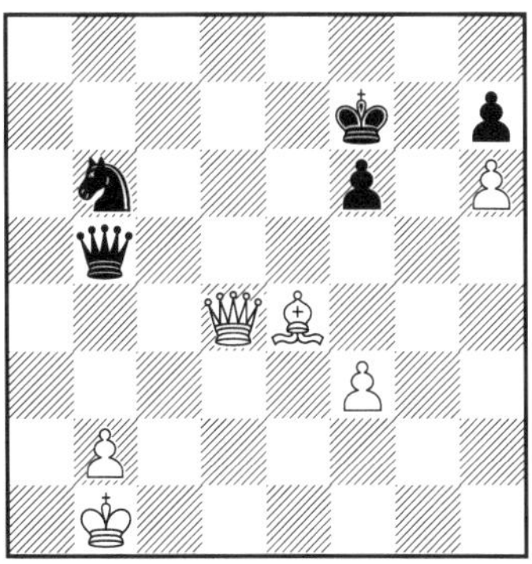

Weiß fixiert den h7-Bauern und markiert ihn als zweite Schwäche.

41...♕b3 42.♗c2! ♕b5

42...♕xf3 43.♕xb6 ♕h1+ 44.♔a2 ♕a8+ 45.♔b3 ♕f3+ 46.♔a4 ♕a8+

1) 47.♔b5 ♕e8+ 48.♕c6 ♕e5+ 49.♔a4+−.

2) 47.♕a5 ♕c6+ 48.♕b5 ♕xc2+ 49.♕b3+ ♕xb3+ 50.♔xb3+−.

43.♕d3

Jetzt ist der richtige Moment für den Damentausch gekommen! Mit der auf h7 fixierten zweiten Schwäche ist das Endspiel leicht für Weiß gewonnen, da der Springer offenbar nichts gegen das gegnerische Spiel an beiden Flügeln ausrichten kann.

43...♕xd3 44.♗xd3 ♘c8 (44...♔g8 45.♔c2+−) **45.♗xh7 ♘e7 46.♔c1 f5 47.b4 ♘d5 48.b5 ♔e6 49.♔d1?**

49.♗g8+! ♔d6 50.♗xd5+−.

49...♔d6?

49...♘c3+ 50.♔d2 ♘xb5 51.♗xf5+ ♔f6= ist überraschenderweise nur remis, da der 'falsche' Randbauer von Schwarz blockiert werden kann.

50.f4

50.♗xf5!? ♘e3+ 51.♔c1 ♘xf5 52.h7+−.

50...♘xf4 51.♗xf5 ♘d5 52.♗e4 1-0

02.05

Fischer – Reshevsky

New York 1962 **(W)**

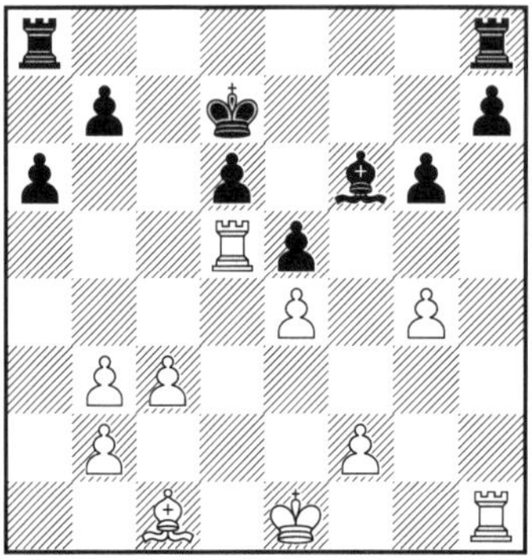

Die weißen Figuren sind aktiver, aber um echten Vorteil zu erlangen, muss sich Weiß zuerst räumlich ausdehnen.

22.g5!

Fischer fixiert die Schwäche auf h7 und schränkt den schwarzen Läufer ein.

22...♗e7 23.♔e2

Schwarz muss die beiden Schwächen auf d6 und h7 verteidigen. Im Moment kann er dies wegen der ausreichenden Mobilität seiner Figuren noch bewerkstelligen. Daher besteht Fischers erster Schritt darin, den Druck durch Angriff auf die Schwächen zu erhöhen und am Damenflügel mit b3-b4 und c3-c4 vorzugehen.

23...♖af8 24.♗e3 ♖c8 25.b4 b5!?

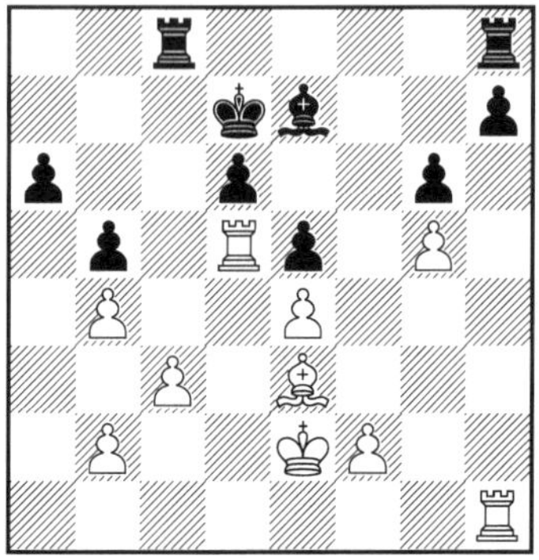

Fischer schreibt (in *My 60 Memorable Games*): „Zahlreiche Kommentatoren kritisierten dies, weil es eine neue Schwäche (den a-Bauern) schafft. Wenn Schwarz aber einfach abwartet, wird er schließlich totgedrückt mit ♔d3 gefolgt von c4 usw."

So könnte eine entsprechende Eventualvariante folgendermaßen aussehen: 25...♖cf8 26.c4 ♔c6? (26...♔e6 27.b5±) 27.c5 ♖d8 28.cxd6 ♗xd6 29.b5+ axb5 30.♖c1+ ♔d7 31.♗b6 ♖c8 32.♖cd1 ♖c2+ 33.♔f1 ♖c6 34.♗c5+−.

Mit dem Textzug b7-b5 hat Schwarz einen weiteren Bauern geschwächt. Fischer zerstört jetzt die defensive Koordinierung, indem er die Schwächen a6 und h7 angreift. Dabei stellt er sicher, immer eine passende Antwort auf den Befreiungsvorstoß d6-d5 zu haben (was die prophylaktische Komponente seines Spiels ausmacht).

26.♖dd1 ♔e6 27.♖a1 ♖c6 28.♖h3

Nach 28.♖h4? kann Schwarz sich mit 28...h5! der Schwäche entledigen.

28...Lf8

Der Versuch, mit 28...d5!? 29.exd5+ ♔xd5 30.♖ah1 ♔c4 unter Bauernopfer Aktivität zu entwickeln, ist auch unzureichend:

31.♖xh7 ♖xh7 32.♖xh7 ♖e6 33.♔d2 ♔b3 34.♔d3 ♔xb2 35.♔e4!

1) 35...♗f8 36.♖h8 ♗g7 37.♖g8 ♖e7 38.♖c8+−.

2) 35...♔xc3 36.♔d5 ♖d6+ 37.♔xe5 ♗f8 38.♖c7+! ♔b3 39.♖c8 ♗e7 40.♖e8 ♖d7 41.♔e6+−.

29.♖ah1 ♖c7

29...d5? 30.exd5+ ♔xd5 31.♖xh7 ♖xh7 32.♖xh7 ♔c4 33.♖f7 ♖c8 34.♖f6 ♔b3 35.♖xa6 ♔xb2 36.♗d2+−.

30.♖h4!

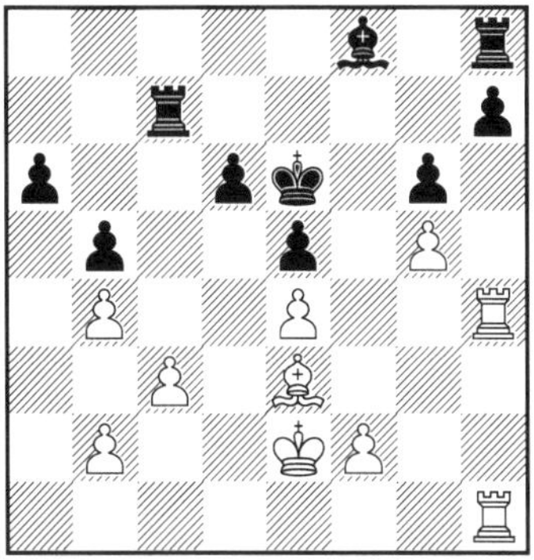

Zugzwang! Schwarz kann keine Figur bewegen, ohne einen der Bauern h7 oder a6 zu verlieren. Fischer kommentiert: „Es wird bald deutlich, dass der Turm auf h4 gut steht.“ Dessen Position auf der vierten Reihe ist nämlich gegen den Vorstoß d6-d5 gerichtet. Auf diesen könnte Weiß jetzt reagieren, indem er auf d5 schlägt und dann ♖d1+ und ♖d8 folgen lässt, und zwar ohne befürchten zu müssen, dass der schwarze König über c4 zum Gegenangriff ansetzt.

30...d5

30...♖c4 (30...♖f7 31.♖a1+−) 31.f3 ♖c7 32.♔f2! Zugzwang! 32...d5 33.♖a1 ♖c6 34.exd5+ ♔xd5 35.♖d1+ ♔e6 36.♖d8+−.

31.♖a1!

Dieser starke Zwischenzug lenkt den Turm von der 7. Reihe ab. 31.exd5+ ♔xd5 32.♖d1+? ♔e6 33.♖d8 wird mit 33...♗g7! beantwortet, und nach 34.♖xh8 ♗xh8 verteidigt der Turm h7.

31...♖c6

31...dxe4 32.♖xa6+ ♔d5 33.♖b6+−.

32.exd5+ ♔xd5 33.♖d1+ ♔e6 34.♖d8 ♔f5

34...♖c7 35.♖a8 ♖c6 36.♗c5+−.

35.♖a8

1) 35.♗c5? trifft auf 35...♔xg5.

2) Aber 35.♖h3!? gewinnt auch: 35...♗g7 36.♖xh8 ♗xh8 37.♖xh7+−.

35...♖e6 36.♖h3!

Droht ♖f3+ mit Figurengewinn.

36...♗g7

1) 36...♔g4 37.♖g3+ ♔h5 38.♖f3 ♗g7 39.♖xh8 ♗xh8 40.♖f8 ♗g7 41.♖f7+−.

2) 36...♔e4 37.♖f3 ♗g7 38.♖xh8 ♗xh8 39.♖f8 ♗g7 40.♖f7 ♗h8 41.f3+ ♔d5 42.♖xh7 ♖e8 43.♔d3+−.

37.♖xh8 ♗xh8 38.♖xh7 ♖e8 39.♖f7+ ♔g4

39...♔e4 40.f3+ ♔d5 41.♔d3+−.

40.f3+ ♔g3

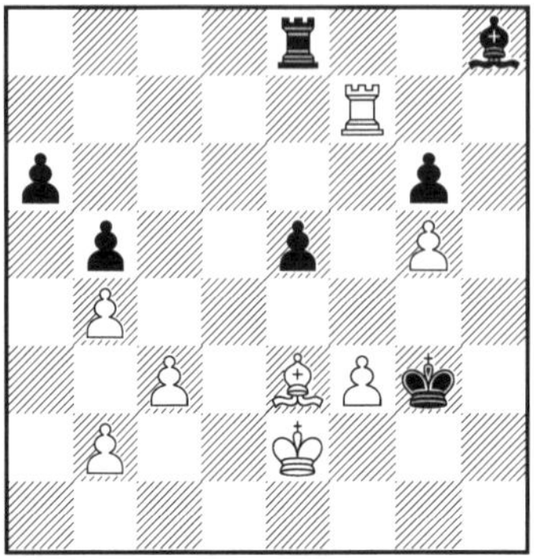

41.♔d3?!

Fischer verpasst den Mattangriff 41.♔f1 ♔h4 42.♔f2+−.

41...e4+ 42.fxe4 ♖d8+ 43.♗d4 ♔g4 44.♖f1 ♗e5

44...♔xg5 45.♖g1+ ♔f4 46.♖xg6+−.

45.♔e3 ♗c7

45...♗xd4+ 46.cxd4 ♔xg5 47.e5+−.

46.♖g1+ ♔h4 47.♔f3 ♖d7

47...♖f8+ 48.♗f6 ♔h3 49.♖h1+ ♗h2 50.e5 ♖e8 51.♔e4+−.

48.e5 ♖f7+ 49.♔e4 ♖f5 50.e6 ♗d8 51.♗f6! ♗xf6 52.gxf6 ♖xf6 53.♔d5 ♖f2 54.♖e1 1-0

Zusammenfassung: Diese starke Leistung Fischers kann als ausgezeichnetes Beispiel für die Anwendung des Prinzips der 'zwei Schwächen' angesehen werden. Zuerst fixiert er die Schwäche auf h7. Dann stört er die Harmonie der verteidigenden Armee, indem er Raum am Damenflügel erobert und die Schwächen der Reihe nach angreift. Dies führt zur Entstehung einer weiteren Schwäche auf a6. Durch kombinierte Drohungen gegen die Schwächen sowie die prophylaktische Verhinderung des Befreiungsvorstoßes d5 schafft Fischer es, die gegnerischen Figuren so weit einzuschränken, dass Schwarz letztendlich fast in Zugzwang gerät. Und schließlich bricht er unter Ausführung präziser taktischer Operationen im typischen Fischer-Stil durch.

02.06

Spielmann – Tarrasch

Bad Kissingen 1928 **(W)**

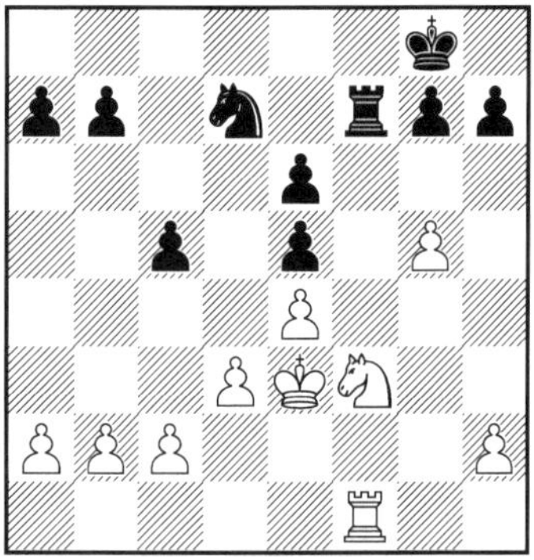

Nach der Beschäftigung mit den vorherigen Beispielen sollte die Formulierung eines guten Plans für Weiß hier kein Problem darstellen. Schwarz hat eine Schwäche auf e5 und der Springer blockiert den möglichen Turmschwenk zum Damenflügel. In Einklang mit dem Prinzip der 'zwei Schwächen' ist klar, dass Weiß ein Spiel am Damenflügel in die Wege leiten sollte.

29.♖b1!

Die Öffnung einer Linie am Damenflügel erlaubt dem weißen Turm das

Vordringen auf die siebte oder achte Reihe, da der schwarze Springer auf d7 an die Verteidigung des Bauern e5 gebunden ist.

In der Partie wählte Weiß jedoch 29.g6?, was nach 29...hxg6 30.♖g1 ♖f6 31.♖g5 b6 zum Remisschluss führte.

29...b6

Nach 29...a5 öffnet Weiß Linien mit 30.c3! ♖f8 31.b4 cxb4 32.cxb4 axb4 33.♖xb4 und zwingt Schwarz zu passiver Verteidigung.

1) 33...b6 34.♖a4 ♔f7 35.♖a7 ♔e8 36.h4±.

2) 33...♖b8 34.♖b5 ♔f7 35.a4±.

30.b4 cxb4 31.♖xb4 ♖f8

31...a6 32.♖c4 ♔f8 33.♖c6 ♔e7 34.c4± .

32.♖c4 a5 33.♖c8+ ♖e7 34.♖h8 g6

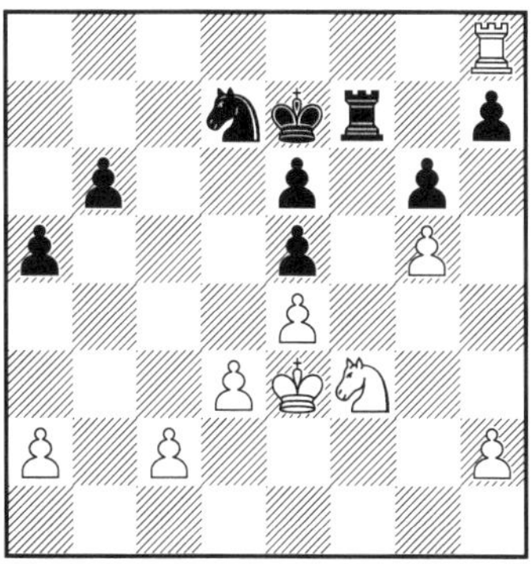

35.c3 ♖xf3+ (35...♔d6 36. ♘d2!+−) **36.♔xf3 ♘f8 37.♔e3 ♖f7 38.d4 ♖g7 39.♖xf8 ♖xf8 40.♔d3+−** Weiß gewinnt mit ♔c4-b5.

02.07

Snosko-Borowski – Aljechin

Paris 1933 **(W)**

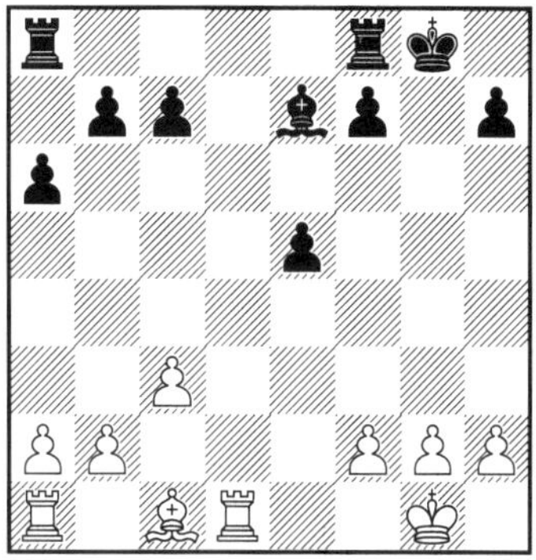

Aljechin schreibt in seinem Kommentar:

„Dieses Endspiel ist für Weiß nicht so einfach zu remisieren, wie es den Anschein hat, da Schwarz über folgenden Plan verfügt:

1) Abtausch eines Turmes;

2) Verlegung des Königs nach e6, wo er von Bauern abgeschirmt wird und den Turmeinbruch auf d7 verhindert;

3) Öffnung der h-Linie durch Vorstoß des h-Bauern mit Hilfe des Turms;

4) Anbindung des Königs (und vielleicht auch des Läufers) an die Bewachung des Einbruchsfeldes h1;

5) Schaffung einer zweiten Front am Damenflügel durch Vorstoß von a- und b-Bauer. Und sollte der weiße König dann noch am Königsflügel stehen, wird der schwarze Turm am anderen Flügel eindringen können.

Hätte Weiß diesen Plan erkannt, hätte er sich wohl vorsichtiger verteidigt.

In der Partie hingegen ging er zu oberflächlich vor, gewissermaßen in der Überzeugung, die Partie müsse ja sowieso remis sein.“

Dieser Kommentar Aljechins ist sehr lehrreich. Allerdings ist er stark vom Verlauf und vom Resultat der Partie beeinflusst. Wie die Analyse zeigt, steht Weiß hier noch nicht schlechter und hatte mehrere Chancen, den skizzierten Plan zu verhindern.

16.♗h6

Der Zug an sich ist nicht schlecht, sondern nur planlos. Und erst die fortgesetzte weiße Planlosigkeit wird bald zu Problemen führen.

16...♖fd8 17. ♔f1?

Mit 17.f4! war der schwarze Plan im Keim zu ersticken. Danach steht Weiß bestimmt nicht schlechter.

17...f5 18.♖xd8+ ♖xd8

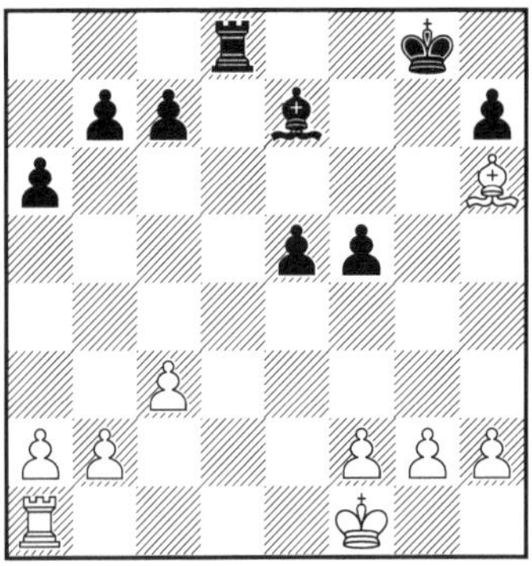

19.g3

Weiß macht ein geringes Zugeständnis, da der Läufer h6 eingesperrt zu werden drohte. So geht er nach z.B. 19.♔e2? f4 20.♖d1? bald verloren. (20.h4! ♔f7 21.♗g5 ♗xg5 22.hxg5 ♔g6 schränkt den Schaden ein.) 20...♖xd1 21.♔xd1 ♔f7–+.

In der Folge läuft alles nach Aljechins Plan. Zuerst bringt er den König nach e6, um Gegenspiel via d7 zu verhindern, und dann ruft er eine erste Schwäche am Königsflügel hervor.

19...♔f7 20.♗e3?!

20.♖e1 ist präziser.

20...h5 21.♔e2 ♔e6 22.♖d1 ♖g8 23.f3

Auf 23.h4 folgt 23...♖g4 mit der Idee f5-f4.

23...h4 24.♗f2 hxg3 25.hxg3 ♖h8 26.♗g1 ♗d6 27.♔f1 ♖g8 28.♗f2

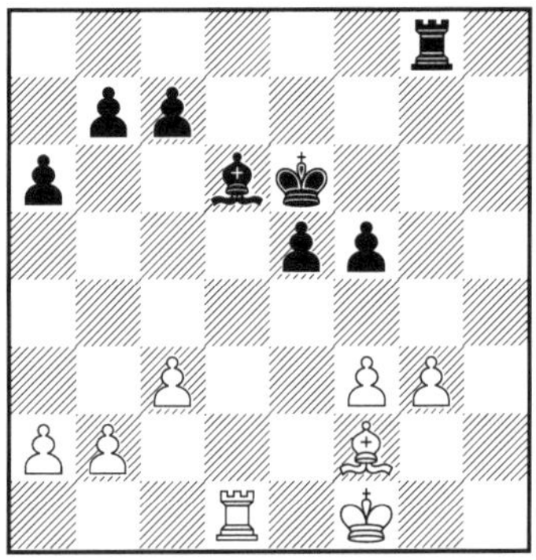

Aljechin hat die vierte Phase seines Plans abgeschlossen und die Beweglichkeit der weißen Figuren eingeschränkt, indem er sie zur Bewachung der Einbruchswege am Königsflügel zwang. Jetzt expandiert er ebenfalls am Damenflügel, um auch dort eine weitere Schwäche hervorzurufen.

28...b5! 29.b3?!

Dies erleichtert die Aufgabe von Schwarz, am Damenflügel einzubrechen.

29...a5! 30.♔g2 a4 31.♖d2

31.b4 ♖c8!? 32.♗c5 ♖a8 nebst ♖a6-c6 ist auch sehr unangenehm für Weiß.

31...axb3 32.axb3 ♖a8 33.c4?!

Und noch ein Bauernzug, der die schwarze Invasion erleichtert. Allerdings war guter Rat schon teuer.

33...♖a3

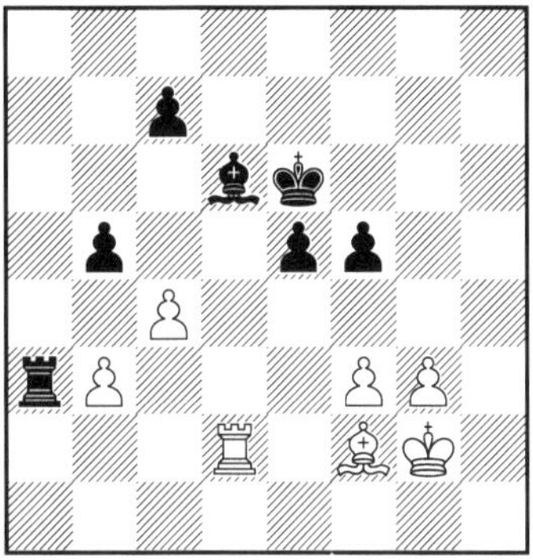

34.c5?

Eine ernste Schwächung des c-Bauern. Weiß sollte versuchen, ein Turmendspiel zu erreichen. Nach 34.♖b2 bxc4 35.bxc4 ♖c3 36.c5 ♗xc5 37.♗xc5 ♖xc5 38.g4 hätte er praktische Remischancen wegen der großen Remistendenz von Turmendspielen.

34...♗e7 35.♖b2 (35.b4? ♖b3−+) **35...b4**

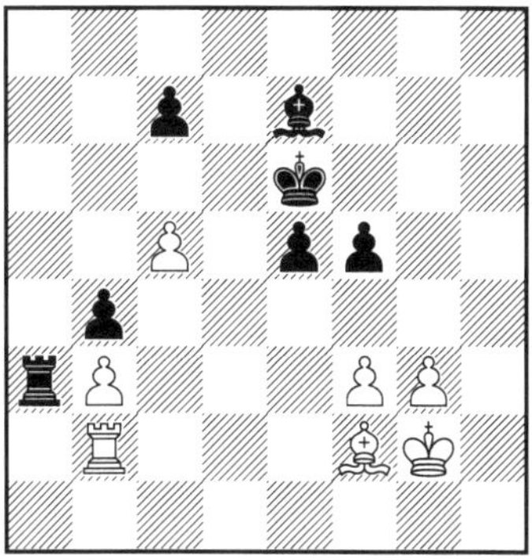

Nach Schaffung zweier Schwächen am Damenflügel können die schwarzen Kräfte mit entscheidender Wirkung einbrechen.

36.g4?!

Dies führt dazu, dass der weiße Läufer nahezu vollständig eingezwängt wird.

36...f4! 37.♔f1 ♖a1+ 38.♔e2 ♖c1 39.♖a2 ♖c3! 40.♖a7

40.♖b2 e4 41.fxe4 f3+ 42.♔d1 ♔e5−+.

40...♔d7 41.♖b7 ♖xb3 42.♖b8 ♖b2+ 43.♔f1 b3 44.♔g1 ♔c6 45.♔f1 ♔d5 46.♖b7

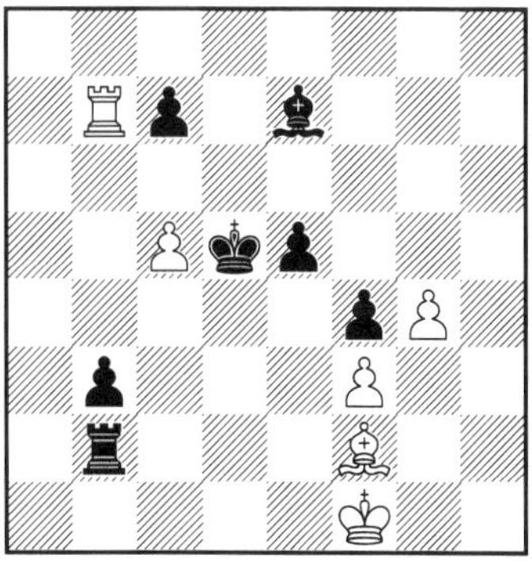

Aljechin hat sich einen Freibauern am Damenflügel verschafft. Allerdings versucht er jetzt nicht etwa, diesen Trumpf direkt zu verwerten, sondern wendet stattdessen seine Aufmerksamkeit dem Königsflügel zu, um dort mit dem König einzubrechen.

46...e4! 47.fxe4+ ♔xe4 48.♖xc7 ♔f3 49.♖xe7 ♖xf2+ 50.♔e1 b2 51.♖b7 ♖c2 52.c6

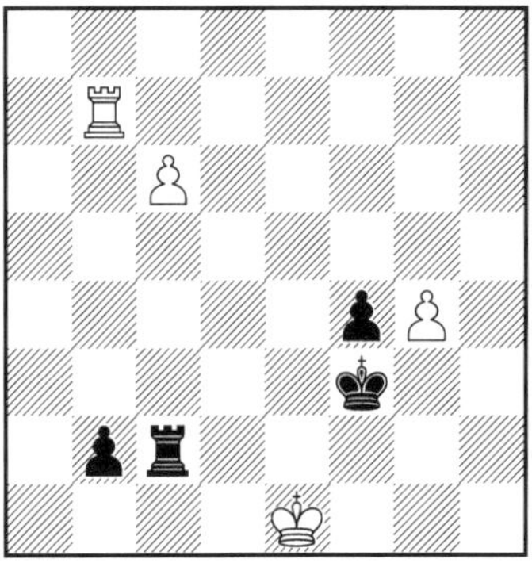

52...♔g3

Gute Technik! Aljechin benutzt den g-Bauern zur Abschirmung von Turmschachs.

52...♖c1+ gewinnt auch: 53.♔d2 b1♕ 54.♖xb1, nur jetzt nicht 54...♖xb1? 55.c7, sondern 54...♖xc6 55.g5 ♔g2−+.

53.c7 f3 54.♔d1 ♖xc7 55.♖xb2 f2 0-1

Zusammenfassung: Aljechin ist eine gute Demonstration seiner superben Endspieltechnik gelungen. Die schwarzen Manöver sind typisch für solcherlei Positionen und sie sollten von jedem guten Spieler beherrscht werden. Besondere Beachtung verdient die Zentralisierung des Königs, der Vorstoß des h-Bauern, der Abtausch nur *eines* Turmpaares und schließlich die Ausnutzung des Prinzips der ‘zwei Schwächen’.

02.08

Nielsen – Drejew

Esbjerg 2003 **(S)**

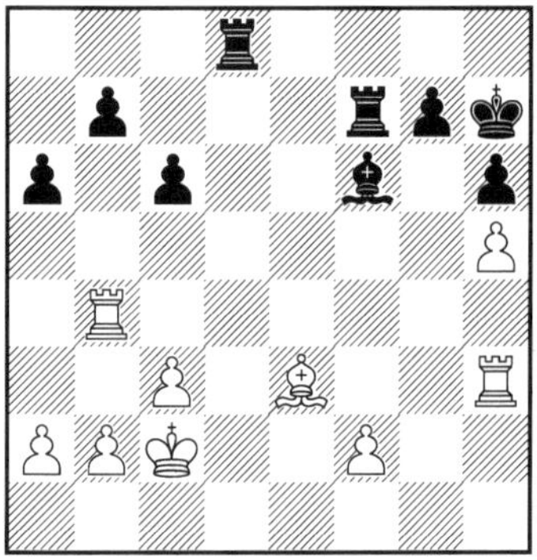

Auf den ersten Blick mag diese Stellung dynamisch ausgeglichen wirken. Die geschwächte weiße Königsflügelstruktur scheint durch die aktiven Figuren aufgewogen zu werden. Allerdings kann Schwarz die gegnerischen Figuren durch Angriff auf die Schwächen in Passivität drängen.

29...♖e7!

Schwarz bereitet den Angriff auf den Bauern h5 vor. Er will seine Türme auf der 5. Reihe verdoppeln.

30.♖f4 ♖d5 31.c4

Schwarz drohte, die Schwäche von h5 mit ♖ee5 hervorzuheben.

31...♖de5 32.♖g4?!

Das raumgreifende Vorgehen am Damenflügel mit 32.b4 wäre besser gewesen.

32...♖f5!

Mit der Absicht ♖e5xh5. Schwarz aktiviert die eigenen Figuren und drängt die gegnerischen in Passivität.

33.♖g1

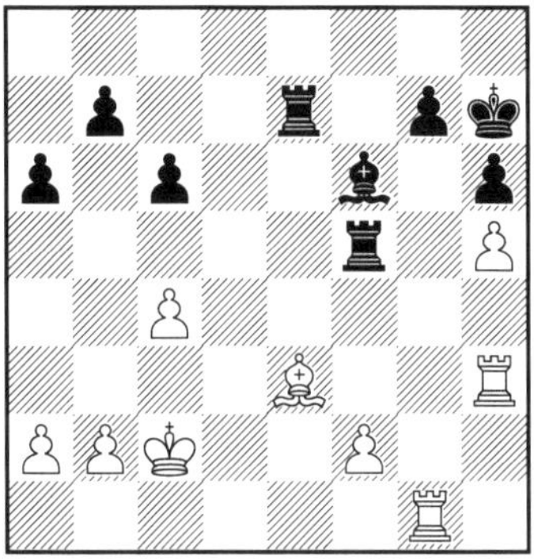

33...b5!

Alles geschieht gemäß der übergeordneten strategischen Planung. Zuerst wird eine Schwäche unter Druck gesetzt, um die gegnerischen Figuren in Passivität zu drängen, dann werden die Positionen der eigenen Armee optimiert und ihre Mobilität wird durch Raumgewinn vergrößert. Und zum Schluss folgt der Angriff am anderen Flügel.

34.cxb5 cxb5 35.♖d1 a5! 36.b3?!

Dieser Zug erleichtert Schwarz die Schaffung einer zweiten Front. Weiß hätte besser mit z.B. 36.♖d6 abwarten sollen.

36...♖c7+ 37.♔b1 a4

Dies dient nicht nur der folgenden Schwächung des weißen b-Bauern, sondern auch der Öffnung von Angriffswegen gegen den König.

38.♖hh1?

Die prophylaktische Maßnahme 38.♖d3 war zäher.

38...axb3 39.axb3 ♖c3 40.♔a2 b4 0-1

Die Drohung ♖a5+ ist entscheidend. Ein Beweis dafür, dass die schwarzen Figuren viel beweglicher stehen und leicht an beiden Flügeln eingesetzt werden können.

Zusammenfassung: Diese Partie veranschaulichte einen wichtigen Schritt bei der Anwendung des Prinzips der 'zwei Schwächen'. Nach der Schaffung der ersten Schwäche wird diese angegriffen, um die gegnerischen Figuren zu passiver Verteidigung zu zwingen. Dann wird die Stellung maximal verbessert, und erst danach beginnt der Angriff am anderen Flügel.

02.09

Akopjan – Schirow

Chanty-Mansijsk 2007

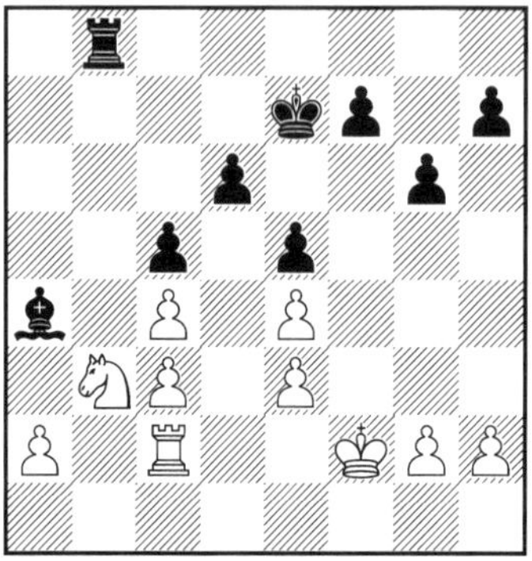

Diese Stellung scheint auf den ersten Blick schwer zu beurteilen. Zwar hat Weiß einen Mehrbauern, aber angesichts der zwei Doppelbauern ist seine Struktur ruiniert. Da die schwarzen Figuren außerdem viel aktiver stehen, kann nur Schwarz auf einen vollen Punkt spielen. Schirow stellt in der Partie unter Beweis, dass er die Klassiker studiert hat. Er vergrößert seinen Vorteil nach dem Muster Aljechins durch einen kombinierten Angriff an beiden Flügeln.

30...h5!

Schirow spielt analog zur obigen Aljechin-Partie. Er stößt den h-Bauern nach h4 vor. Danach will er den Bauern g2 unter Druck setzen, indem er die lange Diagonale mit dem Hebel f7-f5 öffnet. Und sobald der Verteidigungszug g2-g3 provoziert wurde, kann Schwarz seinem Turm einen Einbruchsweg am Königsflügel öffnen.

31.♔e1

Womöglich war es besser, den Vorstoß des schwarzen Bauern sofort mit 31.h4 zu stoppen, um die Königsflügelbauern schwarzfeldrig zu postieren. Dennoch behält Schwarz ausgezeichnete Gewinnchancen, z.B. 31...f6 32.g3 g5 33.♔e2 gxh4 34.gxh4.

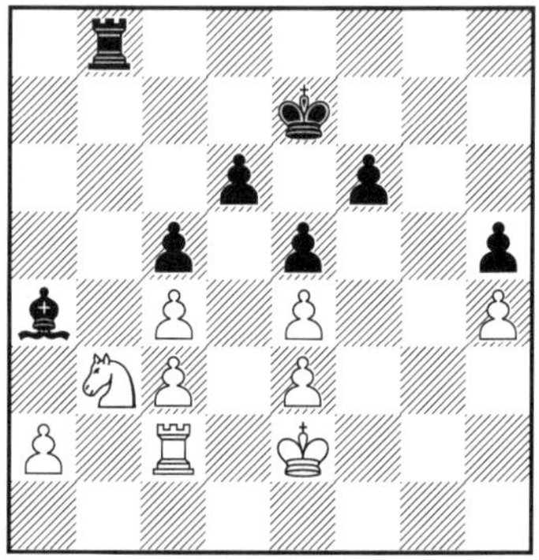

Nun kann Schwarz angesichts seines aktiven Turms und der vielen Schwächen im weißen Lager in ein Turmendspiel übergehen. 34...♗xb3 35.axb3 ♖xb3 36.♔d3 ♖b1 37.♖b2!? ♖d1+ 38.♔e2 ♖h1 39.♔d3 ♔e6

(Nur nicht 39...♖xh4? wegen 40.♖h2! ♖g4 41.♖xh5=.)

40.♖h2!?.

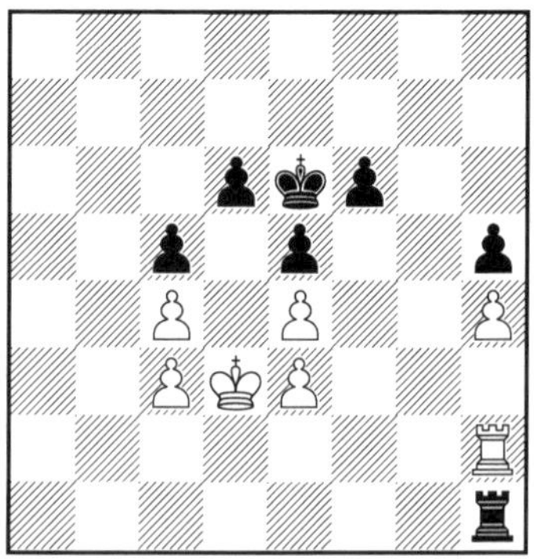

Die Pointe der weißen Verteidigung besteht in diesem Pattmotiv. Aber Schwarz kann die Festung sprengen, indem er seinen Turm nach g4 und den König nach g6 verlegt, und so den weißen Turm zur Verteidigung des Bauern h4 zwingt. Dann setzt er mit f6-f5 fort, um das Pattmotiv zu beseitigen. Aufgrund seiner Aktivität und der vielen Schwächen im weißen Lager erhält er gute Gewinnchancen.

40...♖d1+ 41.♔c2 ♖g1 42.♖f2 ♖g4 43.♔d3 ♔f7

1) 44.♖g2 f5!−+.

2) 44.♖a2 f5! 45.♖a7+ ♔f6 46.exf5 ♔xf5 47.♖f7+ ♔e6 48.♖h7 ♖xh4 49.♖h6+ ♔d7 50.♖h7+ ♔c6−+.

3) 44.♖h2 ♔g6 Schwarz wird mit f6-f5 fortfahren, um den König zu aktivieren. 45.♖g2 (45.♖f2 ♖xh4! 46.♖h2 ♔g5−+) 45...f5 46.exf5+ ♔xf5

a) 47.♖h2 ♖g1 48.♖f2+ ♔g4 49.♔e4 ♔xh4 50.♔d5 ♔g3 51.♖f6 ♖d1+ 52.♔e4 h4 53.♖g6+ ♔h2 54.♔f3 ♖d2 55.♖g8 h3 56.♖g7 ♖g2 57.♖a7 ♖g3+ 58.♔f2 e4−+.

b) 47.♖f2+ ♔e6 Jetzt ist das Pattproblem vom Tisch und Weiß muss sich passiv verteidigen, was im Turmendspiel meistens sehr nachteilig ist. So hat Schwarz nach 48.♖h2 d5! gute Gewinnchancen.

31...h4 32.♔d2 ♗c6 33.♔d3 f5!

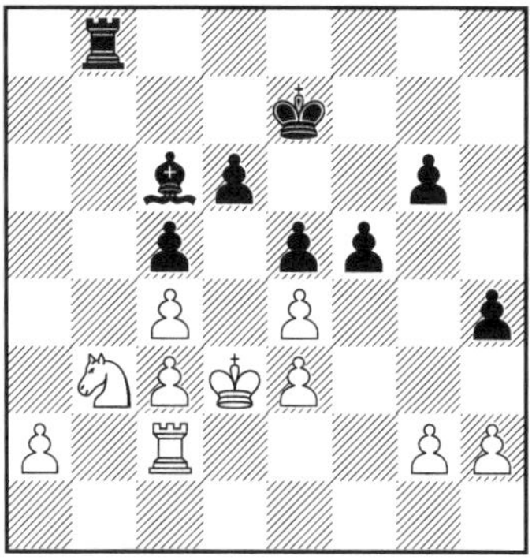

Schwarz vergrößert den Einflussbereich seiner Figuren. Der langsame Springer ist nicht in der Lage, den schnellen Aktionen der langschrittigen schwarzen Figuren zu folgen.

34.exf5?

Das öffnet zu viele Einbruchswege.

Mit 34.♘d2!? war mehr Widerstand zu leisten. Die Verteidigungsidee besteht darin, die lange Diagonale geschlossen zu halten und dann mit g2-g3 oder a2-a3, gefolgt von ♖a2, die Situation an einem der Flügel zu klären. Schwarz muss sehr präzise vorgehen, um Vorteil zu erlangen.

1) 34...♔f6?! erlaubt Weiß den Umbau 35.a3 nebst ♖a2.

2) 34...♗a4?! gewinnt den Bauern zurück, allerdings um den Preis, ein Turmendspiel mit praktischen Remischancen zuzulassen: 35.♘b3 ♗xb3 36.axb3 ♖xb3 37.g3!.

3) 34...♖a8! ist der beste Zug. Schwarz muss weiße Figuren an die Verteidigung der schwachen Bauern binden. Daher bringt er seinen Turm nach a3 oder a4, wonach die Sequenz 1...fxe4+ 2.♘xe4 ♗xe4+ 3.♔xe4 ♖xc3 mit Bauerngewinn droht. Dies zwingt Weiß schließlich dazu, auf f5 zu schlagen, was dem Schwarzen mehr Zugstraßen öffnet.

a) Zunächst könnte Weiß auch versuchen, sein Spiel am Königsflügel mit 35.g3 zu befreien, aber mit den Leichtfiguren noch auf dem Brett hat Schwarz starken Druck. Nach z.B. 35...hxg3 36.hxg3 ♔e6 37.♖b2 ♖a3 38.♖c2 ♖a4 hat Weiß nichts Besseres, als auf f5 zu schlagen.

b) 35.♖b2 ♖a4

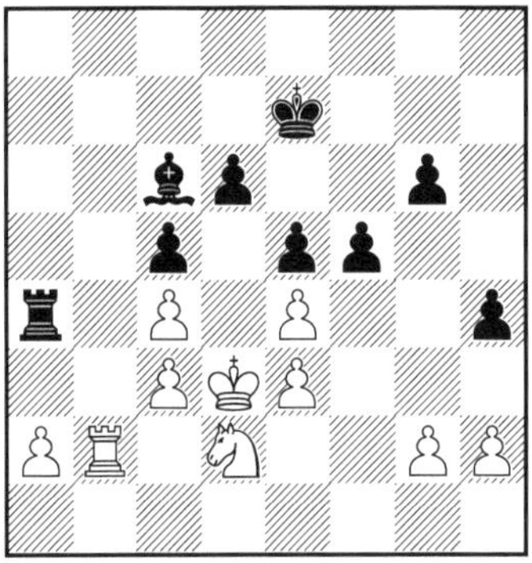

Dem Weißen gehen die Züge aus. Schwarz wird seinen König nach e6 stellen und damit drohen, auf e4 zu nehmen. Also wird Weiß früher oder später auf f5 schlagen müssen.

Nach 36.exf5 gxf5 37.g3 hxg3! 38.hxg3 ♔e6 wäre Weiß machtlos gegen den Plan e4, ♔e5 nebst ♗d7-e6.

b*) 39.e4?! ♗xe4+ 40.♘xe4 fxe4+ 41.♔xe4 ♖xc4+ 42.♔d3 ♖g4; 39.♔e2 ♖a3 40.♔d3 ♗g2; 39.♖b6 e4+ 40.♔c2 ♖xa2+.

b)** 39.♖b8 e4+ 40.♔c2 ♖xa2+ 41.♔c1 ♔e5 42.♖h8 (42.♖d8 ♖a7) 42...♗d7. Schwarz hat deutlichen Vorteil. Er wird den Läufer nach e6 stellen, um den Bauern c4 unter Druck zu setzen. Dann lässt er c4-c3 und g3 folgen, bis die weiße Verteidigung zusammenbricht.

34...gxf5 35.♖f2 ♔e6 36.♔e2

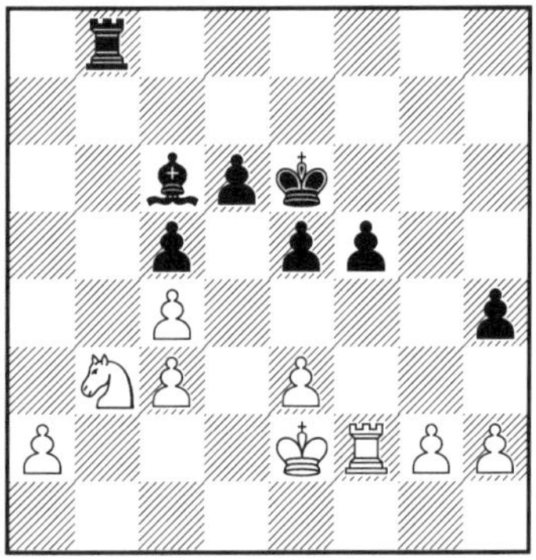

36...♖a8!

Der schwarze Turm droht mit dem Angriff auf alle weißen Schwächen. Der Bauer a2 steht direkt unter Beschuss und der Turm kann schnell nach a4 und g8 gelangen. Weiß ist machtlos gegen die vielfältigen Drohungen.

37.♔e1 (37.♔d3? ♗e4+ −+) **37...♖a4**

Schwarz gewinnt seinen Bauern zurück, wonach die Sache angesichts der vielen Schwächen im weißen Lager entschieden ist.

38.g3 hxg3 39.hxg3 ♗e4 40.♖h2 ♖xc4 41.♔d2 ♖a4 42.♔c1 c4 43.♘a1 ♖a8 44.♖d2

44.♘c2 ♗xc2 45.♖xc2 ♔d5 46.♖d2+ ♔e4 47.♔b2 ♖d8 48.♖f2 ♖b8+ 49.♔c2 ♖g8 50.a4 ♖xg3−+.

44...♖g8 45.a4 ♖xg3 46.♘c2 ♗xc2 47.♖xc2 ♖xe3 48.a5 ♔d7 49.a6 ♔c7 0-1

Zusammenfassung: Schirow setzte klassische Prinzipien in einer komplizierten Stellung ein. Zusätzlich zu den Schwächen am Damenflügel schuf er durch Vorstoß der Bauern f und h weitere Schwächen und Einbruchswege am Königsflügel. Dies konnte schließlich durch sein kraftvolles Turm-Läufer-Duo ausgenutzt werden.

Diese Beispiele ermöglichen die Formulierung eines allgemeinen Plans zur Strategie der 'zwei Schwächen'.

1) Zuerst schaffe man *eine* Schwäche.

2) Dann greife man diese an, jedoch nicht mit dem Ziel, sie zu erobern, sondern um gegnerische Figuren an die Verteidigung zu binden und somit jegliches Gegenspiel auszuschließen.

3) Man verbessere die Stellung der eigenen Figuren so weit wie möglich, während man die der gegnerischen so weit wie möglich einschränkt (z.B. durch Einnahme von mehr Raum).

4) Man schaffe eine zweite Schwäche am anderen Flügel.

5) Man überwinde die Verteidigung, indem man die bessere Beweglichkeit seiner Figuren nutzt.

Bei jedem Schritt muss das Prinzip der Prophylaxe und die Vermeidung von Gegenspiel beachtet werden. Langfristige Manöver können nur bewerkstelligt werden, wenn der Gegner kein effektives Gegenspiel hat. Darüber hinaus ist es auch wichtig, dieses Prinzip in Relation zur Beweglichkeit der eigenen Figuren zu sehen. Die Überwindung der Verteidigung ist oft nur dann möglich, wenn die angreifenden Figuren schneller sind (z.B. Läufer gegen Springer), oder wenn ein gegebener Raumvorteil ihnen größere Beweglichkeit gewährt, so dass sie an einem Flügel ein für den Angreifer günstiges Ungleichgewicht schaffen können.

Übungen

Lösungen ab Seite 206

Ü02.01

Kasparow – Andersson

Belgrad 1985 **(W)**

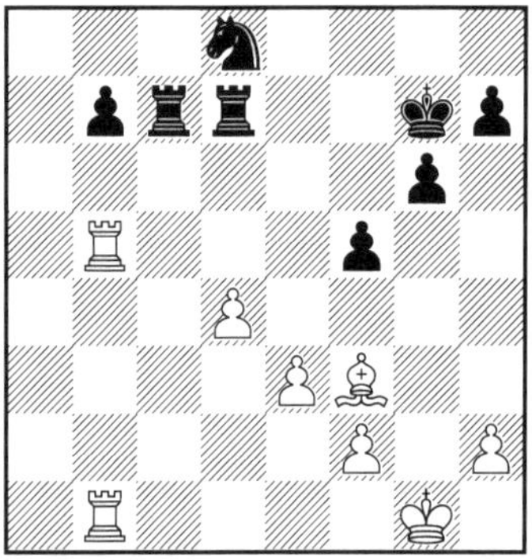

Angesichts des schwachen b7-Bauern hat Weiß klaren Vorteil. Aber nach der entsprechenden Regel kann Schwarz diese einzige Schwäche erfolgreich verteidigen. Wie schaffte Kasparow eine zweite Schwäche im schwarzen Lager?

Ü02.02

Kotow – Pachman

Venedig 1950 **(S)**

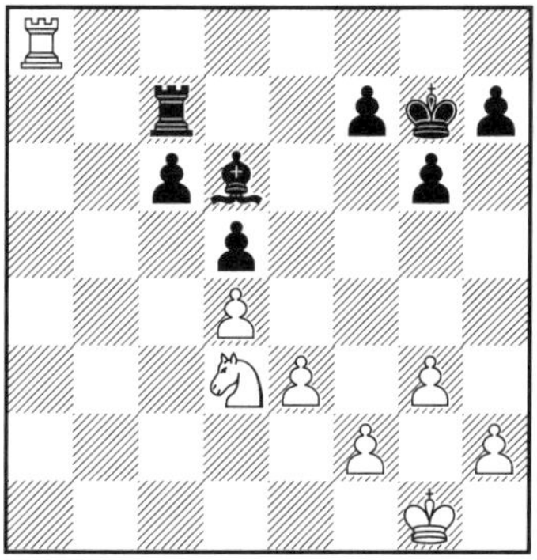

In dieser für die 'Karlsbader-Struktur' typischen Stellung hat Schwarz eine Schwäche auf c6. Wie sollte er fortsetzen, um seine Verteidigungslinie intakt zu halten?

Ü02.03

Giri – Sutovsky

Wijk aan Zee 2010 **(W)**

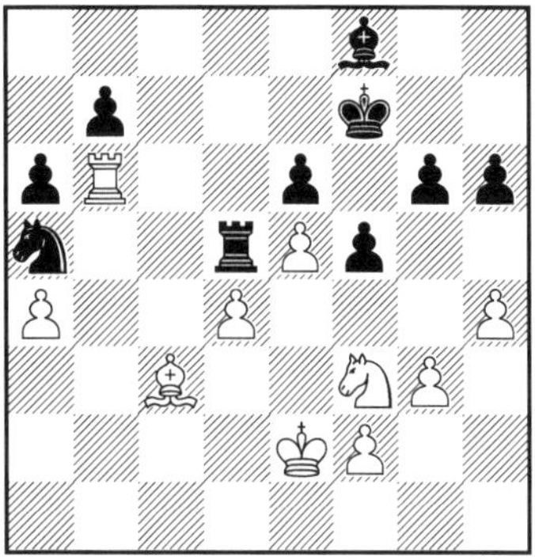

Wie erhöhte Giri den Druck?

Ü02.04

Jussupow – Christiansen

Las Palmas 1993 **(W)**

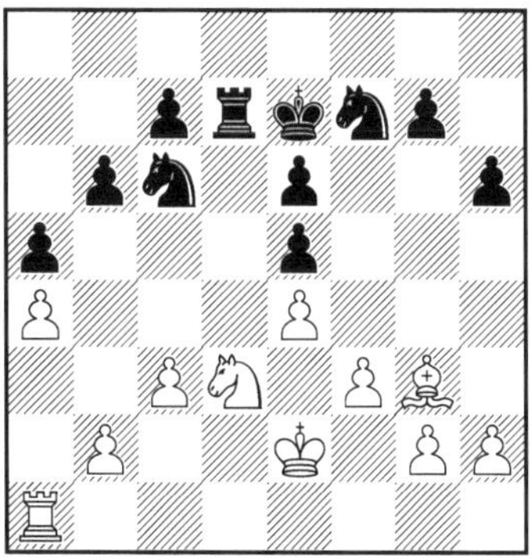

Wie konnte Jussupow Fortschritte erzielen?

Ü02.05

Karpow – Lautier

Biel 1992 **(W)**

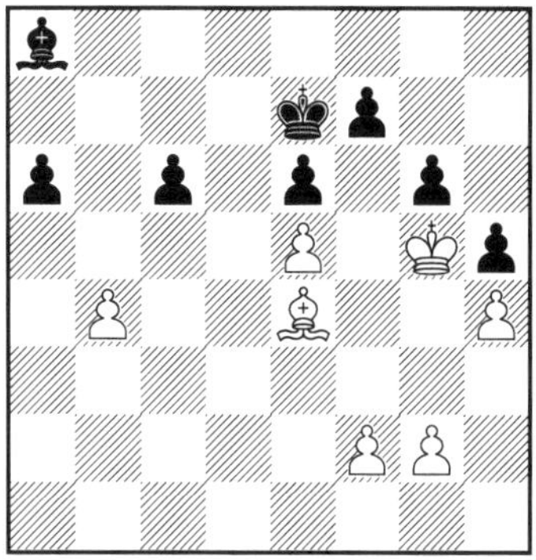

Wie verwandelte Karpow seinen Vorteil?

Ü02.06

Botwinnik – Aljechin

Holland 1938 **(W)**

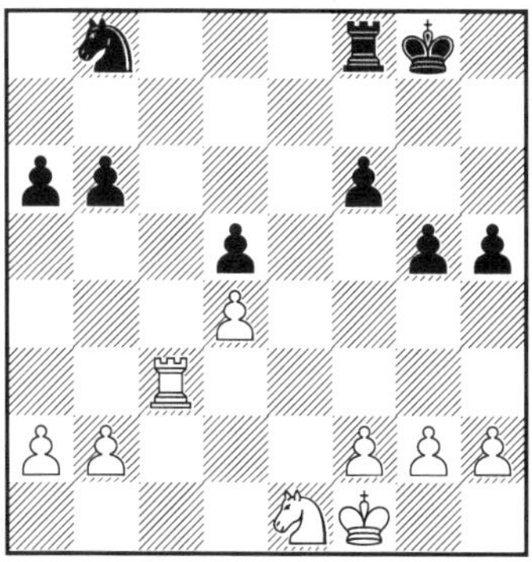

Wie setzte Botwinnik fort?

2.1 Das Prinzip der 'zwei Schwächen' im Mittelspiel

Die vorstehenden Beispiele haben die Anwendung des Prinzips in seiner reinen Form im Endspiel gezeigt. Im Mittelspiel ist diese eher selten anzutreffen, da die Probleme viel komplizierter sind. Oft kann man einen statischen Nachteil nämlich durch dynamisches Gegenspiel kompensieren, und nur sehr selten ist eine Seite zu völliger Passivität verurteilt. Auch ist es viel wahrscheinlicher, dass die Schwäche zwecks Erlangung von Aktivität geopfert werden kann. Entsprechend ist langwieriges Manövrieren oft gar nicht möglich. Andrerseits kommt im Mittelspiel ein weiteres Ziel ins Visier, denn im Gegensatz zum Endspiel, wo es beim Prinzip der 'zwei Schwächen' vornehmlich um schwache Bauern bzw. Felder geht, ist im Mittelspiel die Sicherheit des *Königs* von größter Bedeutung.

02.10

Aljechin – Asztalos

Kecskemét 1927 **(W)**

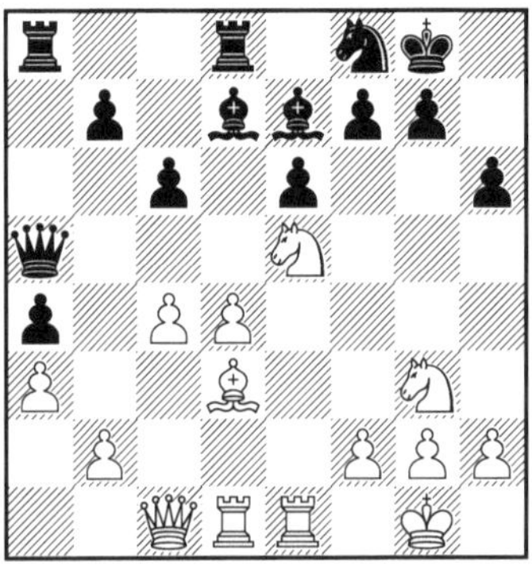

Weiß hat die aktivere Figurenstellung, aber die schwarze Position ist recht solide. Aljechin demonstriert in der Folge, wie das Prinzip der 'zwei Schwächen' im Mittelspiel anzuwenden ist. Dabei besteht sein Plan aus mehreren Schritten:

1) Schaffung einer ersten Schwäche am Damenflügel;

2) Angriff auf diese Schwäche, nicht um sie zu erobern, sondern um die schwarzen Figuren an die Verteidigung zu binden;

3) maximale Verbesserung der eigenen Stellung (Figurenpositionen und Raumvorteil);

4) Schaffung einer weiteren Schwäche am anderen Flügel (in der Königsstellung);

5) Überwindung der Verteidigung.

In allen Phasen ist das Prinzip der Prophylaxe von größter Bedeutung, da die erforderlichen Manöver Zeit kosten und nur ausgeführt werden können, wenn der Verteidiger kein Gegenspiel hat.

19.c5!

Ein starker positioneller Zug. Der ♘e5 soll über c4 nach b6 gespielt werden, um den Bauern a4 zu gefährden. Die Schwächung des Feldes d5 ist dabei nicht so wichtig, da keine schwarze Leichtfigur es in absehbarer Zeit besetzen kann. Zur Verhinderung des genannten Springermanövers muss Schwarz seinen Damenflügel schwächen.

19...b5

Der erste Schritt: die Schaffung einer ersten Schwäche am Damenflügel.

20.♗e4 ♕c7

Die schwarzen Figuren werden an die passive Verteidigung des Bauern c6 gebunden. Jetzt verbessert Aljechin seine Figurenstellung maximal und hält dabei die Schwäche c6 im Auge.

21.♕c3

Die Dame erhält die Möglichkeit, nach f3 zu schwenken.

21...♗e8 22.♘e2

Der Springer wird über d3 nach b4 verlegt. Die Alternative bestand in dem direkten Vorstoß 22.f4 nebst f5.

22...♖a6 23.♘c1

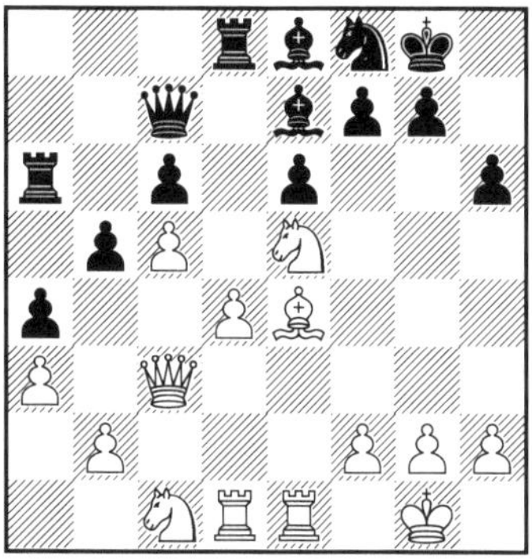

23...♘d7

Schwarz ist zum Abtausch des ♘e5 gezwungen, denn andernfalls kann er den Bauern c6 angesichts des Manövers ♘c1-d3-b4 nebst ♕c3-f3 nicht schützen.

24.♘xd7 ♖xd7?!

24...♕xd7 ist flexibler.

25.♘d3 ♖d8 (25...♗f6? 26.♘b4+−) **26.♘e5 ♗f8**

Weiß hat seine Figuren aggressiv aufgestellt. Jetzt beginnt er mit der Schaffung einer weiteren Schwäche am schwarzen Königsflügel, der durch den Aufzug des h-Bauern bereits leicht gelockert worden ist.

27.h4!

Dieser typische Vorstoß ist gegen g7-g6 gerichtet.

27...♖aa8

27...g6? 28.h5 g5 29.♗b1±.

28.♗b1

Die Drohung ♕d3-h7 erzwingt einen weiteren Bauernzug am Königsflügel.

28...h5

Schwarz schwächt den Königsflügel noch mehr, um die Diagonale b1-h7 mit g7-g6 schließen zu können, ohne den Hebel h4-h5 fürchten zu müssen.

29.♕f3 g6

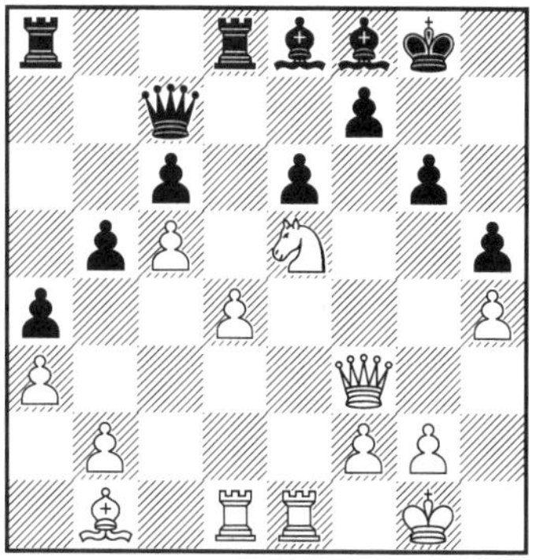

Aljechin hat die vierte Phase seines Plans abgeschlossen und eine Schwächung des gegnerischen Königsflügels bewirkt. Nun nimmt er die Erstürmung der Festung konkret in Angriff.

30.g4!

Weiß öffnet den Königsflügel, um besser von der größeren Beweglichkeit seiner Kräfte zu profitieren.

30...hxg4 31.♕xg4 ♗g7 32.♗a2

Auch 32.♔g2!? mit der Idee h4-h5 nebst ♖eh1 war interessant.

32...b4!

Schwarz sucht Gegenspiel am Damenflügel.

32...♕e7? 33.♘xg6!+− (Aljechin);

32...♗xe5? 33.♖xe5 b4 34.♗c4 ♔g7 35.h5+−.

33.♗c4! bxa3 34.bxa3 ♕a5 35.♕e4 (35.♘xg6? ♖xd4) **35...♕c7 36.♕f4?!** (36.h5!?)

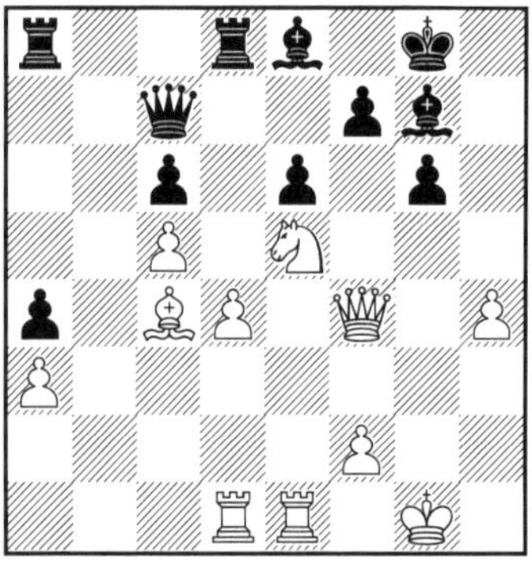

36...♖ab8?

Zu langsam. Die Verteidigung des Königsflügels musste unverzüglich mit 36...♕e7! verstärkt werden.

1) 37.♘xg6 ♕f6.

2) 37.♕g3 ♕f6 38.♖d3 ♕f5 39.♖f3 ♗xe5 40.dxe5 ♕h5.

3) 37.h5 gxh5 38.♖d3 ♕f6 39.♕g3 ♕h6; Weiß übt einigen Druck aus, aber der Kampf ist noch nicht entschieden.

37.h5!

Der Rammbock wird eingesetzt.

37...gxh5 38.♔h1

Räumt das Feld g1 für den Turm.

38...♖b7 39.♖g1 ♕e7

Aufgrund seines Raummangels kann Schwarz keine Verteidigungslinie errichten, seine Figuren sind zu unbeweglich platziert. Aljechin bringt die Sache in dem für ihn typischen brillanten Angriffsstil zu Ende.

40.♖xg7+! ♔xg7 41.♖g1+ ♔h7 42.♘xf7 1-0

Und in Erwartung von 42...♕xf7 43.♗d3+ ♕g6 44.♗xg6+ ♗xg6 45.♕f6 ♖g8 46.♕xe6 ♖b3 47.♖g3 gab Asztalos sich geschlagen.

02.11

Polgar – Anand

Wijk aan Zee 1998

1.e4 c5 2.♘f3 d6 3.d4 cxd4 4.♘xd4 ♘f6 5.♘c3 a6 6.♗e3 e5 7.♘f3 ♗e7 8.♗c4 0-0 9.0-0 ♗e6 10.♕e2 b5 11.♗b3

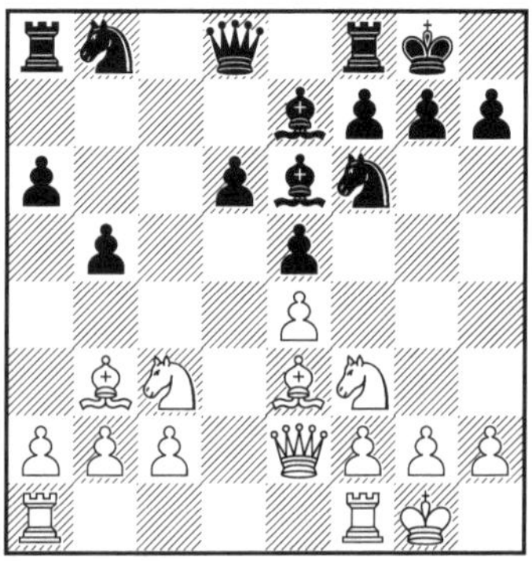

11...♗xb3?

Ein sehr ernster Fehler für einen Spieler vom Schlage Anands. Der weißfeldrige Läufer ist in dieser Stellung eine der wichtigsten schwarzen Leichtfiguren.

12.axb3 ♘bd7 13.♖fd1 ♕c7

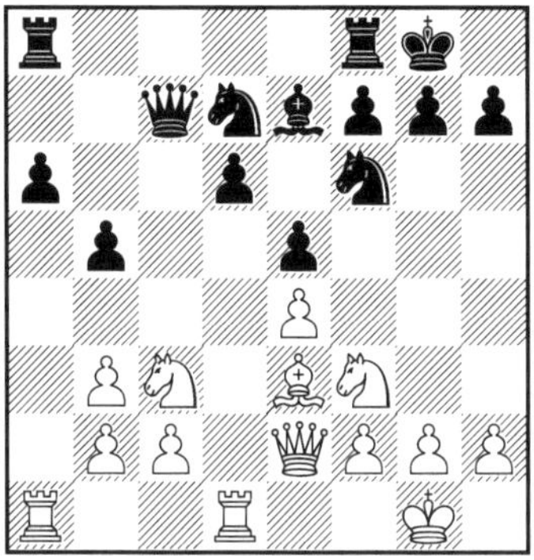

Schwarz hat bereits zwei Schwächen, denn beide rückständige Bauern auf a6 und d6 sind langfristig verletzlich. Hinsichtlich der d-Linie ist es auch sehr wichtig, dass das Feld d5 durch Abtausch des weißfeldrigen Läufers stark geschwächt wurde. Da jedoch noch viele Figuren auf dem Brett sind, kann Schwarz seine Hoffnung darauf setzen, seine statischen Nachteile durch Gegendruck auf c2 und e4 zu kompensieren. Folglich besteht Polgars Ziel darin, dies zu verhindern, ohne ihre statischen Trümpfe preiszugeben. Dies wird durch den Abtausch von Leichtfiguren nebst Besetzung von d5 erreicht.

14.♗g5!

Tauscht einen wichtigen Verteidiger von d5 ab. Weiß will eine Stellung mit einem starken Springer gegen einen schlechten Läufer erreichen.

14...♖fc8 15.♘e1

Der Springerzug schützt c2 und bereitet das Manöver ♗xf6 nebst ♘d5 vor. Auch kann der Springer über die Reiserouten e1-d3-b4 oder e1-g2-(c2)-e3 das Feld d5 erreichen.

15...♕b7 16.♗xf6 ♘xf6 17.♘d5 ♘xd5 18.♖xd5

Polgar hat die erwünschte Materialverteilung erreicht, ohne die Kontrolle über den Vorposten d5 zu verlieren.

18...♖c5 19.♖ad1 ♖xd5 20.♖xd5 ♖c8 21.c3!

Dieser starke Prophylaxezug ist gegen den Befreiungsstoß d6-d5 gerichtet.

21...b4

21...♖c5 22.♖d1 d5? verliert nach 23.b4 einen Bauern.

22.c4 g6 23.g3

Ein sinnvoller Zug, der gut ins allgemeine Konzept passt. Der König erhält das Feld g2 und der Vorstoß h2-h4wird vorbereitet.

23...♖c5 24.♖d1!

Denn auf d5 wird eine Figur – und nicht etwa ein Bauer erscheinen!

24...a5 25.♘c2 ♔g7 26.♕d3 ♖c6 27.♘e3 ♕c8 28.♔g2 ♕e6 29.♕e2 ♗d8 30.♘d5

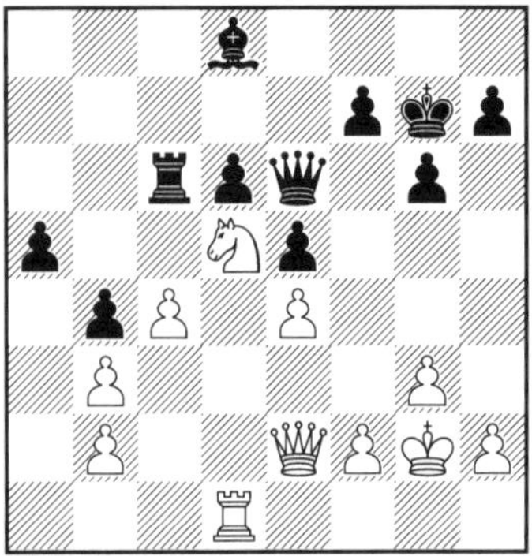

Weiß hat eine Traumstellung erreicht. Der mächtige ♘d5 verhindert allein durch seine Anwesenheit jegliches Gegenspiel. Polgar wird langfristig das Prinzip der 'zwei Schwächen' einsetzen, um Anands Verteidigung zu überfordern. Im nächsten Schritt wird sie die Stellung ihrer Figuren verbessern, um den Druck auf die Schwächen a5 und d6 zu erhöhen.

30...♖c5 31.♕e3 ♗e7 32.♖d3 ♗d8 33.♕d2 ♖c6 34.♕d1 ♔d8

Die weißen Figuren wurden flexibel in der d-Linie aufgestellt. Da jedoch beide Schwächen zu verteidigen sind, wird eine dritte am Königsflügel hervorgerufen.

35. h4!

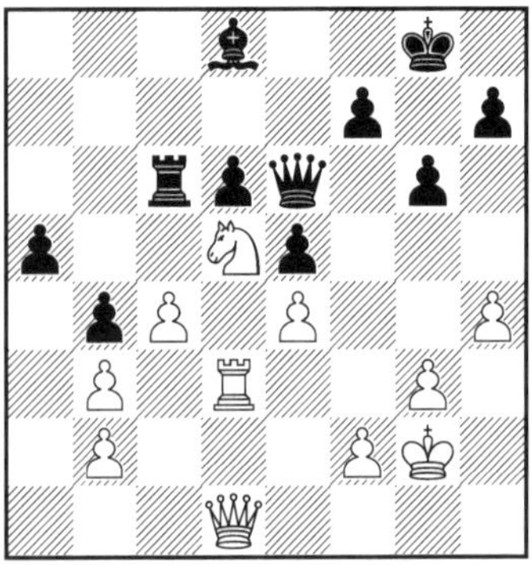

35...♔g7

Womöglich war es besser, den Vorstoß h4-h5 mit 35...h7-h5 zu verhindern. Dann könnte Weiß nur noch mit f4 oder g4 Fortschritte machen, was natürlich auch die eigene Königsstellung öffnet.

36.h5 ♗g5 37.♕f3 ♖c8 38.♖d1 ♖c6 39.♕e2 ♖c8 40.♖h1 ♔g8 41.f3

Polgar räumt f2 für die Dame, die von dort Richtung Damenflügel wirkt, aber via g1–h2 auch schnell vor den gegnerischen König schwenken kann.

41...♖b8 42.♕f2 ♖b7 43.hxg6 fxg6

43...hxg6? 44.♕g1

1) 44...♗f6 45.♕h2 ♗g7 46.♕h4+-.

2) Nach 44...f5 45.♕h2 ♗f6 46.♕h6 ♗g7 47.♕g5 ♖d7 48.♖a1+- sind die schwarzen Figuren zu unbeweglich, um die Drohungen an beiden Flügeln zu parieren.

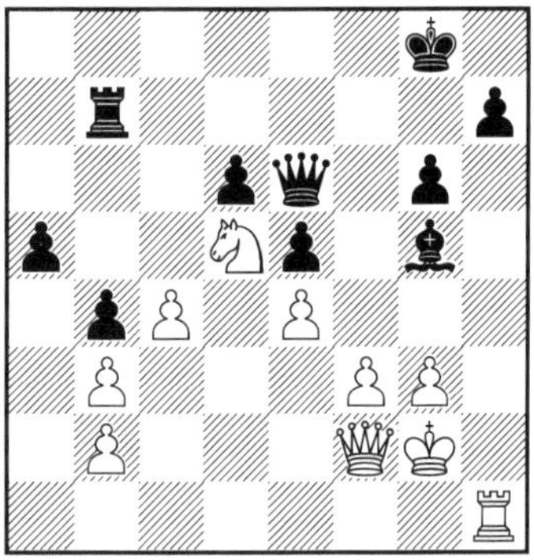

Schwarz hat alle Einbruchsfelder am Damenflügel gedeckt. Deshalb öffnet Polgar endgültig die zweite Front, um auch ihre Chancen auf Königsangriff zu erhöhen.

44.c5! dxc5 45.♕xc5 ♗d8

Die Drohung gegen den Bauern a5 zwingt den Läufer zur Passivität.

46.♖c1 ♔f7 47.♕e3

Die schwarzen Figuren stehen völlig passiv und können keinerlei Gegenspiel entfalten. Polgar nutzt die Zeit, um mittels Turmverdopplung in der c-Linie den Druck zu erhöhen.

47...♔g7 48.♖c4 ♖d7 49.♕c1 h5 50.♖c6 ♖d6 51.♖c8 ♕d7 52.♕c5 ♔h6 53.♖b8 ♗f6 54.♕e3+ ♗g5?

54...♔g7 ist erzwungen; z.B. 55.♖a8 ♕b5 56.♘c7 ♖d3 57.♕e2 ♕d7 58.♘d5 ♖d4 59.♖xa5±.

55.f4 exf4

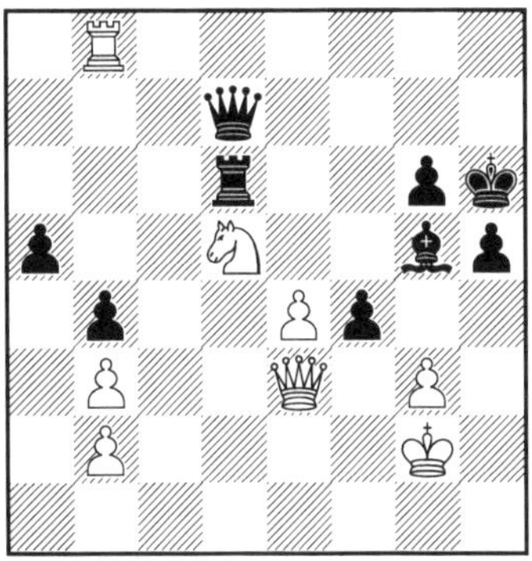

56.♖h8+ 1-0

Und Anand gab auf wegen der denkbaren Folge 56...♔g7 57. ♕d4+ ♗f6 58.♕xf6+ ♖xf6 59.♖h7+ ♔xh7 60.♘xf6+ ♔g7 61.♘xd7+−.

02.12

Botwinnik – Sagorjanski

Swerdlowsk 1943 **(W)**

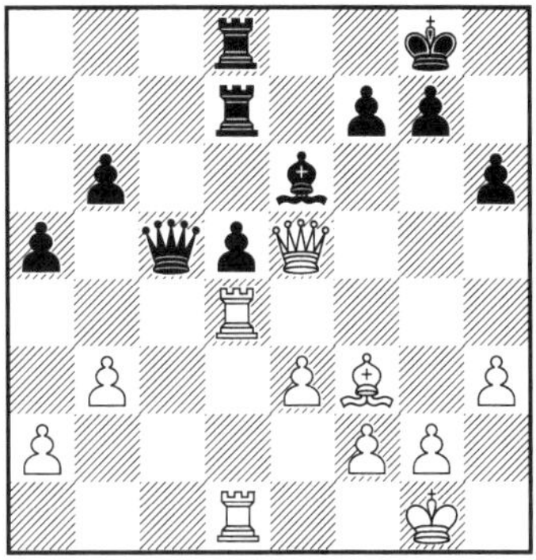

Die ersten beiden Schritte des weißen Plans sind bereits erledigt – die Schaffung einer Schwäche und deren maximale Umzingelung. Weiß muss jetzt entscheiden, wie er fortsetzen soll. Die schwarze Stellung weist nur eine einzige Schwäche auf, und obwohl alle weißen Figuren auf diese zielen, reicht dies noch nicht für einen Durchbruch. Der Schlüssel zum Stellungsverständnis liegt jedoch nicht in der Schwäche selbst, sondern in der Tatsache, dass alle schwarzen Figuren an deren Verteidigung gekettet sind. Entsprechend sind sie unbeweglich und können nicht schnell umgruppiert werden. Hingegen sind die weißen Figuren viel mobiler. Sie können schnelle Flügelwechsel vollziehen (z.B. ♖d4-a4-g4-d4...). Um aus diesem Vorteil Nutzen zu ziehen, muss Weiß eine weitere Schwäche schaffen.

25.g4!!

Botwinnik schreibt dazu: „Die schwarzen Figuren sind an die Verteidigung des Bauern d5 gebunden. Dies erlaubt Weiß einen Angriff am Königsflügel, selbst wenn dabei auch die eigene Königsstellung geschwächt wird.“

Tatsächlich kann Schwarz nämlich keinen rechten Gegenangriff einleiten. Die Figuren leiden unter Raummangel und können keinen Nutzen aus dem Vorstoß des g-Bauern ziehen. Die weißen Schwerfiguren werden starken Druck ausüben, nachdem dieser Bauer seine Arbeit als Rammbock erledigt hat.

25...♕c6 26.g5 hxg5 27.♕xg5 f6 28.♕g6 ♗f7

28...♗xh3? 29.♖f4 ♖d6 30.♔h2 ♗e6 31.♖g1 ♕b7 32.♕h6±.

29.♕g3 f5?

„Dieser überstürzte Vorstoß kommt der weißen Initiative nur entgegen. Allerdings schafft die Verlegung des weißen Turms nach g1 sowieso unlösbare Probleme für Schwarz.“ (Botwinnik)

Nach 29...♕c2 30.♗e4 ♕c6 31.♗d3 erhält Weiß eine langfristige Initiative.

30.♕g5 ♕e6 31.♔h1 ♕e5

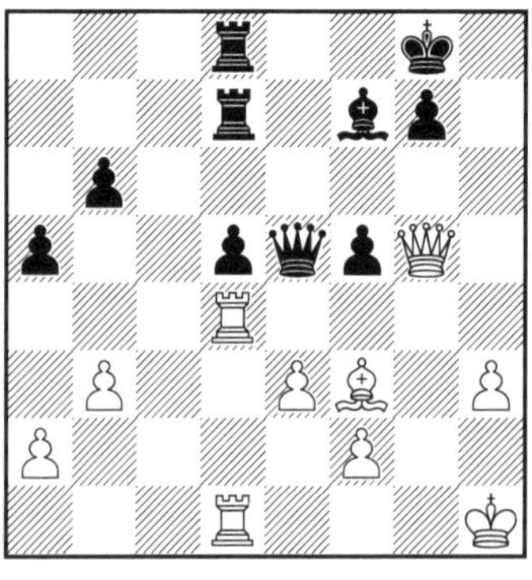

32.♖g1!

Diese Erhöhung des Drucks ist stärker als 32.e4? ♗e6 33.exd5 ♗xd5 34.♗xd5+ ♖xd5 35.♕xd8+ ♖xd8 36.♖xd8+ ♔h7. Ein Grund dafür besteht darin, dass die schwarze Stellung in der Partie viel schwerer zu spielen ist.

32...♖f8

32...♖d6 33.♖f4 ♗g6 34.h4±.

33.♕h6 ♖b8?

1) 33...♖c8 34.♖h4 ♔f8 35.♕xb6 ♖c2 36.♔g2±.

2) 33...g6 34.♖xg6+ ♗xg6 35.♕xg6+ ♖g7 36.♕xb6 ♖c8 37.♗xd5+ ♔h8 38.♗c4±.

34.♖h4 ♔f8 35.♕h8+ ♗g8?! 36.♖f4

Das neue Ziel, der f5-Bauer, kann nicht befriedigend verteidigt werden.

36...♖bb7 37.♖g5 ♖f7 38.♕h5 ♕a1+ 39.♔g2 g6 40.♕xg6 ♗h7 41.♕d6+ ♖fe7 42.♕d8+ 1-0

02.13

Kosak – Markgraf

Deutschland 2006 **(S)**

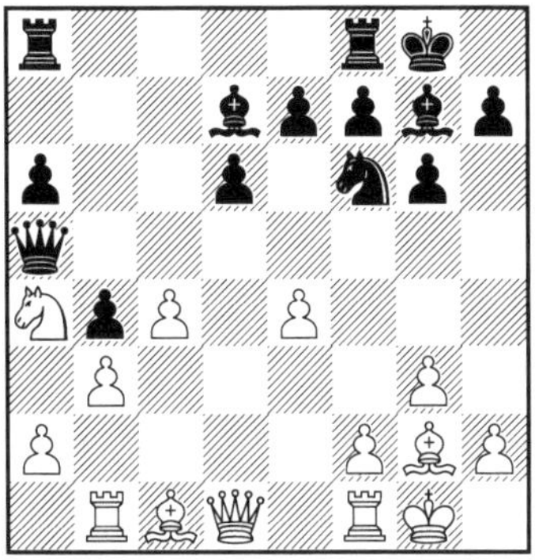

Schwarz hat die etwas bessere Stellung, denn die weißen Figuren sind schlecht koordiniert und die Damenflügelstruktur kann mit ♗xa4 geschwächt werden.

15...♖ab8!

Ein starker Vorbereitungszug. Schwarz will auf a4 schlagen, ohne Weiß Gegenspiel gegen den Bauern b4 einzuräumen.

16.♗d2

Nach 16.♘b2 ♕xa2 17.♗d2 ♗c6 18.♖e1 ♘d7 hat Schwarz einen gesunden Mehrbauern.

16...♗xa4

Jetzt musste der Springer genommen werden, da Weiß mit a2-a3 Gegenspiel einzuleiten drohte.

17.bxa4 ♕c5!

Der beste Zug. Die Dame entfesselt den Bauern b4 und drückt auf c4.

18.♕e2?!

Danach kann Schwarz einfach eine bekannte Schablone abspulen:

1) Angriff auf die weißen Schwächen am Damenflügel, um die gegnerischen Figuren zur passiven Verteidigung zu zwingen.

2) Größtmögliche Verbesserung der Figurenstellung, um jegliches Gegenspiel auszuschließen.

3) Schaffung einer zweiten Schwäche am Königsflügel.

4) Durchbruch an einem der Flügel, im gegebenen Fall wohl am Königsflügel.

Erforderlich war 18.♕b3! a5 19.♗e3 ♕c7 20.c5!? (20.a3?! ♘g4) 20...dxc5 21.♖bc1 ♘d7 22.♖c4 ♖fc8 23.♖fc1.

18...♖fc8 19.♖fc1 ♘d7 20.♗f1

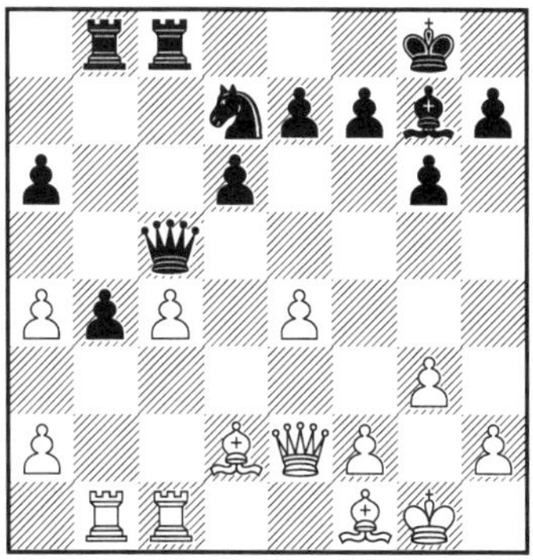

Die weißen Figuren sind zur passiven Verteidigung verdammt. Jetzt stellt Schwarz alle Figuren auf die besten Felder.

20...♗d4! 21.♔g2 a5 22.f3 ♕c6 23.♕d1 e5!

Dieser Zug (statt 23...♘c5? 24.♗xb4)

zementiert den Läufer in seiner aktiven Stellung und fixiert den Bauern e4, um daran den Hebel f7-f5 anzusetzen. Außerdem droht ein weiterer Angriff auf a4 mittels ♘c5. Deswegen muss Weiß seinen Läufer nach c2 stellen.

24.♗d3 ♘c5 25.♗c2

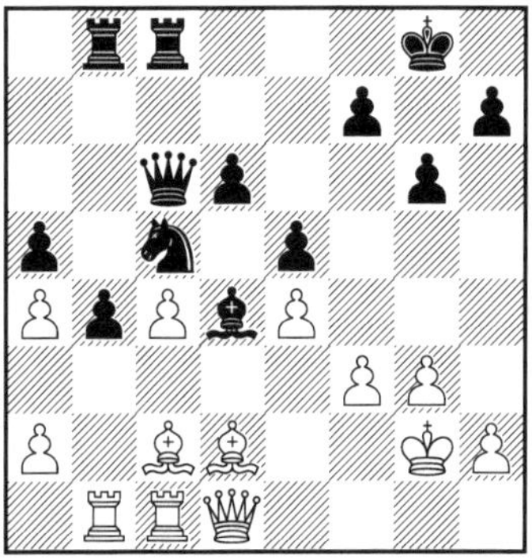

Die zweite Phase wurde abgeschlossen. Die schwarzen Figuren sind optimal platziert. Weiß hat absolut kein Gegenspiel. Welche Figur kann er noch ziehen, ohne Material zu verlieren?

25...♔g7!

Ein flexibler Vorbereitungszug. Schwarz hält beide Optionen offen, das Spiel mit dem Hebel f7-f5 oder h7-h5-h4 zu öffnen. Die weißen Figuren sind an die passive Verteidigung der Bauern am Damenflügel gekettet, so dass Weiß gegen den kommenden Überfall auf den Königsflügel machtlos ist.

26.♗b3 ♖f8 27.g4?!

Man soll nicht an dem Flügel spielen, an dem man schwächer steht! Jetzt wird die Aufgabe des Schwarzen viel einfacher.

27...f5 28.exf5 gxf5 29.g5

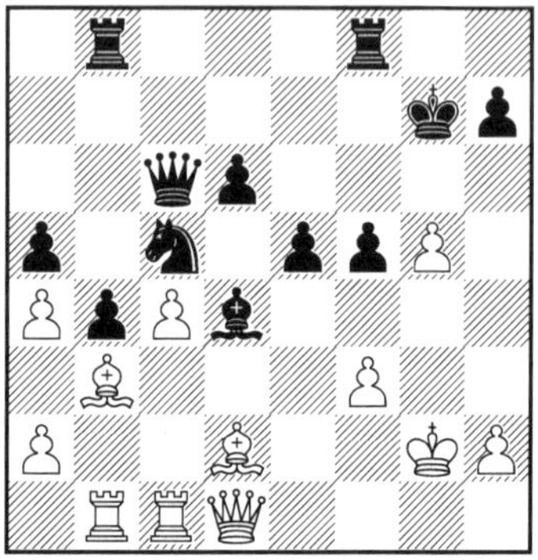

29...h6!?

Schwarz erzwingt die Stellungsöffnung. Die dritte und vierte Phase des grundlegenden Plans sind fast beendet. Die weiße Königsstellung ist geschwächt und auch der letzte Schutzwall wird einstürzen. Die schwarzen Türme können viel schneller zum Angriff herangeführt werden als die weißen zur Verteidigung.

30.♗c2

Nach 30.gxh6+ ♔h7 31.♗g5 ♖g8 32.h4 ♘e6 33.♕d2 ♘f4+! (33...♖xg5+ 34.hxg5 ♖g8+) 34.♔g3 ♖xg5+! 35.hxg5 ♖g8 dringt der schwarze Angriff durch.

30...♘e6 31.a3?! hxg5 32.axb4 axb4 33.c5 dxc5 34.♗b3

Die Partie ist entschieden. Schwarz hat zwei Mehrbauern, Mattangriff, ein starkes Zentrum, aktivere Figuren und Raumvorteil.

34...♔f6 35.h3 ♖h8 36.♕e2 ♖h4 37.♕c4 g4 38.♕xe6+ ♕xe6 39.♗g5+

39.♗xe6 gxf3+ 40.♔g3 ♖bh8–+; 40...♖xh3+ 41.♔xh3 ♗f2–+.

39...♔xg5 40.♗xe6 gxf3+ 41.♔g3 e4

Nach 41...♖xh3+! folgt ein Matt in drei Zügen: 42.♔xh3 ♔f4 43.♗xf5 ♖h8+ 44.♗h7 ♖xh7#.

42.♖h1 ♖e8

42...♖g4+ 43.hxg4 f4+ 44.♔h2 ♖h8#.

43.♗d5 f4+ 44.♔h2 ♖xh3+ 0-1

Übungen

Lösungen ab Seite 210

Ü02.07

Rubinstein – Takacs

Budapest 1926 **(W)**

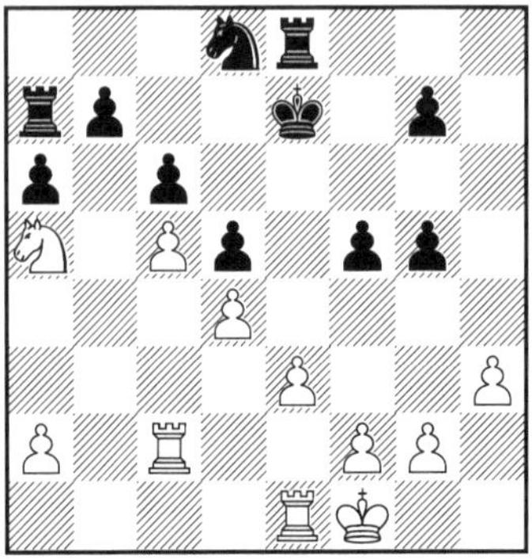

1) Formulieren Sie einen Plan!

2) Welche Ziele sollten mit den einzelnen Schritten erreicht werden?

3) Womit beginnt man?

Ü02.08

Schandorff – Döttling

Deutschland 2002 **(W)**

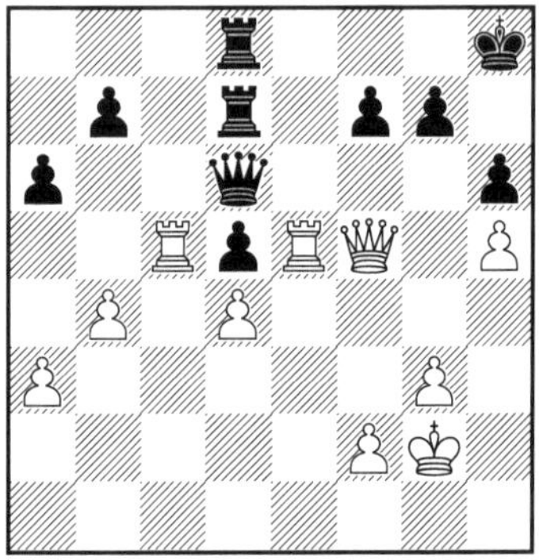

Weiß drückt auf den d5-Bauern. Reicht das zum Gewinn? Wie kann man Fortschritte erzielen?

Ü02.09

Markgraf – Lanka

Grömitz 2005 **(W)**

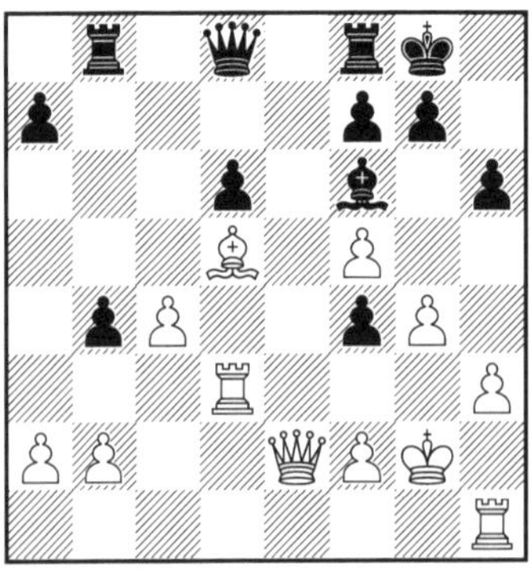

1) Wie ist diese Stellung zu bewerten?

a) Weiß steht etwas besser.

b) Weiß steht auf Gewinn.

c) Die Lage ist unklar.

2) Wie sollte Weiß fortsetzen?

Kapitel 3

Der richtige Abtausch

Zu diesem sehr schwierigen strategischen Thema gibt es einige wichtige Richtlinien.

1) Bei jedem Abtausch profitiert die eine Seite mehr als die andere. Stellen Sie sicher, dass es *Ihre* Seite ist, die profitiert, und wägen Sie das Für und Wider eines jeden Abtauschs sehr genau ab!

2) Tauschen Sie Figuren nicht 'automatisch' ab – womöglich gemäß der verqueren Logik, diese dann nicht mehr einstellen zu können.

3) Machen Sie einen Abtausch nicht zum Selbstzweck oder zu einem Mittel, in Reichweite eines Remis zu kommen. Ihr Gegner wird nämlich Ihre Furcht spüren und daraus Kraft ziehen.

4) Tauschen Sie die aktiven gegnerischen Figuren ab.

5) Einem Turm ist beim Kampf gegen Leichtfiguren jeder Abtausch willkommen.

6) Die verteidigende Seite sollte Bauern abtauschen.

7) Die angreifende Seite sollte kein Angriffspotenzial abtauschen.

8) Die Seite, die besser steht, sollte kein Gewinnpotenzial abtauschen.

9) Wichtig ist nicht, was abgetauscht wurde, sondern was noch auf dem Brett ist.

10) Die Verteidiger von Schwächen (wie z.B. eines schwachen Farb-Komplexes) sollten abgetauscht werden.

11) Die Seite mit Raumvorteil versucht, Abtausch zu vermeiden.

12) Läufer sind oft leichter abzutauschen als Springer. Ein Vorteil des Läuferpaars besteht darin, dass durch einen Abtausch eine Umwandlung von einem Vorteil in einen anderen bewirkt werden kann.

Wir werden uns diese Richtlinien nun nacheinander anschauen.

3.1 Die aktiven gegnerischen Figuren sollten abgetauscht werden.

Wenn Sie schlechte bzw. passive Figuren haben, bemühen Sie sich, diese gegen gute Figuren des Gegners abzutauschen.

03.01

Carlsen – Topalow

Nanjing 2009 **(W)**

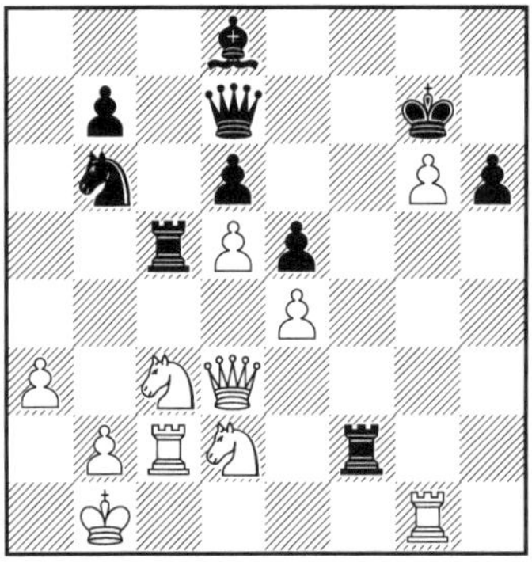

Da der Turm auf c2 nicht so viel zur Partie beiträgt wie die Türme des Gegners, ist Magnus Carlsens Entscheidung verständlich.

32.♘d1! ♖xc2

32...♖f8 33.♖xc5 dxc5 34.♘e3 c4 35.♕c3+−.

33.♘xf2!?

Weiß nimmt den Turm, der aktiv angreift und verteidigt.

Allerdings wäre auch 33.♕xc2?! ♖h2 34.♘e3 ♗g5 35.♘f5+ ♔xg6 36.♕d3 ♘a4 37.♘c4 ♘c5 38.♕f3 klar besser für ihn.

33...♖c8 34.♘g4 ♗g5 35.♘f3

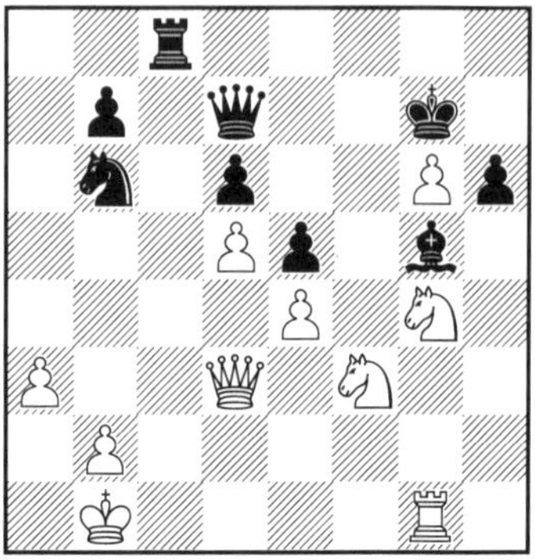

35...♘c4?!

Besser war der Abbau weißen Angriffspotenzials durch Abtausch mit 35...♖c1+ 36.♖xc1 ♗xc1, aber nach 37.♘gxe5 dxe5 38.♔xc1 hat Weiß trotzdem eine technische Gewinnstellung.

36.♘xg5 hxg5 37.♘e3

37.♕h3!? gewinnt direkt:

1) 37...♖h8 38.♕xh8+ ♔xh8 39.♖h1+ ♔g8 40.♘f6+ +−.

2) 37...♔xg6 38.♕h6+ ♔f7 39.♖h1+ +−.

37...♘xe3 38.♕xe3 ♕a4

38...g4 39.♕g5 ♖f8 40.♖h1 ♖h8 41.♖f1 ♖f8 42.♖f5 ♕e8 43.♕xg4+−.

39.♕xg5 ♕xe4+ 40.♔a1 ♖e8 41.♖c1! 1-0

03.02

Wajih – Komarow

Indien 2001 **(W)**

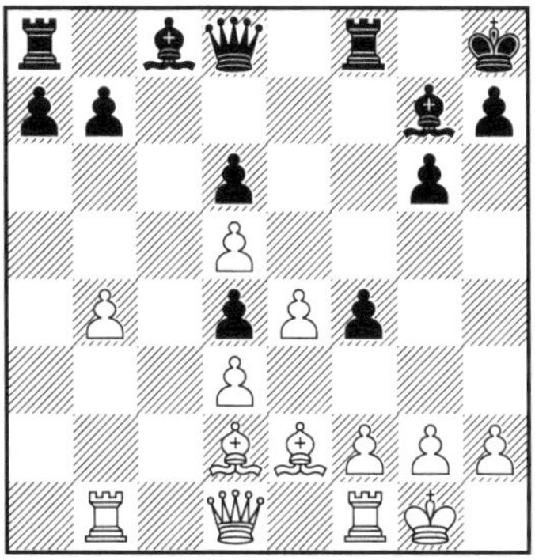

Der weißfeldrige Läufer ist ein wichtiger Teil der schwarzen Angriffsarmee, während der ♗e2 passiv steht.

17.♗g4!

Dies ist die logische Fortsetzung.

17...♗e5

Auch 17...♗xg4 18.♕xg4 ♗e5 19.♖fc1 gibt Weiß spürbare strategische Initiative.

18.♗xc8 ♖xc8 19.f3

„Jetzt ist Schwarz positionell dem Untergang geweiht. Sein Bauer d4 ist schwach und ohne den weißfeldrigen Läufer geht seinem Angriff die Luft aus." (Gershon im *CBM* 82)

19...♕xd7 20.♕b3 g5 21.♖bc1

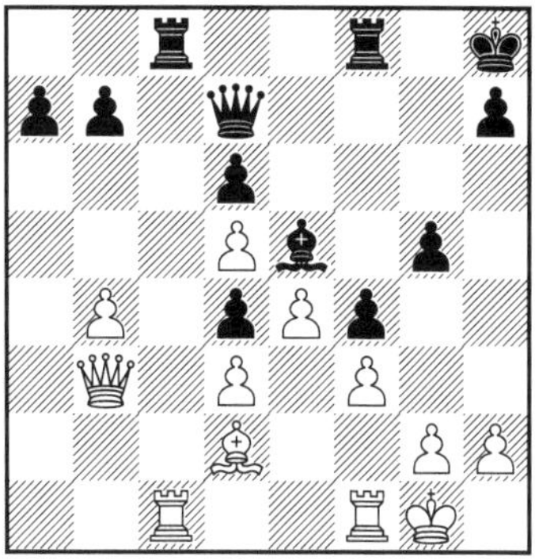

21...♖ce8?

Schwarz will den Turm zu Angriffszwecken verwahren, aber das ist zu langsam. Erforderlich war der schnellere Ansatz 21...♖xc1 22.♖xc1 g4 23.♕d1 h5, wonach sich der weiße Vorteil wegen des Gegenspiels am Königsflügel in engen Grenzen hält.

22.♔h1 ♖f7 23.♗e1 ♖g8 24.♕b2

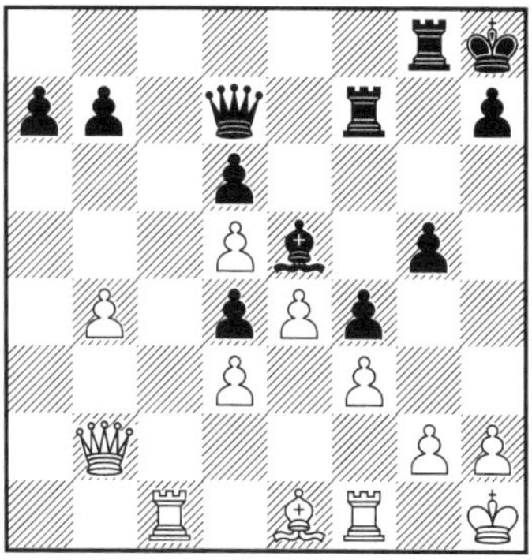

24...♕d8?

Auch 24...g4? ist fehlerhaft wegen 25.♗f2±. Schwarz sollte mit 24...♖ff8! 25.♗f2 ♕g7 26.♖c4 ♖c8 Turmtausch anstreben, um einige Überlebenschancen zu behalten.

25.♗f2 ♕f6 26.b5 g4 27.♖c4 gxf3 28.gxf3 ♖fg7 29.♗xd4

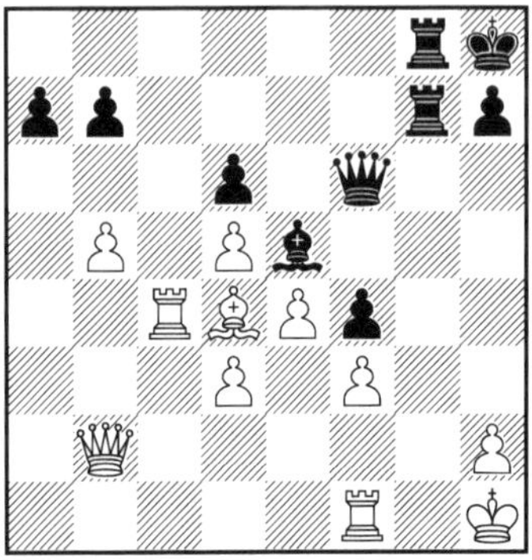

29...♖g5?

1) 29...♕g6? 30.♗xe5 dxe5 31.♖cc1±.

2) Die letzte Chance, ernstlich Widerstand zu leisten, bestand in 29...♗xd4, denn die Reduktion zum Turmendspiel stellt eine typische Verteidigungsmethode dar.

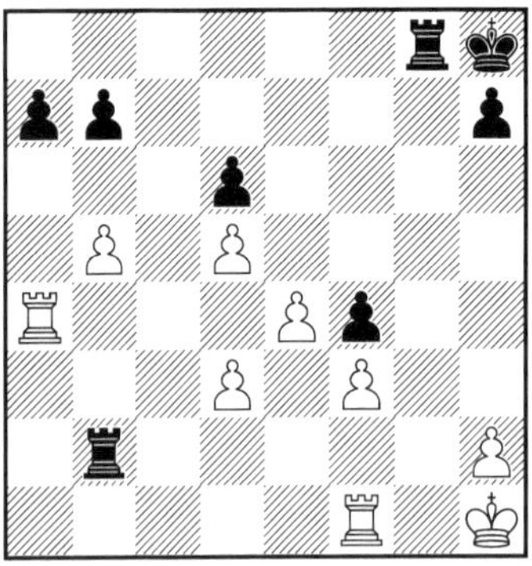

30.♕xd4 ♕xd4 31.♖xd4 ♖g2 32.♖a4 ♖b2. Jetzt muss Weiß 33.♖g1! spielen, um einen der angreifenden Türme abzutauschen. Trotzdem behält Schwarz gute Remischancen.

30.♗xe5 dxe5 31.♕f2 ♕g7 32.♖c2 ♕d7 33.d4 ♕xb5 34.dxe5 ♖xe5

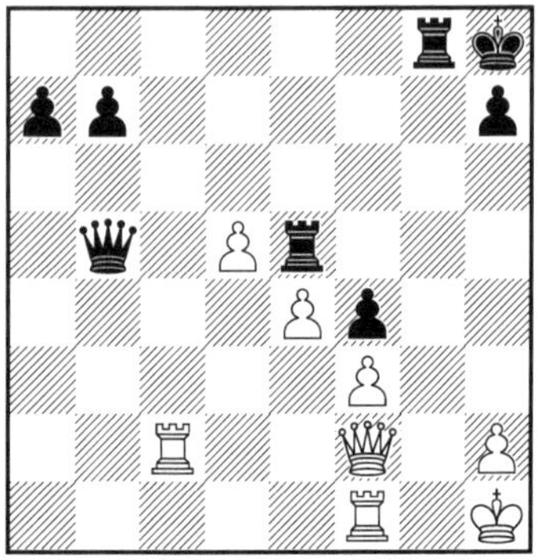

35.♖g1!

Weiß will den aktiven Turm g8 abtauschen, der verschiedenste Aufgaben erfüllt.

35...♕e8 36.♖xg8+ ♔xg8 37.♕h4 ♖e7 38.♕f6 1-0

03.03

Postny – Markos

Indien 2009

1.d4 ♘f6 2.c4 g6 3.♘c3 ♗g7 4.e4 0-0 5.♗e3 d6 6.f3 e5 7.d5 c6 8.♕d2 a6 9.0-0-0 cxd5 10.cxd5

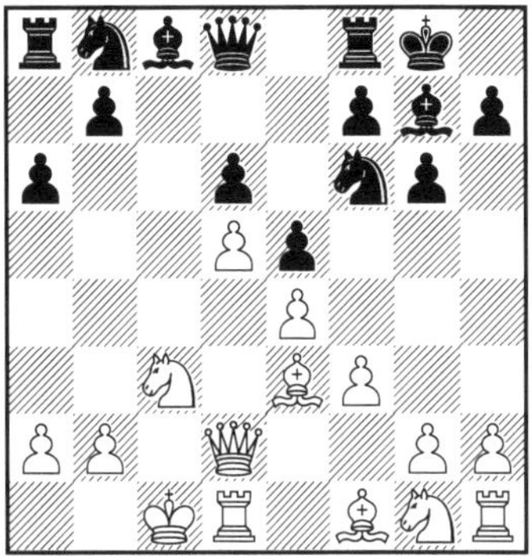

Weiß hat klaren Raumvorteil und kann verschiedene Strategien verfolgen. Er kann zwecks Raumgewinn (vielleicht sogar zwecks Angriff) die Bauern am Königsflügel vorstoßen, oder er kann versuchen, seinen Raumvorteil am Damenflügel zum dortigen Einbruch zu nutzen.

10...b5 11.g4 h5 12.h3 ♕a5 13.♔b1 ♘bd7 14.♖c1 ♘c5 15.♘ge2 ♗d7

15...b4 ist eine scharfe Alternative, die den Charakter des Spiels nach 16.♘d1 grundlegend verändert.

1) Ein Fehler wäre 16...hxg4? wegen 17.♗xc5 dxc5 18.hxg4± mit der Idee ♘e3-c4 (Postny im *CBM* 132).

2) Nach 16...♘cxe417.fxe4 ♘xe4 18.♕d3 ♗b7 hat Schwarz hingegen einige Kompensation. Nur nicht 18...hxg4? 19.♖xc8!±.

16.♖g1?!

Sofort 16.♘d1 ist präziser.

16...h4! 17.♘d1 b4 18.♘f2 ♖fc8 19.♘d3

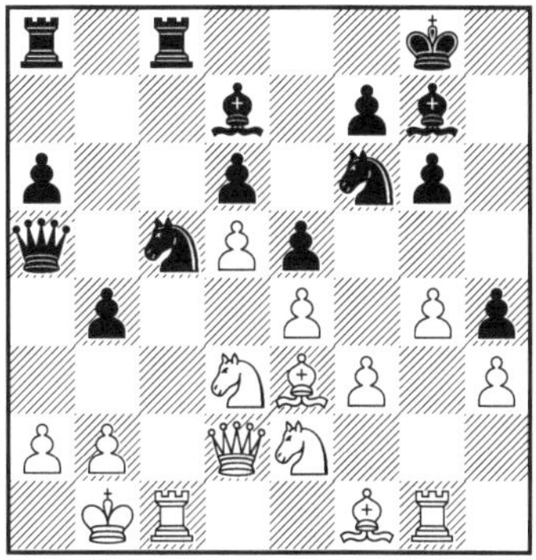

19...♘xd3?

„19...♖ab8! Dieser Zug machte mir die meisten Sorgen. Die schwarze Initiative darf nicht unterschätzt werden; z.B. 20.♘xc5 dxc5 21.b3 (Vielleicht auch 21.♖c4!? ♗b5 22.♘c1, Müller und Markgraf.) 21...♗b5 22.a4 c4!! 23.axb5 axb5 24.♕a2 ♕xa2+! 25.♔xa2 ♖a8+ 26.♔b1 ♖a3 mit mehr als ausreichender Kompensation für die Figur.“ (Postny)

20.♕xd3 ♗b5

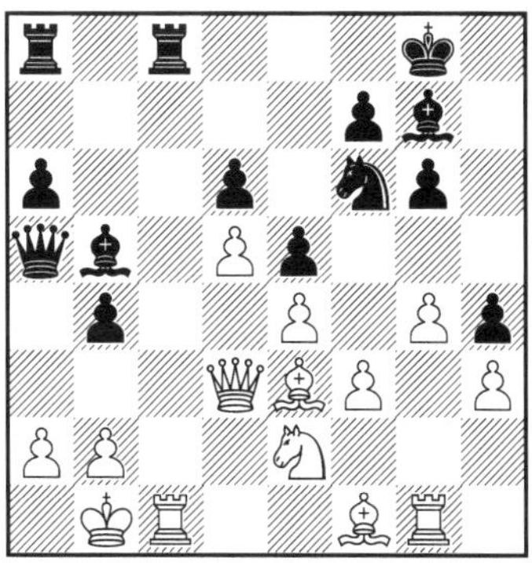

21.♖xc8+!

„Jeder Abtausch verringert das schwarze Angriffspotenzial. Die weiße Idee besteht darin, so viele Figuren wie möglich abzutauschen, bis Schwarz auf seinem schlechten schwarzfeldrigen Läufer sitzen bleibt.“ (Postny)

21...♖xc8 22.♕d2 ♗a4

22...♘d7 23.a3 ♕c7 24.axb4 ♘b6 25.b3± (Postny).

23.b3 ♗d7 24.♘c1 ♘e8 25.♘d3 ♖c3 26.♘b2 ♗b5 27.♗xb5 axb5

27...♕xb5 28.♘c4 ♗f6 29.♔b2 a5 30.a4 ♕a6 31.♕e2 ♘c7 32.♖d1 ♗e7 33.♗d2+−.

28.♘d1 ♖c8 29.♘f2 ♗f6

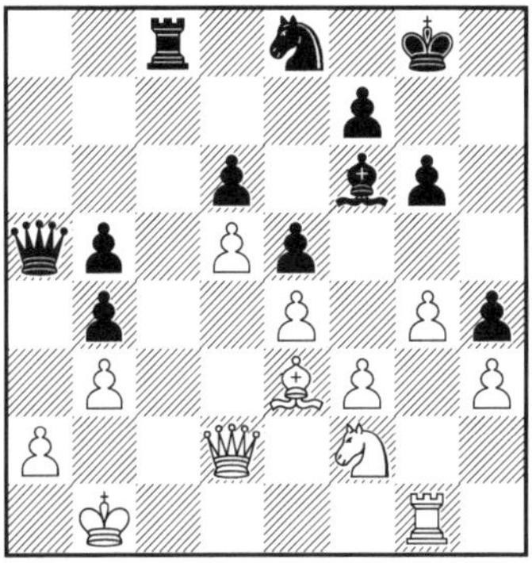

30.♖c1

Auch der Abtausch des aktiven schwarzen Turms ist gut.

30...♖c3 31.♘d1 ♖c7

31...♖xc1+ 32.♕xc1 ♕c7 33.♕c6+−.

32.♖xc7 ♘xc7 33.♕c1 ♘e8 34.♕c6 ♔f8 35.♗b6 ♕a6 36.♘f2 ♗g5 37.♘d3 ♗d2

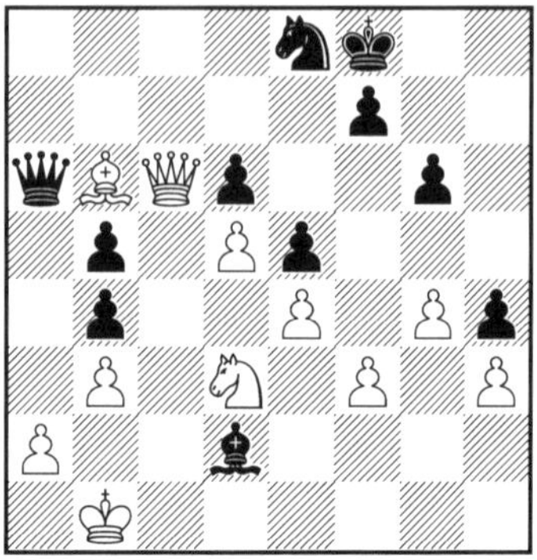

38.♘xe5! ♗c3 (38...dxe5? 39.♗c5+ +−) **39.♘d3 ♕a3 40.e5 1-0**

3.2 Der Angreifer will den Abtausch von Angriffspotenzial vermeiden.

Aber gute gegnerische Verteidiger sollten natürlich abgetauscht werden. Außerdem kann man ja sowieso nicht immer all seine Figuren behalten.

03.04

Adams – Morosewitsch

Sarajevo 2000 **(W)**

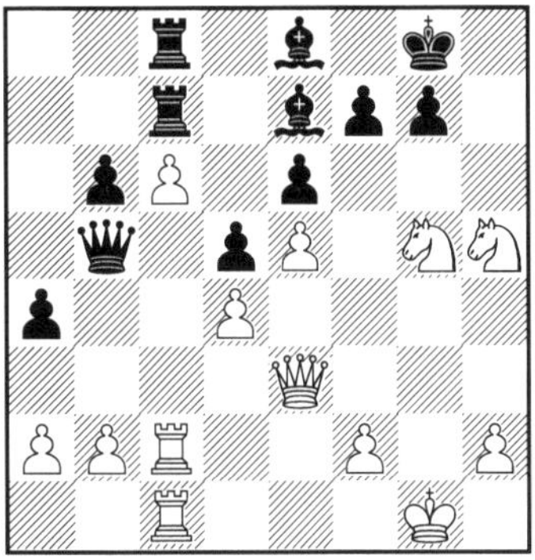

27.♔h1!

1) 27.♕g3 gewinnt auch: 27...♖xc6 28.♘h7 (28.♘xf7 g5 29.♘d6+−) 28...g6 29.♘7f6+ ♗xf6 (29...♔f8 30.♕g5+−) 30.♘xf6+ ♔f8 31.♕a3+ ♔g7 32.♘xe8+ ♖xe8 33.♖xc6+−.

2) Aber nicht sofort 27.♘xg7? wegen 27...♔xg7 28.♔h1 ♗xg5 29.♕xg5+ ♔f8=.

27...♖xc6 28.♖xc6 ♖xc6

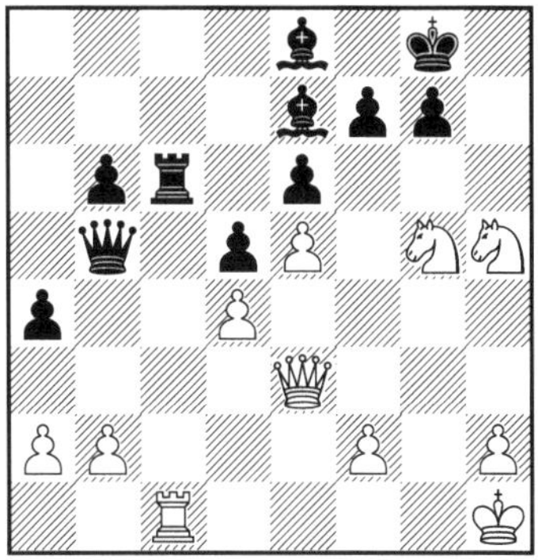

29.♖g1!

Adams Pointe. Natürlich tauscht er seinen zweiten Turm nicht ab, sondern integriert ihn in den Angriff. Schwarz ist verloren, da er seine Schwerfiguren nicht schnell genug zur Verteidigung heranführen kann.

29...♕xb2 30.♘xg7!? ♕c3

30...♖c3 31.♕f4 ♕e2 32.♘f5+−.

31.♘xe8 1-0

3.3 Die Verteidiger von Schwächen sollten abgetauscht werden.

Dies gilt insbesondere, wenn der Verteidiger einen Farbkomplex oder einen ganzen Flügel bewacht.

03.05

Rubinstein – Duras

Karlsbad 1911 **(W)**

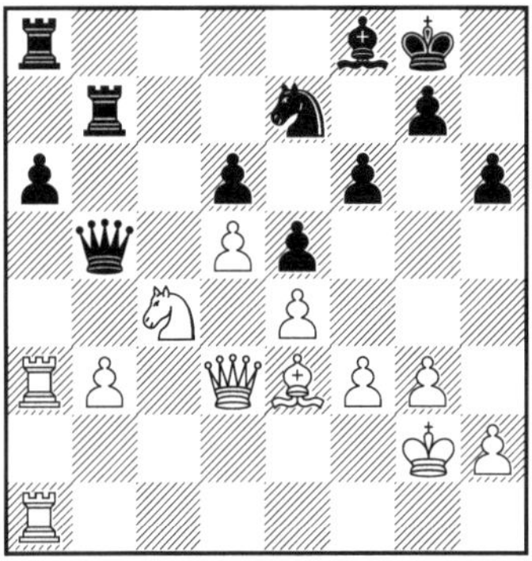

Die schwarze Dame ist der Leim, der die Stellung zusammenhält. Ohne sie bricht der Damenflügel sofort zusammen.

27.♕f1!! ♘c8?!

27...♖c7 ist zäher:

1) 28.♘xd6?? verliert nach 28...♖c2+ 29.♗f2 ♕xf1+ 30.♔xf1 ♘c8 die Qualität.

2) 28.♘d2 ♕b4 29.♖xa6 ♖xa6 30.♕xa6 ♖c2 31.♖a2 ♖xa2 32.♕xa2 ♕c3 33.♔f2 f5 34.♕b1 g5 35.♔e2±.

28.♘d2 ♕b4 29.♕c4 ♕xc4 30.♘xc4 ♖ab8

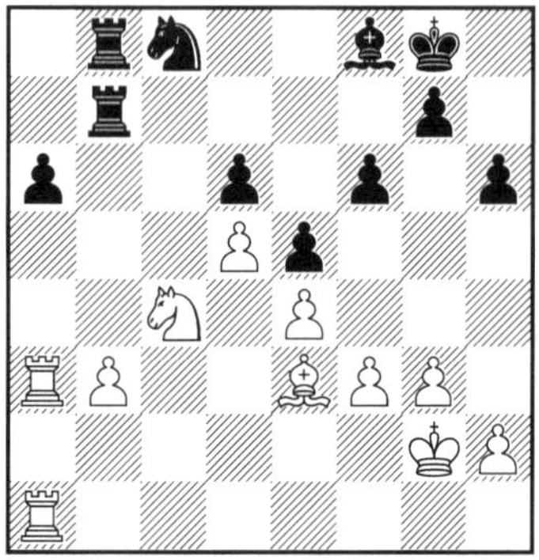

31.♘d2!

Rubinstein verteidigt einfach den Bauern b3, und da Schwarz den Bauern a6 nicht halten kann, ist die Partie entschieden und der Rest eine Sache der Technik.

31...♖c7 32.♖xa6 ♖c2 33.♖6a2 ♖xa2 34.♖xa2 ♗e7 35.♔f2 ♔f7 36.♔e2 ♔e8 37.♔d3 ♔d7 38.♔c3 ♗d8 39.♘c4 ♗c7 40.g4 ♗d8 41.♖a6 ♗c7 42.h4 ♗d8 43.h5 ♗c7 44.b4 ♖b7 45.♖a8 ♔d8 46.♔b3 ♖b8 47.♖xb8 ♗xb8 48.b5 ♘e7 49.b6 f5 50.gxf5 ♘g8 51.♗f2 ♔c8 52.♗h4 1-0

Sehr häufig wird ein Läufer abgetauscht, der einen wichtigen Farbkomplex verteidigt.

03.06

Vachier-Lagrave – Rodshtein

Biel 2010 **(W)**

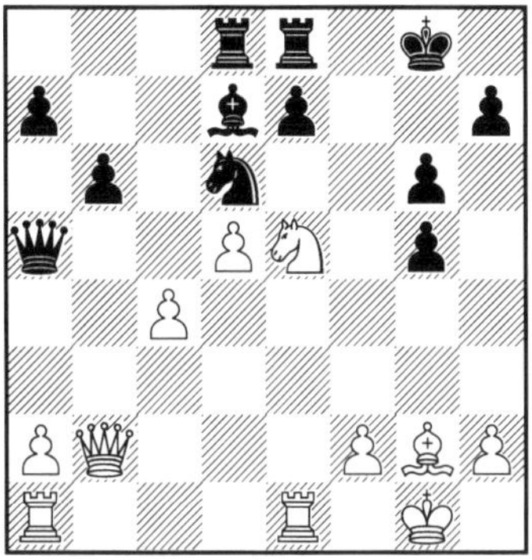

Vachier-Lagrave hat sehr gefährlichen und langfristigen Angriff.

26.♘xd7! ♖xd7 27.♗h3 ♘f5

27...♖c7?! 28.♗e6+ ♘f7 29.♖e4 (Krasenkow im *CBM* 138) 29...♖f8 30.f4±.

28.♗xf5 gxf5 29.♖e5 ♖d6?!

Diese defensive Umgruppierung hält den Angriff nicht wirklich auf. Womöglich war es besser, mit 29...♖f8!? 30.d6 ♕a6 31.dxe7 ♖e8 32.♕e2 (32.♖xf5 ♖exe7 33.♕f6 ♕c8) eine direktere Aktion zu provozieren.

32...♕a3 33.c5 bxc5 34.♕c4+ ♔g7 35.♖xf5 ♖dxe7, Schwarz kann noch kämpfen, da der Turm a1 noch nicht am Angriff teilnimmt.

30.♖ae1 ♕a4 31.♕e2 ♕d7

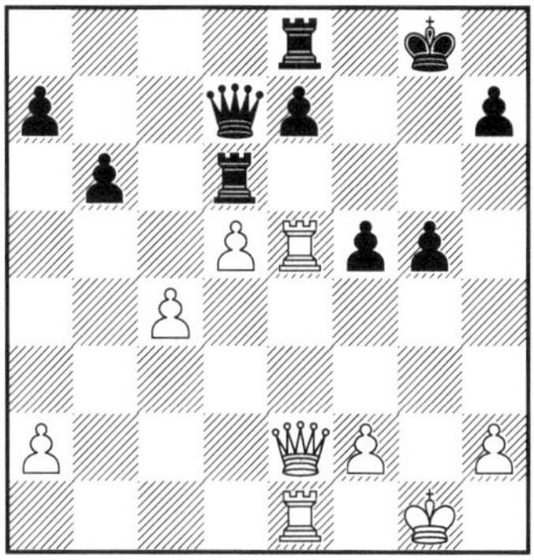

32.♕h5!

Weiß hält sein Angriffspotenzial auf dem Brett, damit sich der Angriff leichter spielt. Auch behält er so viel bessere praktische Chancen als nach 32.♖xe7? ♖xe7 33.♕xe7, wonach Schwarz hoffen darf, das resultierende Turmendspiel zu halten.

1) 33...a5 34.♕xd7 ♖xd7 35.♖e5 ♖c7 36.d6 ♖d7 37.♖xf5 h6 38.c5 bxc5 39.♖xc5 ♖xd6 40.♖xa5 ♔g7.

2) 33...b5 34.cxb5 ♕xe7 35.♖xe7 a6 36.a4 axb5 37.axb5 ♖b6 38.♖e5 ♖xb5 39.♖xf5 h6.

32...♖g6

Nach 32...♖f6 33.♖e6 ♖f7 34.♖1e5 ♕d8 35.d6 ♕d7 36.h3± ist Schwarz an Händen und Füßen gebunden.

33.♖e6 ♔g7 34.♖1e3 f4

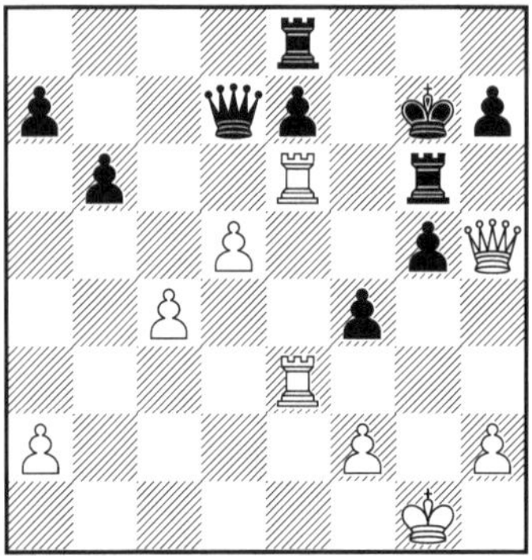

35.♖h3?

Mit 35.♖3e5! war der Widerstand sofort zu brechen: 35...♖xe6 36.dxe6 ♕d8 37.♖d5 ♕c8 38.♕xg5+ ♔h8 39.♕e5+ ♔g8 40.♕e4+−.

35...♖xe6?

Nach 35...♖g8! wäre Weiß gezwungen, mit 36.♕xh7+ ♔f8 37.♖d3± neue Angriffswege zu suchen.

36.♕xh7+ ♔f6 37.♖h6+ ♔e5 38.♖xe6+ ♔d4 39.♕f5?!

39.♕e4+!? ♔c3 40.♕f3+♔d4 41.♖e4+ ♔c5 42.♕a3#; 40...♔b4 41.♖c6+− (Krasenkow).

39...♕a4 40.♖e4+ ♔c5 41.d6+ e5 42.♖xe5+ ♔xd6 43.c5+ bxc5 44.♕f6+ ♔c7 45.♕f7+ ♔d8 46.♕d5+ ♔c7 47.♕xc5+ ♔b7 48.♕d5+ ♔b6 49.♖xg5 ♕c6

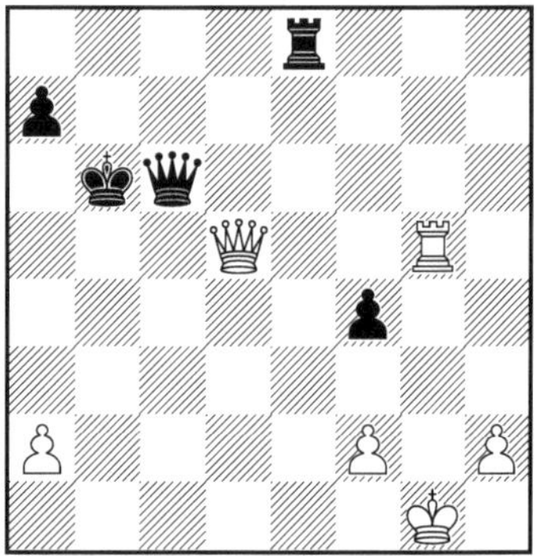

50.♕xc6+!?

Weiß vereinfacht zu einem technisch gewonnenen Turmendspiel.

50...♔xc6 51.h4 f3 52.h5 ♖e4 53.♔h2 ♖a4 54.♔g3 1-0

3.4 Wichtig ist nicht, was abgetauscht wurde, sondern was noch auf dem Brett ist.

03.07

Spasski – Karpow

Montreal 1979 **(S)**

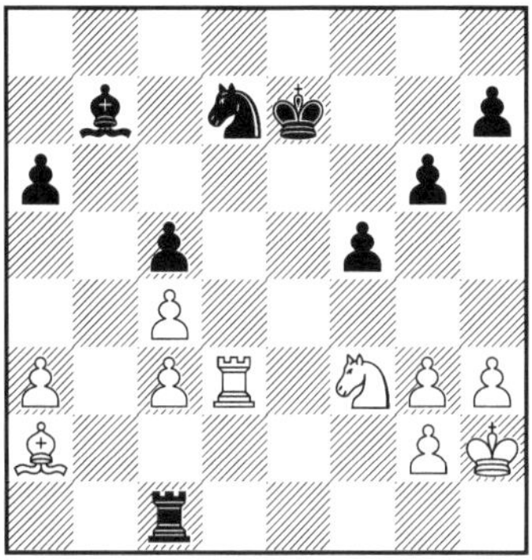

31...♗xf3!

Karpow sichert seinen Vorteil ab. Ungeachtet seines Mehrbauern ist Weiß hilflos, denn sein Läufer steht schlecht und sein König kann in absehbarer Zeit nicht ins Spiel finden. Es ist unwichtig, dass der schwarze Läufer dem f3-Springer *unter Umständen* überlegen sein könnte. Für Karpow zählt allein, dass die nach dem Abtausch entstehende Stellung für ihn gewonnen ist.

32.♖xf3 ♘e5 33.♖e3 ♔f6 34.♗b3

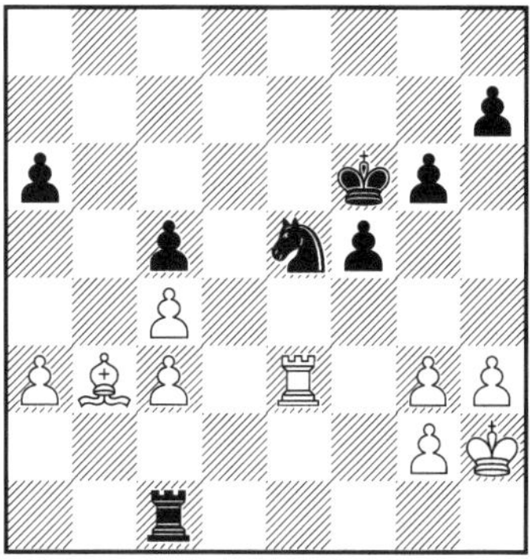

34...a5

Karpow überstürzt nichts. Sein Zug macht die Hilflosigkeit der weißen Stellung deutlich.

35.♗a4

35.a4 ♖b1 36.♗c2 ♖a1 (36...♘xc4!? sollte auch gewinnen.) 37.♗b3 ♖a3 38.♗d1 ♘xc4 39.♖e8 ♘b2−+.

35...♘xc4 36.♖e8 ♖xc3 37.♖c8 ♘e3 38.♗b5 c4 39.♔g1 ♖c2 40.♗c6 c3 41.♗f3 g5 42.g4 f4 0-1

In Erwartung von 43.♗e4 ♖a2 44.♖xc3 ♖a1+ 45.♔h2 (45.♔f2 ♘d1+−+) 45...♘f1+ 46.♔g1 ♘g3+ 47.♔f2 ♖f1# gab Spasski auf.

3.5 Einem Turm ist beim Kampf gegen Leichtfiguren jeder Abtausch willkommen.

Für diese Faustregel gibt es verschiedene Gründe.

1) Je mehr Material abgetauscht wird, desto stärker wird der Turm.

2) Leichtfiguren brauchen einen Turm zu ihrer Koordination.

3) Ein Turm kann einem Läufer helfen, seine 'Farbenblindheit' zu kompensieren.

4) Ein Turm kann die Langsamkeit und Unbeholfenheit eines Springers kompensieren und schneller an beiden Flügeln agieren.

Diese Regel ist gültig, ganz gleich, ob der Turm gegen eine oder zwei Leichtfiguren kämpft.

03.08

Jussupow – Dolmatow

Wijk aan Zee 1991 **(S)**

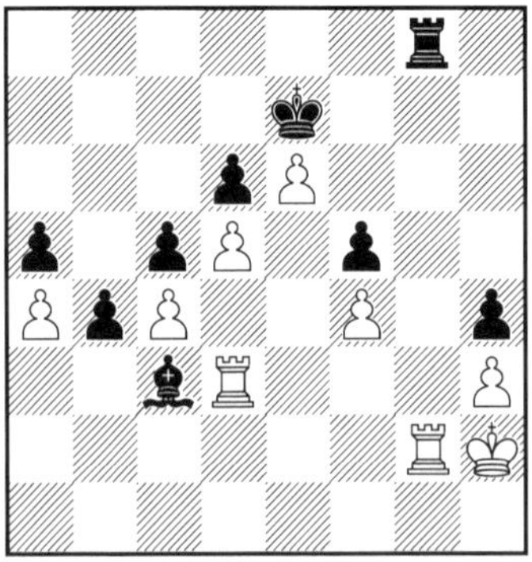

Schwarz muss seinen Turm behalten, da er sonst früher oder später in Zugzwang gerät.

48...♖b8!

48...♖xg2+? 49.♔xg2

1) Nach 49...♗f6 50.♔f3 ♔f8 51.♖d1 ♗e7 52.♖g1 ♗f6 53.♔e2 ♗e7 54.♖g6 ♗d8 55.♖h6 ♔g7 56.♖h5 ♗f6 57.♔d3 gelangt der Turm wieder in Freiheit, ganz gleich, was Schwarz unternimmt.

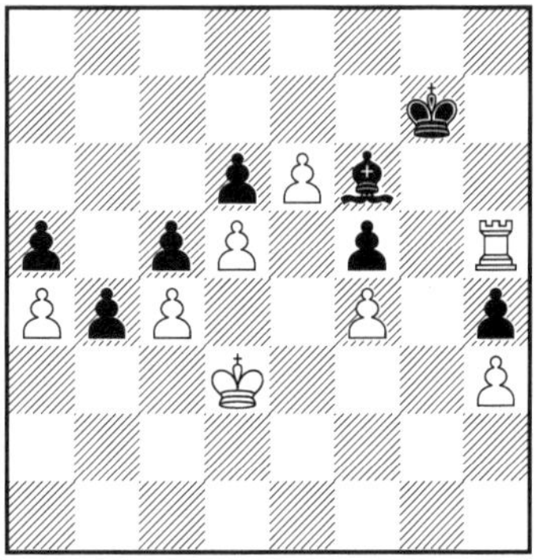

a) 57...♔g6 58.e7 ♔f7 59.♖xf5 ♔xe7 60.♖h5 ♔f7 61.♖h7+ +−;

b) 57...♔g8 58.♖xf5 ♔g7 59.♔e3 ♔g6 60.♔e4 ♔g7 61.♖h5 ♗d8 62.♔e3 ♗e7 63.f5 ♗f6 64.♔e4 ♗d8 65.f6+ ♗xf6 66.♖f5+−;

2) 49...♗e1 50.♔f3 ♗g3 51.♖e3 ♗h2 52.♖e1 ♗g3 53.♖e2+- mit entscheidendem Zugzwang.

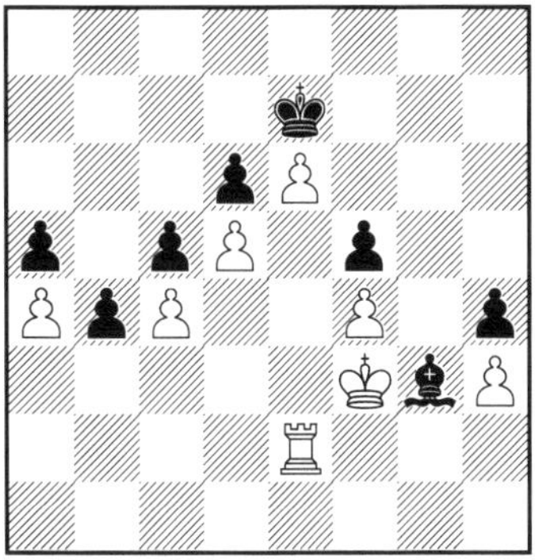

Aber jetzt zurück zur Partie.

49.♖g1

Nach 49.♖g5 kann Schwarz sogar ins Turmendspiel gehen, denn nach 49...b3 50.♖xc3 b2 51.♖g1 b1♕ 52.♖xb1 ♖xb1 kann der weiße König nicht rechtzeitig aktiviert werden; z.B. 53.♖c2 ♖b4 54.♖g2 ♖xa4 55.♖g7+ ♔e8 56.♖d7 ♖xc4 57.♖xd6 ♖d4 (Jussupow).

49...♗d4 50.♖b1 ♖g8 51.♖db3 ♗f2! 52.♖f1 ♗g3+ 53.♔h1 ♖g7 54.♖b2 ♖g8 55.♖b3 ♖g7 56.♖b2 ♖g8 57.♖bb1 ♖g7 58.♖f3 ♖g8 59.♖bf1 ♖g7 60.♖e3 ♖g8 ½-½

Der nächste Fall ist komplizierter.

03.09

Kossinzewa – Hoang Thanh Trang

Chanty-Mansijsk 2010 **(S)**

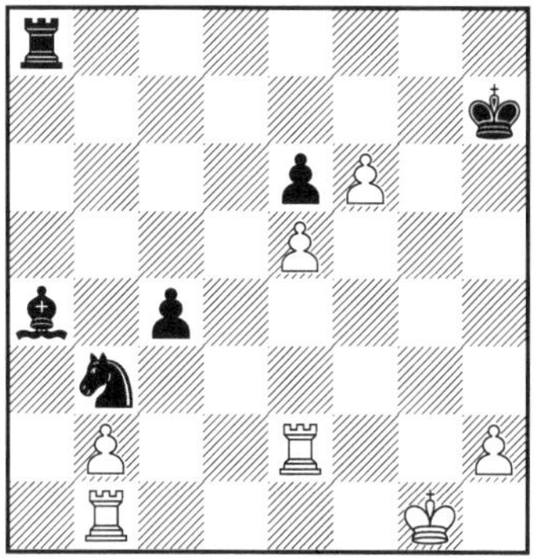

Angesichts der gefährlichen weißen Freibauern am Königsflügel muss Schwarz Vorsicht walten lassen, sollte sich dann jedoch halten können.

39...♗c6?

Das aktive 39...♘d4 führt nach 40.♖g2 (40.♖e3 ♗c2 41.♖be1 ♗f5=) 40...♗c2 41.♖c1 ♗d3 42.♔f2 ♖b8 dank der zentralisierten Leichtfiguren zu einem dynamischen Gleichgewicht.

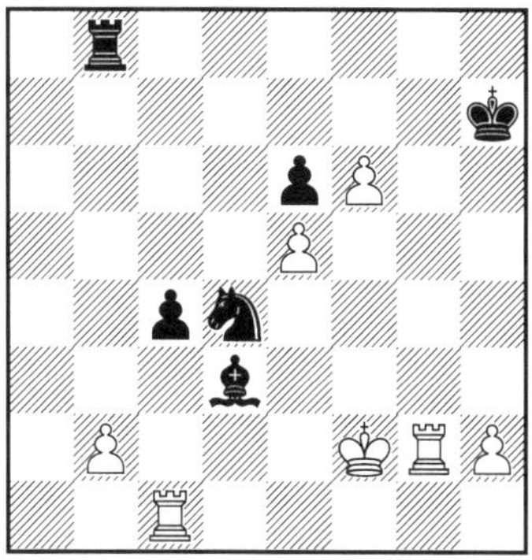

Z.B. 43.♔e3 ♘f5+ 44.♔f4 ♘h4 45.♖g7+ ♔h6=.

40.♔f2

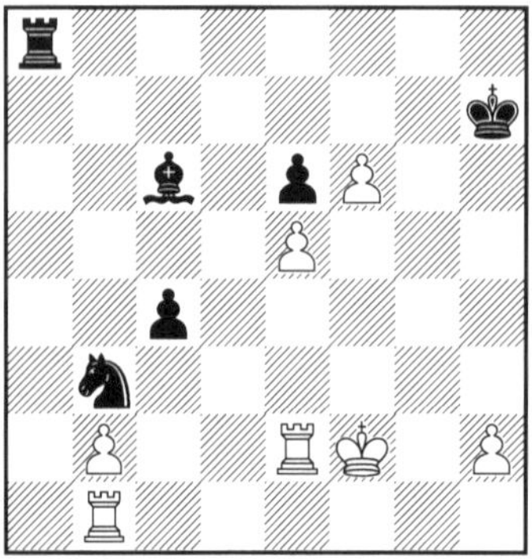

40...♖g8?

Dies erlaubt Weiß den Abtausch des passiven Turms. Nach 40...♖b8 41.♖e3 ♘c5 42.b4 ...

1) läuft 42...cxb3?? in das 'Rasenmäher-Matt' 43.♖g1 b2 44.♖h3#.

2) Nach 42...♘d3+ 43.♔e2 ♘f4+ 44.♔d2 ♖d8+ 45.♔c2 ♗e8 hat Schwarz jedoch genug Gegenspiel.

41.♖g1! ♖xg1 42.♔xg1 ♔g6?

Widerstand war nur noch mit 42...♔g8! möglich.

43.h4 ♘d4 44.h5+!

Dieser entscheidende Schlag gewinnt eine Figur.

44...♔f7

44...♔xh5 45.♖f2 ♗e8 46.f7+−.

45.♖e3 ♘f5 46.♖a3 ♘h6 47.♖a7+ ♔g8 48.♖g7+ ♔f8 49.♖c7 ♗d5 50.♖c8+ ♔f7 51.♖h8 ♘g4 52.h6 ♘xe5 53.h7 ♔g6 54.f7! ♘xf7 55.♖f8 ♔xh7 56.♖xf7+ ♔g6 57.♖f8 ♗e4

57...♔g7 58.♖f2 ♔g6 59.♔f1 e5 60.♔e2 ♔g5 61.♔e3 ♔g6 62.♖f8+−.

58.♔f2 ♔g7 59.♖c8 ♗d3 60.♔e3 ♗f1 61.♔d4 ♔f7 62.♔e5 ♔e7 63.♖c6 ♔d7 64.♖xe6 ♔c7 65.♔d4 ♔b7 66.♖e1 ♗d3 67.b3 ♔c6 68.bxc4 ♗f5 69.♖f1 ♗h3 70.♖f6+ ♔d7 71.♔c5 1-0

3.6 Die Aufgabe des Läuferpaars kann einen Vorteil sichern bzw. vergrößern.

Der folgende Klassiker ist sehr berühmt, da er vortrefflich illustriert, mit welcher Methode Steinitz einen Springer einschnürt (siehe Fortsetzung bei 04.01). Hier heben wir zunächst die Problematik des korrekten Abtauschs hervor.

03.10

Englisch – Steinitz

London 1883 **(S)**

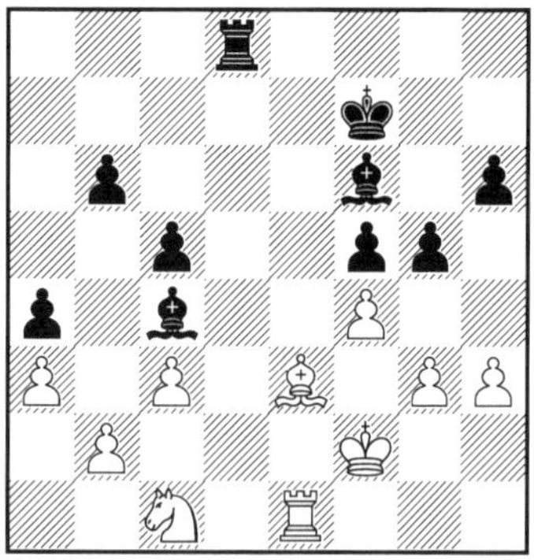

Steinitz hat bereits eine Menge erreicht. Der Springer ist in seiner Beweglichkeit stark beschränkt und die anderen weißen Figuren stehen passiv. Aber wie soll man Fortschritte erzielen?

30...gxf4!?

Schwarz verwandelt einen Vorteil in einen anderen – und zwar das Läuferpaar in ein 'Fischer-Endspiel' mit Turm und starkem Läufer gegen Turm und dominierten Springer.

30...♖d5 mit der Idee b5-b4 wäre die wichtigste Alternative. Aber natürlich kann Schwarz auch das flexible 30...♔g6 wählen.

31.♗xf4 ♗g5!

Steinitz tauscht den starken Defensivläufer von Weiß ab. Danach wird die Situation des geradezu grotesk dominierten Springers noch deutlicher.

32.♗xg5

32.♔e3 ♖e8+ 33.♔f2

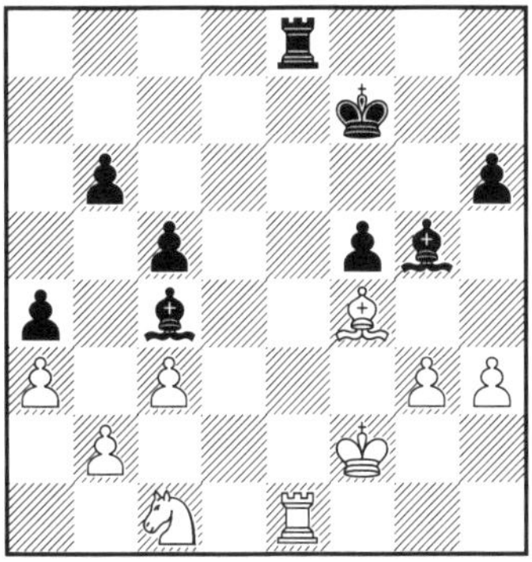

Jetzt muss Schwarz das Problem lösen, wie die richtige Abtauschfolge aussieht.

1) 33...♗xf4 34.gxf4 ♖d8+.

2) Aber nicht 33...♖xe1? 34.♔xe1 ♗xf4 35.gxf4 ♔e6 (35...♔g6 36.♔f2 ♔h5 37.♔g3 b5 38.h4=) 36.♔f2 ♔d5 37.♔e3 ♗f1 38.h4 ♔c4 39.♔d2, denn Schwarz kann nicht eindringen; z.B. 39...b5 40.♔e3 b4 41.cxb4 cxb4 42.axb4 ♔xb4 43.♔d4=.

32...hxg5 33.♔e3 ♔f6

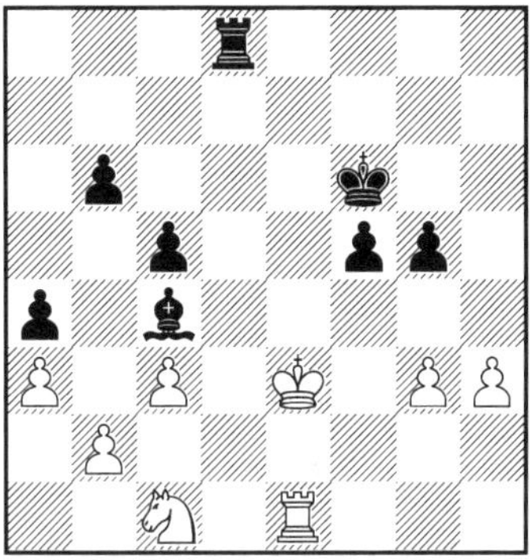

34.h4?

Dies verliert forciert, aber guter Rat war schon teuer.

1) 34.♖g1 ♔e5 35.h4 f4+ 36.gxf4+ gxf4+ 37.♔f3 ♗d5+ 38.♔e2 ♔e4−+.

2) 34.♖h1 ♔e5 35.♖g1 f4+ 36.♔f3 ♗d5+

a) 37.♔f2 37...♖h8 38.♖e1+ ♔d6 39.gxf4 gxf4 40.c4 ♗c6 41.♘d3 ♖xh3−+;

b) 37.♔e2 ♔e4 38.gxf4 gxf4 39.♖g7 ♗c4+ 40.♔e1 f3 41.h4 ♔e3 42.♖e7+ ♔f4 43.♖g7 ♖d6 44.h5 ♔e3 45. ♖e7+ ♗e6−+.

34...gxh4 35.gxh4 ♖e8+ 36.♔f2 ♖xe1 37.♔xe1

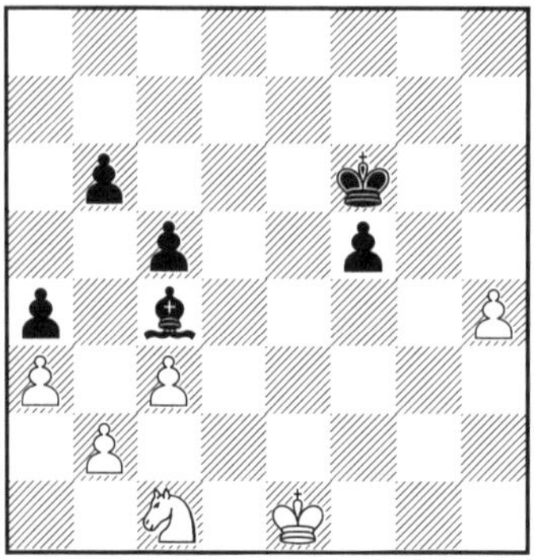

37...♔e5!

37...f4? erlaubt dem Springer die Flucht. 38.♘e2 ♔f5 39.h5 ♔g5 40.h6 ♗d3 41.♔f2 b5

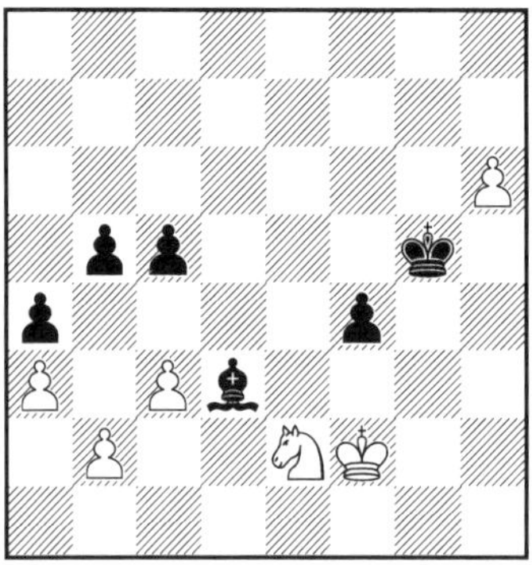

und jetzt forciert 42.c4! das Remis: 42...b4 43.♘c1 ♗g6 44.♔f3=.

38.♘e2

Auf 38.h5 folgt die sofortige Umkehr 38...♔f6−+.

38...♗xe2 39.♔xe2 ♔f4 40.c4 ♔g4 41.♔e3 f4+ 42.♔e4 f3 43.♔e3 ♔g3 0-1

3.7 Die Seite mit Raumvorteil versucht Abtausch zu vermeiden.

Die Überlegung, die hinter dieser Regel steckt, ist klar: Raumvorteil bringt es mit sich, dass mehr Raum auf Figurenschutz angewiesen ist, so dass mehr Figuren gebraucht werden. Hingegen bedeutet Raumnachteil, dass das Haus mit zu vielen Figuren überfüllt ist.

03.11

Lautier – Vaisser

Aix-les-Bains 2003 **(W)**

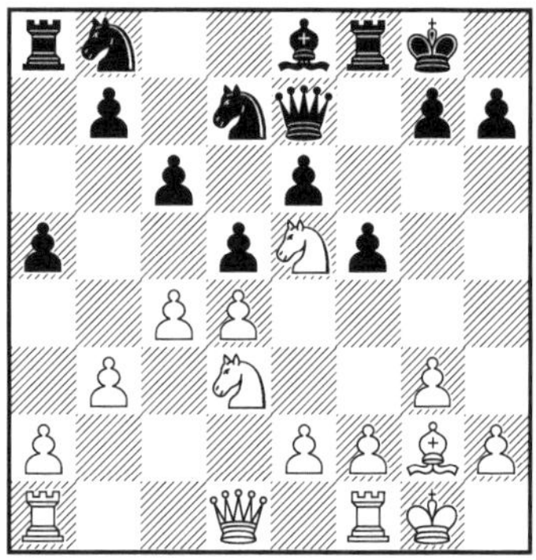

14.♘f3!

„Eine Standardreaktion. Weiß hat Raumvorteil und sollte daher den Springer nicht abtauschen." (Roiz im *CBM* 97)

14...♗h5 15.♕c2 ♘a6 16.a3 ♗xf3?!

Dies ist eine Ausnahme von der Regel, dass Schwarz Figurentausch anstreben sollte, da der Preis dafür zu hoch ist. Allerdings steht Weiß auch nach beispielsweise 16...♘c7 blendend.

17.♗xf3?!

17.exf3! öffnet weitere gefährliche Zugstraßen, was im gegebenen Fall mehr als genug Kompensation für die Beeinträchtigung der Struktur bietet. 17...♕f6 18.♕b2 b5 19.cxb5 cxb5 20.♖fc1±; 18...a4 19.cxd5 exd5 20.bxa4± (Roiz).

17...♘c7 18.♗g2 ♘e8 19.e3 g5 20.♖fb1

Lautier bereitet das weitere Vorgehen seiner Damenflügelbauern vor.

20...♖a7 21.b4 ♘d6 22.c5 ♘c4 23.b5 e5

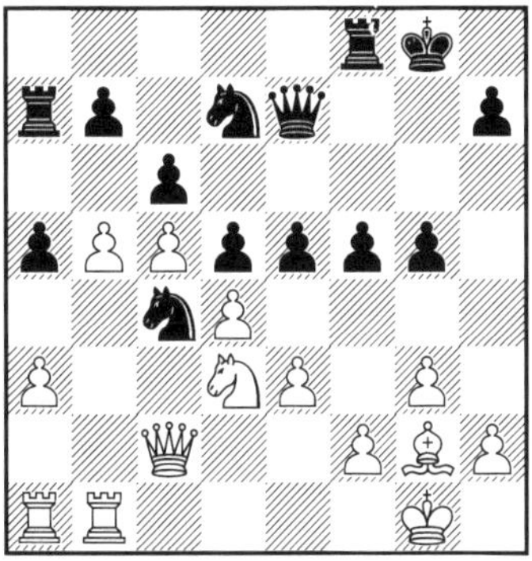

24.♘b2!

Der aktive schwarze Springer sollte selbstredend abgetauscht werden.

24...♘xb2 25.♖xb2 e4 26.♖ab1 ♘f6?!

Der Springer wird zur Verteidigung des Damenflügels gebraucht. 26...♕e6 war präziser.

27.♕a4 ♕d7 28.♗h3 ♔g7 29.bxc6 bxc6

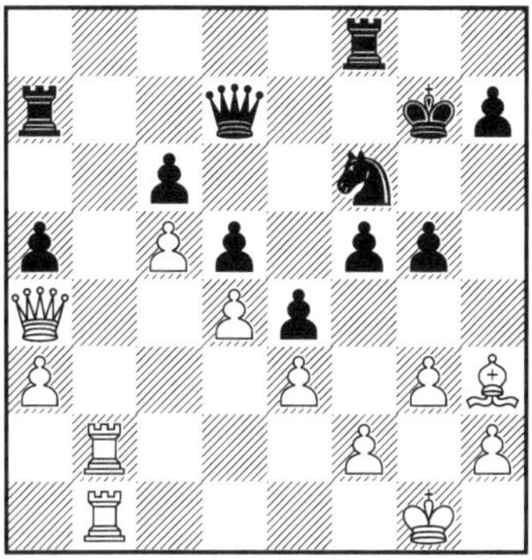

30.♖b8!?

„Der schwarze Turm auf a7 steht sehr passiv, weswegen Weiß den zweiten Turm abtauschen will. Dies ist ein typisches technisches Vorgehen." (Roiz)

30...♖xb8 31.♖xb8 ♘g8 32.♕b3 ♘e7 33.♕b6 h5 34.a4 ♕c7

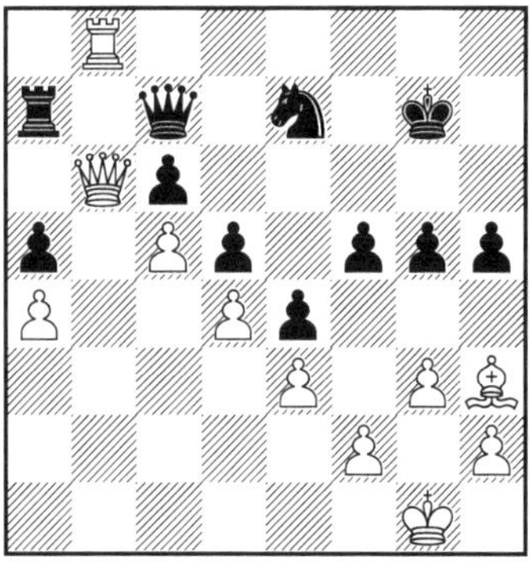

35.♗f1!

Damentausch wäre verkehrt: 35.♕xc7? ♖xc7 36.♖a8 ♖b7 37.♖xa5 ♖b1+ 38.♗f1 f4 39.gxf4 gxf4 40.♖a7 ♔f6= (Roiz).

35...f4 36.gxf4 gxf4 37.♗h3 ♘g6

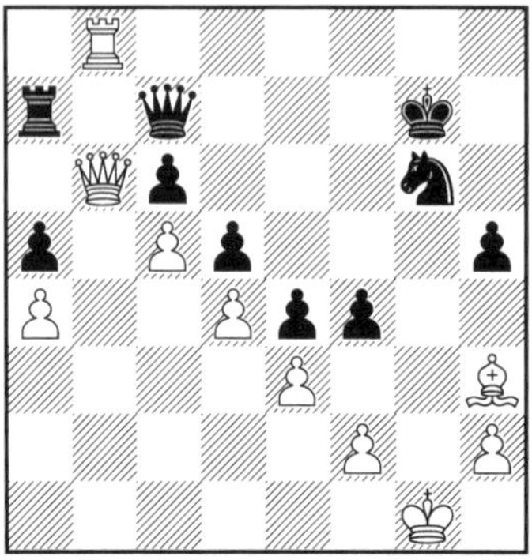

38.♖c8?

Dies gestattet Schwarz, Abtausch zu vermeiden und einen Gegenangriff zu beginnen. Nach 38.♖d8! kann Schwarz nicht entkommen: 38...♕e7 39.♕xa7 ♕xa7 40.♖d7+ ♕xd7 41.♗xd7 ♘e7 42.exf4±; 41...fxe3 42.fxe3 ♘e7 43.h4±.

38...♕e7! 39.♖xc6

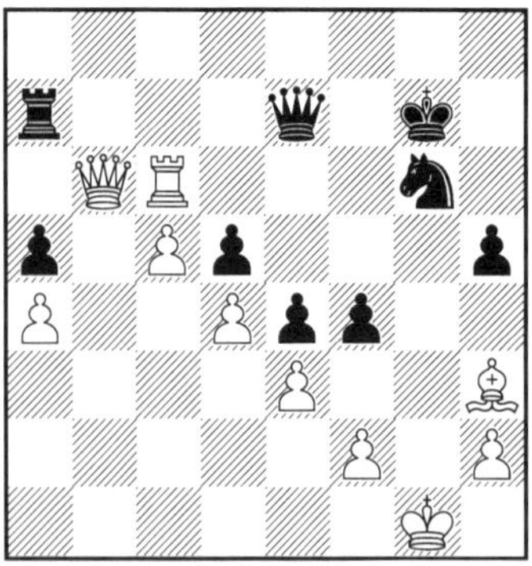

39...♘h4?

Jetzt hat Schwarz Mühe, Damentausch zu vermeiden. Nach dem direkten Ansatz 39...♕g5+! kann Weiß nicht gewinnen.

1) 40.♔h1 ♖f7 41.♕b8 fxe3 42.fxe3 ♖f3 43.♖c7+ ♘e7 44.♖b7 ♖xh3 45.♕e8 ♖xh2+ 46.♔xh2 ♕h4+=.

2) 40.♔f1 ♖e7

a) 41.♖c7 fxe3 42.♖xe7+ ♘xe7 43.♕d6 exf2 44.♕g3 ♕xg3 45.hxg3 ♔f7 46.♗d7 ♘g8=;

b) 41.♕b8 fxe3 42.♕g3 e2+ 43.♔e1 ♕c1+ 44.♔xe2 ♕c2+ 45.♔f1 e3 46.fxe3 ♖f7+ 47.♔e1 ♕c1+ 48.♔e2 ♕c2+=.

40.♖e6! ♕g5+

40...♕f7 41.♕d8! ♘f3+ 42.♔h1 ♖b7 43.♖b6 ♖xb6 44.cxb6+− (Roiz).

41.♔f1 ♖f7 42.♖e5! ♕g6 43.exf4 ♘f3 44.♕xg6+ ♔xg6 45.♖xd5 ♖b7 46.♖d6+ ♔f7 47.♖b6 ♖c7 48.c6 ♔e7 49.♖b7 ♔d6 50.♖xc7 ♔xc7 51.d5 ♘xh2+ 52.♔g2 1-0

Eines der wichtigsten Elemente zur Bewertung eines gegebenen Raumvorteils besteht in der Frage, für wie viele Figuren eine Stellung Platz bietet. Beispielsweise lässt ein 'Igel-Aufbau' mit der Standard-Bauernstellung a6, b6, d6, e6, f7, g7 und h7 nicht viel Platz. Und dennoch passt die ganze Armee hinein – und zwar einschließlich der vier Leichtfiguren; z.B. ♗b7, ♗e7, ♘d7 und ♘f6.

Daher muss man sich ständig darüber in Klaren sein, welche Kapazität die eigene Stellung bietet und welche die gegnerische. Und anhand dieses Verhältnisses muss man über einen eventuellen Figurentausch entscheiden. Eine andere Struktur, in der dieses Thema sehr wichtig ist, ist der so genannte 'Maróczy-Aufbau'.

03.12

Botwinnik – Toran

Palma de Mallorca 1967

1.c4 g6 2.e4 c5 3.♘f3 ♘c6 4.d4 cxd4 5.♘xd4 ♘f6 6.♘c3

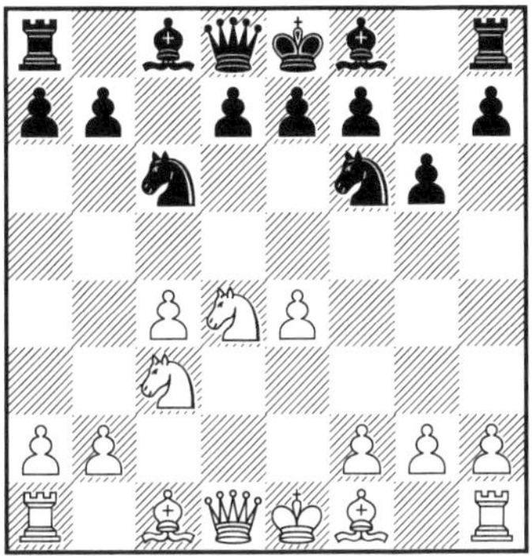

Weiß hat im Zentrum eine typische Maróczy-Struktur errichtet und ist nun zu zwei prinzipiell unterschiedlichen Szenarien bereit: Entweder mit *allen* Leichtfiguren zu spielen, um seinen Raumvorteil zu nutzen – schließlich kann Schwarz nicht so bequem manövrieren; oder aber die Zahl der Leichtfiguren drastisch zu reduzieren, weil Schwarz dann kaum Hoffnung auf echtes Gegenspiel bleibt. Andrerseits kann Schwarz oft auch mit zwei oder gar drei Leichtfiguren bequem zurechtkommen. Diese Richtlinie ist jedoch nicht in Stein gemeißelt und mit entsprechender Vorsicht zu genießen.

6...♘xd4

Das sogenannte 'Gurgenidse-System' ist in dem Sinne logisch, als die Zahl der Leichtfiguren unverzüglich abgebaut wird.

Nach 6...d6 7.♘c2 entsteht die Hauptvariante mit allen Leichtfiguren auf dem Brett, obwohl Schwarz aus Raummangel früher oder später doch Abtausch anstreben muss. In der Partie Bologan – Motylew, Russland 2003, folgte 7...♗g7 8.♗e2 0-0 9.0-0 ♘d7 10.♗d2 a5 11.♘a3 ♘c5 12.♘ab5 ♘d4 13.♘xd4 ♗xd4 14.♗h6. Weiß will zwei Leichtfiguren abtauschen, zuerst den schwarzfeldrigen Läufer. 14...♗g7 15.♗xg7 ♔xg7

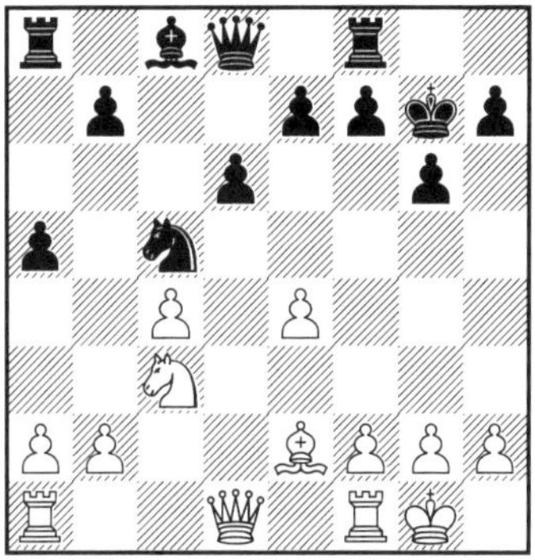

16.♗g4! Bologan entledigt sich auch seines schlechten Läufers, um das Spiel mit nur *einer* Leichtfigur fortzusetzen. 16...♗xg4 17.♕xg4 a4 18.♕e2 ♕a5 19.♖ac1 ♘d7 20.♘d5 ♘f6 21.♖fd1 ♘xd5 22.♖xd5 ♕a6

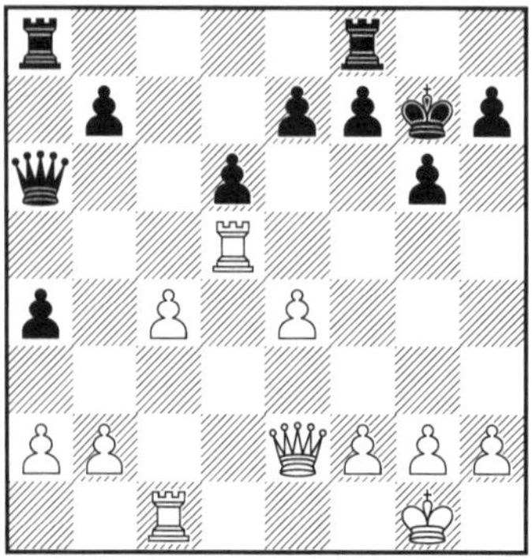

23.h4! ♖fc8 24.h5 e6 25.♖d4 ♖c5 26.♕d2 ♖xh5 27.♖xd6 ♕a5 28.♕xa5 ♖hxa5 29.♖d7 ♖5a7 30.c5 b5 31.♖d6 ♖b8 32.f4 ♔f6 33.♔f2 g5 34.g3 ♖c7 35.♔e3 gxf4+ 36.gxf4 ♖g8 37.♖c2 ♖g1 38.e5+ ♔f5 39.c6 ♖g3+ 40.♔d4 ♖f3 41.♖d7 1-0.

7.♕xd4 d6 8.♗e3 ♗g7 9.♗e2 0-0 10.♕d2

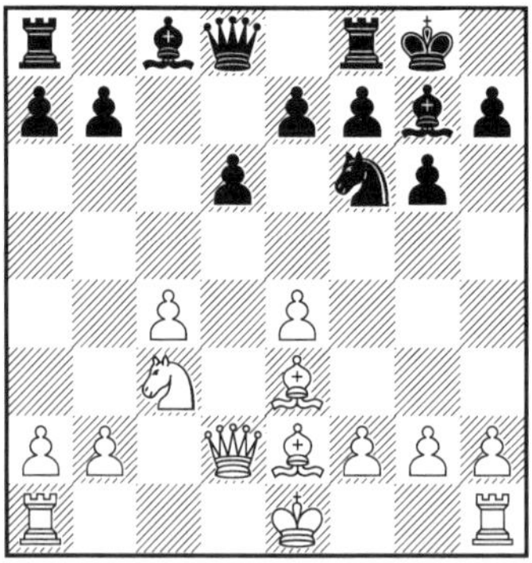

10...♘g4?!

Schwarz folgt dem Konzept, dass die Seite mit Raumnachteil Figurentausch anstreben sollte. Hier sind die Nachteile allerdings zu groß. 10...♗e6 ist die Hauptvariante.

11.♗xg4 ♗xg4 12.♗d4

Natürlich hält Weiß sich an die Richtlinien und tauscht die schwarzfeldrigen Läufer ab, um das schwarze Läuferpaar zu halbieren.

12...♗e6 13.♗xg7 ♔xg7 14.0-0 ♔g8 (14...♗xc4? 15.♕d4+) **15.b3 ♕a5 16.f4 f6 17.♖f3 ♔h8 18.♖e1 ♖g8 19.♖d3 ♖ac8**

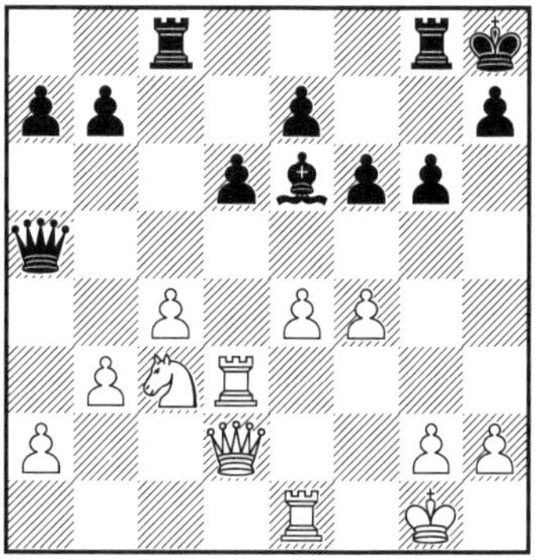

20.♘d5!?

Botwinnik strebt weiteren Abtausch an, um dem Gegner im resultierenden Doppelturmendspiel auf den Zahn zu fühlen.

20...♕xd2 21.♖xd2 ♗xd5 22.♖xd5!?

Nach 22.exd5 ♖c7 23.♖de2 ♖g7 kann Weiß nur mit großer Mühe Fortschritte erzielen.

22...♖c6?

Die prophylaktische Maßnahme 22...♖c7 wäre vorsichtiger. Und der von Schwarz womöglich befürchtete Durchbruch 23.e5?! könnte mit 23...dxe5 24.fxe5 f5 25.♖ed1 ♔g7 26.♖d7 ♖gc8 27.♖xc7 ♖xc7 28.e6 ♔f6 29.♖d7 ♖c5 30.♖xb7 ♖a5= pariert werden.

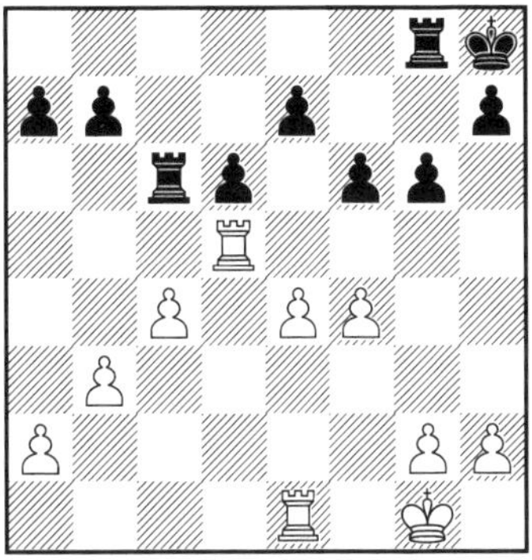

23.e5 dxe5 24.fxe5 ♖e6 25.♔f2 ♖f8?

Dies gewinnt zwar einen Bauern, aber dafür wird Weiß zu aktiv. Mit 25...♔g7 26.♖d7 ♖b8 konnte wertvolle Zeit gespart werden, was einige praktische Remischancen gesichert hätte.

26.♖d7! fxe5+ 27.♔e3 ♖b8 28.♔e4 ♔g8 29.♔d5 ♔f7 30.♖xe5 ♖d6+?! 31.♖xd6 exd6 32.♔xd6 ♖d8+ 33.♔c7 ♖d2 34.♔xb7 ♖xg2 35.c5 ♖xh2 36.c6 ♖c2 37.b4 1-0

3.8 Hat der Gegner statische Schwächen, reduziere man sein dynamisches Potenzial.

Dies wird häufig durch Damentausch erreicht.

03.13

Kobalia – Krasenkow

Russland 2008 **(S)**

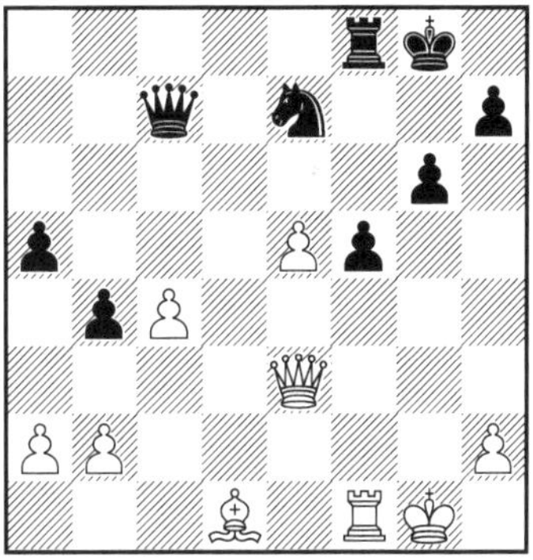

Da der Bauer e5 sehr schwach ist, zielt Schwarz mit **28...♖c8!** auf Damentausch ab.

Nach 28...♘c6? 29.♕c5 ♖c8 30.♖e1 ♕d8 31.♕d5+ behält Weiß mehr dynamische Optionen.

29.♗a4 ♕c5 30.♔f2

30.♖f3?! g5 31.♗d7?! f4 kommt Schwarz sehr entgegen (Krasenkow im *CBM* 124).

30...f4 31.♕xc5 ♖xc5

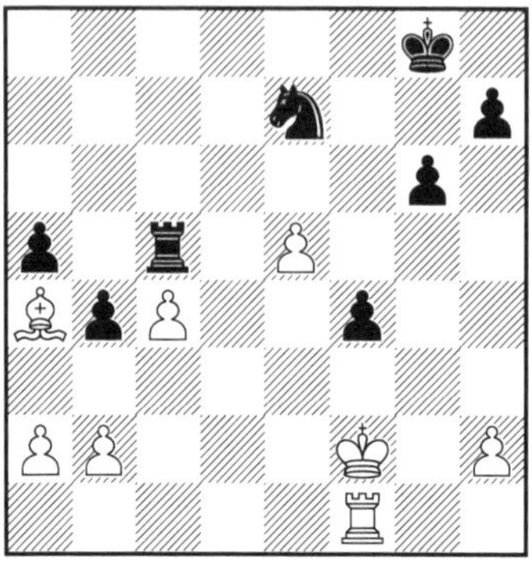

32.♖e1?!

Wenn man statische Schwächen hat, sollte man sich nicht rein passiv verteidigen. Besser war daher 32.♖d1!, gefolgt von z.B. 32...♖xe5 33.♖ d7 ♔f7 34.♖a7 mit praktischen Remischancen wegen der weißen Aktivität.

32...g5 33.♗d7

33.♔f3 ♔g7 34.b3?! ♘g6 35.e6 ♔f6+ (Krasenkow).

33...♔f7 34.b3 h5

Nun wird eine Armee aus schwarzen Ameisen den weißen Königsflügel überrennen.

35.e6+ ♔f6 36.♖e4 ♔f5 37.♖d4 g4 38.♖d2 h4 39.♖d4 ♖e5 40.♖d2 g3+ 41.♔g2 ♔g4 42.h3+ ♔g5 43.♖d3 ♖e2+ 44.♔f1 ♖xa2 45.c5 ♖c2 46.c6 ♖c3 0-1

3.9 Dem Verteidiger ist am Abtausch von Bauern gelegen.

Diese Richtlinie bezüglich des Abbaus von Gewinnpotenzial ist zumeist im Endspiel von Bedeutung, da in einer Stellung ganz ohne Bauern in der Regel ein großes Materialübergewicht zum Gewinn erforderlich ist. Hingegen weisen wir ausdrücklich darauf hin, dass die Richtlinie, gemäß derer die Seite mit Materialvorteil Figuren abtauschen sollte, eher schlecht und irreführend ist, so dass wir auch keinerlei Beispiele bringen. Ziemlich oft steht sie nämlich im Widerspruch zu derjenigen, dass der Angreifer kein Angriffspotenzial abtauschen sollte. Tauschen sie nur dann Material ab, wenn es dafür konkrete Gründe gibt, jedoch niemals, weil Sie hiervon mehr haben! Durch konsequente Befolgung dieser wahren 'Bauernregel' kann es nämlich passieren, dass Sie mit jedem Abtausch einen Teil Ihres Vorteils verlieren. Aber jetzt zurück zur Erleichterung der Verteidigung durch Abtausch von Bauern.

03.14

Rapport – Laznicka

Aix-les-Bains 2011 **(W)**

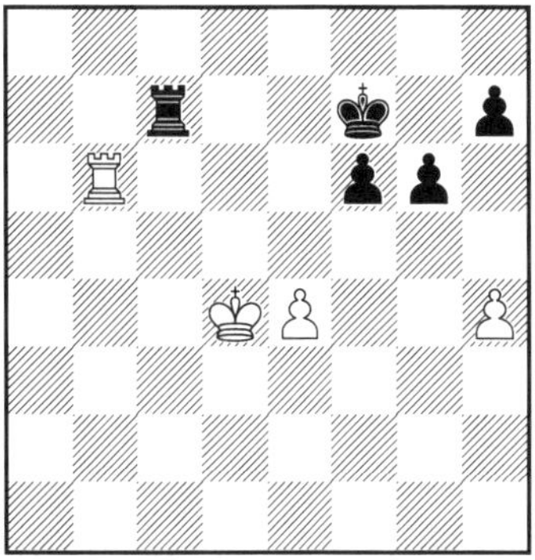

Dem ungarischen Großmeister Richard Rapport gelang ein beeindruckender Beweis für Tarraschs bekannte Maxime, dass alle Turmendspiele remis sind, wenn sie aktiv verteidigt werden.

49.h5!? ♖d7+ 50.♔e3 gxh5

1) 50...g5 kann auch mit 51.e5 fxe5 52.♔e4 ♖e7 53.♖a6= beantwortet werden.

2) Nach 50...♖e7 51.hxg6+ hxg6 52.♔f3 entsteht wegen der reduzierten Bauernzahl eine theoretische Remisstellung.

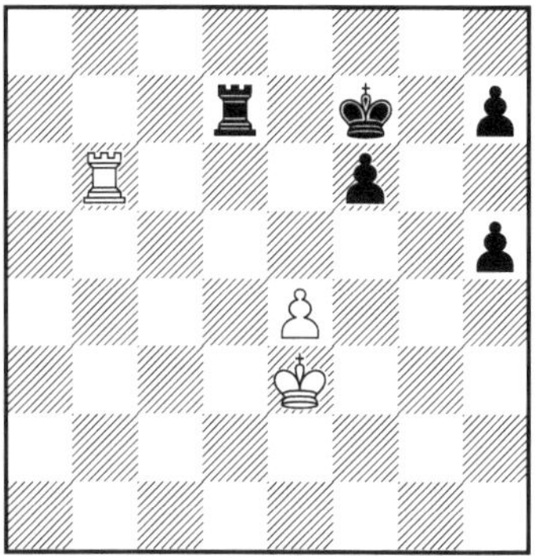

51.e5!! fxe5 52.♔e4 ♖e7

Nach der Alternative 52...h4 53.♔xe5 h3 ergeben sich folgende Möglichkeiten:

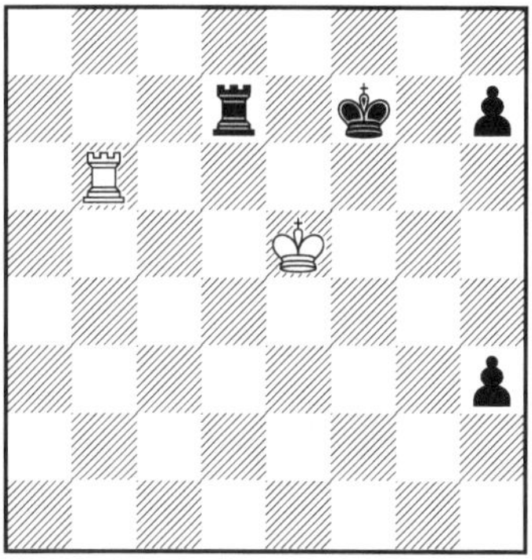

1) Nach 54.♖h6?! ♖d3 55.♔e4? verliert Weiß sogar, denn nach 55...♔g7 56.♖h4 ♖ a3 57.♔f5 h5!!–+ gerät der weiße Turm in eine tragikomische Stellung.

2) Der einfachste Weg zum Remis lautet 54.♖b3!? h2 55.♖h3 ♖d2 56.♔f4 ♔g6 57.♔g3 ♖d3+ 58.♔xh2=.

53.♖h6 ♔g7 54.♖xh5 ♔g6

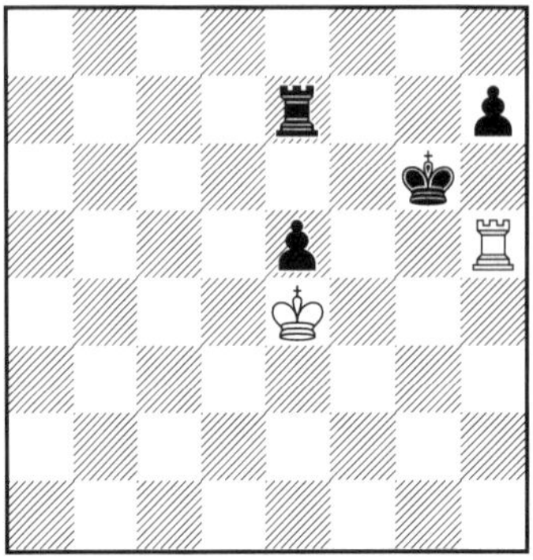

55.♖h1!

Das Schachgebot erfolgt aus genügend großer Entfernung.

Natürlich nicht 55.♖xe5?? ♖xe5+ 56.♔xe5 ♔g5 57.♔e4 ♔g4 58.♔e3 ♔g3 59.♔e2 ♔g2, denn der schwarze König hat ein Schlüsselfeld besetzt: 60.♔e3 h5 61.♔f4 h4 62.♔g4 h3−+.

55...h5 56.♖g1+ ♔h6 57.♔f5!?

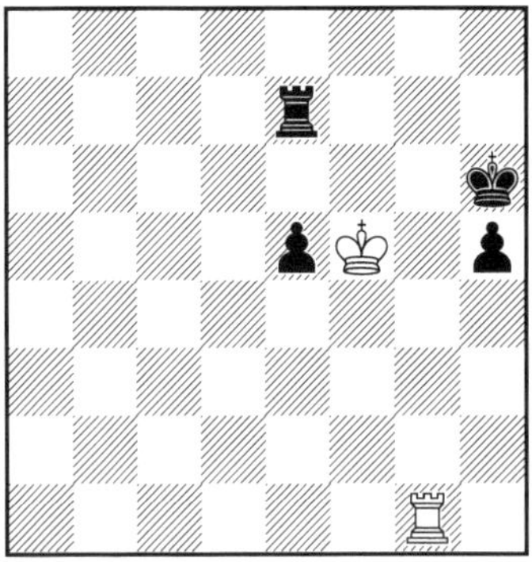

57...♖f7+

1) Nach 57...e4 58.♔f6 ♖e8 59.♖g6+ ♔h7 60.♖g7+ ♔h8 61.♖g5 gewinnt Weiß zuerst den h-Bauern und später den e-Bauern.

2) 57...h4 58.♖g6+ ♔h5 59.♖g5+ ♔h6 60.♖g6+ ♔h7 61.♖g4 h3 62.♖h4+=.

58.♔xe5 h4 59.♔e4 ♔h5 60.♖g8 h3 61.♔e3 ½-½

Remis wegen der denkbaren Folge 61...♔h4 mit den Möglichkeiten:

1) 62.♔e2 h2 63.♖h8+ ♔g3 64.♖g8+ ♔h3 65. ♖h8+ ♔g2 66.♖g8+ ♔h1 67.♖g6=;

2) 62.♖h8+ ist auch spielbar, nur nicht 62.♖g6? h2 63.♖h6+ ♔g3 64.♖g6+ ♔h3 65. ♖h6+ ♔g2 66.♖g6+ ♔f1 67.♖h6 ♖f2 68.♖h8 ♔g1 69.♖h7 ♖g2−+.

Manchmal sind die Probleme äußerst taktisch.

03.15

Onischuk – Safarli

Türkei 2011 **(W)**

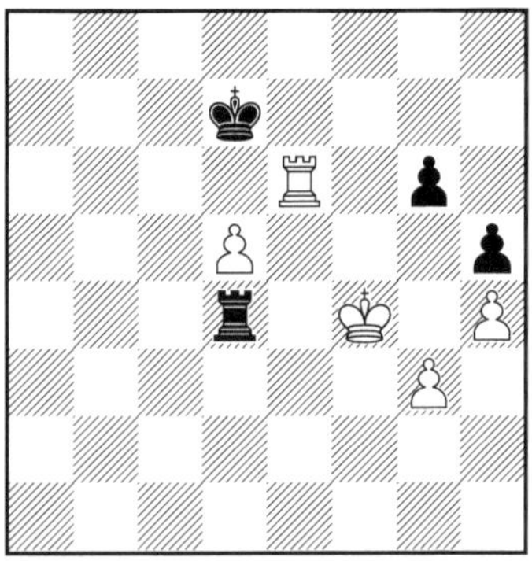

86.♔f3?

Danach kann Schwarz wie durch ein Wunder entkommen, indem er die

Bauern auf richtige Art und Weise abtauscht.

86.♖e4? ♖xd5=; 86.♔e5? ist ebenso falsch wegen 86...♖g4 87.♖a6 ♖xg3 88.♖a7+ ♔e8 89.♔d6 ♖g4=.

Aber 86.♔e3! führt zum Ziel:

1) 86...♖xd5 87.♖xg6 ♔e7 88.♖g5 ♔e6 89.♖xd5 ♔xd5 90.♔f4+− .

2) Nach 86...♖g4 87.♔f3 mit der Drohung, die Türme zu tauschen, ist 87...g5 forciert. Nach dieser Einladung zum Bauerntausch wird der schwarze Turm zur Passivität verurteilt. 88.♖e4

a) 88...♖xe4 89.♔xe4 gxh4 90.gxh4 ♔d6 91.♔d4 ♔d7 92.♔e5 ♔e7 Hier gewinnt Weiß gemäß ‘Bährs Regel’, da sein d-Freibauer noch nicht die Diagonale a2-f7 gekreuzt hat. 93.♔f5 ♔d6 94.♔g5 ♔xd5 95.♔xh5 ♔e6 96.♔g6 ♔e7 97.♔g7+−.

b) 88...gxh4 89.gxh4

b*) 89...♖g8 90.♖e5 ♖h8 91.♖f5 ♔d6 92.♔f4 ♔c5 93.♔g5 ♔d6 94.♔g6 ♔c5 95.♖xh5+−;

b)** 89...♖g1 90.♖e5 ♔d6 91.♖xh5 ♖d1 92.♔e4 ♖e1+ 93.♔f4 ♖f1+ 94.♔g4 ♖g1+ 95.♔f5 ♔xd5 96.♔f6+ ♔d6 97.♖f5 ♖g8 98.♔f7 ♖g1 99.h5 ♖h1 100.♖f6+ ♔e5 101.h6 ♖a1 102.♔g7+−.

86...g5!!

Die Pointe der schwarzen Verteidigung. 86...♖xd5? 87.♖xg6 ♔e7 88.♖g5 ♖xg5 89.hxg5 ♔f7 90.♔e4! ♔g6 91.♔f4 ♔g7 92.♔f5 ♔f7 93.g6+ ♔g7 94.♔g5+−.

87.hxg5 ♖xd5 88.♖g6 ♔e7 89.♔f4 ♔f7 90.♖h6 ♖d4+ 91. ♔f5 ♖d5+ 92. ♔f4 ♖d4+ 93.♔e5 ♖a4 94.♖xh5 ♔g6 95.♖h4 ♖a5+ 96.♔f4 ♖f5+ ½-½

Übungen

Lösungen ab Seite 217

Ü03.01

Computer Hydra – Adams

London 2005 **(W)**

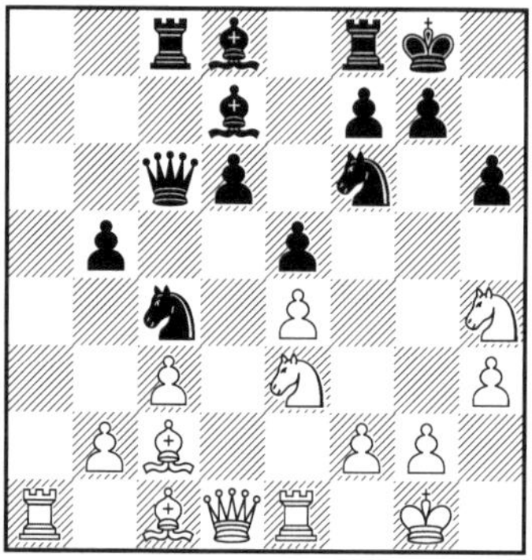

Wie nutzte der Computer die Schwächen im schwarzen Lager aus?

Ü03.02

Maryasin – Gunnarsson

Thessaloniki 2011 **(S)**

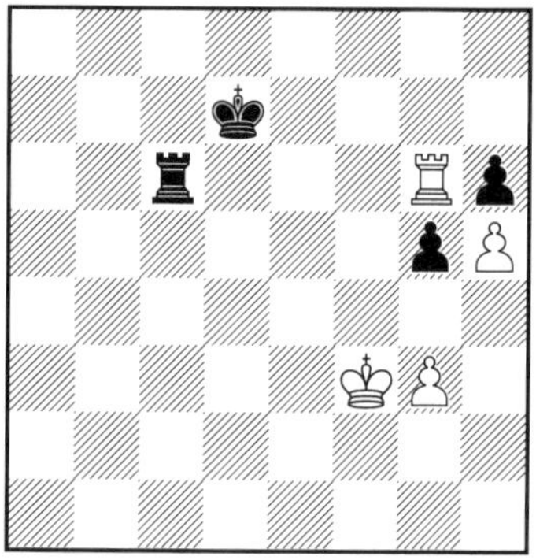

Turmtausch oder nicht? – Das ist hier die Frage.

Kapitel 4

Domination

Es ist eine sehr wichtige strategische Richtlinie, dass man stets versuchen sollte, die gegnerischen Kräfte mehr und mehr in ihrem Bewegungsspielraum einzuschränken, bis sie völlig dominiert werden und quasi ersticken. Im Endspiel kommt dann häufig Zugzwang als Krönung dieser Strategie hinzu. Der Springer ist die Figur, welche am häufigsten unter derartiger Einschränkung zu leiden hat, und so wollen wir mit diesem Thema beginnen.

4.1 Domination eines Springers

4.1.1 Die Steinitz'sche Methode der Einschränkung

Ein Springer ist oft ziemlich unbeholfen und hat mitunter Probleme, von einem Punkt zum anderen zu gelangen. Der folgende Klassiker veranschaulicht, wie Steinitz einen Springer schrittweise all seiner Bewegungsmöglichkeiten beraubt.

04.01

Englisch – Steinitz

London 1883 **(S)**

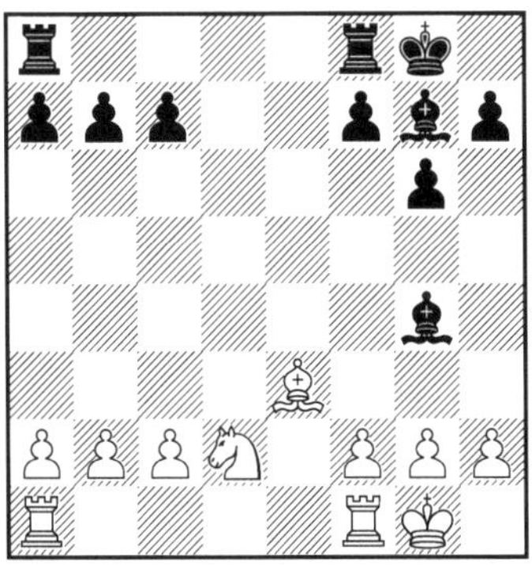

Schwarz hat das Läuferpaar, volle Kontrolle und die Initiative, was in aller Regel eine tödliche Mischung ergibt.

15...♖ad8

Natürlich nicht 15...♗xb2? 16.♖ab1 ♗e5 17.♖xb7, wonach Weiß aktiv wird und Vorposten für seine Figuren erhält. Der Springer muss daran gehindert werden, zu besseren Weidegründen zu gelangen.

16.c3 ♖fe8

Die Aktivierung eines weiteren Kämpfers droht sogleich ♖xe3.

17.♘b3

17.♘f3 b6 18.♖ad1 c5 läuft ähnlich wie die Partie.

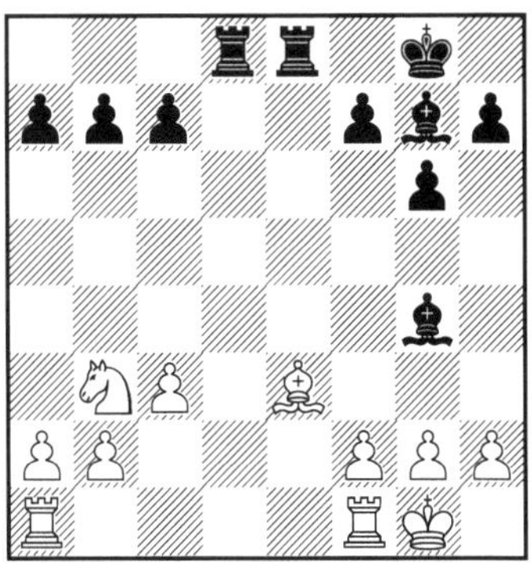

17...b6!

Mit diesem Vielzweck-Zug schränkt Schwarz beide weißen Leichtfiguren ein.

18.h3 ♗e6

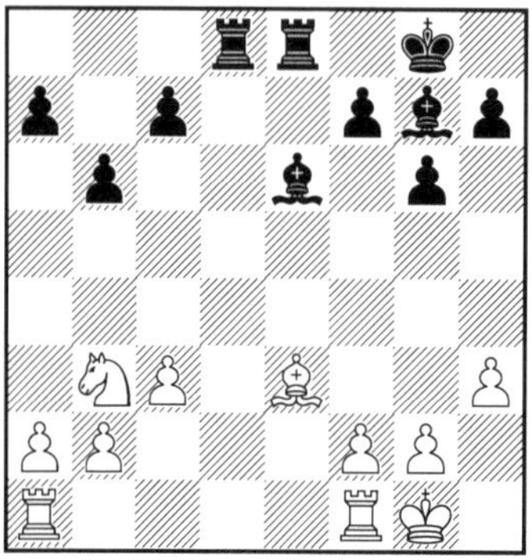

19.♖fd1?

Dieser 'automatische' Zug ist schwach. Der Springer musste versuchen, mit 19.♘d4!? aus dem von Schwarz geknüpften Netz zu entkommen, wonach Weiß noch zähen Widerstand leisten konnte; z.B. 19...♗d5 20.♖fe1 c5 21.♘b5 ♗c6.

1) Nach 22.a4!? steht Schwarz besser, aber Weiß erhält mehr Gegenspiel als in der Partie.

2) Nicht jedoch 22.♘c7? wegen 22...♖xe3!, wonach die Läufer ihre Kraft unter Beweis stellen. 23.♖xe3 ♗h6 (23...♖c8!?)

a) 24.♖ee1 ♗f4 25.♘a6 ♗b5 26.♘xc5 bxc5 27.♖ad1 ♖d6−+;

b) 24.♖e5? ♗f4 25.♖ae1 ♗xe5 26.♖xe5 ♖d1+ 27.♔h2 ♖d2 −+.

3) Auch 22.♘xa7 kam infrage, denn nach 22...♗a4 23.b3 kann Weiß noch kämpfen.

a) 23...♖a8 24.bxa4 ♖xa7 25.♖ac1 ♖xa4 26.♖c2;

b) 23...♗d7 24.♖ed1 ♗xc3 25.♖ac1 ♗b2 26.♖c2 ♗f6 27.♖cd2 ♗e6 28.♘b5.

19...c5!

Durch Deckung des Schlüsselfeldes d4 werden beide weißen Leichtfiguren weiter eingeschränkt, speziell jedoch der Springer.

20.♗g5 f6 21.♗f4 ♔f7 22.f3 g5

Steinitz setzt die gesamte Armee ein, um mehr und mehr Raum auf dem ganzen Brett zu gewinnen.

23.♖xd8 ♖xd8 24.♗e3 h6

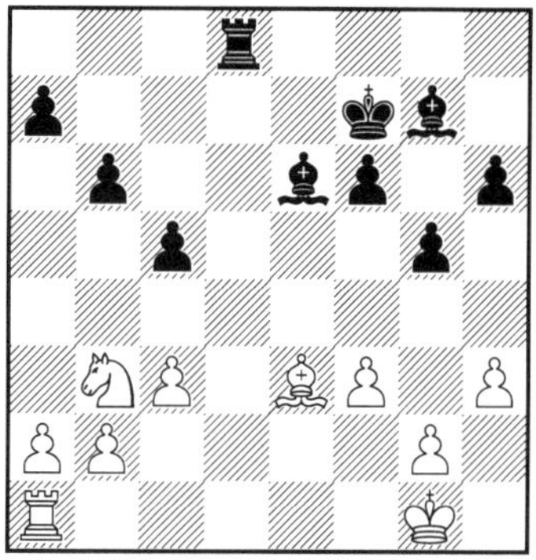

Jetzt stehen alle schwarzen Bauern auf dunklen Feldern, um den weißfeldrigen Läufer zu ergänzen. Als nächster Schritt steht der Bauernvorstoß nach f4 auf dem Programm.

25.♖e1 f5 26.f4 ♗f6 27.g3

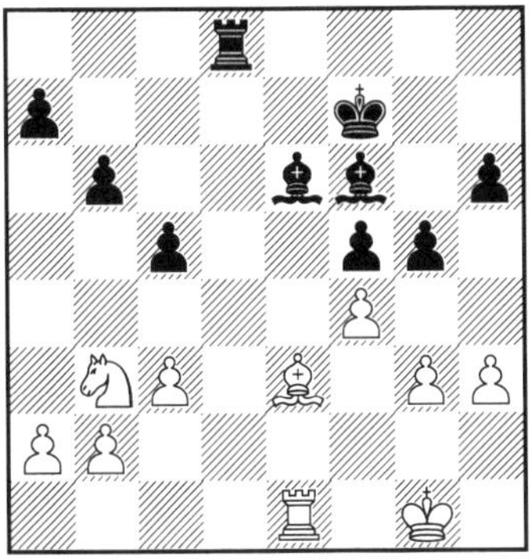

27...a5!

Durch die tödliche Unterminierungsdrohung a4-a3 wird der Springer noch weiter zurückgedrängt.

28.♘c1 a4 29.a3 ♗c4

Endlich wird der Springer mumifiziert.

30.♔f2

Für den Rest der Partie – siehe Beispiel 03.10.

4.1.2 Prophylaxe

Auch beim Spiel auf Domination werden häufig prophylaktische Züge eingesetzt.

04.02

Carlsen – Kramnik

London 2009 **(W)**

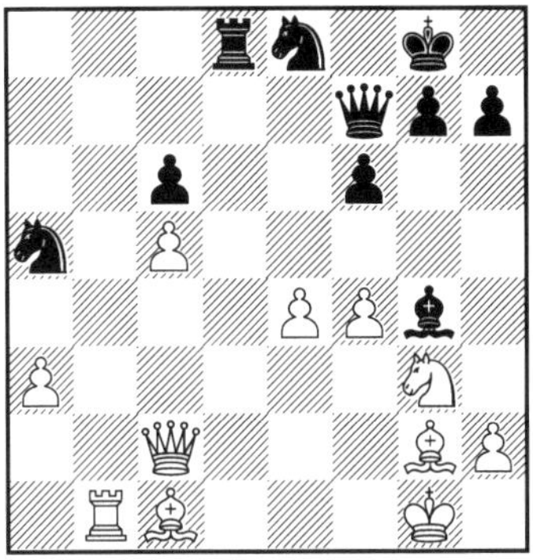

Mit **35.♗f1! ♗e6 37.♕c3 ♖a8** schränkt Magnus Carlsen die schwarzen Möglichkeiten weiter ein.

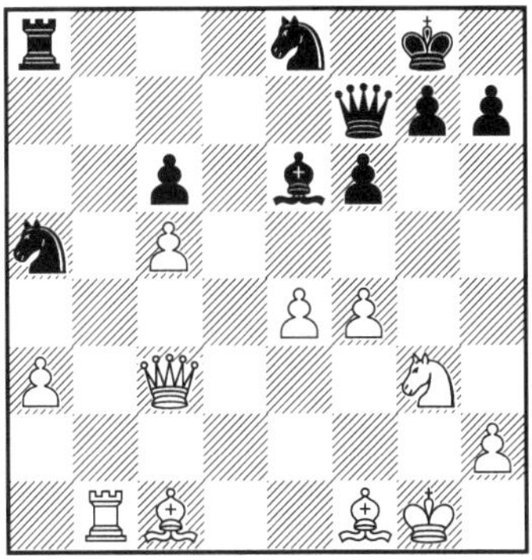

37.♖b4!

„Jetzt hat Weiß die vollkommene Kontrolle, mit sowohl positionellem als auch materiellem Vorteil. Der Springer e8 steht immer noch aussichtslos.“ (Carlsen im *CBM* 134) Offenbar wird auch der Springer a5 durch Carlsens Strategie fast schon dominiert.

37...♕d7

37...♘b7?! 38.f5 ♗a2 39.♘e2 ♖a7 40.♕c2+−.

38.f5

Weiß schränkt den Spielraum des Läufers noch weiter ein.

38...♗f7 39.♗f4 ♕d1 40.♔f2

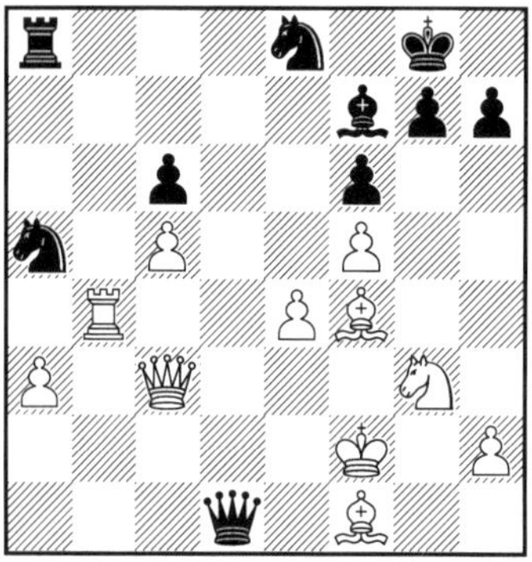

40...♘b3?!

„Verzweiflung! Allerdings gab es nur dies, oder langsam und ohne Gegenspiel zu verlieren.“ (Carlsen) 40...♖d8 41.♗e2 ♕d7 42.♗e3 ♕e7 43.♖b6 ♖a8 44.♗a6+−.

41.♗e2 ♕b1 42.♗c4 ♖xa3 43.♘e2 1-0

4.1.3 Geometrische Motive

Es kann sehr nützlich sein, sich genauer mit den Eigenarten bzw. der Geometrie der Springerbewegungen vertraut zu machen. Ein Springer wechselt mit jedem Zug auf eine andere Farbe. Er kann in vier Zügen von einer Grundreihe auf die andere gelangen, braucht jedoch nur einen Zug weniger, um ein Feld zu erreichen, das horizontal oder vertikal direkt an seinen Standort angrenzt. Er kann sich einerseits als taktisch gefährliche Figur erweisen (man denke nur an das sogenannte ‘Familienschach’!), aber andrerseits kann er auch ein Beispiel völliger Hilflosigkeit abgeben.

04.03

Markus – Palac

Zlatni Rat 2011 **(W)**

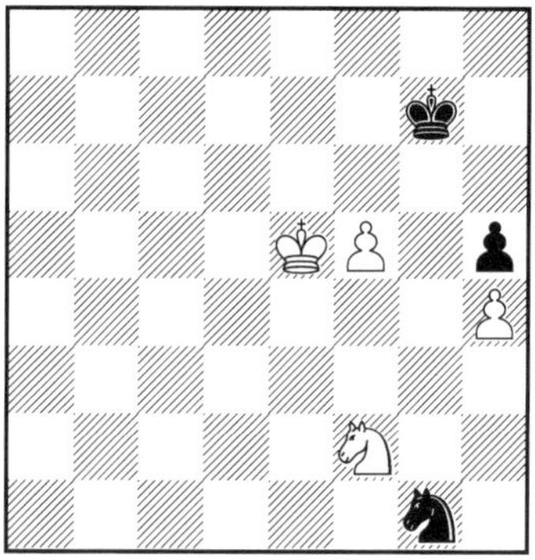

Im Endspiel trifft man Domination oft in ihrer reinsten Form an.

55.♔f4!

Mit der tödlichen Doppeldrohung 56.♔g5 sowie 56.♘e4 nebst 57.♔e3 zwecks Dominierung des schwarzen Springers.

1) 55.f6+? ♔f7 56.♘e4 ♘f3+ 57.♔f5 ♘xh4+ 58.♔g5 ♘f3+ 59.♔xh5 ♘d2=.

2) Der zu direkte Ansatz 55.♔e6? verdirbt die Sache: 55...♘f3 56.♔e7 (56.f6+ ♔f8 57.♘e4 ♘xh4 58.♘g5 ♘g6 59.f7 ♔g7 60.♔d7 ♔f8=) 56...♘xh4 57.f6+

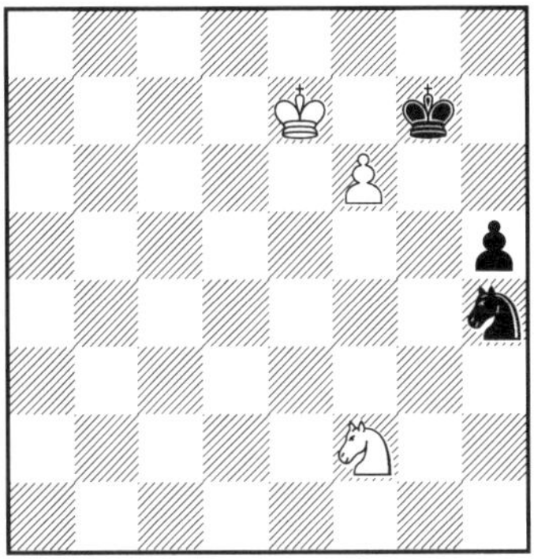

a) Nach 57...♔g8?? 58.f7+ ♔h7 59.♔e8 (59.f8♕? ♘g6+=) 59...♘g6 60.♘h3 h4 gewinnt das typische Ablenkungsmotiv 61.♘f4+−.

b) 57...♔g6 58.f7 ♘f5+ 59.♔e6 ♘g7+ 60.♔e7 ♘f5+=.

55...♔h6

1) 55...♔f6 56.♘e4+ ♔f7 57.♔e3 ♘h3 58.♘g5+ ♘xg5 59.hxg5 h4 60.♔f3+−.

2) 55...♘e2+ 56.♔g5 ♘g3 57.♘d1 ♔f7 58.♘e3 ♔g7 59.♘d5 ♔f7 60.♘f6 ♘e2 61.♘xh5 ♘d4 62.♔f4 ♘c6 63.♘g3 ♔g7 64.♔g5 ♘e5 65.f6+ ♔f7 66.♘e4 ♘f3+ 67.♔g4 ♘d4 68.h5 ♘e6 69.♔f5 ♘d4+ 70.♔f4 ♘c6 71.♔g5 ♘e5 72.♔f5 ♘d7 73.♘g5.

56.♔e3

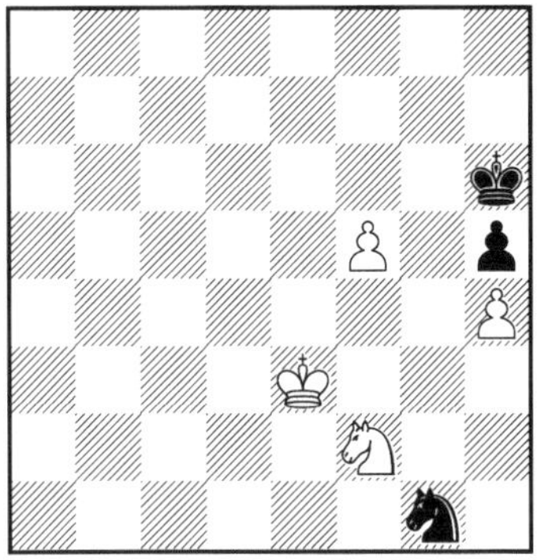

Ein typisches geometrisches Muster, um mit dem König gegen einen Springer anzukämpfen. Diese Muster sollte man auswendig kennen und intuitiv anwenden können! Jetzt hat der gegnerische Springer kein Feld, aber der eigene steht im Weg und muss zuerst umgesetzt werden.

56...♔g7 57.♘e4 ♔h6

57...♘h3

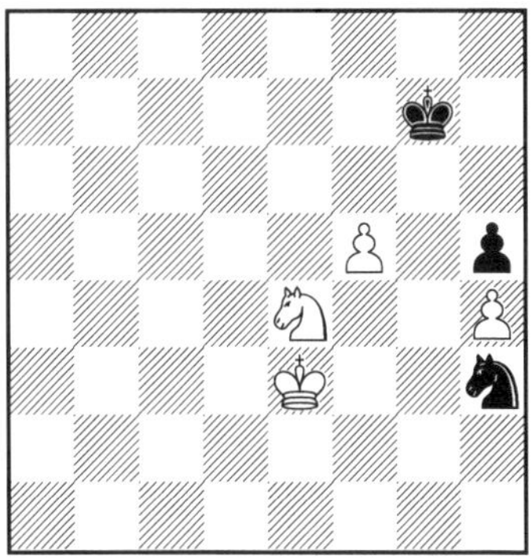

58.♘g5 ♘g1 59.♔f2 Der Springer wird vollkommen dominiert und geht verloren. 59...♔f6 60.♔xg1 ♔xf5 61.♔g2 ♔g4 62.♘f3 ♔f4 63.♘h2+−.

58.♘f6 ♘h3 59.♘d5 1-0

Und Schwarz gab auf wegen 59...♔g7 60.♘f4 mit den Abspielen:

1) 60...♘xf4 61.♔xf4 ♔f6 62.♔e4 ♔f7 63.♔e5 ♔e7 64.f6+ ♔f7 65.♔f5 ♔f8 66.♔g6 ♔g8 67.♔xh5+−;

2) 60...♘g161.♔f2 ♔f6 62.♔xg1 ♔xf5 63.♘g2 ♔g4

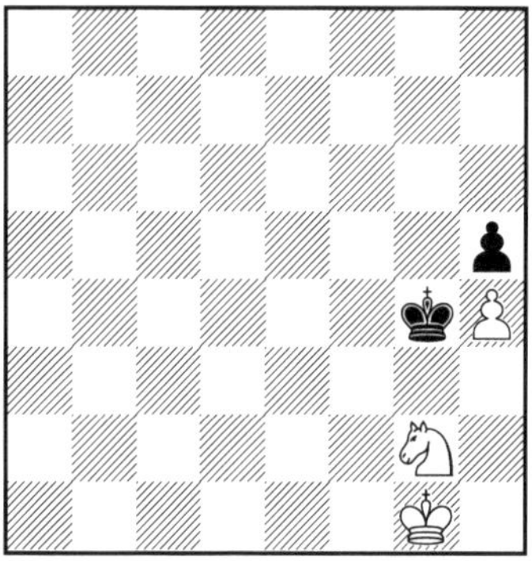

a) 64.♔f1? ♔g3 65.♔g1 ♔f3 66.♔h2 ♔g4 ist nur remis, da Weiß in Zugzwang ist und gewissermaßen selbst dominiert wird.

b) Richtig ist natürlich 64.♔f2 ♔h3 65.♔f3 ♔h2 66.♘f4+−.

Das folgende Beispiel veranschaulicht weitere geometrische Muster und Techniken. Diesmal dominiert ein Läufer einen Springer.

04.04

Beljawski – Sebenik

Ljubljana 2011 **(W)**

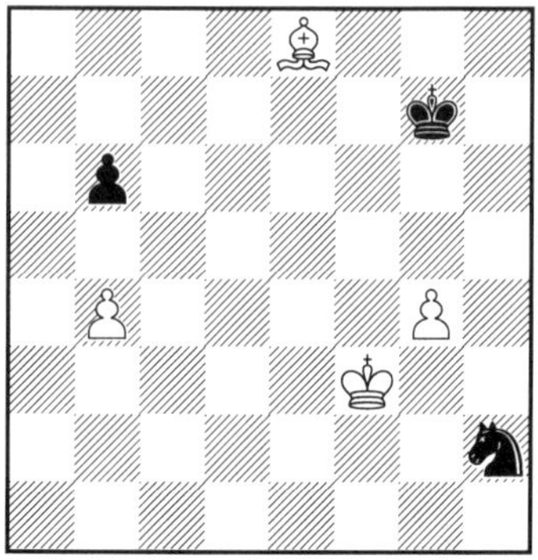

67.♔f4!?

Die typische Formation. Der König schränkt den Springer nach Kräften ein.

67.♔g3?! ist weniger präzise. Nach 67...♘f1+ 68.♔f4 entsteht ein anderes typisches Muster, welches gegen den Springer zumeist sehr effektiv ist.

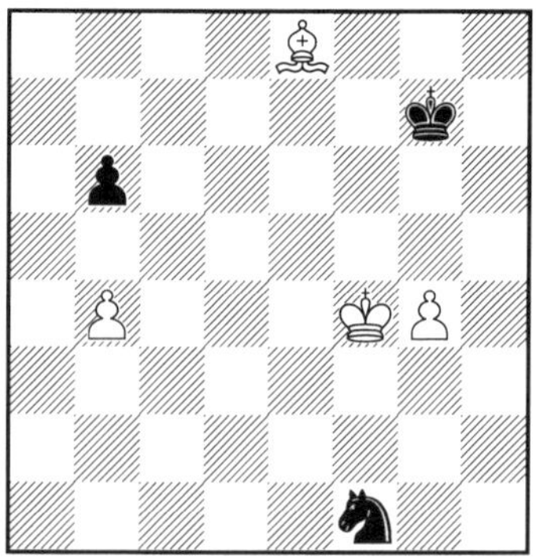

68...♘d2 69.♗b5 ♘b1 70.♗d3 ♘c3 71.♔e5. Und gleich noch eine typische ‘Diagonalformation’: 71...♘a2 72.b5 ♘c3

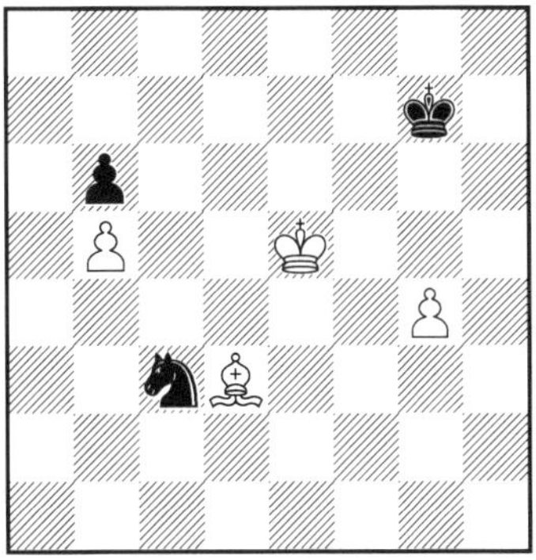

1) Und jetzt gewinnt 73.♔d4 ♘a4 74.♗c2 ♘c5 75.♔d5 ♔f6 76.♔c6 ♔g5 77.♗d1+− mittels Domination!

2) Aber nicht 73.♔d6? ♔f6 74.♔c6 ♔g5! 75.♗f5 ♘a4:

a) 76.♗c2 ♘c3 77.♔xb6 ♘xb5 78.♔xb5 ♔xg4=;

b) 76.♔d5 ♘c3+ 77.♔c4 ♘a4 78.♗c2 ♘c5;

b*) 79.♔d5 ♔xg4 80.♔c6 ♘e6 81.♔xb6 ♘d4=;

b)** 79.♗d1 ♘e4! 80.♗e2 ♘d6+ 81.♔d5 ♘xb5=; 80.♔d5 ♘c3+ 81.♔c6 ♘xd1 82.♔xb6 ♘c3=.

67...♘f1 68.♗b5! ♘d2 (68...♘h2 69.♔g3+−) **69.♗d3 ♘b3 70.♔e3**

Und noch einmal das bekannte Einschränkungsverfahren.

70...♘c1 71.♗c4

Die typische Mumifizierung.

71...b5 72.♗d5 1-0

Natürlich nicht 72.♗xb5?? ♘a2 73.♔d4 ♘xb4, denn der Springer entkommt: 74.♔c4 ♘c2 75.♔d3 ♘e1+ 76.♔e2 ♘g2 77.♔f3 ♘h4+ =.

Die Festung im folgenden Beispiel kann überraschenderweise eingenommen werden, wenn Weiß die gefährliche Endspielwaffe 'Zugzwang' einsetzt.

04.05

Anand – Hammer

Kristiansund 2010 **(W)**

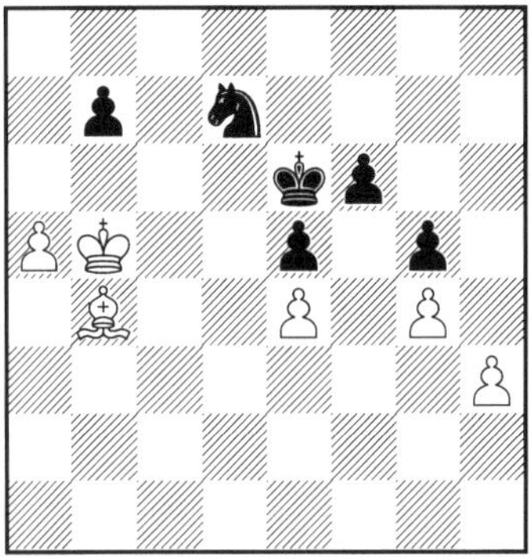

48.a6!

Anand öffnet seinem König einen Weg.

48...bxa6+ 49.♔xa6?

Aber jetzt denkt er zu materialistisch. Er sollte den anderen Einbruchsweg benutzen, denn nach 49.♔c6!! bricht die schwarze Stellung überraschend schnell zusammen. 49...a5 50.♗a3 ♘b8+ 51.♔b7 ♘d7 52.♔c7 a4 53.♗b4.

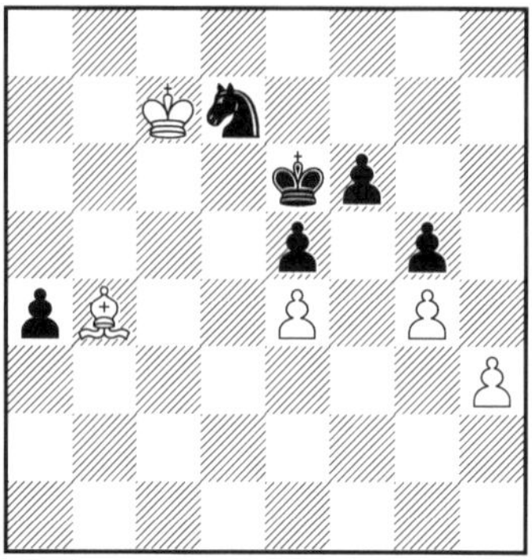

Nun ist Schwarz in tödlichem Zugzwang und wird früher oder später den Springer verlieren.

49...♔f7 50.♔b7

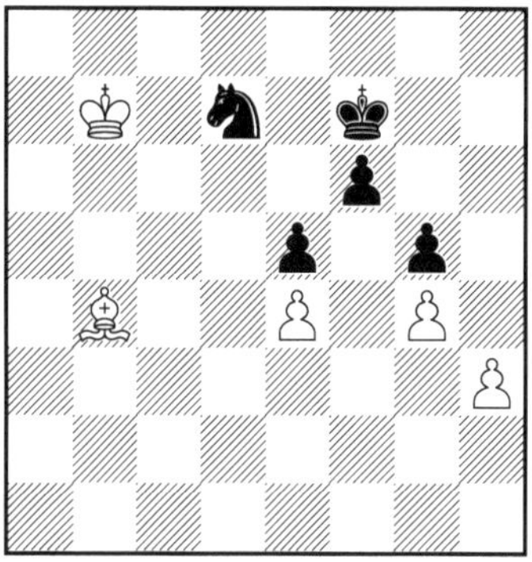

50...f5?

Hammer stürzt sich ins eigene Schwert. Vermutlich ging er davon aus, dass das Bauernendspiel nach 50...♘f8 51.♗xf8 ♔xf8 verloren sei.

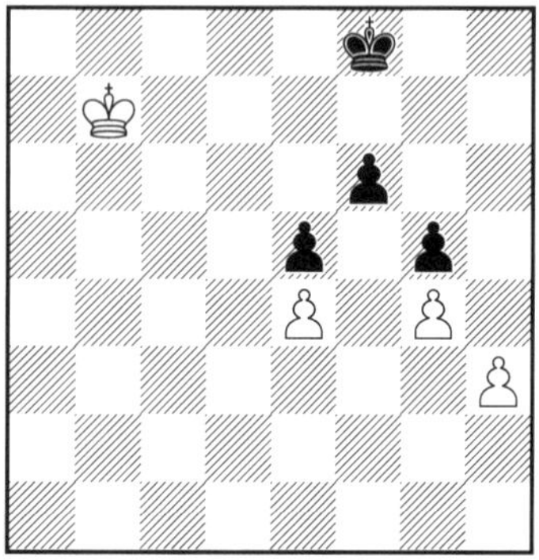

Dies wäre in der Tat der Fall, wenn der Bauer nicht auf h3, sondern auf f3 stünde. In der gegebenen Stellung hingegen könnte er sich mittels Gegenangriff retten: 52.♔c6 ♔e7 53.♔c7 ♔e6 54.♔d8 ♔d6! 55.♔e8 ♔c5 56.♔e7 ♔d4 57.♔xf6 ♔xe4 58.♔xg5 ♔f3; da die schwarze Dame zuerst einzieht, ist das Remis sicher.

51.exf5 e4 52.♔c6 ♘e5+ 53.♔d5 ♘d3 54.♗d2 ♘f2 55.♗xg5 ♘xh3 56.♗e3 1-0

Und Hammer gab auf, da sein Springer dominiert wird.

GM Pelletier wies uns darauf hin, dass es in der folgenden Stellung ganz ähnlich zugeht. Wir beziehen auch seine Analysen (aus *CBM* 105) in unseren Kommentar ein.

04.06

Pelletier – San Segundo

Sanxenxo 2004 **(W)**

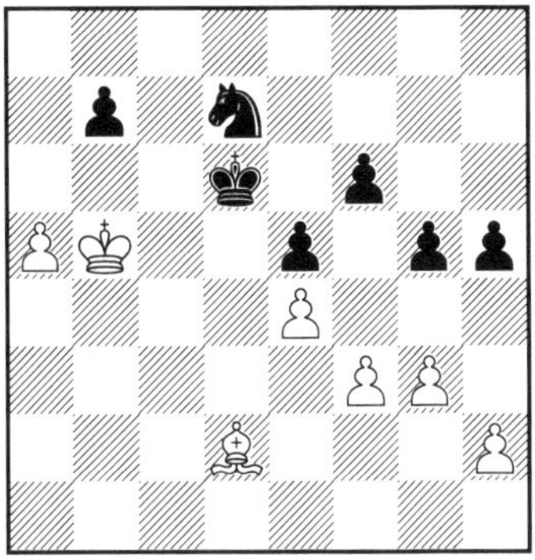

40.♗b4+ ♔e6 41.h3 f5

41...♔f7 scheitert wie folgt: 42.g4 hxg4 43.hxg4 ♔e6

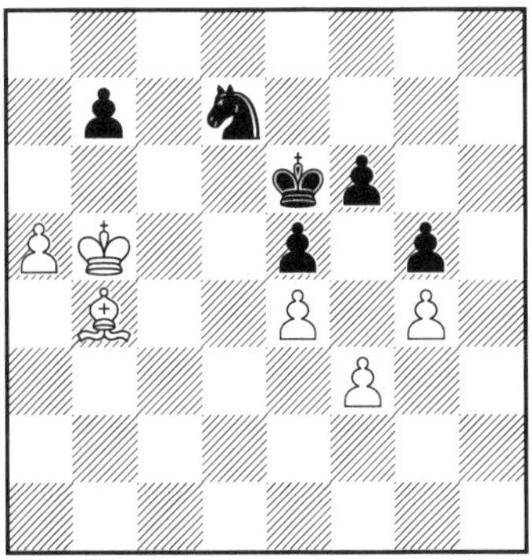

44.a6! bxa6+ 45.♔xa6 (45.♔c6!+–) 45...♔f7 46.♔b7+–.

42.g4!

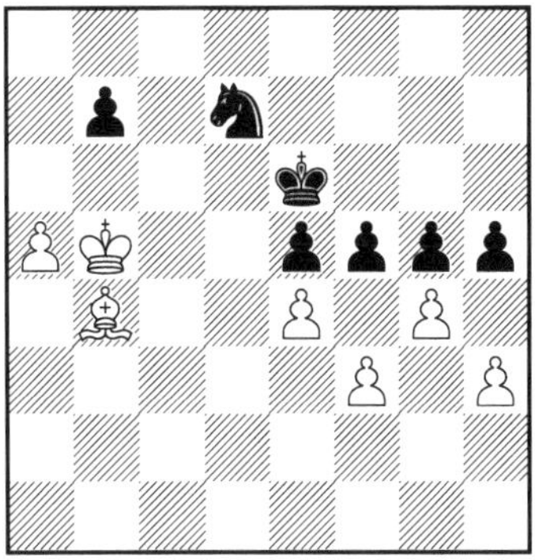

Pelletier fixiert die Schwäche g5 auf einem schwarzen Feld. Danach wird er immer in der Lage sein, die Verteidiger zu überfordern, da sein König via Zentrum oder Damenflügel einbrechen kann und der Läufer Angriffsziele auf e5 und g5 hat.

42...fxg4

42...hxg4 43.hxg4 f4 44.♔c4 ♘b8 45.♔c5 ♘d7+ 46.♔b5 ♔f7 47.♗d6 ♔e6 48.♗c7 ♔e7 49.♔c4 ♔e6 50.♗d8+– (Pelletier).

43.fxg4 hxg4 44.hxg4 ♔f7 45.♗d2 ♔g6 46.♗c1 ♔h6 47.♗a3 ♔g7 48.♗e7 ♔g6 49.♗d8 ♔h6 50.♔c4 ♔g6 51.♔b4

51.♔d5 gewinnt auch; z.B. 51...♘b8 (51...♘f6+ 52.♗xf6 ♔xf6 53.♔d6+–) 52.♔c5 ♘c6 (52...♘d7+ 53.♔d6 ♘b8 54.♔c7 ♘c6 55.a6+–) 53.a6 ♘xd8 34.a7+–.

51...♔h6 52.♔b5 ♔g6 53.♗e7 ♔h6

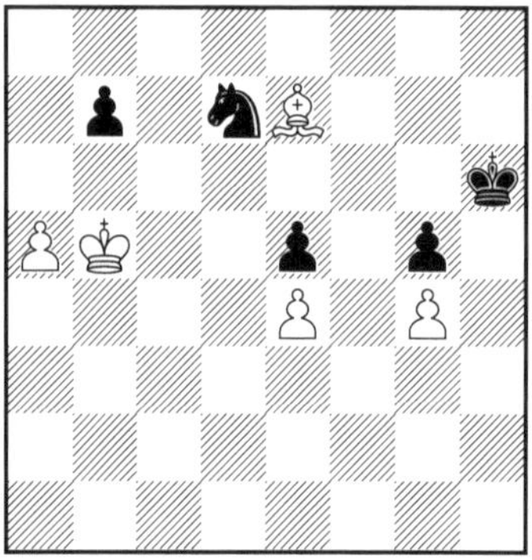

54.a6 bxa6+ 55.♔c6!

Natürlich nicht unbedacht 55.♔xa6? ♔g6 56.♔b5 ♔f7 (56...♘f6? 57.♗xf6 ♔xf6 58.♔b6+−) 57.♗xg5 ♘f8 58.♔c6 ♔e6 59.♔c7 ♘g6=.

55...♘b8+ 56.♔c7 1-0

4.1.4 Das Fischer-Endspiel

Das Endspiel mit Turm und Läufer gegen Turm und Springer, bei dem die Läuferseite im Vorteil ist, wird mitunter 'Fischer-Endspiel' genannt, da der berühmte amerikanische Ex-Weltmeister viele eindrucksvolle Siege mit dieser Materialverteilung gewonnen hat. (Ist hingegen die Springerseite im Vorteil, spricht man unter Experten vom 'Andersson-Endspiel' – siehe 4.2.1.2.)

Die folgenden Richtlinien sollen bei der Beurteilung helfen, ob die Läuferseite tatsächlich Vorteil hat.

1) Turm und Läufer als weitreichende Figuren arbeiten in der Regel besser zusammen als Turm und Springer. Oft profitieren sie von einer offenen Stellung.

2) Außerdem kompensiert der Turm sozusagen das Handicap des Läufers, nur die Felder einer einzigen Farbe kontrollieren zu können.

3) Bauern an nur einem Flügel sind gut für den langsameren Springer.

4) Bewegliche Bauernstrukturen sind oft gut für den Läufer, weil dies mehr Möglichkeiten bietet, den Springer in seiner Wirkung einzuschränken. Eine zerstörte Struktur oder ein schwacher Farbkomplex kann dem Springer auf der Suche nach Vorposten entgegenkommen.

5) Die Springerseite strebt immer nach größtmöglicher Stellungskontrolle, um der eher langsamen Figur Zeit zum Manövrieren zu gewähren.

6) Ist die Läuferseite im Vorteil, werden oft Zugzwang und andere Einschränkungsmethoden sowie Abtausche eingesetzt, um Fortschritte zu erzielen.

Entsprechend sollten die Bauern möglichst so aufgestellt werden, dass sie den Läufer ergänzen (ihm also nicht im Wege stehen) und den Springer weiter einschränken. Im folgenden berühmten Klassiker demonstriert Fischer diese Prinzipien auf lehrreiche Weise.

04.07

Fischer – Taimanow

Vancouver 1971 **(S)**

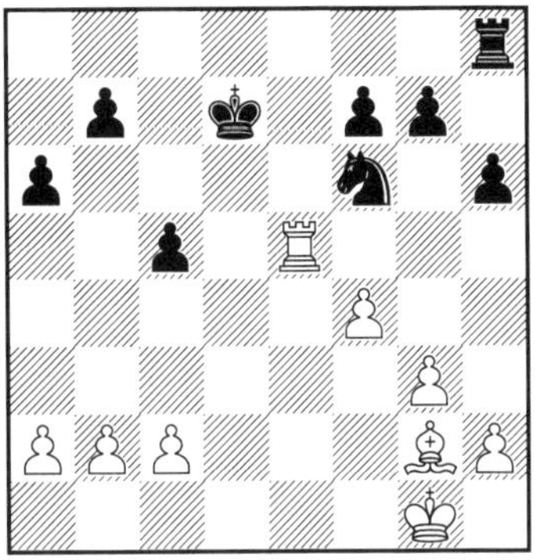

24...b6?

Dies schwächt die weißen Felder erheblich. Kasparow gibt 24...♔d6! 25.a4 (25.♖e3 ♖b8; 25.♗xb7 ♖b8 26.♗xa6 ♖xb2) 25...b5 26.a5 c4 27.c3 (27.♗b7? ♖b8 28.♗xa6? ♘d5) 27...♖b8 mit guten Remischancen.

25.♗f1!

Fischer nutzt den Fehler augenblicklich aus und erhöht den weißfeldrigen Druck.

25...a5 26.♗c4 ♖f8 27.♔g2 ♔d6 28.♔f3 ♘d7 29.♖e3 ♘b8 30.♖d3+ ♔c7 31.c3!?

Eine typische Angriffsstrategie: Weiß schränkt den Springer ein und ergänzt die weißfeldrige Wirkung seines Läufers.

31...♘c6 32.♖e3 ♔d6 33.a4 ♘e7

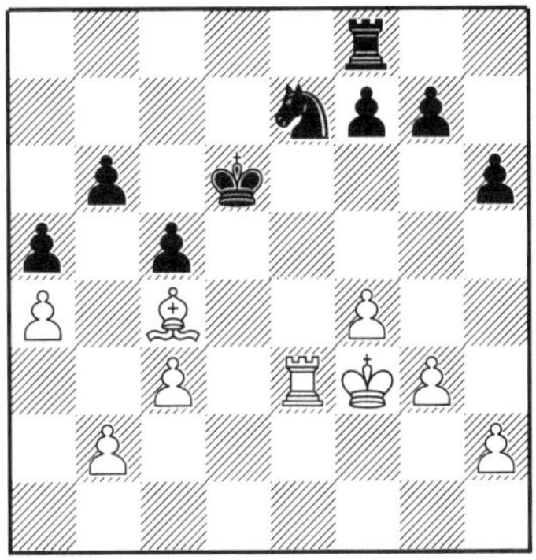

34.h3

Ein solcher Zug nach dem Prinzip 'nichts überstürzen' hat eine starke psychologische Wirkung, denn er führt dem Gegner vor Augen, dass er nur tatenlos abwarten kann.

34...♘c6 35.h4

Mit dem Plan h5, g4, ♔g3-h4, g5 nebst ♔g4.

35...h5 36.♖d3+ ♔c7

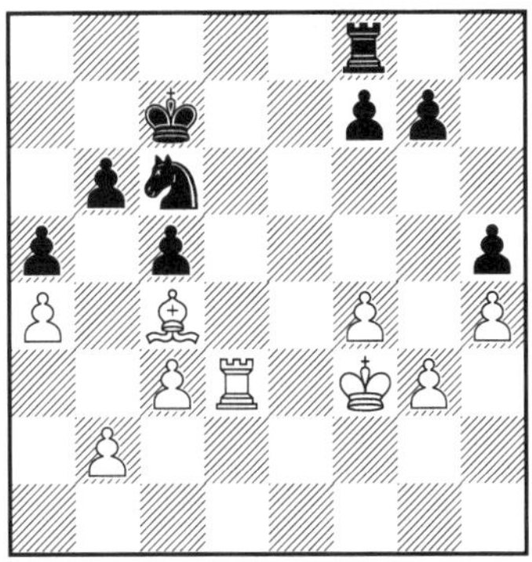

37.♖d5!

Fischer zwingt Taimanow dazu, mehr Bauern auf weiße Felder zu stellen.

37...f5 38.♖d2 ♖f6 39.♖e2 ♔d7 40.♖e3 g6 41.♗b5 ♖d6

Der Abgabezug bei Partieabbruch.

42.♔e2

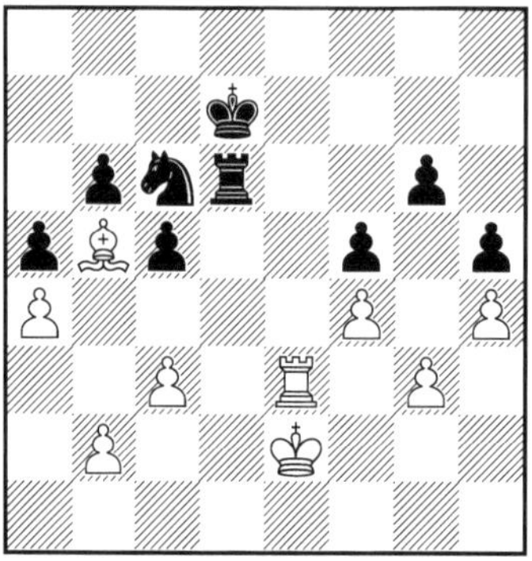

42...♔d8?

Dies erlaubt Weiß, in ein leicht gewonnenes Endspiel 'Läufer gegen Springer' abzuwickeln.

Von GM Soltis stammt der Vorschlag 42...♖f6 43.♔d3.

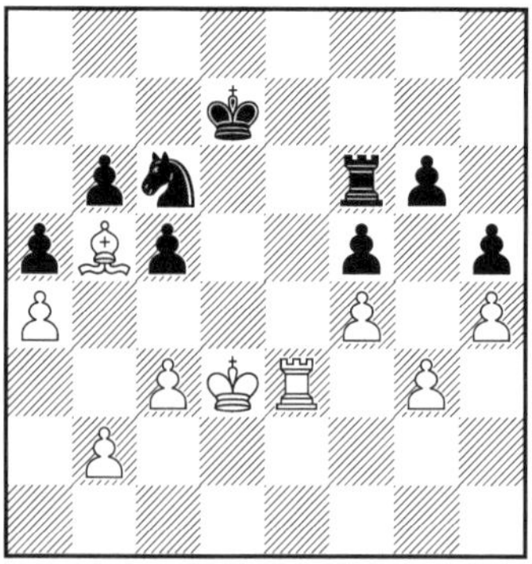

1) Und jetzt sollte Weiß nach 43...♖d6+ 44.♔c4 ♖f6 langfristig gewinnen, obwohl die Sache nicht so einfach ist.

2) Ganz schlecht wäre hingegen 43...♔d8? 44.♗xc6! ♖xc6 45.♔c4 ♖d6 46.♔b5

a) 46...♖d2 47.♔xb6 ♖xb2+ 48.♔xc5 ♔d7 49.♖d3+ ♔e7 50.♖d6+−;

b) 46...♔d7 47.b3 ♔c7 48.c4 ♔d8 49.♔a6 ♖c6 50.♔b7 ♖f6 51.♖d3+ ♔e7 52.♔c7 ♖e6 53.♖d7+ ♔e8 54.♖d6 ♖e3 55.♖xg6 ♖xb3 56.♖xb6 ♖b4 57.♖b5 ♖xa4 58.♖xc5+−.

43.♖d3! ♔c7 44.♖xd6 ♔xd6 45.♔d3

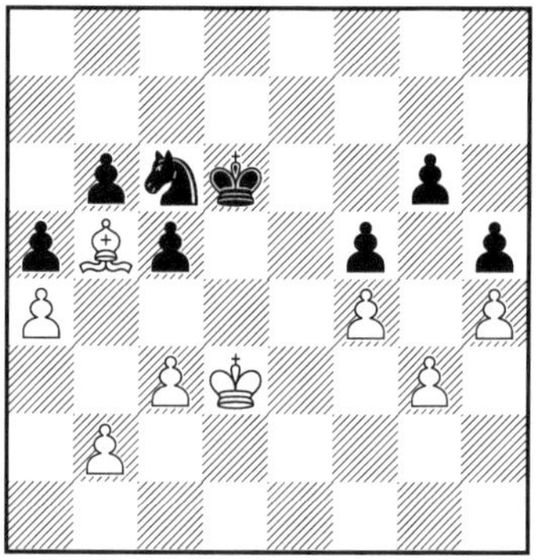

Mit dem Springer auf d6 hätte Schwarz eine Festung, aber wegen mangelnder Stellungskontrolle findet er für diese Umsetzung nicht die erforderliche Zeit.

45...♘e7 46.♗e8 ♔d5 47.♗f7+ ♔d6 48.♔c4 ♔c6 49.♗e8+ ♔b7 50.♔b5 ♘c8 51.♗c6+

Das übereilige 51.♗xg6?? trifft auf 51...♘d6#.

51...♔c7 52.♗d5 ♘e7 53.♗f7 ♔b7

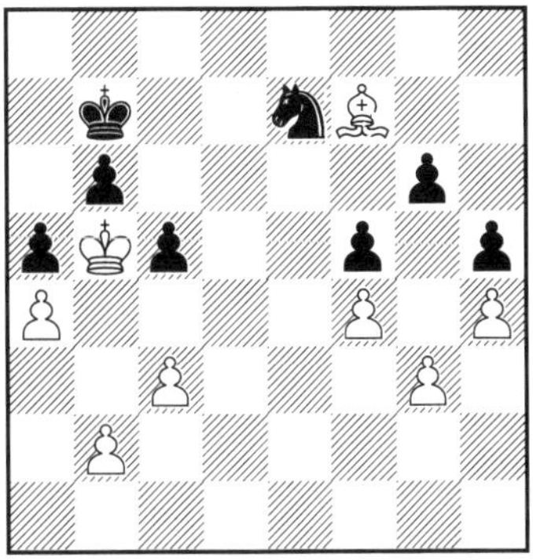

Jetzt setzt Weiß wiederholt die scharfe Endspielwaffe *Zugzwang* ein.

54.♗b3 ♔a7 55.♗d1 ♔b7 56.♗f3+ ♔c7 57.♔a6 ♘c8

Die Springeraktivierung mittels 57...♘g8 58.♗d5 ♘f6 59.♗f7 ♘e4 hilft nicht, da der Läufer im anstehenden Kampf an beiden Flügeln überlegen ist; z.B. 60.♗xg6 ♘xg3 61.♗e8 ♘e2 62.♗xh5 ♘xf4 63.♗f3 ♘g6 64.h5 ♘e5 65.h6+−.

58.♗d5 ♘e7 59.♗c4 ♘c6 60.♗f7 ♘e7

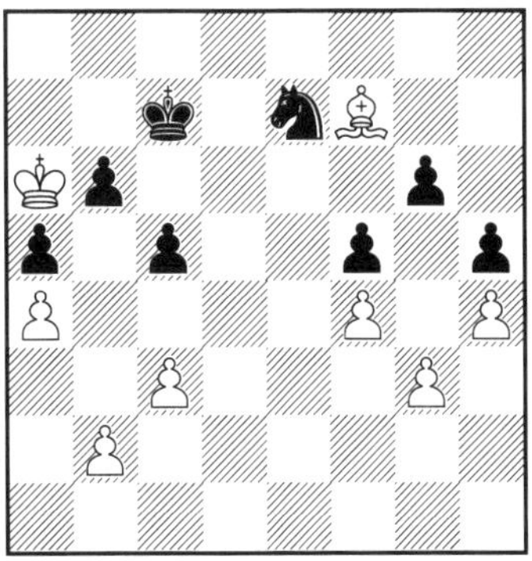

Der entscheidende Zugzwang. **61.♗e8! ♔d8 62.♗xg6! ♘xg6 63.♔xb6 ♔d7 64.♔xc5 ♘e7 65.b4 axb4 66.cxb4 ♘c8 67.a5 ♘d6 68.b5 ♘e4+ 69.♔b6 ♔c8 70.♔c6 ♔b8 71.b6 1-0**

4.1.5 Ein Springer kämpft gegen Domination

Beim Spiel gegen einen Läufer kann der Verteidiger oft auf Festungsbau hoffen, und zwar speziell dann, wenn sich unter den Bauern der Angreiferseite ein 'falscher Randbauer' befindet, also einer, dessen Einzugsfeld nicht der Farbe des Läufers entspricht. Allerdings bilden Zugzwang und Domination gefährliche Waffen gegen diese Verteidigungsidee.

04.08

Inarkiew – Kurnossow

Russland 2011 **(S)**

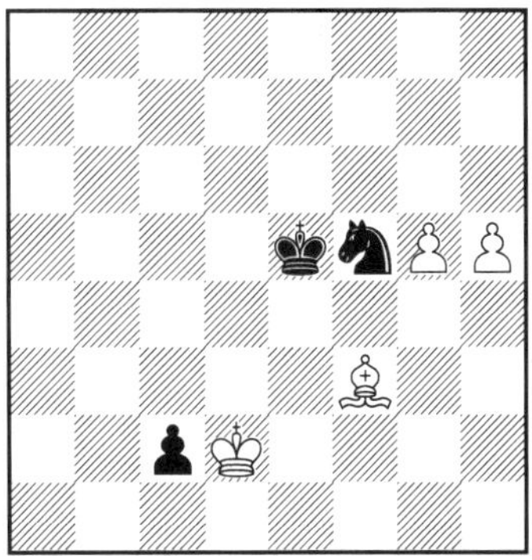

68...♘e7?

Danach kann der Springer dominiert werden. Zum Remis führte die aktivere Alternative 68...♘d6!; z.B. 69.♔xc2

(69.h6 ♘f7 70.h7 ♔f5 71.♗e4+ ♔xg5=) 69...♔f4 70.g6 ♘f5 71.♗e2 (71.g7 ♘h6=) 71...♘h6 72.♔d3 ♔e5 73.♔e3 ♔f6 74.♔f4.

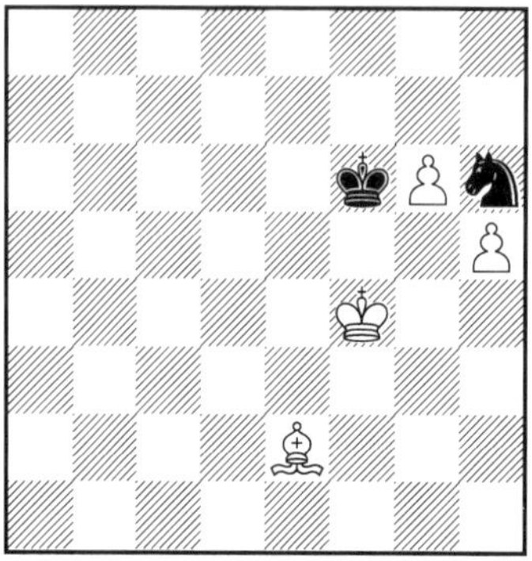

1) Der passive Ansatz 74...♔g7? ist unzureichend; z.B. 75.♔e5 ♘f7+ 76.♔e6 ♘h6 77.♗d1 ♘g8 78.♗c2 ♘h6 79.♗b3 ♘g4 80.♔f5 ♘h6+ 81.♔g5 ♔h8 82.♗d5 ♔g7

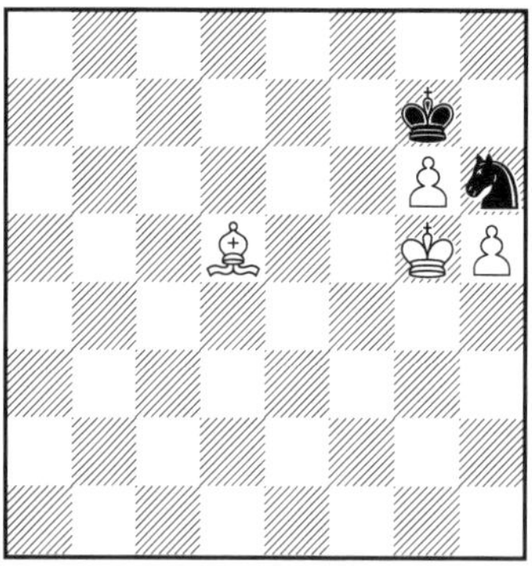

83.♗e6 Domination durch Mumifizierung. 83...♔h8 84.♔f6+−.

2) Auch nach 74...♘g8 muss Schwarz sich aktiv verteidigen, um Remis zu erreichen. 75.♔e4 ♘h6 76.♔d5 ♘g8 77.♔d6 ♘h6 78.♗c4 ♘g4 79.♗b3 ♘e3 (79...♘e5? 80.♗c2 ♘f3 81.♗f5+−) 80.♔d7 ♘f5 81.♗d1 ♘g7 82.♗e2 ♘e6 83.♔e8 ♘f4 84.♔f8 ♘xg6+ 85.♔g8 ♘e7+ 86.♔h7 ♔g5 87.♔g7 ♘f5+=.

69.h6

Natürlich nicht 69.g6? ♘g8 70.♔xc2 ♘h6=.

69...♘g6

69...♔f5 70.♗h5 ♔xg5 71.h7+−;

69...♔e6 70.♗h5+−.

70.♗h5 ♘h8

70...♔f5 71.♗xg6+ ♔xg6 72.♔xc2+−.

71.g6 ♘xg6 72.♗xg6 ♔f6

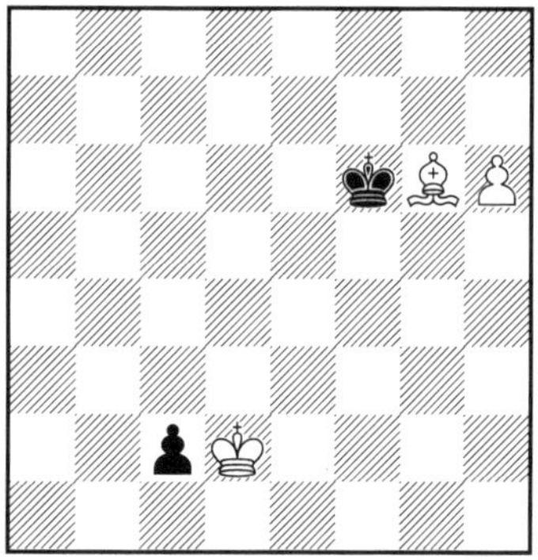

73.♗h5 1-0 Da diese Dominierung des Königs zu entscheidendem Zugzwang führen wird, gab Schwarz auf.

Übrigens hätte das gierige 73.♗xc2? wegen 73...♔f7 74.♗h7 ♔f6= alles verdorben.

4.2 Domination eines Läufers

4.2.1 Springer dominiert Läufer

4.2.1.1 Dominationsduell im reinen Endspiel

Die Springerseite strebt immer nach voller Kontrolle, weil diese für ein Spiel auf Domination sehr wichtig ist.

04.09

Anand – Topalow

Monaco 2011 **(W)**

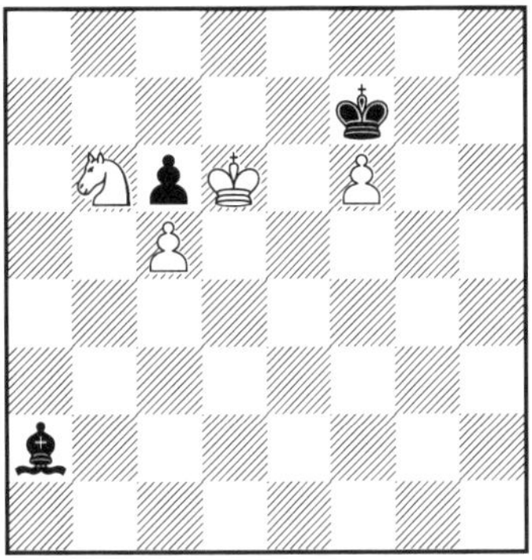

Anands Aufgabe ist ungeachtet des reduzierten Materials nicht einfach, da der Läufer dem Springer in offenen Positionen überlegen ist.

63.♔xc6?

Anand gibt seinen freien f-Bauern zu früh her und entbindet den Läufer von der Deckung des Bauern c6. Er sollte zuerst den Springer zum Königsflügel überführen. Da er die Situation voll unter Kontrolle hat, bleibt genug Zeit für die erforderlichen langwierigen Manöver. 63.♘d7 ♗d5 (63...♗e6 64.♔xc6+−) 64.♔e5 ♔e8 65.♘b8 ♗g2 66.♘a6 ♔f7 67.♘b4 ♗h1 68.♘c2 ♗d5 69.♘d4.

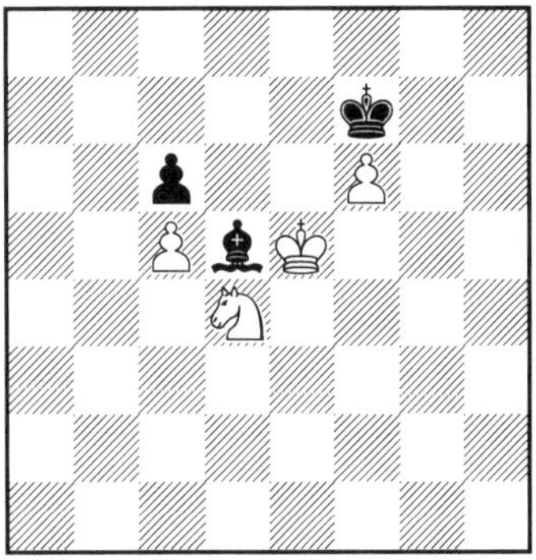

Nun wird Schwarz früher oder später überrannt; z.B. 69...♔e8 70.♘e6 ♗c4 71.♘g5.

1) 71...♔f8 72.♔d6 ♗d5 73.f7

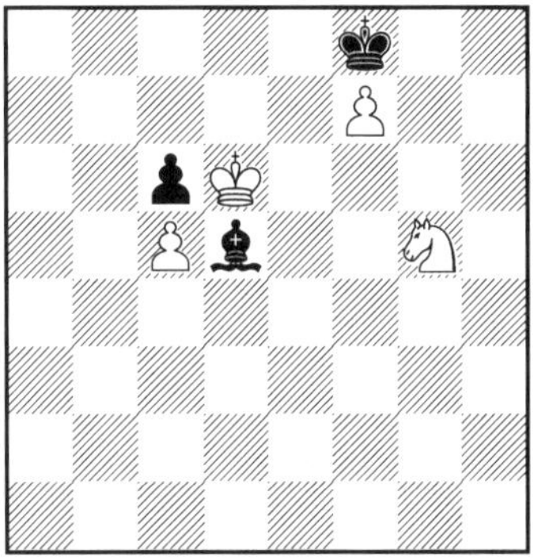

Der entscheidende Zugzwang! 73...♗g2 74.♔e6+−.

2) 71...♔d7 72.♔f5 ♗d3+ 73.♘e4 ♔e8 74.♔e5

a) 74...♔f7 75.♘g5+ ♔f8 76.♔d6 ♗b5 77.f7+−;

b) 74...♔d7 75.♘g3 ♗c4 76.♘f5 ♗d5 77.♘d6 ♗b3 78.♔f5 ♗c2+ 79.♔g5 ♔e6.

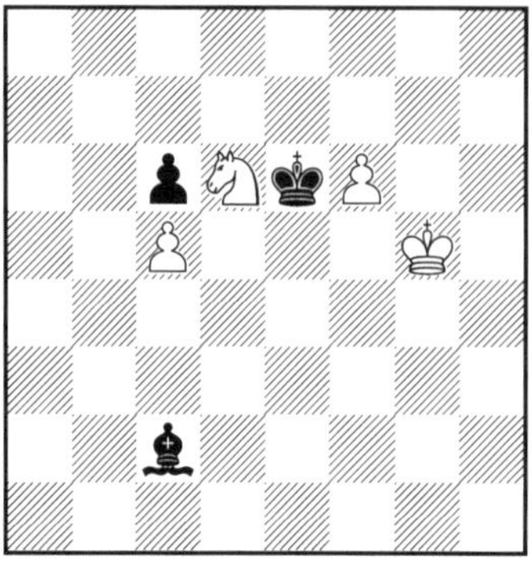

Jetzt nutzt Weiß das Prinzip der 'zwei Schwächen' zum Gewinn: 80.♘b7 ♗e4 81.♘d8+ ♔d7 82.♔h6 ♔xd8 83.f7+−.

63...♔xf6 64.♔d6

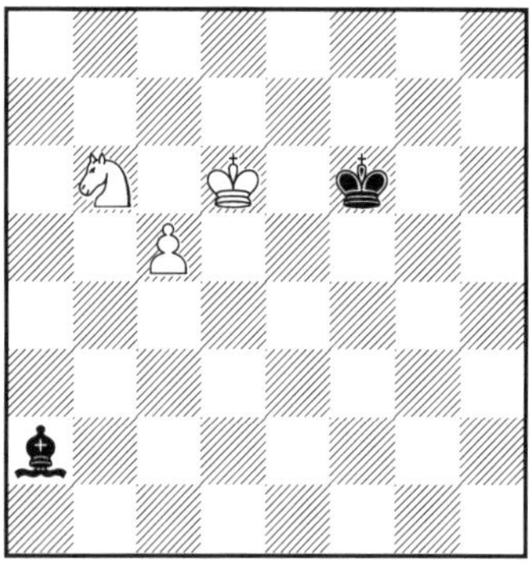

64...♗b1!

Die richtige Art, den Bauern zu stoppen.

1) 64...♗e6? trifft auf 65.♘d7+ ♔f7 66.c6 ♗c4 67.♘e5++−.

2) 64...♔f7? 65.c6 ♗e6 66.c7 ♗f5 67.♘d7+−.

65.c6 ♗d3?

Dies wird sehr schön widerlegt.

Die einzige Verteidigung bestand in 65...♗e4! (Golubow in *Chess Today* 3777).

1) 66.♘d5+ ♔f7 67.c7 ♗f5 68.♘b6 ♔e8!= Jetzt kann der Läufer nicht dominiert werden.

2) 66.c7 ♗b7 67.♔d7 ♔e5! 68.♘c4+ ♔d5 69.♘d6 ♗a6=; 67.♘d7+ ♔f7 68.♘c5 ♗c8=.

66.♘d7+!

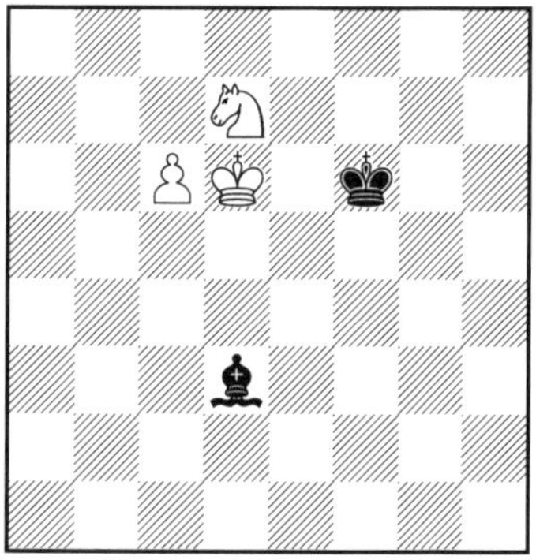

Die schwarzen Kräfte werden dominiert.

66...♔g7

66...♔f7 67.♘e5++−; 66...♔f5 67.♘c5+−.

67.♘c5 1-0

Angesichts 67...♗f5 68.♔e7 ♗c8 69.♔d8 ♗f5 70.c7 ♔f7 71. ♘d7+− gab sich Topalow geschlagen.

Beim nächsten Beispiel setzen wir etwas früher ein, um den Beginn des Mattangriffs nicht zu verpassen, der aus heiterem Himmel kommt.

04.10

Cordova – Guimaraes

Araruama 2011 **(S)**

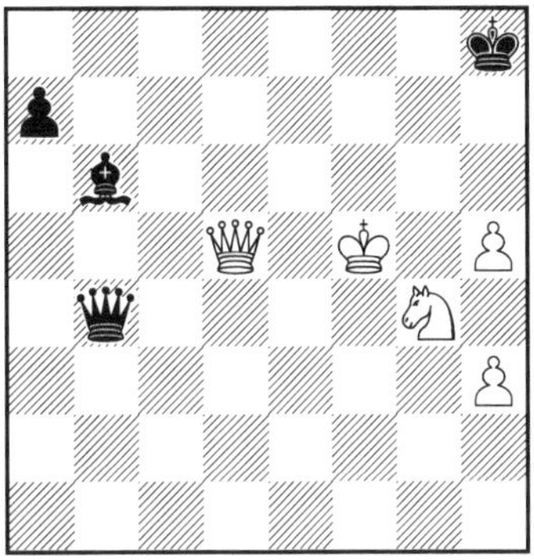

Selbst Damentausch kann den weißen Angriff nicht verhindern.

75...♕c5?!

75...♕f8+ 76.♔e4 ♕b4+ macht leicht remis.

76.♕xc5 ♗xc5 77.♔g6

Im Gegensatz zum Mittelspiel schließt sich der König im Endspiel oft der angreifenden Truppe an.

77...♗d4

77...♗f8? 78.h6 a5 79.♘e5 ♗xh6 80.♔xh6 a4 81.♘c4 ♔g8 82.♔g6+-.

78.h6

78.♘h6 a5 79.♘f7+ ♔g8 80.h6

1) 80...♔f8 81.♘d8 ♗c3 82.h7 ♗h8 (82...a4? 83.♘e6+ ♔e7 84.♘g7+-)

a) Nach 83.♘f7 ♗d4 84.h8♕+ ♗xh8 geht 85.♘xh8? a4-+ komplett nach hinten los; besser 85.♘d6 a4 86.♘b5=.

b) 83.♘e6+♔e7 84.♘c5 ♗c3=.

2) Sogar 80...a4 ist spielbar. 81.♘g5

a) 81...a3? 82.h7+ ♔f8 83.♘e6+ ♔e7 84.♘xd4 a2 85.h8♕ a1♕ 86.♘f5++-;

b) 81...♗h8 82.♘e6

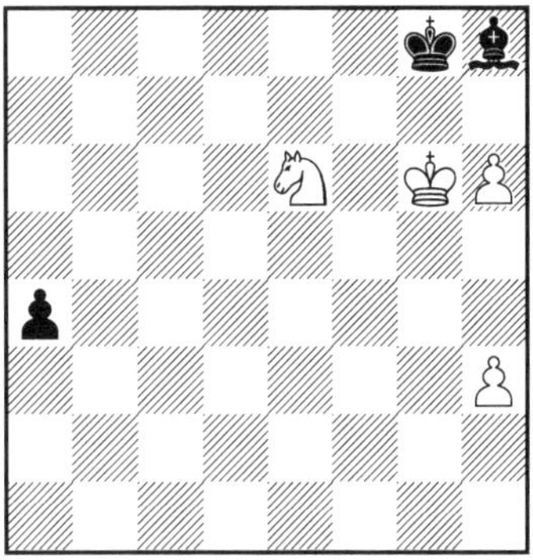

82...♗f6!! Die überraschende Pointe. (82...a3?? 83.h7#) 83.♔xf6 ♔h7 84.♔g5 a3 85.♘d4

(85.♘f8+ ♔h8 86.h7 ♔g7 87.♘e6+ ♔xh7 88.♘d4 a2 89.♘c2=) 85...a2 86.♘c2 ♔g8=.

78...a5 79.h7 ♗g7! 80.♘e3

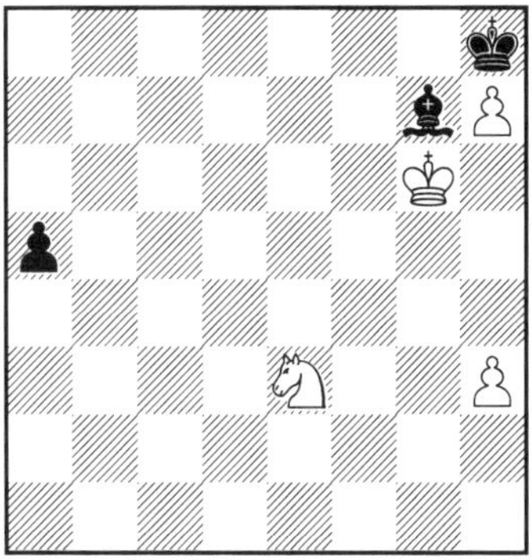

80...a4?

Schwarz wird ungeduldig. Der Läufer musste den Kampf um die Domination folgendermaßen führen: 80...♗e5!

81.♘c4 (81.♘g4 ♗g7=) 81...♗c7 82.♘d2 a4 (82...♗e5 83.♘e4 ♗f4=) 83.♘e4 ♗f4 84.♘c5 ♗e5 (84...a3? 85.♘e6 a2 86.♘d8 a1♕ 87.♘f6#) 85.♘xa4

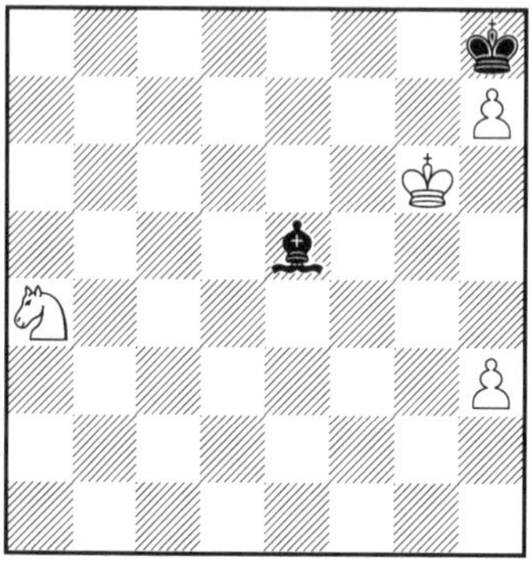

85...♗d4! Domination vollendet! 86.h4 ♗f2 87.h5 ♗d4 88.h6 ♗e3 89.♘c3 ♗xh6 90.♘d5 ♗g5=.

81.♘c4 1-0

Und angesichts 81...a3 82.♘d6 a2 83.♘f7# gab Schwarz auf.

4.2.1.2 Das Andersson-Endspiel

Das Endspiel mit Turm und Springer gegen Turm und Läufer, bei dem die Springerseite im Vorteil ist, wird mitunter 'Andersson-Endspiel' genannt, da der berühmte schwedische Großmeister viele eindrucksvolle Siege mit dieser Materialverteilung gewonnen hat. (Ist hingegen die Läuferseite im Vorteil, spricht man unter Experten vom 'Fischer-Endspiel' – siehe 04.07.) Die folgenden Richtlinien sollen bei der Entscheidung helfen, ob die Springerseite tatsächlich Vorteil hat.

1) Die Springerseite hat volle Kontrolle, so dass der Springer genug Zeit für seine Manöver findet.

2) Der Läufer wird durch eigene Bauern eingeschränkt oder 'er schießt nur Löcher in die Luft'.

3) Der nicht vom Läufer kontrollierte Farbkomplex ist schwach.

4) Die Bauernstruktur bietet dem Springer starke Vorpostenfelder. Oft favorisiert eine zerstörte Bauernstruktur den Springer – eine intakte hingegen den Läufer.

Entsprechend ist die folgende Stellung besser für Weiß, denn er hat volle Kontrolle, während die schwarze Struktur zerstört und die Gesamtstellung weißfeldrig geschwächt ist.

04.11

Moissejenko – Goloschtschapow

Ukraine 2004 **(W)**

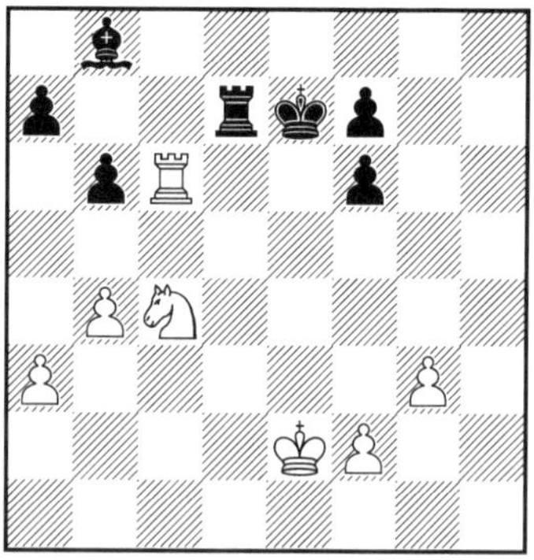

32.♘e3! ♗e5 33.f4 ♗b2 34.a4 ♔d8 35.b5 ♖e7 36.♔f3 ♔d7?

Dies stört die Harmonie im schwarzen Lager ganz empfindlich. Nach 36...♖d7

(Michalewski) bleibt unklar, ob Weiß seinen Vorteil verwandeln kann.

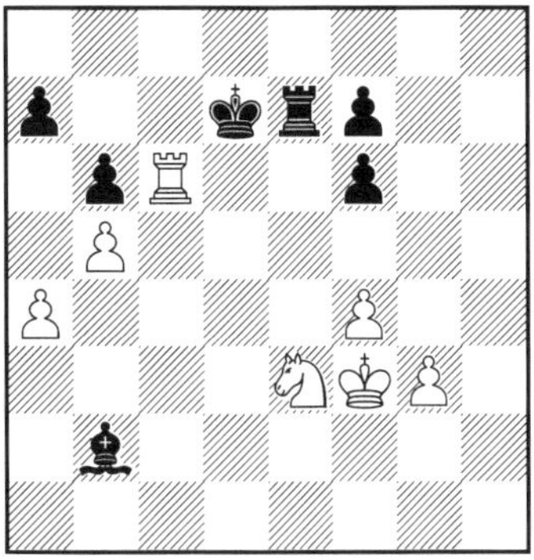

37.♘c4!

Nun ist der Läufer in seinem Aktionsradius so eingeschränkt, dass er gejagt werden kann und damit Weiß die Invasion gestattet.

37...♗a1

Nach 37...♗c3 verwandelt Weiß einen Vorteil mit 38.♘xb6+ axb6 39.♖xc3± in einen anderen (Michalewski), da Schwarz seine Figuren nicht aktivieren kann.

38.♖d6+ ♔e8 39.♖d1 ♗c3 40.♘d6+ ♔f8 41.♘f5 ♖e8 42.♖d7 ♖a8 43.♘h6 ♔g7 44.♘xf7 a6 45.♘d6+ ♔g8

45...♔g6 46.g4 axb5 47.♘f5+− (Michalewski).

46.♔g4 axb5 47.axb5 1-0

4.2.2 Läufer dominiert Läufer

Hier wird der Angreifer seine Bauern auf die Farbe des verteidigenden Läufers stellen, um dessen Spielraum einzuschränken.

04.12

Lopez – San Segundo

Cala Mendia 2001 **(W)**

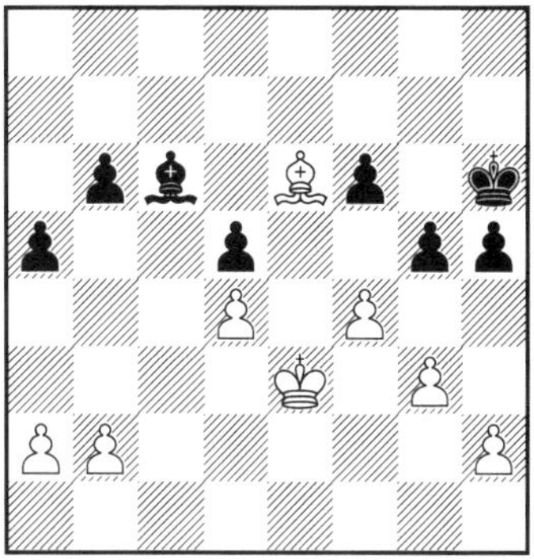

34.♗f7!

Zuerst wird der König zur Passivität verurteilt.

34...♗b7 35.♗e8 ♗a8 36.a3 ♗b7 37.b4 axb4 38.axb4

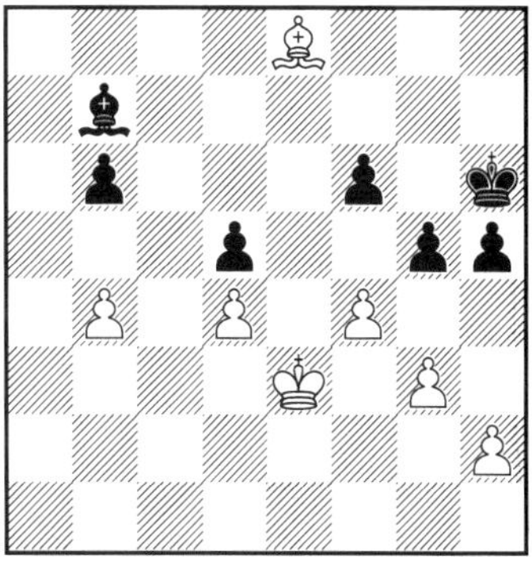

38...♗a6!

Nach 38...g4?

1) würde der Gegenfehler 39.b5? nach 39...♗c8 40.♗c6 ♗e6= oder 40.♗f7 ♗d7 41.♗xd5 ♗xb5 42.♗f7 ♔g7 43.♗xh5 f5 44.d5 ♗d7 45.♔d4 ♔f6= zum Ausgleich führen.

2) Nach hingegen 39.♗d7! wird der schwarze Läufer vollkommen dominiert. 39...♔g7 40.b5 ♔f7 41.♗f5 ♔f8 42.♔f2 ♔g7 43.♔g2 ♔h6 44.h3 gxh3+ 45.♔h2 ♔g7 46.♔xh3 ♔h6 47.♔h4+.

39.b5!

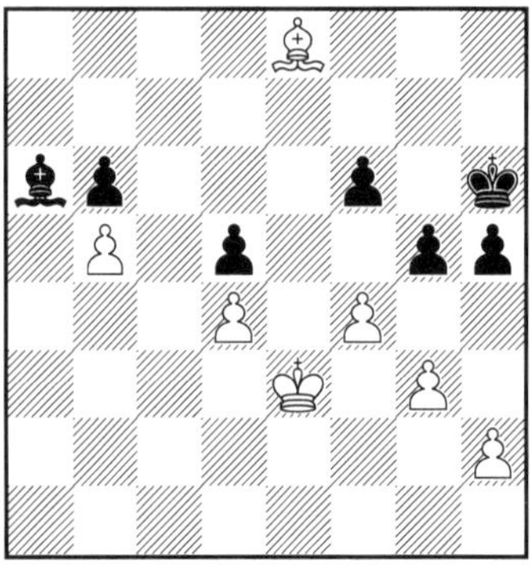

Oft ist es eine gute Angriffsstrategie, die Bauern auf die Farbe des gegnerischen Läufers zu stellen, um den Verteidiger weiter einzuschränken.

39...♗c8 40.♗f7 ♗b7?

Nur nach 40...♗d7 war noch ein gewisser Widerstand zu leisten. Dabei versucht Schwarz, den typischen Nachteil der gegnerischen Strategie auszunutzen, der ja einen Bauern auf die Farbe des verteidigenden Läufers gestellt hat.

41.fxg5+ ♔xg5?!

Nach 41...fxg5!? muss Weiß wegen der starken Remistendenz von Endspielen mit ungleichen Läufern äußerst präzise spielen; z.B. 42.h4

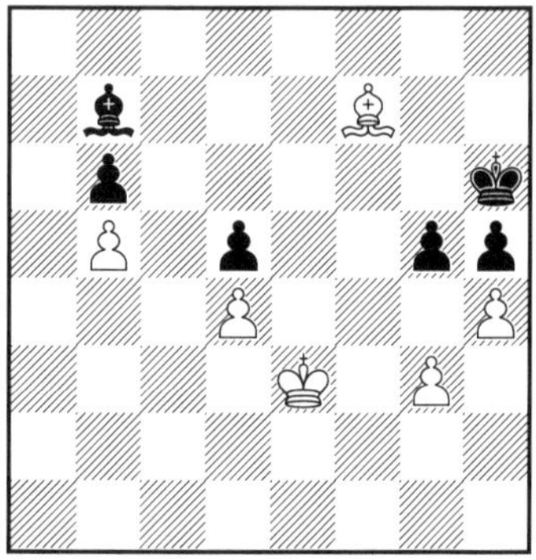

Hier ist es gut, den Bauern auf ein dunkles Feld zu stellen, um die h5-Schwäche auf einem hellen festzulegen.

1) 42...gxh4 43.gxh4 ♗c8 44.♗xd5 ♔g6 45.♗f3 ♗d7 46.♗c6 ♗g4 47.♔e4 ♔f6 48.♔d5 ♔e7 49.♔e5+–.

2) 42...♗c8 43.♗xd5 ♔g6 44.hxg5 ♔xg5 45.♔e4

a) 45...♔g4 46.♔e5 ♔xg3 47.♔d6 h4 48.♔c7 ♗g4 49.♔xb6 ♗f3 50.♗xf3 ♔xf3 51.♔c6 h3 52.b6+–;

b) 45...♔f6 46.♗c6 ♗e6 47.♗e8

b*) 47...♗g4 48.♔d5 ♔e7 49.♗c6 ♔d8 50.♔e5 ♔e7 51.d5 ♗e2 52.d6+ ♔d8 53.♔f4 ♗d3 54.♗f3 ♔d7 55.♔e5 ♗g6 56.♗c6+ ♔d8 57.♔e6 ♗d3 58.♗f3 ♗xb5 59.♗xh5+–;

b)** 47...♗c4 48.♗xh5 ♗xb5 49.♔d5 ♔f5 50.♗f3 ♗f1 51.♔c6 b5 52.♔c5 ♗c4 53.g4+ ♔f4 54.♗d1 ♔e3 55.d5+–

.

42.♗e6 f5 43.h4+ ♔g4 44.♔f2 1-0

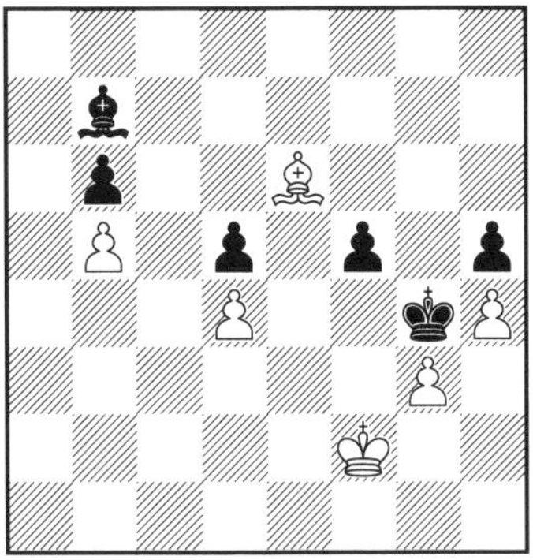

Schwarz gab auf, da König und Läufer nach 44...♗a8 45.♗c8+− dominiert werden.

Aber der Angreifer kann seine Bauern auch auf die andere Farbe stellen, und zwar insbesondere dann, wenn viele Bauern des Verteidigers auf der Farbe des Läufers festgelegt sind.

04.13

Edouard – Haimovich

Biel 2011 **(S)**

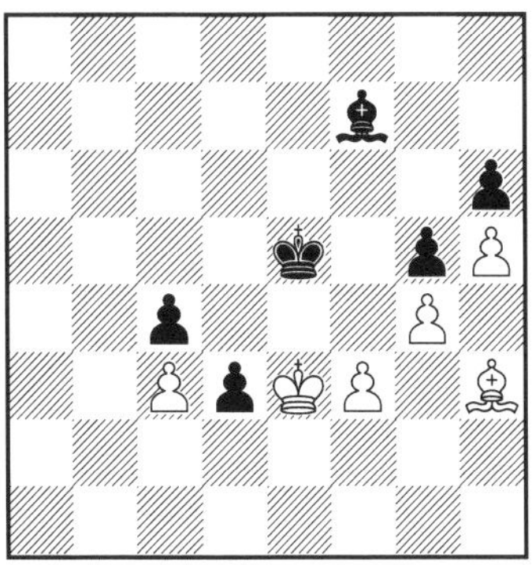

Im Läuferendspiel kommt dem Festungsbau häufig größte Bedeutung zu. Auf den ersten Blick scheint dies hier den Nagel auf den Kopf zu treffen. Aber man täuscht sich.

84...d2!!

Schwarz macht es sich zunutze, dass der weiße Läufer in Wirklichkeit ein zu groß geratener Bauer ist. Die Öffnung eines Einbruchsweges ist wichtiger als ein mächtig gedeckter Freibauer.

85.♔xd2

85.f4+ bringt auch keine Abhilfe. 85...gxf4+ 86.♔xd2 ♗d5

1) 87.g5 hxg5 88.h6 ♗g8 89.♗f1 ♔f6−+;

2) 87.♔e2 ♔f6 88.♔f1 ♔g5 89.♔f2 ♔h4 90.♗f1 ♔xg4 91.♗e2+ f3 92.♗d1 ♔xh5 93.♗xf3+ ♗xf3 94.♔xf3 ♔g5 95.♔e4 h5 96.♔d4 h4−+.

85...♔f4 86.♔e2

86.♗f1 ♔xf3 87.♗e2+ ♔f4 88.♗d1 ♗e6 89.♗e2 ♗xg4 90.♗xc4 ♗xh5−+.

86...♗d5 87.♗g2

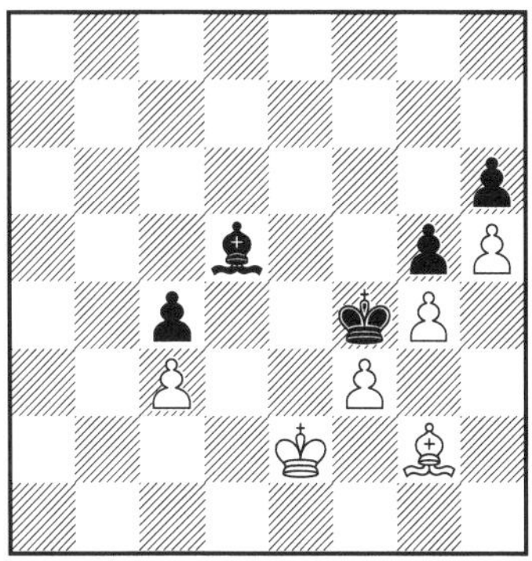

87.♔f2 ♗xf3 88.♗f1 ♗xg4 89.♗xc4 ♗xh5+.

87...♔g3

Der König greift den Großbauern g2 an.

88.♗f1

Nach 88.♗h1 ♔h2 ergibt sich ein tragikomisches Bild. Der Läufer in der Ecke ist eine bemitleidenswerte Figur. 89.f4 ♗xh1 90.fxg5 hxg5 91.♔e3 ♗d5 92.h6 ♗g8 93.♔e4 ♔g3 94.♔f5 ♔h4 95.♔g6 ♔xg4 96.♔g7 ♔h5 97.♔xg8 ♔xh6–+.

88...♗xf3+ 89.♔d2

89.♔e3 ♗xg4 90.♗xc4 ♗xh5 91.♗d5 ♗g4 92.c4 h5 93.c5 h4 94.c6 h3 95.c7 ♗c8 96.♔d4 g4 97.♔e5 h2 98.♗e6 h1♕ 99.♗xc8 ♕c6–+.

89...♗xg4 90.♗xc4 ♗xh5 91.♗d5 ♗e8 92.c4 h5 93.c5 h4 94.c6 h3 95.♔e2

95.c7 ♗d7 96.♔e3 g4–+.

95...g4 96.♔f1 ♔h2 97.♗e6

97.c7 ♗d7 98.♗b7 g3 99.c8♕ ♗xc8 100.♗xc8 g2+ –+.

97...g3 98.c7 ♗b5+ 99.♔e1 ♗a6 0-1

Angesichts der Folge 100.c8♕ ♗xc8 101.♗xc8 g2–+ oder 100.♗c4 ♗c8+ gab Weiß auf.

Das nächste Beispiel zeigt eine weitere Tragikomödie. Endspiele mit ungleichen Läufern haben eine sehr starke Remistendenz, allerdings nur dann, wenn der verteidigende Läufer genügend Wirkung entfalten kann.

04.14

Petrovic – Zivkovic

Belgrad 2011 **(S)**

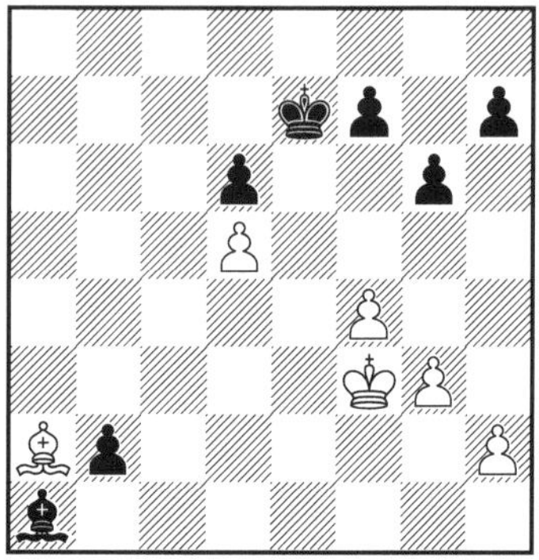

42...♔f6?

Dies führt an den Rand eines Abgrunds. 42...b1♕ 43.♗xb1 h5 (Baburin) war der einfachste Weg zum Remis.

43.♗b1!

„Fritz reklamiert leichten Vorteil für Schwarz, aber tatsächlich steht er auf Verlust! Die einzige Funktion seines Läufers besteht im Schutz des b-Bauern, aber den will sowieso niemand angreifen." (Baburin in *Chess Today* #4053)

43...h6 44.♔e4 ♔e7 45.g4 ♔f6

1) Die Errichtung eines Bauernwalls mit 45...f6 46.♔d4 ♔d7 47.♔c4 ♔c7 48.♔b5 ♔b7gedachte Baburin wie folgt zu behandeln:

a) Natürlich nicht 49.♗xg6? b1♕+ 50.♗xb1 ♗b2=.

b) Wohl jedoch 49.h4 49...f5 50.gxf5 gxf5 51.h5 ♔c7 52.♔a6+.

2) Nach 45...♔d7 öffnet Weiß mit 46.g5 einen Weg zum Königsflügel.

a) 46...h5 47.f5 ♔e7 48.fxg6 fxg6 49.h4 ♔d7 50.♔d4 ♔c7 51.♔c4 ♔b6 52.♗xg6+−;

b) 46...hxg5 47.fxg5 ♔e7 48.♔f4 ♔f8 49.♔g4 ♔g7 50.h4 ♔g8 51.h5

b*) 51...♔g7 52.h6+ ♔h7 53.♔f4 ♔g8 54.♔e3 ♔h7 55.♔d4 f5 56.gxf6 ♔xh6 57.♔c4 g5 58.♔d4+−;

b)** 51...gxh5+ 52.♔xh5 ♔g7 53.♔g4 ♔f8 54.♔f5 ♔g7 55.♔e4 ♔g6 56.♔f4+ ♔g7 57.♔f5+−.

46.♔d4! g5

Jetzt kann Schwarz den Königsflügel nicht mehr schließen. Allerdings gab es hier sowieso nur noch die Wahl zwischen zwei Übeln, denn nach 46...♔e7 47.♔c4 bricht Weiß am Damenflügel ein.

1) 47...g5 48.f5 ♔f6 49.♔b5 ♔e5 50.♔c6 f6 51.h3+−.

2) 47...♔d7 48.♔b5 ♔c7 49.♔a6+−.

47.♔e4 ♔g6 48.♔f3+ ♔f6

48...♔g7 49.h3

1) 49...♔g8 50.h4 f6 51.fxg5 fxg5 52.hxg5 hxg5 53.♔e4 ♔g7 54.♔f5 ♔h6 55.♔e6+−;

2) 49...f6 50.♔e4 ♔g6 51.h4 Dies bringt Schwarz in fatalen Zugzwang. 51...gxh4 52.♔f3+ f5 53.gxf5+ ♔f6 54.♔g4+−.

49.h4!!

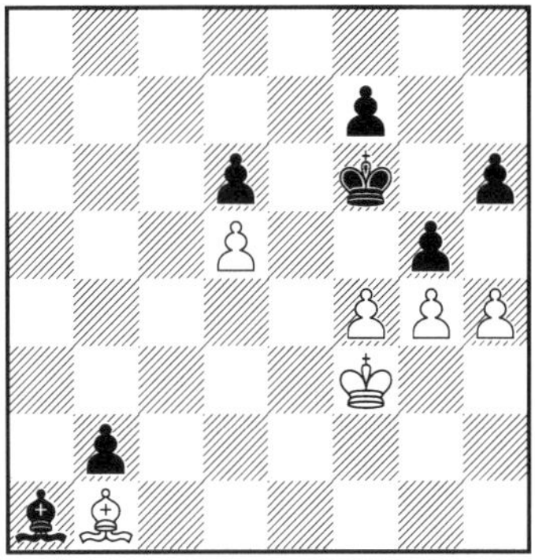

Und die Öffnung des Königsflügels entscheidet den Tag.

49...gxh4

49...gxf4 50.♔xf4 h5 51.gxh5 ♔g7 52.♔g5+−.

50.♔g2 ♔g7 51.♔h3 f6

51...♔g8 52.♔xh4 ♔h8 53.♔h5 ♔g7 54.g5 hxg5 55.fxg5 ♔g8 56.♔h6 ♔h8 57.g6 fxg6 58.♔xg6+−.

52.♔xh4 ♔f7

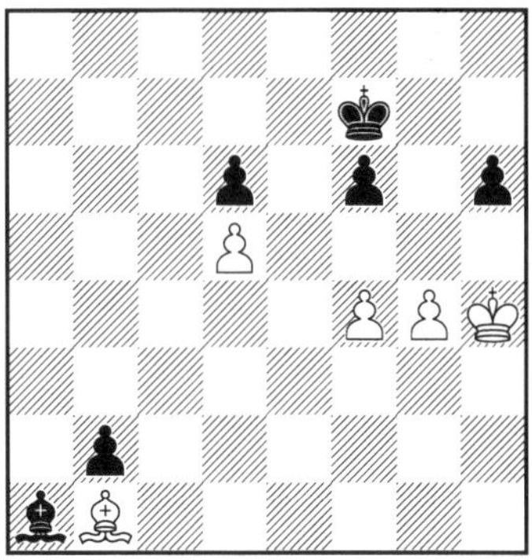

53.g5?

Weiß handelt überstürzt, denn zuerst musste sein König vorstoßen. 53.♔h5 ♔g7 54.g5 hxg5 55.fxg5

1) 55...f5 56.g6 ♔f6 57.♔h6+−.

2) 55...♔f7 56.g6+ ♔g7 57.♔g4+−.

3) 55...fxg5 56.♔xg5 (Baburin) 56...♔f7 57.♔f5 ♔e7 58.♔g6. Weiß hat ein Schlüsselfeld erreicht. Da die Figuren in der südwestlichen Ecke überhaupt keine Rolle spielen, kann die Sache wie ein Bauernendspiel behandelt werden.

58...♔e8 59.♔f6 ♔d7 60.♔f7 ♔d8 61.♔e6 ♔c7 62.♔e7+−.

53...hxg5+ 54.fxg5 ♔f8??

Nach 54...fxg5+ 55.♔xg5 ♔g7! kann Schwarz den Kampf um die Opposition gewinnen und die Stellung halten: 56.♔g4 ♔g8= (Baburin).

1) Aber nicht 56...♔f6? 57.♔f4 ♔g7 58.♔g5 ♔f7 59.♔f5 ♔e7 60.♔g6 +− (Baburin).

2) Es sei erwähnt, dass auch 56...♔f8 remisiert, da 57.♔h5 mit 57...♔f7= beantwortet werden kann.

55.g6 ♔g7 56.♔h5 1-0

4.2.3 Turm dominiert Läufer

Besonders im Endspiel ist ein Turm einem Läufer weit überlegen. Wird der Läufer jedoch von Bauern unterstützt, so kann sich im Glücksfall eine Festung ergeben.

04.15

McShane – Danin

Moskau 2010 **(W)**

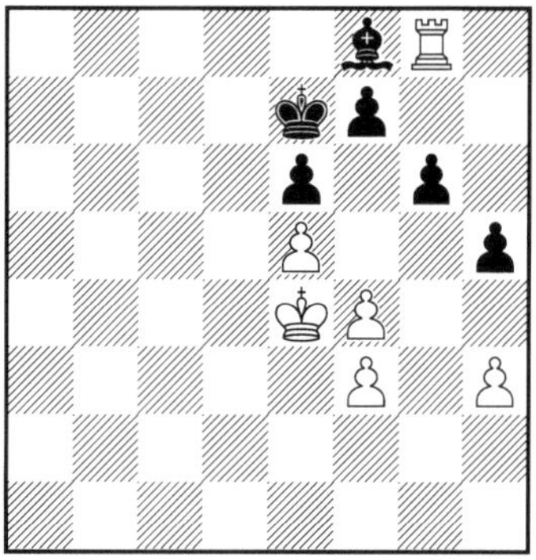

Weiß kann nicht gewinnen, aber mit 55.f5!? tat McShane sein Bestes, um es wenigstens zu versuchen.

55...exf5+ 56.♔d5 ♗h6 57.♖b8

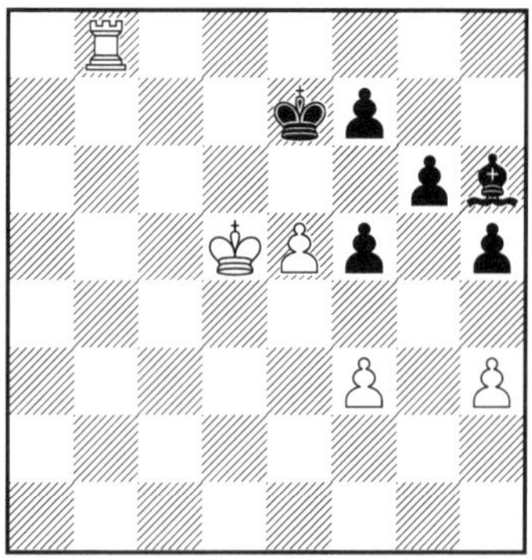

57...♗g5?

Die Diagonale d8-h4 ist zu kurz. Nach 57...♗d2! konnten wir keinen Gewinn entdecken; z.B. 58.♖c8 ♗f4 59.♖c4 ♗g3 60.♖b4 ♗e1 61.♖b7+ ♔f8 62.e6 fxe6+ 63.♔xe6 ♗c3.

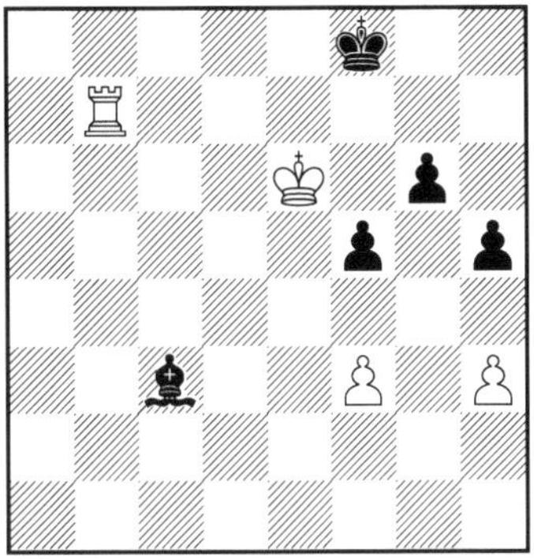

Nun wird der schwarze Läufer die Stellung dauerhaft entlang der Diagonale a1-h8 verteidigen.

58.♖b7+ ♔f8 59.e6 fxe6+ 60.♔xe6 ♔g8 61.♖b4

Auch nach 61.♖c7 gewinnt Weiß. 61...♔f8 62.♖c4 ♔g7 63.h4 ♗e3 64.♖c7+ ♔h6 65.♔f7 g5 66.♖c6+ ♔h7 67.hxg5 ♗xg5 68.♔e6 ♔g6 69.♔e5+ +−.

61...♗d2

61...f4 62.♖b7 ♗h4 63.♔e5 ♗g5 64.♖b1 ♔g7 65.♖g1+−.

62.♖c4!

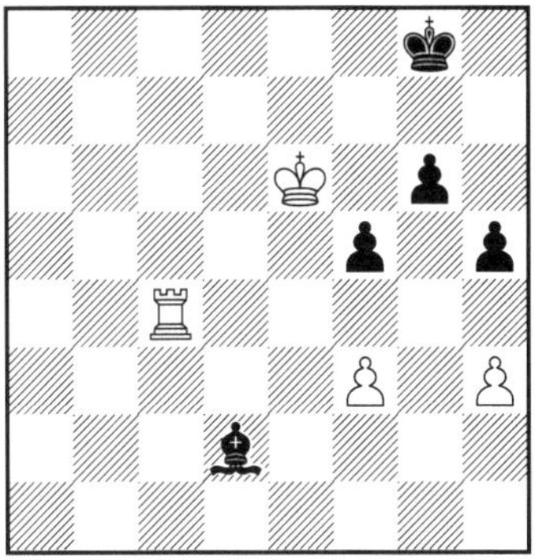

Der Turm dominiert den Läufer auf typische Weise: Er hindert ihn daran, die lebenswichtige lange Diagonale zu erreichen.

62...♔g7 63.♖c7+ ♔h6 64.♔f6 h4!?

In der Regel sollte der Verteidiger seine Bauern nicht auf die Farbe des Läufers stellen, da dies die Dominanz des Turms auf dem anderen Farbkomplex erhöht. Aber in diesem Fall hat Schwarz keine gute Alternative: 64...♗g5+ 65.♔f7 ♗e3 66.♖c4 f4 67.♔f6 ♗d2 68.♖c8 ♔h7 69.♔g5+−.

65.♖c8 ♗g5+ 66.♔f7 ♗e3 67.♖e8

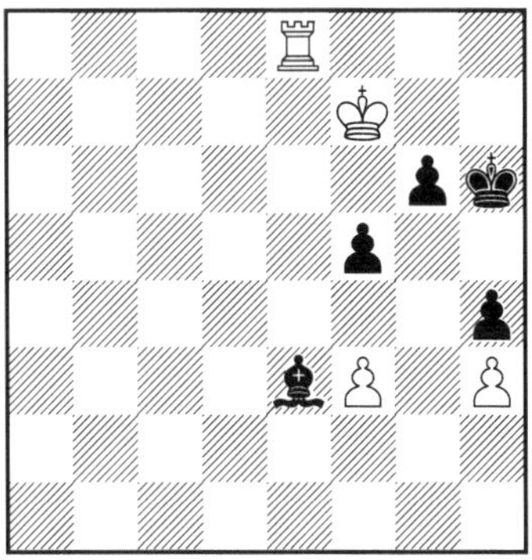

67...♗d2?!

Jetzt kann McShane jegliches Gegenspiel verhindern. 67...♗d4 war viel zäher.

1) 68.♖g8? ♔g5 69.♖xg6+ ♔f4 ist natürlich nicht im Geist der weißen Strategie, da er ja die volle Kontrolle behalten will.

2) 68.f4 g5 69.♖d8 ♗b2 70.♖d6+ ♔h5 71.♖d5 ♗c1 72.♔f6 gxf4 73.♖xf5+ ♔h6 74.♖c5

a) 74...♗d2 75.♖c8 ♔h7 76.♔e5 ♗e3 77.♔e4 ♔g6 78.♖g8+ ♔f7 79.♖g4+−;

b) 74...♗e3 75.♖c4 ♔h5 76.♖e4 ♗d2 77.♖e2 ♗e3 78.♔f5 ♔h6 79.♔g4 ♔g6 80.♖g2

b*) 80...♔f6 81.♔f3 ♗c5 82.♖g4+−;

b)** 80...♔h7 81.♖a2 ♔g7 82.♔f3 ♔g6 83.♖a6+ ♔g7 84.♖e6+−; 83..♔f7 84.♖h6+−;

b*)** 80...♔h6 81.♖c2 ♔g6 (81...♔g7 82.♖a2 ♔f6 83.♖g2 ♔e5 84.♔f3+−)

82.♖e2 ♔f6 83.♖g2 ♔e5 84.♔f3 ♗b6 85.♖g5+ ♔f6 86.♖h5 ♗e3 87.♖xh4+.

68.♖e2 ♗c1 69.♖g2 ♗g5

Nach 69...g5 70.♔f6 verliert Schwarz zuerst einen Bauern und dann die ganze Partie; z.B. 70...g4 71.hxg4 fxg4 72.fxg4 ♗g5+ 73.♔f5

1) 73...♗c1 74.g5+ ♔h5 75.g6 h3 76.g7 hxg2 77.g8♕+−;

2) 73...♗d8 74.♖d2 ♗e7 75.♖d7+−.

70.♖g1!

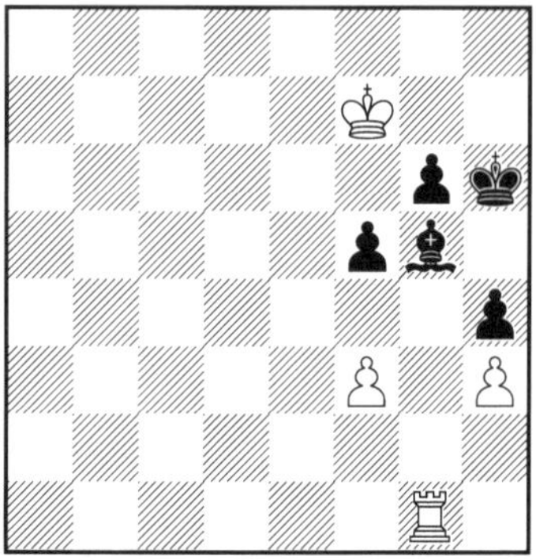

Bringt Schwarz in tödlichen Zugzwang.

70...♔h5 71.♔g7 ♗h6+ 72.♔f6 1-0

Manchmal kann es ziemlich kompliziert werden und langwierige Manöver sind unerlässlich. Die folgende Stellung hielt man für remis, bis Noam Elkies 1993 bewies, dass Weiß immer gewinnt.

04.16

Mastrovasilis – Potapow

Aix-les-Bains 2011 **(W)**

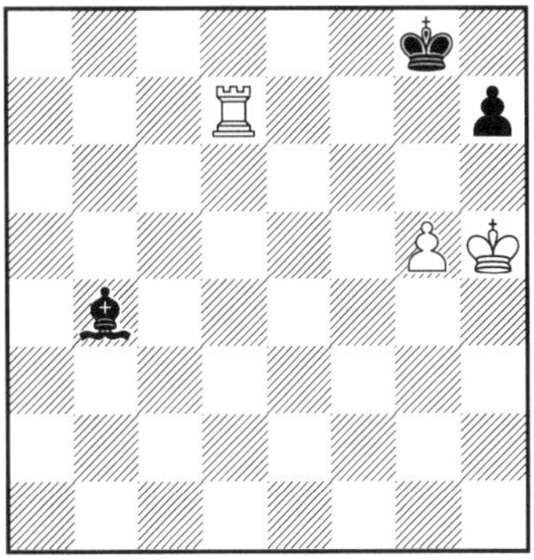

75.♔g4!

Weiß muss folgende Pläne kombinieren: Invasion mit dem König via f6 oder h6 bzw. Ausführung des Vorstoßes g5-g6, um via g6 einzudringen. Aber zuerst muss der Läufer dominiert werden.

1) Das sofortige 75.g6? ist verfrüht, da der schwarze König die gefährliche Ecke nach 75...hxg6+ 76.♔xg6 ♔f8!= verlassen kann.

2) 75.♔h6?! kann mit 75...♗f8+ beantwortet werden.

75...♗c3 76.♖b7 ♗d4 77.♔f5 ♗c3 78.♖b3 ♗d4 79.♖b8+ ♔f7 80.♖d8 ♗c3 81.♖d7+ ♔g8 82.♔g4 ♗b2

82...♗b4!? ist zäher, aber Weiß wird trotzdem gewinnen; z.B. 83.♔f5 ♗a5 (83...♗c3 84.♖d3 ♗b2 85.♔g4+-) 84.♖d5 ♗b4 85. ♖d4 ♗a3 86.♖d3 und nun:

1) 86...♗b2 87.♔g4 ♗g7 88.♖d8+ ♔f7 89.♔h5 ♗f8 90.♖d7+ ♗e7 91.♔h6+-;

2) 86...♗b4 87.♔f6 ♗a5 88.♖b3 ♗d8+ 89.♔f5 ♗a5 90.♔g4 ♗d2 91.♔h5 ♗f4 92.♖b5 ♗d6 93.♔g4 ♗a3 94.♔f5 ♗d6 95.♔f6 ♗c7 96.♖d5 ♗b6 97.♖d7 ♗a5 98.♖g7+ ♔h8 99.♔f7+-.

83.♖d3 ♗g7 84.♔h5 ♗f8

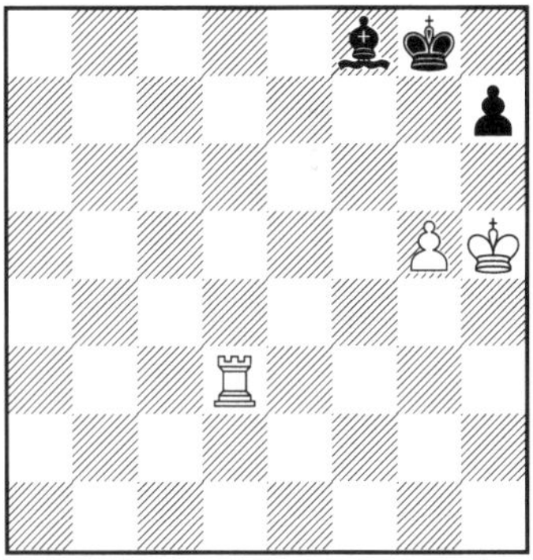

84...♗b2 85.♖d8+ ♔g7 86.♖d7+ ♔h8 87.g6 (87.♔h6?! wird mit 87...♗g7+ beantwortet.)

87...h6 88.♔xh6 ♗g7+ 89.♔g5 ♗c3. Jetzt gewinnt 90.g7+ am schnellsten, da der schwarze König diesmal nicht aus der gefährlichen Ecke entkommen kann. Nach 90...♔h7 91.♖f7 ♗d4 92.g8♕+ ♔xg8 93.♔g6 ♗g1 94.♖f1 ♗h2 95.♖f2 ♗g3 96.♖g2 wird der Läufer gezwungen, aus dem Schatten des Königs herauszutreten.

85.g6!

Endlich ist alles für diesen Vorstoß bereit.

85...hxg6+

Nach 85...h6 kann Weiß zum Bauernendspiel überleiten: 86.♖d8 ♔g7 87.♖xf8 ♔xf8 88.♔xh6 ♔g8 89.g7 ♔f7 90.♔h7+−.

86.♔xg6 ♗e7 87.♖c3 1-0

4.3 Einschränkung einer ganzen Armee

Dies ist eine sehr gute Strategie, und wenn sie funktioniert, ist der Gegner oft völlig chancenlos.

04.17

Nisipeanu – Polgar

Chanty Mansijsk 2009

1.e4 c5 2. ♘f3 ♘c6 3.d4 cxd4 4.♘xd4 e5 5.♘b5 a6 6.♘d6+ ♗xd6 7.♕xd6 ♕f6 8.♕xf6 ♘xf6 9.♘c3 ♘b4 10.♗d3 h6?!

Am häufigsten wird 10...d5 gespielt.

11.♗e3 d6 12.0-0-0 ♗e6 13.a3 ♘xd3+ 14.♖xd3 ♖e7 15.♖hd1 ♖hd8 16.♗b6

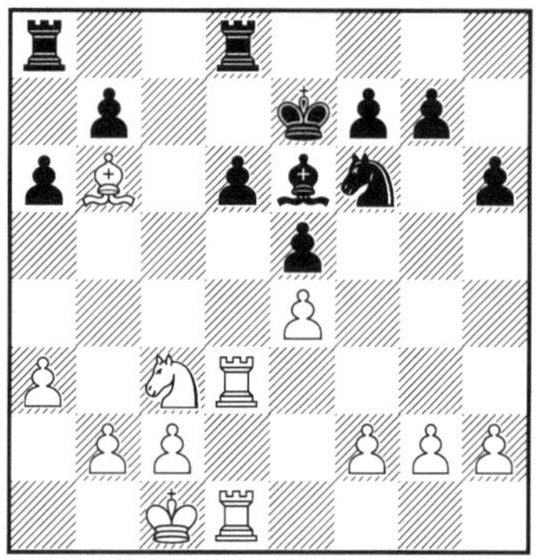

„Meine ideale Bauernstellung wäre a5, b3, c4 am Damenflügel und e4, f3, g4, h5 am Königsflügel, und wenn ich diese erreichen kann, wird Schwarz bestimmt ersticken.“ (Nisipeanu im *CBM* 134)

16...♖d7 17.f3 ♖c8 18.a4 ♖c6 19.a5 ♗c4 20.♖e3

Prophylaxe gegen den geplanten Befreiungszug d6-d5. Da Weiß volle Kontrolle und einen klaren langfristigen Plan hat, kann er sich alle Zeit der Welt lassen, zumal Schwarz auch noch ohne Gegenspiel auskommen muss.

20...♘e8 21.b3 ♗e6

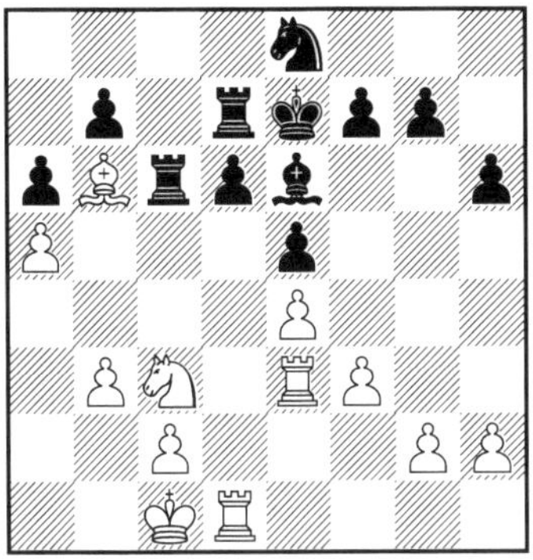

„In diesem Endspiel hat Weiß einen sehr angenehmen Vorteil, und durch den lehrbuchmäßigen Vorstoß der Bauern wird er Schwarz auf einfachste Weise große praktische Probleme stellen." (Nisipeanu)

22.g4

„Bitte kein f7-f5!" (Nisipeanu)

22...♖c8 23.♖b2 ♘f6 24.♖ed3 ♘e8 25.h4 f6 26.h5 ♘c7 27.♖1d2

Weiß setzt die Strategie 'nichts überstürzen' ein. Schwarz ist hilflos.

27...♘a8 28.♘a4 ♖c6 29.♗f2 ♖dc7 30.c4 ♖c8 31.♖d1

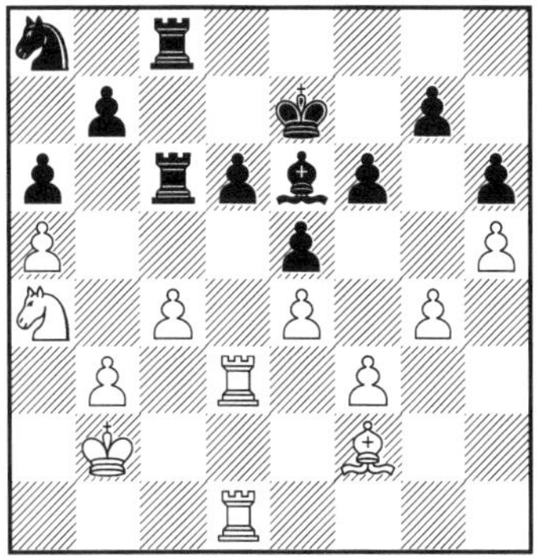

„Da Schwarz sich in einer eigenartigen Form von Zugzwang befindet, macht weiße Übereile keinen Sinn, speziell in einer Schnellpartie. Wie auch immer öffnet dieser Zug dem Läufer den Weg nach b4." (Nisipeanu)

31...♘c7?

Dies führt zu sofortigem Materialverlust; besser war 31...♖8c7 32.c5 dxc5 33.♖d8 ♖c8 34.♗xc5+ ♔f7 35.♖xc8 ♖xc8 36.♗b4 (Nisipeanu) 36...♘c7 37.♘c5 ♖a8 38.♖d6±.

32.♘b6 ♖b8 33.♘d5+ ♔f7 34.♘b4 ♘e8 35.♘xc6 bxc6 36.♔c3 ♔e7 37.b4 ♖c8 38.♗b6 ♖a8 39.c5 d5 40.exd5 ♗xd5 41.♖xd5 cxd5 42.♖xd5 ♔e6 43.♔c4 ♖c8 44.♖d1 f5 45.gxf5+ ♔xf5 46.b5 1-0

Übungen

Lösungen ab Seite 219

Ü04.01

Alexandrow – Flear

Aix-les-Bains 2011 **(W)**

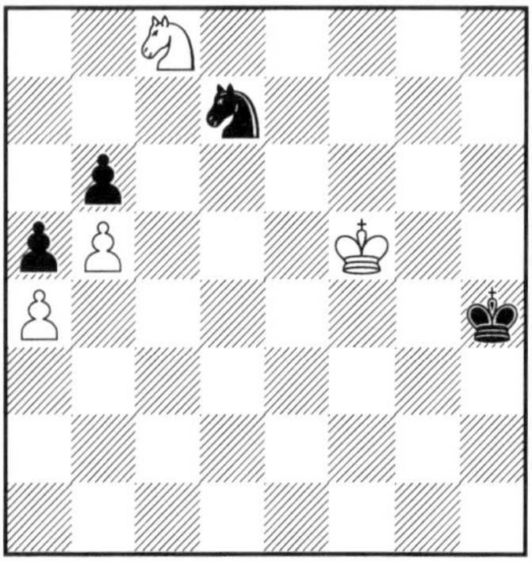

Wer wird hier dominiert: Weiß oder Schwarz?

Ü04.02

Adams – Golod

Deutschland 2011 **(W)**

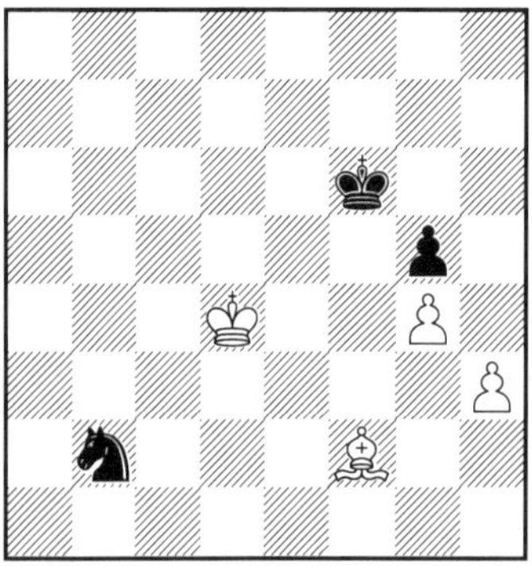

Wie kann man den Gaul einfangen?

Ü04.03

Ponomarjow – Nielsen

Beijing 2011 **(S)**

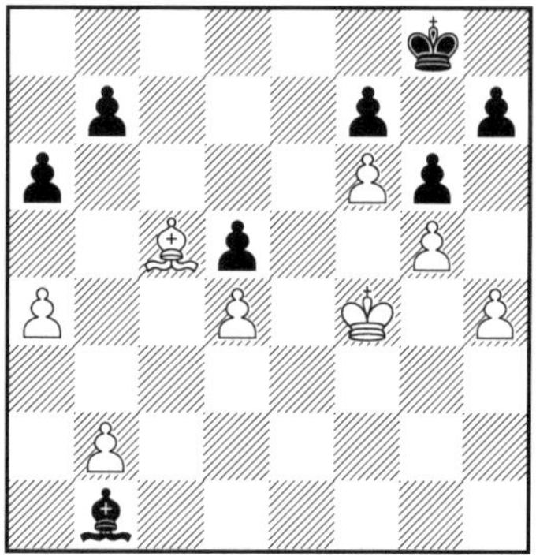

Kann Schwarz aus seinem Gefängnis entkommen?

Ü04.04

Mareco – Rodriguez

Spanien 2011 **(S)**

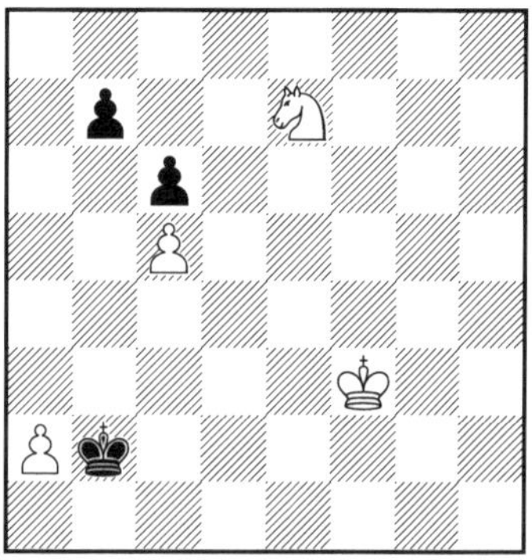

Kann Schwarz sich retten?

Kapitel 5

Nichts überstürzen!

Dieses Prinzip ist auch im Endspiel sehr wichtig. Wenn eine Seite sicheren statischen Vorteil hat, ist die Verhinderung von Gegenspiel und die Aufrechterhaltung völliger Kontrolle oft wichtiger als schnelles (oder eben *überstürztes*) Handeln. Natürlich müssen jedoch vorneweg die dynamischen Faktoren einer Stellung bewertet werden. Nur wenn der Gegner keinerlei nennenswertes Gegenspiel hat, gewinnt das Leitmotiv 'nichts überstürzen' stark an Bedeutung. Der Verteidiger muss bei Bauernzügen und Tauschaktionen Vorsicht walten lassen.

05.01

Giri – Kramnik

Monaco 2011 **(W)**

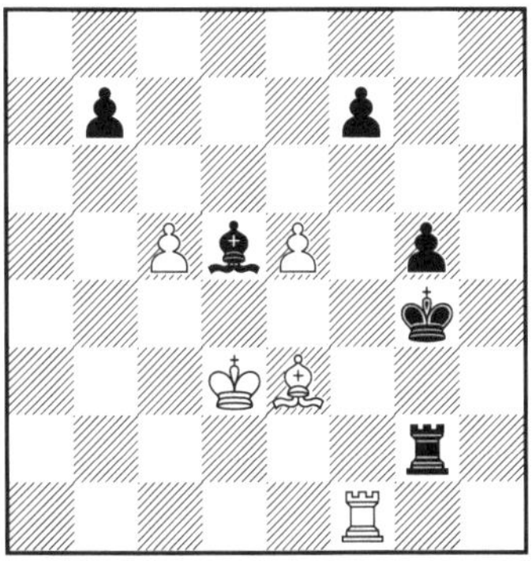

Es ist absolut zutreffend, dass Endspiele mit ungleichen Läufern eine sehr deutliche Remistendenz haben. Allerdings muss der Verteidiger seine Figuren überhaupt erst zur Geltung bringen können.

57.♖g1?

Da der weiße König nun nichts Rechtes zum Spiel beitragen kann, musste er zuerst aktiviert werden: 57.♔d4! ♗e6 (57...♗f3 58.♗xg5=)

1) Für 58.♖g1? ist es noch zu früh: 58...♖xg1 59.♗xg1 ♔f3 60.♔c3 ♔g2 61.♗d4 ♔f1 62.♔b4 g4 63.♔b5 ♗d5−+.

2) 58.♔e4

a) Nach 58...♔h5 59.♖h1+ ♔g6 kann Weiß endlich seinen Hauptplan ausführen, der im Abtausch der Türme besteht.

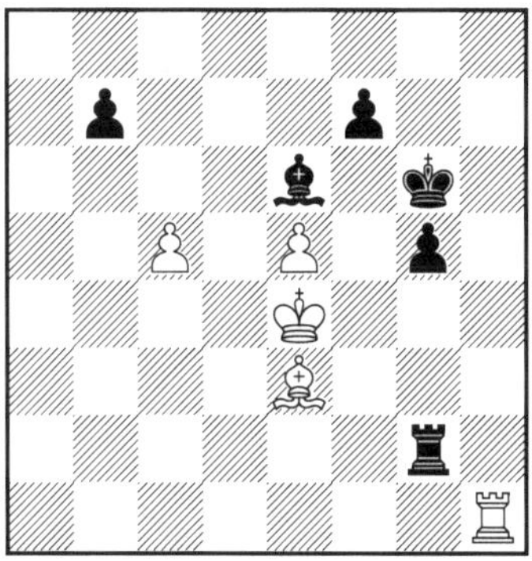

60.♖g1 ♗h3 61.♖xg2 ♗xg2+ 62.♔d4 ♔f5 63.♗f2 ♔g4 64.♗e3 ♔h4 65.♗f2+ ♔h3 66.♔e3 ♗c6 67.♗e1=.

b) 58...♖g3

b*) 59.♖g1? ist immer noch verkehrt: 59...♗f5+ 60.♔d5 ♖xg1 61.♗xg1 ♔f4−+.

b)** Nach 59.♔d4 ♗f5 60.♖f2= kann Schwarz sich hingegen nicht befreien.

57...♖xg1 58.♗xg1 ♔f3!

Die entscheidende Anrempelung.

59.♔d2 g4 60.♗d4 g3 61.♔e1 ♗c4 62.e6

62.♔d2 ♔g2 63.e6 ♗xe6 64.♗e5 ♔f2−+.

62...♗xe6 63.♗f6 ♗c4

Auch 63...g2 gewinnt, da Weiß nach 64.♗d4 f5 65.♗g1 ♔g3 66.♔e2 f4 67.♔e1 f3−+ in Zugzwang gerät.

64.♔d2 ♔f2 65.♗h4 f5 66.♔c3

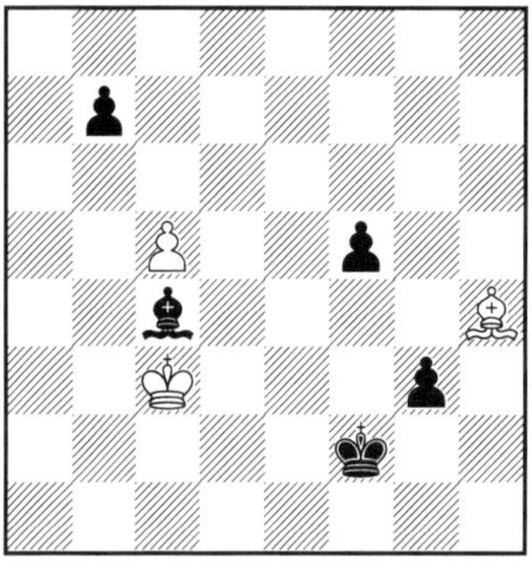

66...f4!?

Eine kleine Spielerei: Der Läufer ist bereits verzichtbar.

67.♔xc4 ♔e2 0-1

Und Giri gab auf, da die Freibauern nicht zu stoppen sind; z.B. 68.♗f6 g2 69.♗d4 f3 70.♔b5 f2 71.♗xf2 ♔xf2 72.♔b6 g1♕ 73.♔xb7 ♕g7+ 74.♔b6 ♕d4+ 75.♔b5 ♔e3 76.c6 ♕a7−+.

Prophylaxe und Einschränkung von Gegenspiel werden oft mit dem Prinzip ‘nichts überstürzen’ kombiniert.

05.02

Subarew – Eljanow

Charkow 2001 **(W)**

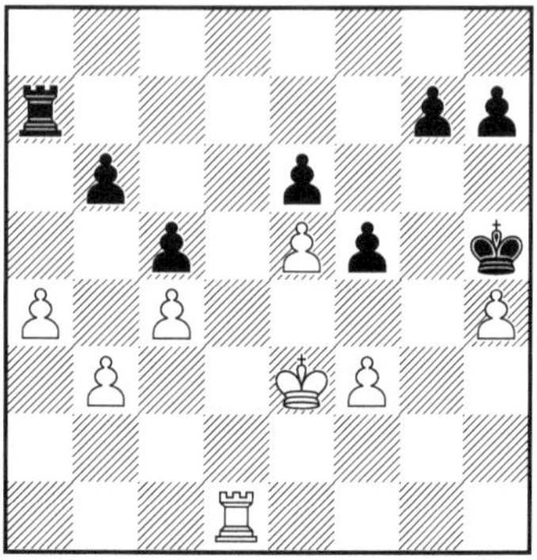

Zwar ist die eigene Aktivität im Turmendspiel von größter Bedeutung, aber andrerseits muss die gegnerische selbstredend eingeschränkt werden.

35.♖d6?!

Ein Verstoß gegen das Prinzip ‘nichts überstürzen’. Weiß hat zwei mehr versprechende Optionen. Keine davon reicht zum Gewinn, aber Schwarz müsste unangenehme Probleme lösen.

1) 35.f4 ♔xh4 36.♔f3 ♔h5 37. ♖d6 ♖e7 38.♖xb6 ♖a7=.

2) 35.♔f4 ♖f7 36.♖d6 ♔xh4 37.♖xe6 g5+ 38.♔e3 ♔g3 39.♖f6 ♖g7=.

35...♔xh4 36.♖xe6 ♔g3 37.♖xb6 ♖e7

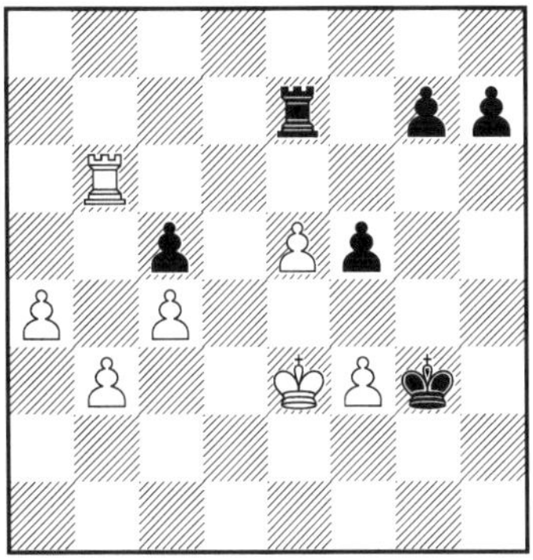

38.e6?

Weiß muss bereits sehr vorsichtig agieren, um nicht zu verlieren. Ein Weg zum Remis bestand in 38.f4 g5 (Golod) 39.fxg5 ♖xe5+ 40.♔d2 f4 41.g6 hxg6 42.♖xg6+ ♔h3 43.♖h6+.

38...h5 39.b4

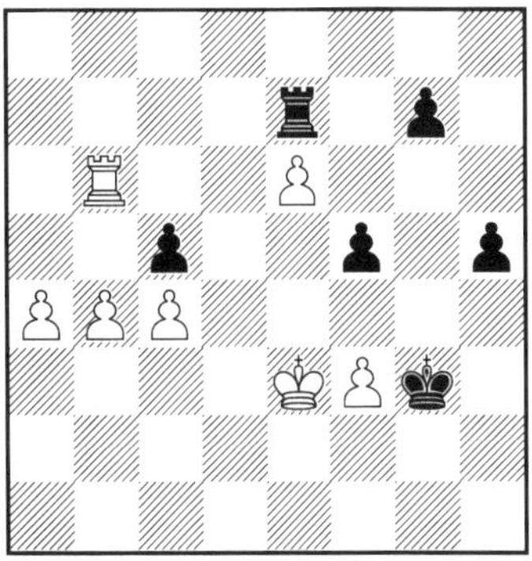

39...cxb4?

Dies verliert ein wertvolles Tempo beim Wettrennen der Bauern, welches auf folgende Weise zu gewinnen war: 39...h4! 40.bxc5 h3 (Golod) 41.♔d4 h2 42.♖b1 ♖xe6 43.♔d5 ♖h6 44.c6 h1♕ 45.♖xh1 ♖xh1 46.c7 ♖h8 47.♔c6 g5 48.♔b7 g4 49.fxg4 f4 50.g5 f3 51.g6 f2 52.g7 ♖g8 53.c8♕ ♖xg7+ 54.♔a6 f1♕–+.

40.♔d4 h4 41.♔e5 h3 42.♖xb4 h2 43.♖b1

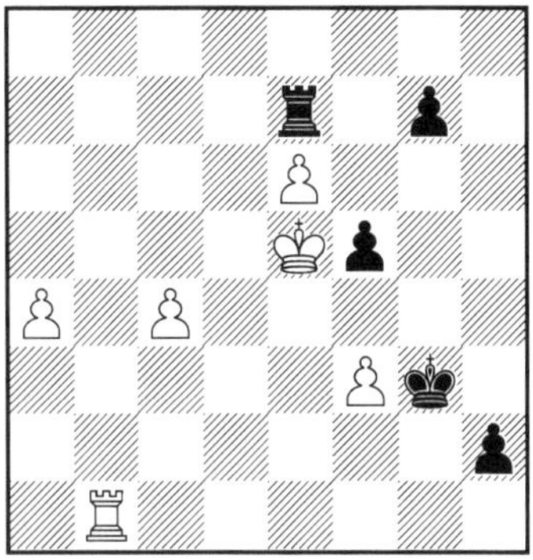

43...♔xf3!

Der Gewinn des weißen Turms mit 43...♔g2? wäre überstürzt: 44.c5 h1♕ 45.♖xh1 ♔xh1 46.♔d6 ♖e8 47.♔d7 ♖h8 48.c6 g5 49.c7+– (Golod).

44.♔d6

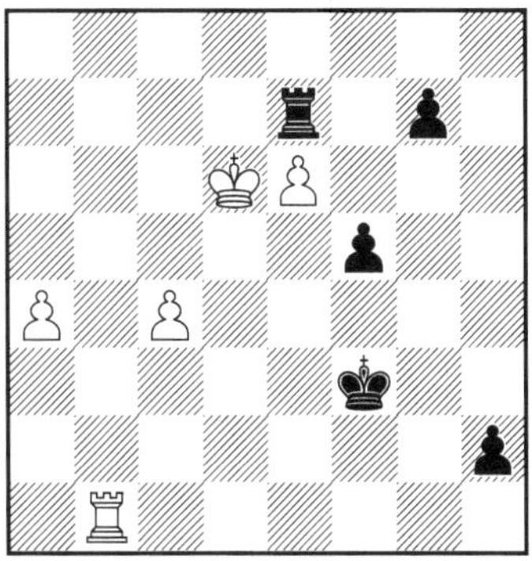

44...♖b7!

Ein wichtiger Zwischenzug zwecks Zeitgewinn. Bei einem solchen Wettrennen findet das Prinzip 'nichts überstürzen' natürlich keine Anwendung. Ganz im Gegenteil, jedes einzelne Tempo ist von größtem Wert.

45.♖c1 ♖b6+ 46.♔d7 ♖b7+ 47.♔d8 g5 48.c5 g4 49.c6 ♖b8+ 50.♔d7 g3 51.c7 ♖h8 52.e7 g2 53.e8♕

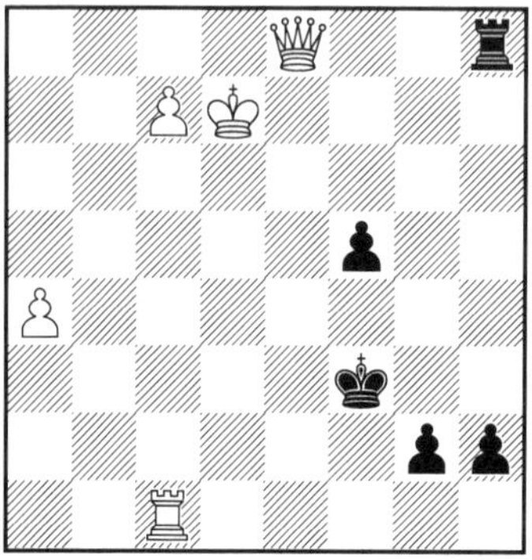

53...h1♕?

Schwarz überstürzt die Sache und landet in einer für ihn verlorenen vierten Partiephase, weil Weiß über das alles entscheidende 'erste Schachgebot' verfügt.

Nach 53...♖xe8 54.♔xe8 h1♕ 55.c8♕ ♕h8+ 56.♔d7 ♕xc8+ 57.♔xc8 ♔f2 58.a5 g1♕ 59.♖xg1 ♔xg1 60.a6 f4 61.a7 f3 62.a8♕ f2= (Golod) steht der weiße König außerhalb der Gewinnzone.

54.♖c3+ ♔f4 55.♖c4+ 1-0

Bauernzüge müssen immer gründlich überdacht werden.

05.03

Bisguier – Mednis

New York 1969 **(W)**

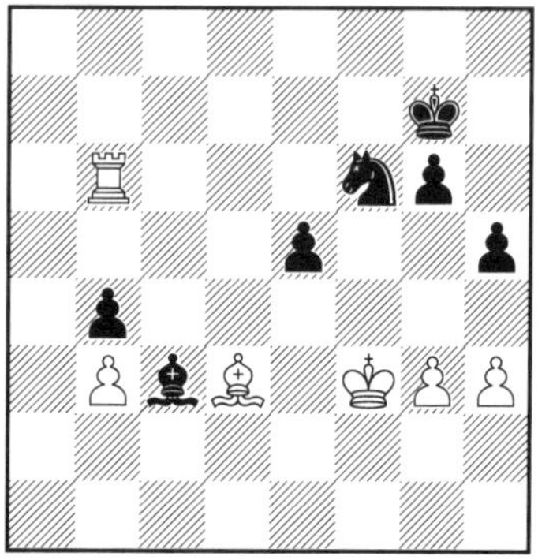

52.g4?

Bisguier überstürzt und verliert vollkommen die Kontrolle über die dunklen Felder. Dabei konnte er gewinnen, wenn er zuerst die Stellungskontrolle sicherstellt und erst später mit dem König vordringt.

52.♗e4 ♗d2 53.♖b7+ ♔h6 54.♖f7

1) 54...♘xe4 55.♔xe4 ♗e1 56.♖f3 ♗c3 57.♖xc3 bxc3 58.♔d3+−.

2) 54...♘h7 55.h4 Dieser Bauernzug ist viel besser, da er den Radius beider Leichtfiguren einschränkt und die schwarzen Felder bewacht, um die weißfeldrig verteidigende Wirkung des Läufers zu ergänzen: 55...♗c3 56.♔e2 ♗d4 57.♔d3 ♗b2 58.♔c4 ♗c3 59.♔d5 ♗e1 60.♖f3 ♔g7 61.♔e6 ♘f8+ 62.♔e7 ♘h7 63.♗b1 ♗d2 64.♖f7+ ♔h6 65.♔e8 ♗c3 66.♖e7 ♗d4 67. ♖e6+−.

52...hxg4+ 53.hxg4 ♔h6!!

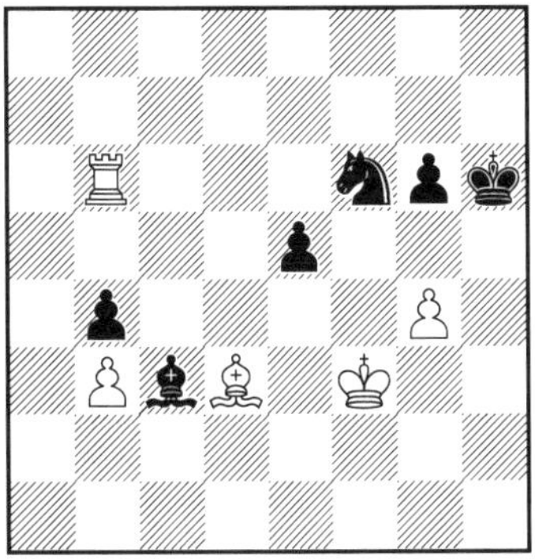

Der schwarze König erreicht g5, wonach Schwarz eine nicht zu erstürmende Festung erhält.

54.♗e4

54.♖xf6?! e4+ 55.♗xe4 ♗xf6=.

54...♔g5 55.♖e6 ♗d4 56.♗c2 ♗c3 57.♔g3 ♗e1+ 58.♔h3 ♗c3 59.♔g2 ♘xg4 60.♗xg6 ♔f4 61.♗h5 ♘e3+ 62.♔f2 ♘f5 63.♖f6 ½-½

Häufig bildet ein Zwischenzug das richtige Mittel, insbesondere ein Zwischen*schach* mit einem Turm.

05.04

Salow – Judassin

St. Petersburg 1997 **(W)**

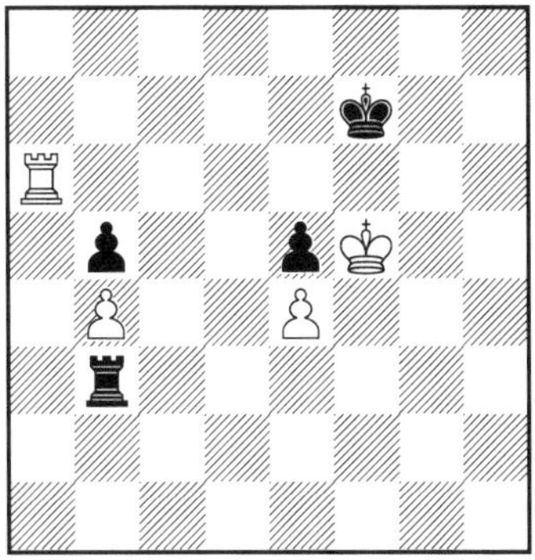

64.♖a7+!?

64.♔xe5?! ♖xb4 65.♖a7+ ♔g6 66.♔d5 ♖a4 67.♖b7 ♖a6 68.♖xb5 ♔f7 69.♖b7+ ♔e8 70.e5 ♖h6=.

64...♔g8

64...♔e8 65.♔e6 ♔d8 66.♔d6 ♔c8 67.♔c6 ♔d8 68.♔xb5 ♖e3 69.♔c6 ♖xe4 70.b5 ♖c4+ 71.♔b7 ♔d7 72.b6 ♔d6 73.♖a5 ♖b4 74.♔a7 ♔c6 75.♖a6 ♔d5 76.b7 ♖xb7+ 77.♔xb7 e4=.

65.♔g6 ♖g3+ 66.♔f6

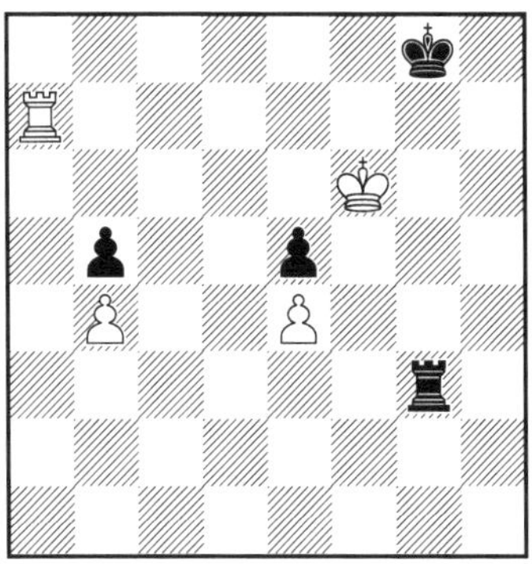

66...♖b3?

Judassin unterschätzt ein gegnerisches Zwischenschach. Und dabei hätte er selbst eins geben sollen. 66...♖f3+! 67.♔xe5 ♖b3

1) 68.♔d6 ♖xb4 69.e5 ♖d4+ 70.♔e7 ♖a4 71.♖b7 ♔g7 72.♔e8+ ♔g6 73.e6 ♔f6 74.e7 ♖a8+ 75.♔d7 ♔f7 76.♖xb5 ♖a7+=.

2) 68.♔f6 ♖xb4 69.e5 ♖f4+ 70.♔e6 ♖a4=.

67.♖g7+! ♔h8

67...♔f8 68.♖b7 ♖f3+ 69.♔xe5+−.

68.♖b7 1-0

Und Schwarz gab auf wegen 68...♖xb4 69.♔g6+− bzw. 68...♔g8 69.♖xb5+− (Ribli im *CBM* 59).

Die folgende eindrucksvolle Leistung Swidlers zeigt die Anwendung des Prinzips 'nichts überstürzen' bei voller Stellungskontrolle.

05.05

Swidler – Sakajew

St. Petersburg 1996 **(W)**

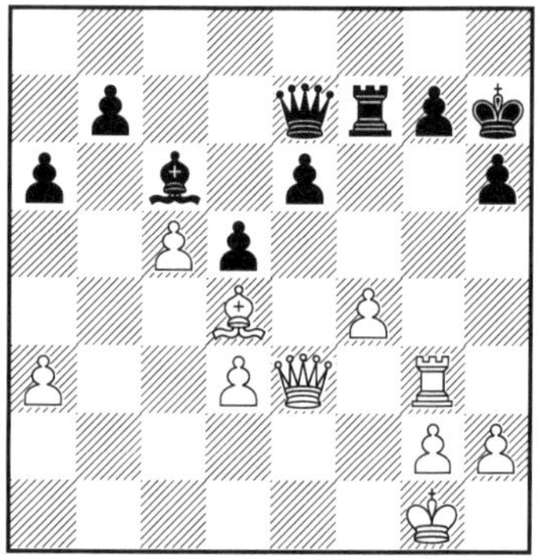

Zuerst verbessert Swidler in aller Ruhe die Königsstellung, da Schwarz zu völliger Passivität verurteilt ist.

26.h3!? ♗d7 27.♔h2 ♗e8 28.♕e2 ♔g8 29.♕g4 ♕d7

Man schaue sich den schwarzen Läufer an! Ein zusätzlicher Bonus, wenn man langsame Züge im Stil von 'nichts überstürzen' ausführt, besteht übrigens darin, dass der Gegner einem oft die Arbeit abnimmt. Schließlich ist das passive Abwarten in einer aussichtslosen Stellung für die meisten Spieler sehr bedrückend und kann häufig Fehlern auslösen.

30.♗e5!

Swidler wendet erneut 'nichts überstürzen' an. Mit dem direkten Ansatz 30.♕g6? ♖xf4 31.♕xg7+ ♕xg7

32.♗xg7 ♔h7 würde er seinen Vorteil zu billig verkaufen.

30...♖e7?

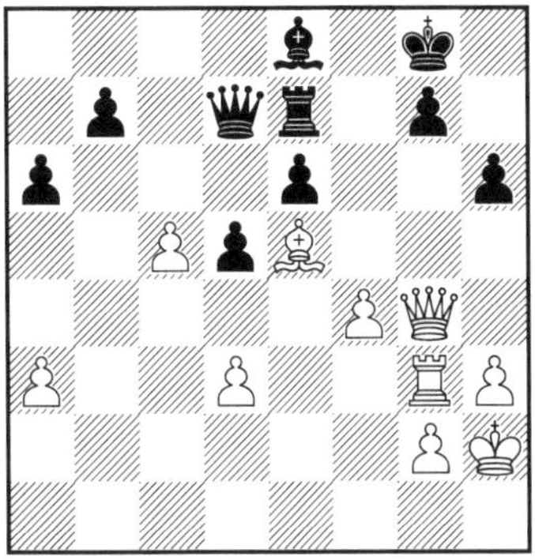

Danach ist die Zeit reif für die entscheidende Invasion.

30...♔h8! war die beste Verteidigung. Um den Bauern h6 zu gewinnen, müsste Weiß dann die Türme abtauschen, wonach Schwarz bessere Chancen erhält, sich noch zu wehren; z.B. 31.♕h5 ♖f6 32.♕h4 ♖g6 33.♖xg6 ♗xg6 34.♕xh6+ ♗h7.

31.♗f6! ♖f7 32.♕g6

Und Schwarz verliert einen wichtigen Bauern der königlichen Leibwache.

32...♔f8 33.♗e5 ♔g8 34.♕xh6 ♕e7 35.♖g4 ♗b5 36.♕g6 ♗e8 37.♖g5

Mit der entscheidenden Drohung ♖h5.

37...♖xf4 38.♕xg7+ ♕xg7 39.♖xg7+ ♔f8 40.♖xb7 ♖a4 1-0

Und angesichts der Folge 41.♖b6 ♖xa3 42.c6 ♖a2 43.♖b8 ♖c2 44.c7+− gab Sakajew auf.

Manchmal kann der Angreifer eine Atempause einlegen und zuerst den eigenen König sichern.

05.06

Babula – Hoffmann

Deutschland 2011 **(W)**

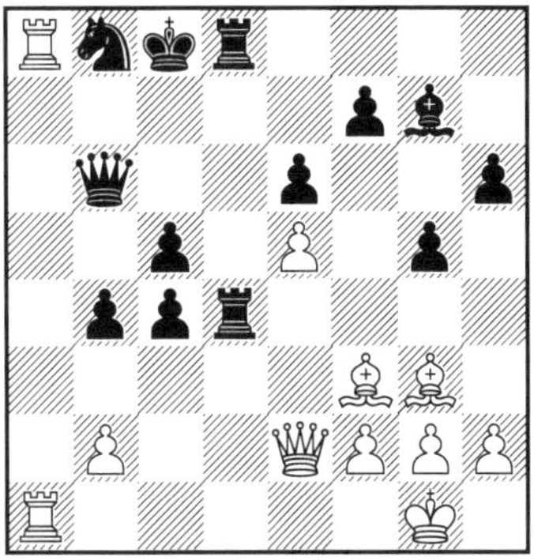

24.h3! b3 25.♖1a4 ♕b5

25...♖8d7 (25...c3? 26.♖4a6+−) 26.♔h2 ♗f8 27.♕f1± mit der Idee ♖a1 (Babula und Meyer im *CBM* 142).

26.♔h2

„Die Prophylaxe ist erledigt; jetzt steht das Eindringen der Dame auf dem Programm." (Babula und Meyer)

26...♖8d7?!

26...♕b6!? 27.♕f1 h5 28.♗xh5 ♖8d7 29.♕c1 ♗f8 30.♗e2+−.

27.♕e1 ♖d3 28.♖4a5 ♕b6 29.♕e4 c3 (29...♖3d4 30.♕h7+−) **30.♖xb8+**

30.♕c4 ♖7d4 31.♕xc5+ ♕xc5 32.♖xc5+ ♔d7 33.bxc3+−.

30...♕xb8 31.♖a8 ♖7d5 32.♕a4 1-0

Selbstredend ist das Prinzip 'nichts überstürzen' auch bei der Strategie der Domination anzutreffen, wenn die gefährliche Endspielwaffe 'Zugzwang' zum Einsatz kommt.

05.07

Bruzon – Ponomarjow

Mallorca 2004 **(W)**

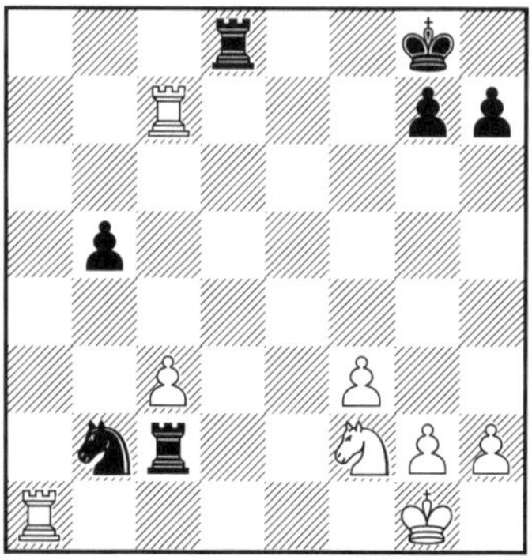

28.h4!

Die schwarzen Kräfte werden nahezu dominiert, und so ist dieser Zug, der dem König Luft verschafft und einen weiteren Angreifer ins Spiel bringt, sehr unangenehm.

28...♘a4 29.♘e4 h6

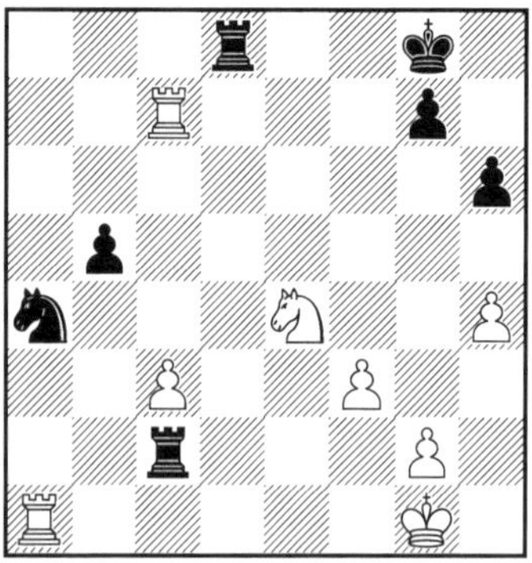

30.c4!?

Bruzon legt sofort los, was sehr stark ist. Die Alternative bestand in der weiteren Befolgung der Strategie 'nichts überstürzen' mit 30.♔h2±.

30...♔h8

30...♖b8 31.♔h2 ♖a8 32.♘d6 bxc4 33.♘f5 ♖a5 34.♖xg7+ ♔f8 35.♖c7 ♖xf5 36.♖xa4+−.

31.h5?

Dieser Rückfall zum Prinzip 'nichts überstürzen' ist verfehlt. Weiß sollte seine einmal begonnenen Aktionen mit 31.♖c6+−fortsetzen.

31...♖b8!

31...♘c3? trifft auf 32.♘d6! ♖xd6? 33.♖a8+ ♔h7 34.♖cc8+−; 32...♖f8 + 33.♖aa7+−. (Postny im *CBM* 104)

32.♔h2

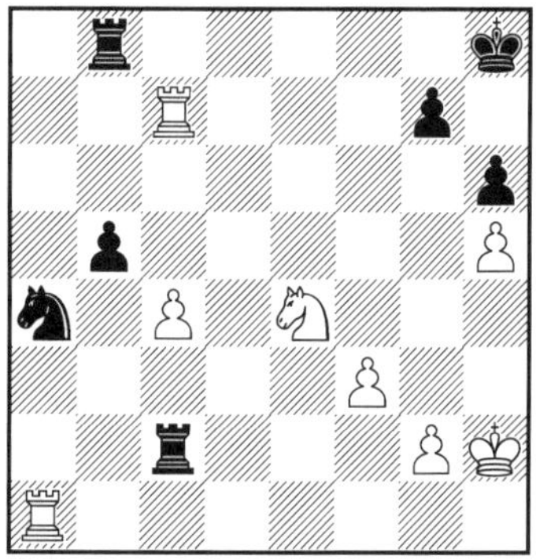

32...♖f8?

Schwarz will zu schnell Gegenspiel erreichen und verrechnet sich. Die letzte Chance bestand im Kampf gegen die Invasion der weißen Türme mit 32...♘b6; z.B. 33.♖aa7 ♘c8 34.♖cb7 ♖xb7 35.♖xb7 ♖xc4 36.♖xb5 ♖c7, und Schwarz kann sich noch zur Wehr setzen.

33.♖c6! ♘b2 (33...♖xf3 34.cxb5+−)

34.cxb5 ♖xc6 35.bxc6 ♖c8 36.♖c1 ♖c7 37.♘d6 ♘d3 38.♘b5 ♖c8 39.♖c3 1-0

Das ‘Makogonow-Prinzip’ wurde in Kapitel 1 detailliert behandelt (siehe Beispiel 01.16). Kurz gesagt lautet es: In einer ruhigen strategischen Position sollte man zuerst die Stellung der am schlechtesten postierten Figur verbessern. Da dies eine gewisse Ähnlichkeit mit dem Ansatz ‘nichts überstürzen’ hat, bringen wir hier noch ein Beispiel.

05.08

Ivanov – Benjamin

USA 1990 **(S)**

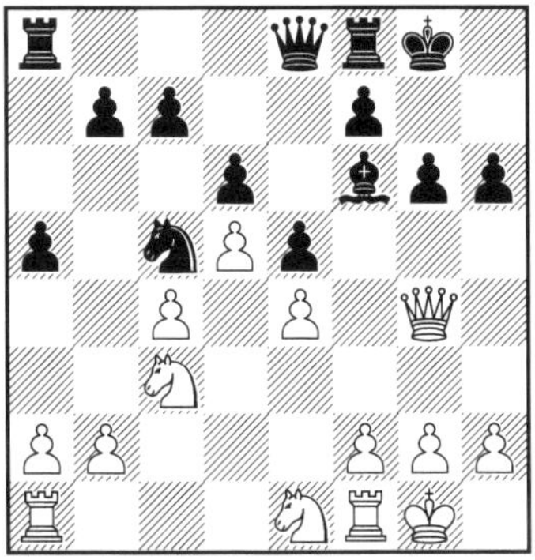

Der schwarze f6-Läufer ist offenbar schlecht platziert. Also spielte Benjamin **14...♗d8! 15.♕e2 c6 16.♖d1 ♗c7** und erhielt nach **17.h4?!** schnell gutes Spiel.

17...♕e7 18.g3 ♔g7 19.♘f3 a4 20.h5 ♗a5 21.♖c1 ♕d7 22.♖fd1 ♖ae8 23.♔g2 f5 Schwarz gewann nach einigen weiteren Zügen.

Übungen

Lösungen ab Seite 222

Ü05.01

Beljawski – Ftácnik

Turin 2006 **(W)**

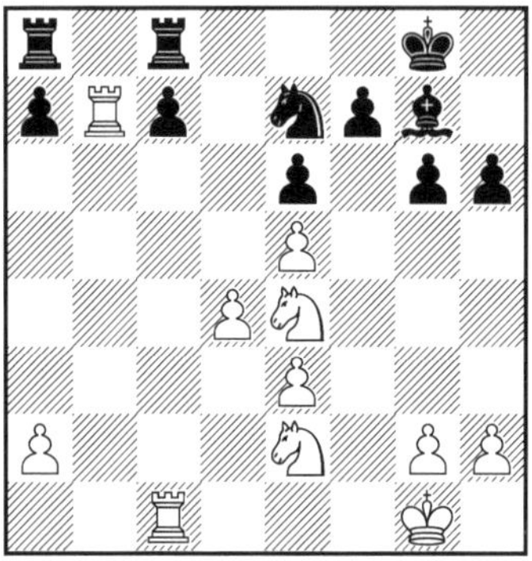

Sollte man auf c7 schlagen oder nicht?

Ü05.02

Robson – Kuijpers

Wijk aan Zee 2010 **(S)**

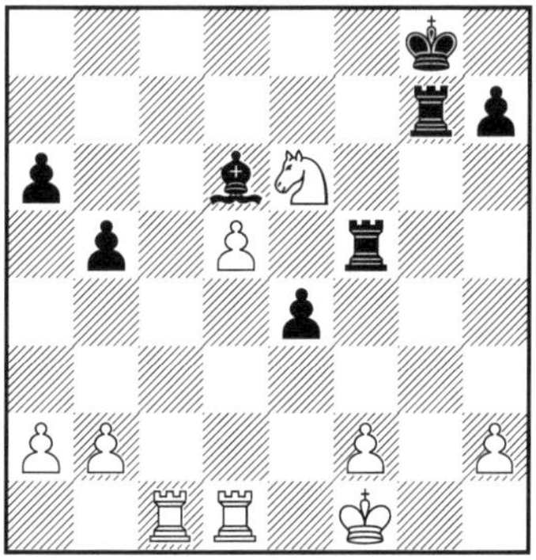

Warum wäre e4-e3 ein Verstoß gegen das Prinzip ‘nichts überstürzen’? Was sollte Schwarz stattdessen spielen?

Ü05.03

Kempinski – Fedortschuk

Deutschland 2011 **(W)**

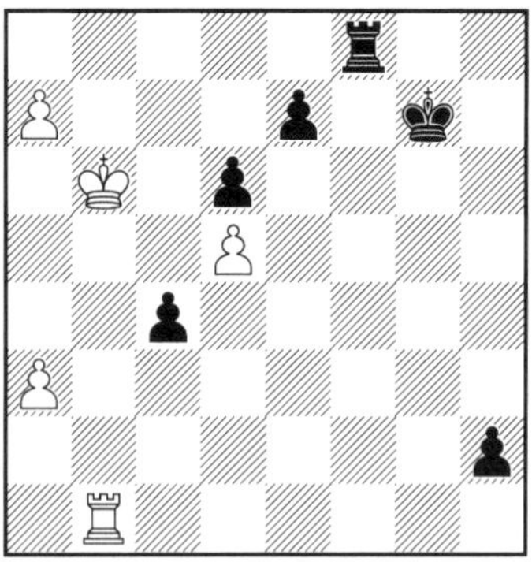

Welcher Zug ist richtig: ♔b7 oder Th1?

Kapitel 6

Verwertung eines Vorteils

Dies ist eine sehr wichtige praktische Fähigkeit, über die ein guter Spieler verfügen muss. In den vorigen Kapiteln haben wir uns bereits mit den strategischen Themen 'Einschränkung' und 'nichts überstürzen' beschäftigt. Auch das Prinzip der 'zwei Schwächen' spielt eine wichtige Rolle und die Problematik des 'richtigen Abtauschs' ist oft von großer Relevanz für die Seite, die einen statischen Vorteil in etwas Greifbareres verwandeln muss. Folglich werden all diese Punkte in diesem Kapitel sehr oft erwähnt.

6.1 Materialvorteil

6.1.1 Verwertung einer Mehrfigur

Hier wollen wir Sie davor warnen, die Richtlinie, dass die Seite mit Materialvorteil Figuren tauschen sollte, allzu unbedacht zu befolgen.

06.01

Jones – Miller

Turin 2006 **(W)**

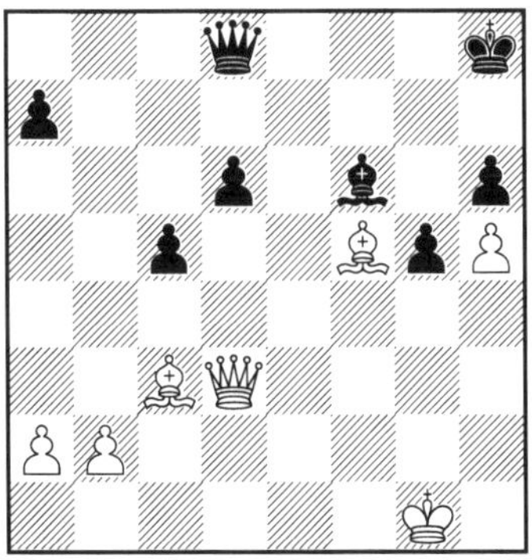

Theoretisch ist der weiße Ansatz, zu einem gewonnenen Endspiel abzuwickeln, völlig in Ordnung. Da er jedoch Angriff hatte, war es viel besser, das gegebene Angriffspotenzial nicht zu reduzieren.

35.♔f2?!

Nach 35.♗e6 ♗xc3 36.♕xc3+ ♔h7 37.♕d3+ ♔h8 38.♕g6 ♕f8 39.♗f5 gewinnt Weiß mühelos: 39...♕g7 40.♕e8+ ♕g8 41.♕e7 ♕g7 42.♕d8+ ♕g8 43.♕xd6 ♕g7 44.♕b8+ ♕g8 45.♕xa7 ♕g7. Jetzt kann Weiß natürlich vereinfachen, da das resultierende Endspiel höchst trivial ist: 46.♕b8+ ♕g8 47.♕xg8+ ♔xg8 48.a4+−.

35...♕f8! 36.♗xf6+ ♕xf6 37.♕c3 ♕xc3 38.bxc3 ♔g7 39.♔e3 ♔f6 40.♗e4 ♔e5 41.c4 a5 42.a3 g4 43.a4 g3 44.♗d5 ♔f5 45.♔f3 ♔g5 46.♔xg3 ♔xh5 47.♔f4 ♔g6

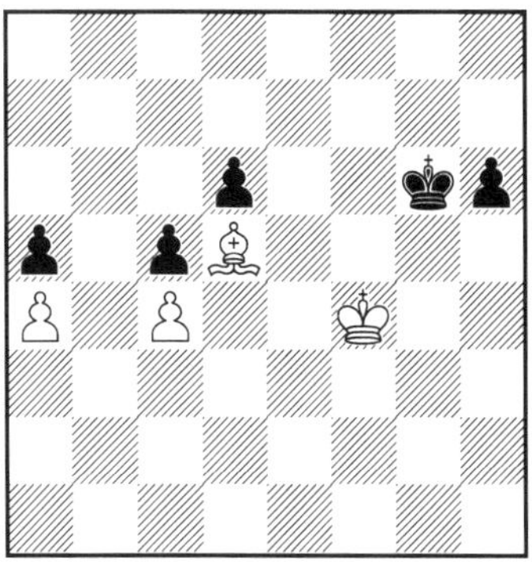

48.♔g4?!

48.♔e4 wäre technisch besser: 48...h5 49.♗e6 ♔f6 50.♔d5 ♔e7 51.♗h3 h4 52.♗e6+−, und Schwarz ist in Zugzwang.

48...♔f6 49.♔h5 ♔e5

Nach 49...♔g7 50.♗e6 ♔f6 51.♗g8 ergibt sich folgendes Bild:

1) 51...♔e5 52.♔xh6 ♔d4 53.♔g7 ♔c3 54.♔f6 ♔b4 55.♔e7 ♔xa4 56.♔xd6 ♔b4 57.♔d5 a4 58.♗h7 a3 59.♗b1 ♔b3 60.♔xc5 ♔b2 61.♔b4 ♔xb1 62.♔xa3+−.

2) Und nach 51...♔g7 52.♗d5

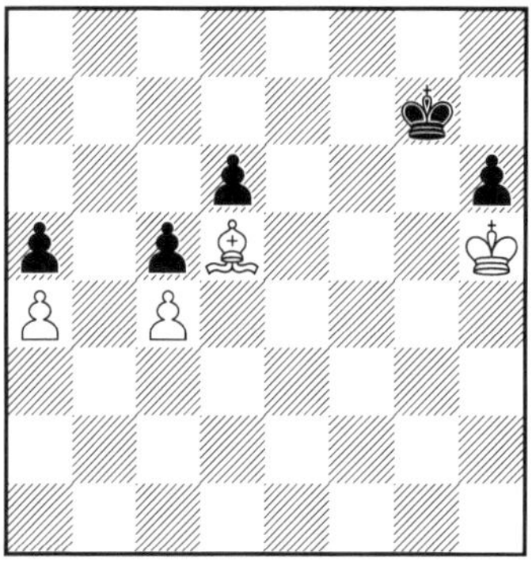

... gewinnt Weiß unter Einsatz der gefährlichen Endspielwaffe namens Zugzwang – der typischen Methode, eine Mehrfigur im Endspiel zu verwerten: 52...♔h7 53.♗f3 ♔g7 54.♔g4 ♔f6 55.♔f4 ♔e6 56.♔e4+−.

50.♔xh6?

Dies verliert ein alles entscheidendes Tempo im laufenden Rennen. 50.♔g6!! gewinnt in den Abspielen:

1) 50...♔d4 51.♔f6 ♔c3 52.♔e7 ♔b4 53.♔xd6+−;

2) 50...h5 51.♔f7 h4 52.♔e7 h3 53.♔d7 h2 54.♔c6 ♔d4 55.♔b5+−.

50...♔d4 51.♔g6 ♔c3 52.♔f6 ♔b4 53.♔e6 ♔xa4

Die Richtlinie, nach der die Seite mit Materialnachteil Bauern tauschen solle, ist ziemlich gut – und auf jeden Fall viel besser als diejenige, nach der die Seite mit Materialvorteil Figuren tauschen solle.

54.♔xd6

54.♗c6+ ♔b4 55.♔d5 ♔b3 56.♗b5 ♔b4=.

54...♔b4 55.♗c6 ♔xc4 56.♗a4 ♔b4 57.♗d1 c4 58.♔d5 ½-½

Das nächste Beispiel zeigt eine typische Methode, wie ein reines Endspiel mit einer Mehrfigur (Läufer) zum Gewinn geführt wird.

06.02

Radjabow – Ponomarjow

Rogaska Slatina 2011 **(W)**

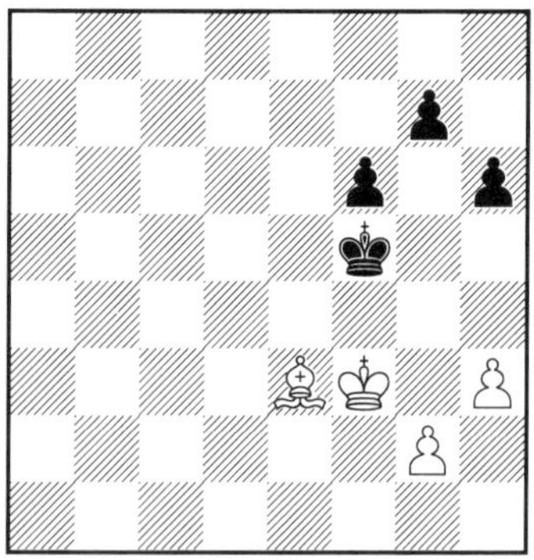

Radjabow setzt wiederholt Zugzwang ein.

61.♗d2 h5 62.g3 ♔e5 63.♗c3+ ♔f5 64.♗b2 ♔g5 65.♔e4 ♔g6

65...f5+ 66.♔f3 h4 67.♗xg7 hxg3 68.♔xg3 f4+ 69.♔g2 ♔h4 70.♗f6+ +-.

66.♔f4 ♔f7

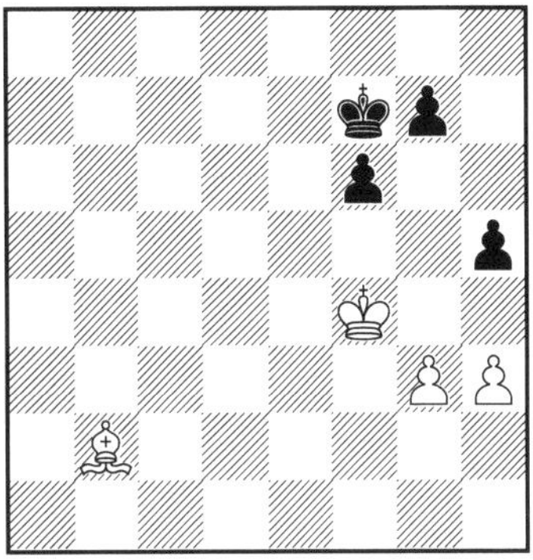

67.♔f5!?

Dies zwingt Schwarz, entweder einen Bauern zu bewegen oder die Invasion des weißen Königs zu erlauben.

67...g6+ 68.♔e4 ♔e6 69.♗c3 ♔f7 70.♔d5 ♔e7 71.♗d4 ♔f7 72.♔d6 g5 73.g4 1-0

Und Schwarz gab auf wegen der Folge 73...hxg4 74.hxg4 f5 75.gxf5 g4 76.♔e5 g3 77.f6 g2 78.♔f5+-.

6.1.2 Verwertung einer Mehr-Qualität

In offenen Stellungen ist ein Turm eine sehr starke Figur. Die wichtige Frage lautet jedoch, wie es um seine langfristigen Perspektiven bestellt ist.

06.03

Kasparow – Portisch

Debrecen 1992

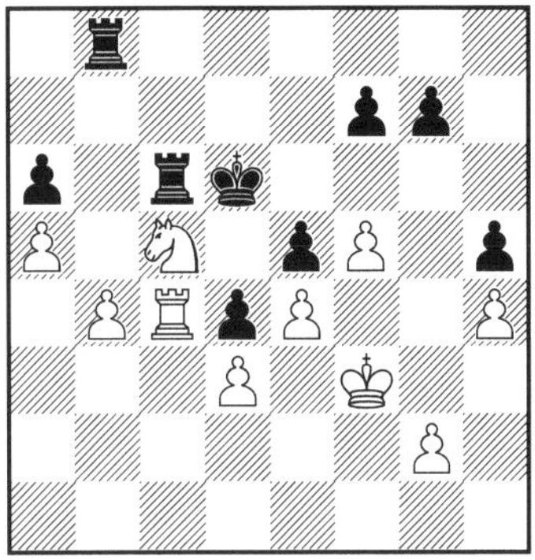

30...♖b5?!

Schwarz sollte 30...♔e7! spielen, um am Königsflügel Einbruchswege zu schaffen.

1) 31.g4? g6 32.g5

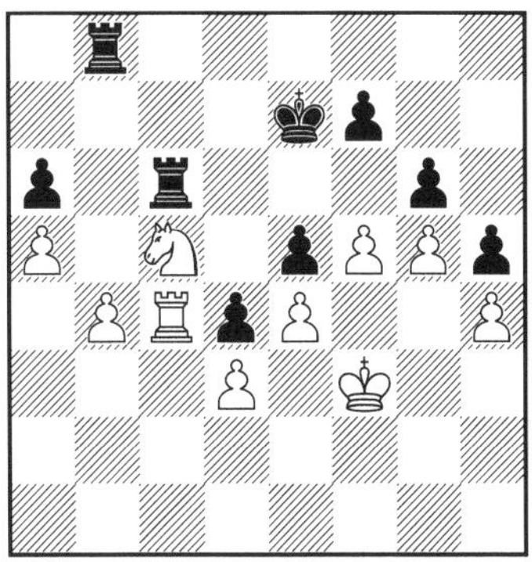

Jetzt gelingt nach 32...f6–+ der entscheidende Einbruch.

2) 31.g3 g6 32.♔e2 ♖g8 33.♔f3 g5 34.hxg5 ♖xg5 mit guten Gewinnchancen, da die schwarzen Türme nicht unter Kontrolle gehalten werden können.

31.g4 g6?

Dies erlaubt es Kasparow, den Königsflügel zu verriegeln. Besser war es, mit 31...hxg4+ 32.♔xg4 ♔e7 33.♔g3 ♖b8, gefolgt von g6, eine zweite Front zu schaffen.

32.g5! ♖b8 33.f6 ♖b5 34.♖e2 ♖cxc5 35.bxc5+ ♖c6 36.♖a4 ♖xc5 37.♖a2 ♖b5 ½-½

Oft ist ein Bauernopfer gerechtfertigt, um den Turm zu aktivieren.

06.04

Leko – Schirow

Moskau 2008 **(W)**

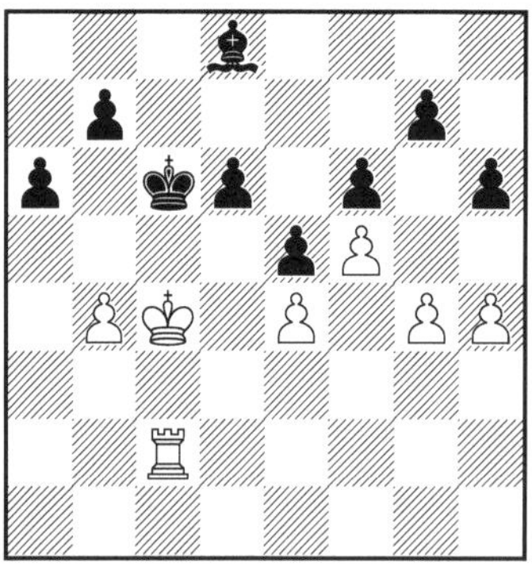

41.b5+! axb5+ 42.♔b4+ ♔d7

42...♔b6 43.♖c8 ♗c7 44.♖e8! ♔c6 45. ♖e7 ♗b8 46. ♖xg7 d5 47.exd5+ ♔xd5 48.♖xb7 (Ftácnik im *CBM* 126) 48...♗d6+ 49.♔b3 b4 50.♖b5+ ♔c6 51.♔c4+–; 50...♔e4 51.♔c4 ♔f4 52.♔d5+–.

43.♔xb5 ♗e7 44.♖d2 ♔c7 45.♖d1 1-0

Und Schwarz gab auf, da die weißen Figuren früher oder später einbrechen werden; z.B. 45...♗d8 46.♖a1 ♔b8 47.♔c4 ♗b6 48.♔d5 ♗f2 49.♖h1 ♗c5 50.g5+–.

In einem reinen Endspiel ist ein Turm einem Läufer in der Regel weit überlegen.

06.05

Li Chao – Zhou Weiqi

China 2010 **(W)**

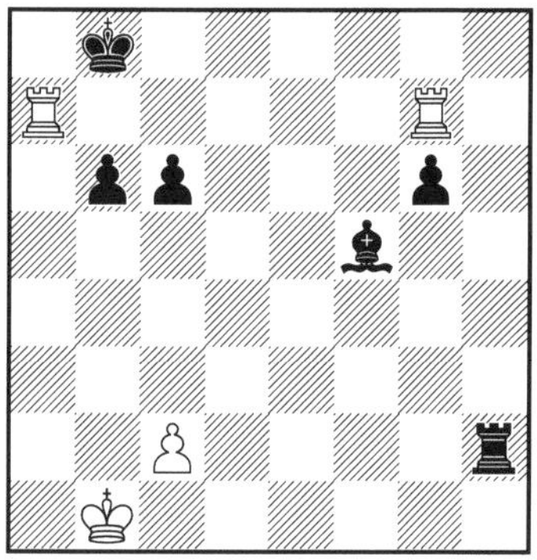

39.♖af7!

Nichts überstürzen! Dieser starke Zug zwingt den gegnerischen Turm zurück auf die Grundlinie. Erst später wird Weiß sich um die schwachen Bauern am Damenflügel kümmern.

39...♖h8 40.♖b7+ ♖a8 41.♖a7+ ♖b8 42.♖gb7+ ♖c8 43.♖xb6

43.♖c7+ ♔b8 44.♖ab7+ ♔a8 45. ♖xb6

♗e4 46.♖e7 ♗d5 47.♔b2 ♖b8 48.♖xb8+ ♔xb8 49.♖g7 ♗e4 50.♔b3 ♔c8 51.c3 ♔d8 52.♔c4 ♔e8 53.♔d4 ♗f5 54.♔e5 ♔f8 55.♖c7+-.

43...♖h1+ 44.♖b2 ♗d7 45.c4 ♖d1

45...g5 46.♖ba6 ♔d8 47.♖a5 ♖g1 48.♖e5+-.

46.♖a8+ ♖c7 47.c5

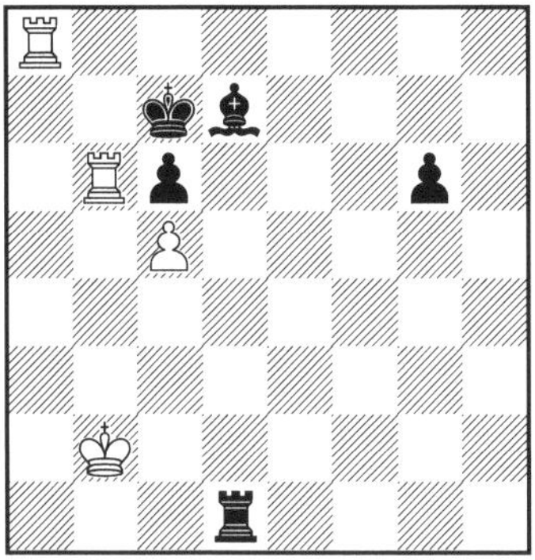

Der schwarze König steckt in einem Netz fest.

47...♖d2+ 48.♖c3 ♖d5 49.♖c4 ♖d1

49...♗e6? 50.♖a7+ ♔d8 51.♖b8+ ♗c8 52.♖g7+-.

50.♖b2!?

50.♖ba6!?

1) 50...♗e6+ 51.♔c3 ♖c1+ 52.♔d4 ♖c4+ 53.♔e5 ♗c8 54.♖a5 g5 55.♔f6 g4 56.♖5a7+ ♗b7 57.♖g8+-;

2) 50...♖b1 51.♖6a7+ ♖b7 52.♔d4!+-.

50...g5

50...♗e6+ 51.♔c3 ♖d5 52.♖a7+ ♔c8 53.♔b4+-.

51.♖a7+ ♔d8 52.♖h2 ♔e7

52...g4 53.♖h7 ♖d2 54.♖a8+ ♔c7 55.♖g8+-; 54.♖g7 ♖d1 55.♖a3 ♖d2 56.♖d3 ♖xd3 57.♔xd3+-.

53.♖h6!

Die Türme dominieren die schwarzen Kräfte.

53...♖c1+ 54.♔d4 ♖d1+ 55.♔e4 ♖e1+ 56.♔f3 g4+ 57.♔f2 ♖d1 58.♖xc6 ♖a1 59.♖b7! ♖b1 60.♖cb6 ♖xb6 61.cxb6 ♔d6 62.♖c7 1-0

6.2 Positionsvorteil

6.2.1 Raumvorteil

Mit diesem Thema haben wir uns bereits im dritten Kapitel 'Richtig abtauschen' beschäftigt. Das folgende Beispiel könnte auch im Kapitel über 'zwei Schwächen' stehen.

06.06

Golod – Heberla

Rethymnon 2003

1.d4 ♘f6 2.c4 g6 3.f3 ♗g7 4.e4 0-0 5.♘c3 d6 6.♗g5 ♘bd7 7.♘ge2 e5 8.♕d2 c6 9.♖d1 ♕c7?! 10.d5 cxd5 11.cxd5!

Da Weiß Raumvorteil hat, behält er den Springer auf dem Brett.

11...a6 12.♖c1 ♕b8 13.♘g3 b5 14.♗e2

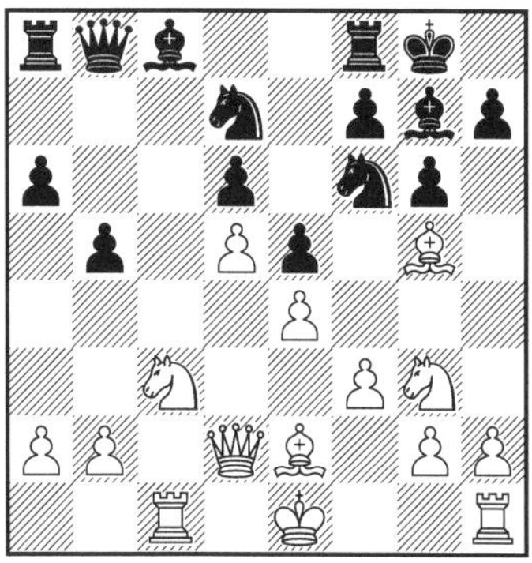

14...b4?!

Dadurch wird der Bauer zu sehr exponiert, aber der weiße Raumvorteil ist sowieso sehr unangenehm.

15.♘a4 ♘b6 16.♘xb6 ♕xb6 17.♗e3 ♕b8 18.0-0 ♗d7 19.♖c4 a5 20.♖fc1 ♖c8 21.♖xc8+ ♗xc8 22.♕c2 ♗d7 23.♕c7

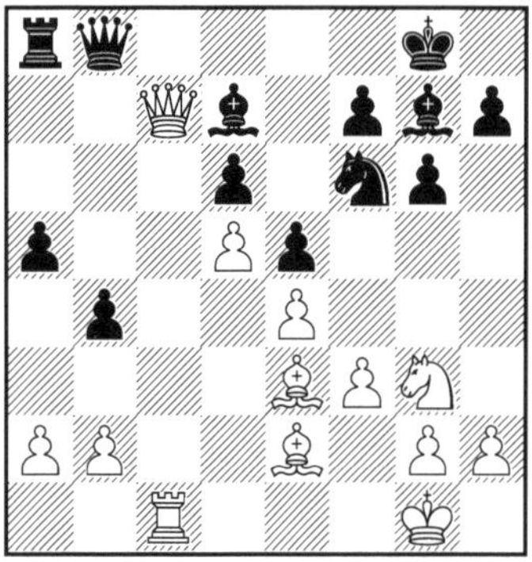

23...♕f8!

Zu Recht vermeidet Schwarz Damentausch, um sich Gegenspiel verschaffen zu können.

24.♘f1 ♗h6 25.♕b6 ♗xe3+ 26.♘xe3

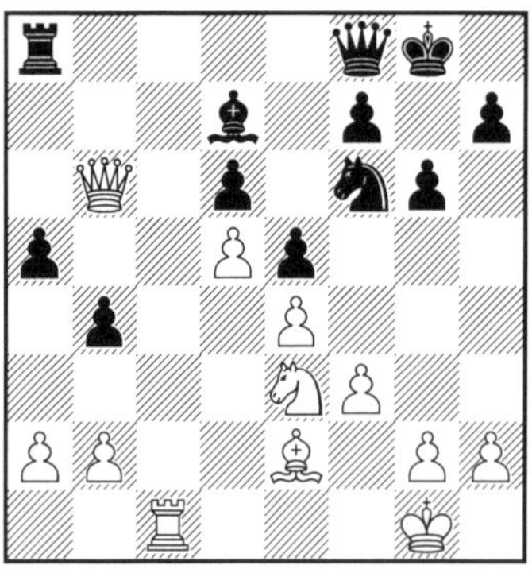

26...♕b8?

Ohne Damen hat Schwarz kein Gegenspiel und kann sich nicht verteidigen. Demnach bestand die letzte Chance in 26...♖b8!; z.B. 27.♕xa5 ♕h6 28.♕a7 ♖b7 29.♕a8+ ♔g7 30.♘d1 ♕xc1 31.♕xb7 ♕c5+ mit praktischen Remischancen in den Abspielen:

1) 32.♔f1 ♗a4 33.b3 ♗d7 34.♕a6 ♘h5 35.♕c4 ♕b6;

2) 32.♔h1 ♕c2 33.♕a6 ♘h5 34.g3 f5 35.♕d3 ♕c1.

27.♕xb8+ ♖xb8 28.♖c7 a4

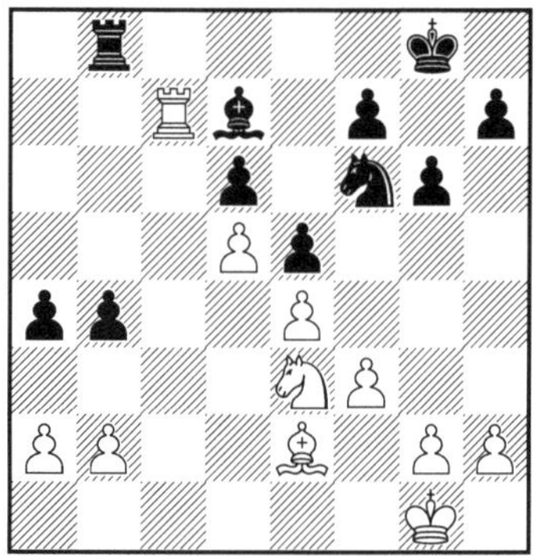

29.g4!

Dieser typische Vorstoß gewinnt Raum und plant die Schaffung einer zweiten Schwäche.

29...h6 30.h4 g5 31.h5!

Golod gewinnt noch mehr Raum und fixiert die h6-Schwäche.

31...♔f8 32.♔f2 ♔e8 33.♖a7 ♔d8 34.♗d1

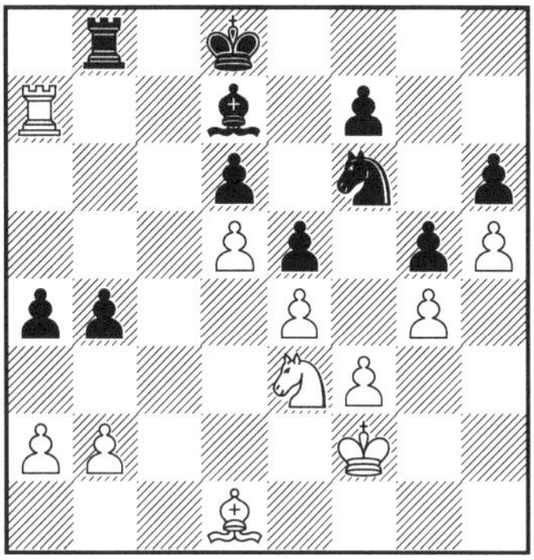

34...a3?

Dies macht es Weiß ziemlich einfach. Nach 34...b3 35.axb3 axb3 hätte er die schwierige Wahl zwischen 36.♘c4 und 36.♖a3 (Golod im *CBM* 98).

35.bxa3 bxa3 36.♗b3!?

Golod verbessert zuerst seine Figurenstellung, bevor er den a-Bauern nimmt, obwohl auch direkt 36.♖xa3 gewinnt.

36...♘e8 37.♘c4 ♗b5

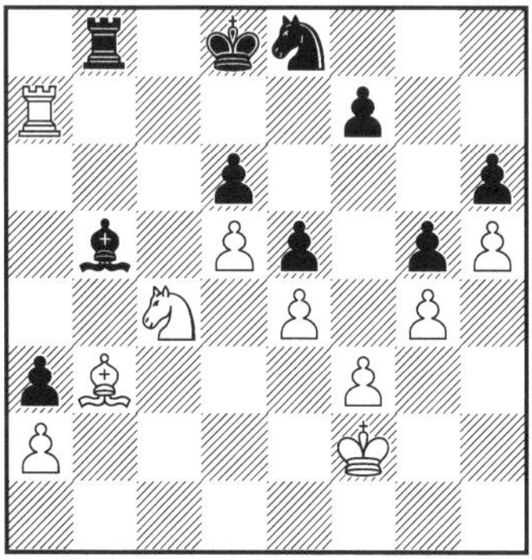

38.♘xa3!

Golod erhält die Kontrolle aufrecht. 38.♖xf7? trifft auf 38...♗xc4 39.♗xc4 ♖b4!! 40.♗d3 ♖b2+ 41.♔e3 ♖xa2 42.♖a7= (Golod).

38...♘c7 39.♔e3 ♗d7 40.♗a4 ♖b4 41.♗xd7 ♔xd7 42.♔d3 ♖b2 43.♘c4 ♖f2 44.♔e3 ♖c2 45.♔d3

Weiß wiederholt die Stellung. Dies ist psychologisch geschickt, weil es zeigt, wer der Herr im Ring ist. Außerdem gewinnt es natürlich auch Zeit auf der Uhr.

45...♖f2 46.♔e3 ♖c2 47.♘b6+ ♔d8 48.a4 ♖c3+ 49.♔e2 ♖c2+ 50.♔d3 ♖f2 51.♔e3 ♖b2 52.♘c4 ♖b3+ 53.♔f2 ♔d7 54.♘e3 ♔c8 55.♘f5

Endlich hat der Springer seinen dominierenden Vorposten erreicht.

55...♔b8 56.♖a5

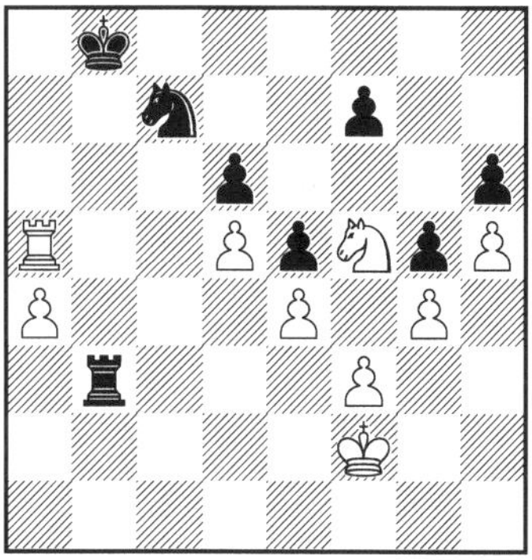

56...♖b6

56...♔b7 57.♘xd6+ ♔b6 58.♘c4++− (Golod).

57.♘xh6 ♔b7 58.♘xf7 ♖b2+ 59.♔g3 ♔b6 60.♘xd6 ♖c2 61.h6 1-0

06.07

Gelfand – Wang Yue

Kings Medias, Bazna 2010

1.d4 d5 2.c4 c6 3.♘c3 ♘f6 4.e3 a6 5.♘f3 b5 6.c5 g6 7.♘e5 ♗g7 8.f4 a5 9.♗e2 ♕c7 10.0-0 0-0 11.a3 ♗e6 12.♗f3 ♘bd7

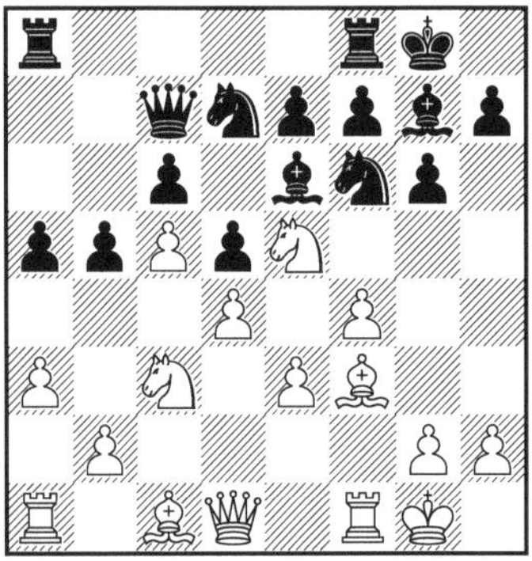

13.♘d3!

„Selbstverständlich vermeidet Weiß jeglichen Abtausch, da die schwarzen Figuren sich aus Raummangel auf die Füße treten.“ (Gelfand im *CBM* 137)

13...h6?

Erforderlich war 13...♗f5, um den Läufer abzutauschen.

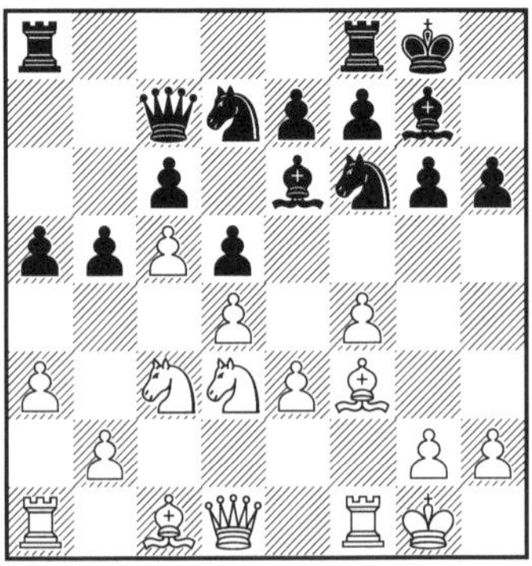

14.g4!

Nun ist der weiße Raumvorteil für Schwarz sehr bedrohlich, da seine Stellung nicht genug Platz für viele Figuren bietet (siehe 03.12).

14...♘h7 15.h4 f5 16.g5 hxg5 17.hxg5 ♔f7 18.♔g2 ♖fb8 19.♗d2 ♘hf8 20.♗e2 ♔e8 21.♘e1 ♗g8 22.♘f3 ♖b7 23.♗d3 ♘b8 24.♘e2 ♕d8 25.♘g3 e6 26.♖h1

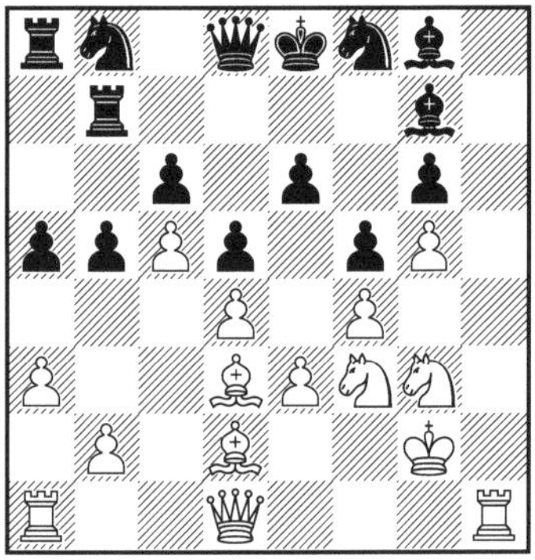

26...♗h7?

Der Beginn eines falschen Plans. Schwarz sollte womöglich besser warten, aber seine Stellung ist ohnehin sehr schwer zu spielen.

27.♕c2 ♔f7 28.♖h3 ♔g8 29.♖ah1 ♖aa7 30.♔f1 ♕e8 31.♗e1 ♗h8 32.♖h6 ♗g7 33.♖6h4 ♗h8 34.♖1h3 ♖e7 35.♕h2

Durch Triplierung in der h-Linie hat Gelfand die ‘Aljechin-Kanone’ in Stellung gebracht. Der nächste Schritt besteht in der Umsetzung des Springers, um die schwarze Königsburg zu stürmen.

35...♖eb7 36.♖h6 ♖e7 37.♘e2 ♖eb7 38.♘c1 ♖e7

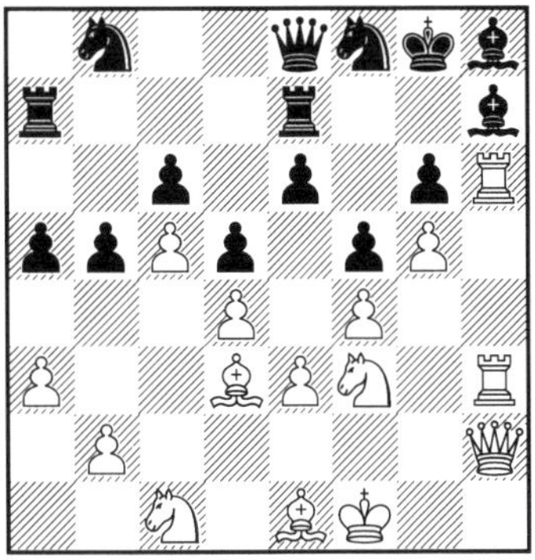

39.♘b3!

„Es ist wichtig, Schwarz zu a5-a4 zu zwingen, denn Weiß erhält das Feld b4 sowie die Möglichkeit, die Stellung nötigenfalls mit b3 zu öffnen. Auch wenn sich die wesentliche Handlung sehr wahrscheinlich am Königsflügel abspielt, sollte man solche Details nie außer Acht lassen.“ (Gelfand).

39...a4 40.♘c1 ♖eb7 41.♗e2 ♖e7 42.♘d3 ♖eb7 43.♘h4! ♗g7 44.♖xh7 ♘xh7

44...♔xh7? 45.♘xg6++− (Gelfand)

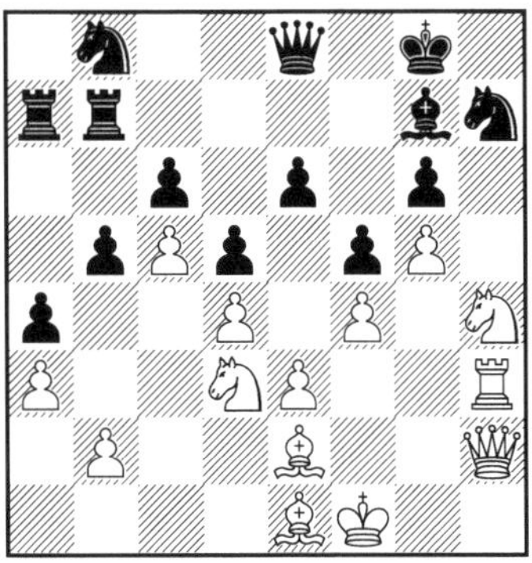

45.♘xg6 ♘d7!

45...♕xg6? 46.♗h5+− (Gelfand).

46.♗h5 ♕d8 47.♘b4 ♖c7

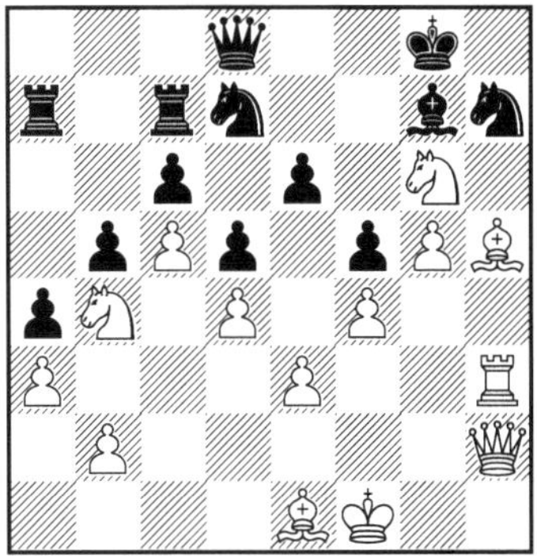

48.♘h8!!

„Eine sehr schöne Art, den Schlussangriff einzuleiten. Ich war richtig aufgeregt, als ich diese Möglichkeit sah. Eigenartigerweise gibt (selbst bei größter Suchtiefe) keines meiner Schachprogramme diesen Zug an.“ (Gelfand)

48...♘df8

1) 48...♔xh8 49.♗f7 ♘df8 50.♖xh7+ ♘xh7 51.g6 ♗h6 52.♕xh6 ♖xf7 53.gxf7 ♖xf7 54.♘xc6 ♕e8 55.♘e5 ♖a7 56.♗b4+− (Gelfand).

2) 48...♗xh8 trifft laut Gelfand auf 49.♗f7+!! ♔xf7 50.♖xh7+ ♗g7 51.g6+! ♔f8 52.♖xg7 +−.

49. ♘f7 ♖xf7 50.♗xf7+

50.♘xc6 gewinnt auch.

50...♖xf7 51.♖xh7 ♕e8

51...♘xh7 52.g6! ♖c7 53.♕xh7+ ♔f8 54.♗h4! ♕e8 55.♗g5 ♕d7 56.♗h6 ♗xh6 57.♕h8+ ♔e7 58.♕xh6 ♕e8 59.♕h7+ ♔d8 60.g7+− (Gelfand).

52.♖h3

„Schon hier sah ich die Sache bis zum Schluss. Weiß tauscht die Damen ab, spielt dann b3 und a4, tauscht die Türme und dringt schließlich mit Läufer und Springer ins gegnerische Lager ein." (Gelfand)

52...♘g6 53.♕e2 ♖c7 54.♕h5 ♔f7

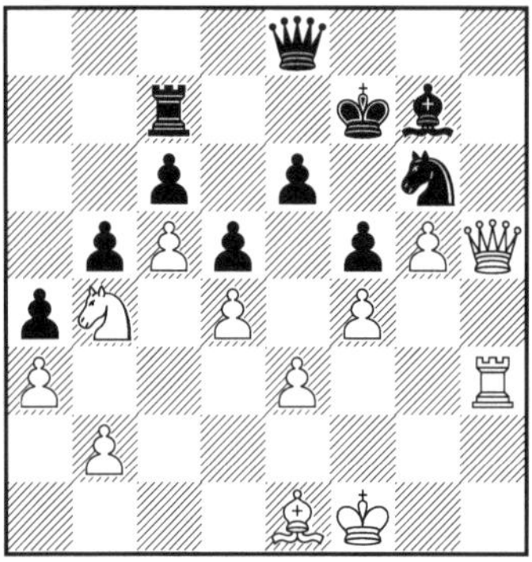

55.♕h7

Gelfand will Damentausch und dieser kann nicht verhindert werden.

55...♕g8

55...♕d8 trifft auf 56.♖h6 ♘f8 57.♘xc6 ♖xc6 58.g6++− (Gelfand).

56.♕xg8+ ♔xg8 57.♘d3 ♖a7 58.♔e2 ♔f7 59.♘b4 ♘e7 60.♔d1 ♖a8 61.♔c2 ♖g8 62.♘d3 ♖a8 63.♖h7 ♘g6

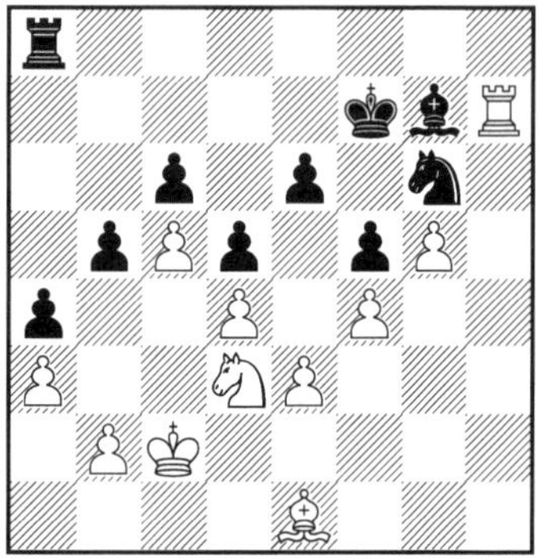

64.b3!?

Gelfand schafft eine zweite Front.

64...♘f8 65.♖h2 axb3+ 66.♔xb3 ♔e8 67.♖a2 ♔d7

67...♖a4 68.♘b2 ♖a7 69.a4+−.

68.a4! bxa4+ 69.♖xa4 ♖xa4 70.♔xa4 ♔c8 71.♗a5 ♘g6 72.♘b4 ♔d7

72...♔b7 73.♗d8 ♗f8 74.♗f6 ♘e7 75.♘d3 ♘g6 76.♔a5 ♔a7 77.♘e5 ♘xe5 78.♗xe5+−.

73.♘a6 ♔c8 74.♗c7 ♗f8 75.♔a5 ♔b7 76.♗d6 ♗e7 77.♗xe7

77.♘c7? trifft auf 77...♗d8 (Gelfand). 78.♗e5 ♗xc7+ 79.♗xc7 ♔xc7 80.♔a6=.

77...♘xe7 78.♘b4 ♘g8 79.♘d3 ♘e7 80.♘e5 ♘g8 81.g6 ♘f6 82.g7 1-0

Der ukrainische Großmeister Iwantschuk schuf ein weiteres strategisches Meisterwerk, indem er sich auf sein hervorragendes Gespür für Initiative verließ und seinen Raumvorteil ausnutzte.

06.08

Iwantschuk – Vachier-Lagrave

Chanty-Mansijsk 2010 **(W)**

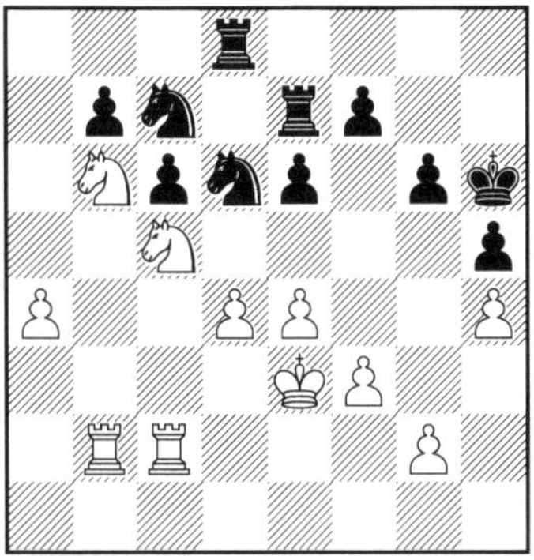

49.♔f2!?

Ein sehr starker Prophylaxezug. Das direkte 49.♘c4 gestattet die Druckreduktion mittels 49...♘xc4+ 50.♖xc4 b5.

49...♘a8

Jetzt ist es zu spät für 49...e5? wegen 50.dxe5 ♖xe5 51.♘xb7 ♘xb7 52.♘c4+−.

50.♘c4?!

Noch stärker wäre 50.e5 ♗f5 51.a5±.

50...♘xc4 51.♖xc4 b6 52.♘d3 c5

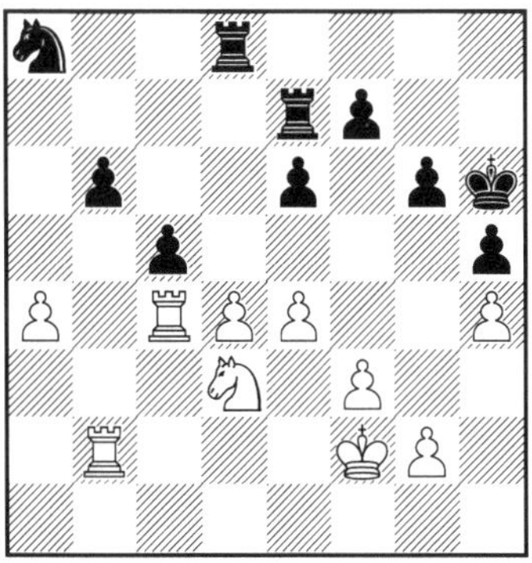

53.a5!!

Ein spektakulärer Schlag zur Unterminierung.

53...♖xd4?

Dies überlässt Weiß eine sehr gefährliche Initiative, mit der Iwantschuk meisterhaft umzugehen versteht.

53...cxd4 war womöglich die beste Chance (53...bxa5? 54.♘xc5±); z.B. 54.axb6 ♖b7 55.♖c6 ♖db8 56.♘e5 (56.♖a2!?) 56...♘xb6 57.♘xf7+ ♖xf7 58.♖bxb6 ♖xb6 59.♖xb6. Hinsichtlich der großen Remistendenz von Turmendspielen hat Schwarz noch Überlebenschancen.

54.♖xd4 cxd4 55.axb6 ♖b7 56. ♘e5! ♖xb6

Nach 56...f6?! 57.♘c4 ist der schwarze Springer eingekerkert.

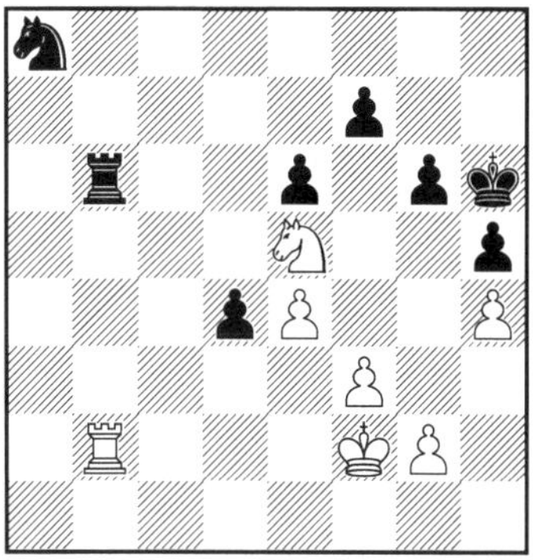

57.♖a2!

Iwantschuk tauscht seinen aktiven Turm nicht ab, was eine exzellente praktische Entscheidung darstellt. Das technische Endspiel nach 57.♘xf7+? ♔g7 58.♖xb6 ♘xb6 59.♘e5 ist absolut nicht einfach zu beurteilen.

57...♘c7

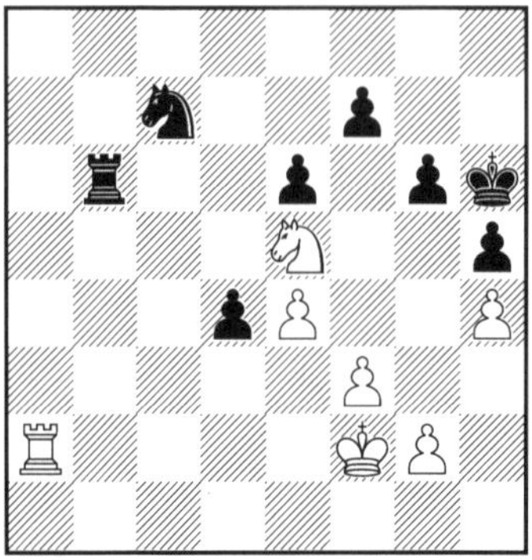

58.♖a7!

In diesem Endspieltyp mit Turm und Springer auf beiden Seiten ist Aktivität von größter Bedeutung, da beide Figurenarten keine passive Verteidigung mögen. Das gierige 58.♘xf7+? wäre ein Verstoß gegen das Prinzip ‘nichts überstürzen’ und erlaubt Schwarz die Fortsetzung des Kampfes mit 58...♔g7 59.♘e5 ♖b7 60.♘c6 ♔f6 61.♘xd4 e5 62.♘c2 ♘e6.

58...♖b2+

58...♘a6 59.♘xf7+ ♔g7 60.♘e5+ ♔g8 61.♔g3±.

59.♔g3 ♖c2 60.♘xf7+ ♔g7 61.♘e5 ♔f6 62.♔f4

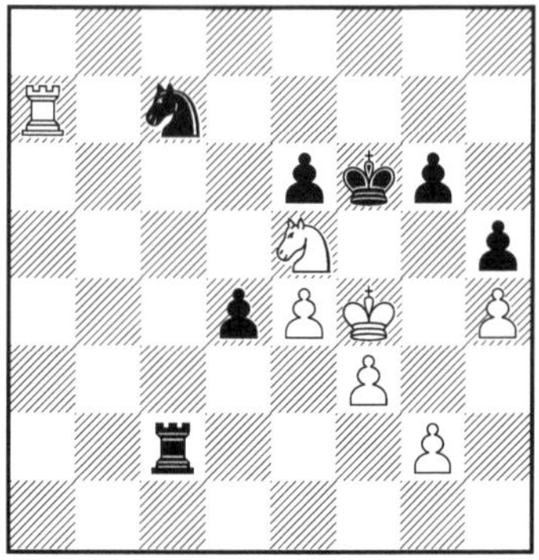

Schwarz wird vollkommen dominiert und muss verlieren.

62...♔e7 63.g3

63.♘xg6+ ♔d6 64.g3+−.

63...♖c5

Auch zwei Alternativen bringen keine Abhilfe:

1) 63...♔f6 64.♖b7 d3 65.♘xd3 e5+ 66.♔e3 ♖c3 67.♔d2+−;

2) 63...♔d6 64.♖a4 ♘b5 65.♖a6+ ♔e7 66.♖b6 ♖c5 67.♘xg6+ ♔f6 68.♘f8+−.

64.♖b7 ♔d6 65.♖b6+ ♔e7 66.g4 hxg4 67.fxg4 g5+ 68.hxg5 ♖b5 69.♖c6 ♖b7 70.♖c4 ♘b5 71.♖c8 ♘c3 72.♖h8 ♘e2+ 73.♔f3 ♖b5 74.g6 ♘g1+ 75.♔g2 ♖xe5

Schwarz gibt die Qualität, denn 75...♔f6 trifft auf 76.♖f8+ ♔g7 77.♖f7+ ♔g8 78.♘d7+−.

76.g7 ♖g5 77.g8♕ ♖xg8 78.♖xg8 d3 79.♖a8 d2 80.♖a1 ♘e2 81.♖d1 ♘c3 82.♖xd2 ♘xe4 83.♖e2 ♘g5 84.♔g3 ♔f6 85.♔h4 ♔g6 86.♖e3 ♔h6 87.♖a3 ♔g6 88.♖a8 ♘f3+ 89.♔g3 ♘e5 90.♖a6 ♔g5 91.♖a5 1-0

Und Schwarz gab auf wegen 91...♔f6 92.g5+ ♔f5 93.g6 ♔f6 94.♖xe5 ♔xe5 95.g7+−.

Auch die Aussichten beider Seiten, konkretes Spiel oder zumindest die Initiative zu erhalten, sind wichtig.

06.09

Nakamura – Karjakin

Wijk aan Zee 2010 **(S)**

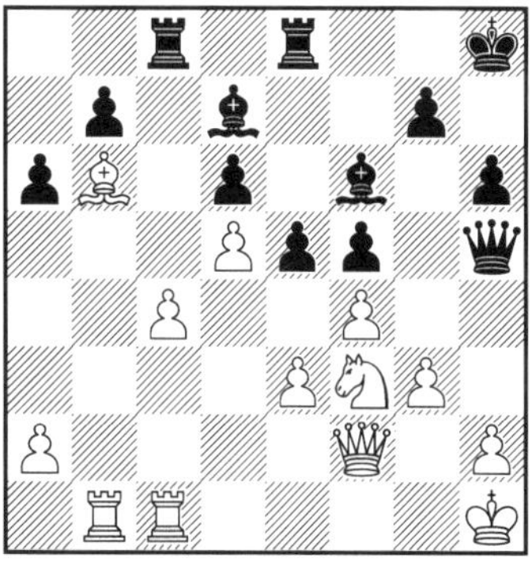

31...♖e7

„Der Schlüssel zum Verständnis dieser Stellung besteht darin, dass Schwarz – im krassen Gegensatz zu Weiß – Möglichkeiten hat, diese zu verbessern (z.B. durch die Vorbereitung von g7-g5). So gestattet z.B. ein Rückzug des Läufers b6 den Vorstoß b7-b5. Deswegen ergreift Weiß die Gelegenheit zum Durchbruch unverzüglich beim Schopfe (objektiv war es besser, abzuwarten).“ (Krasenkow im *CBM* 135)

32.c5?!

Diese Stellungsöffnung ist günstig für Schwarz. Aber 32.fxe5 dxe5 33.♖b3 f4 wäre auch gefährlich.

32...exf4 33.gxf4 dxc5 34.♗xc5 ♖e4?!

34...♖ee8! ist präziser und gibt Weiß (laut Krasenkow) Vorteil:

1) 35.♗d4 ♖xc1+ 36.♖xc1 ♗xd4 37.♘xd4 ♕f7 38.♕f3 ♖e4;

2) 35.♖xb7 ♗b5 36.♘e5!? ♖ e7! 37.♖xe7 ♗xe7 38.e4 fxe4.

35.♖xb7?

35.♗d6! ♖xc1+ 36.♖xc1 (Krasenkow) 36...♖a4 37.♘e5 ♗b5 38.♔g1 ♔h7 ist das geringere Übel.

35...♗b5 36.♕g2

36.♘d2 ♗c4 37.♖b4 ♗xd5 38.♘xe4 ♗xe4+ 39.♖xe4 fxe4 40.♗a3 ♖xc1+ 41.♗xc1 ♕d1+ 42.♕g1 ♕c2−+.

36...♖c4! 37.♖g1 ♖c2! 38.♕g3

38.♕xc2 ♕xf3+ 39.♕g2 ♕xg2+ 40.♔xg2 ♖xc5−+ (Krasenkow).

38...♗e2! 39.♘e1 ♖2xc5 40.e4 fxe4 41.♖xg7 ♗f3+ 42.♘xf3 ♕xf3 43.♕xf3 exf3 44.♖7g6 ♗g7! 45.♖xa6

45.♖xg7 f2−+ (Krasenkow)

45...♖c1 46.♖c6 ♖xg1+ 47.♖xg1 ♗d4+ 48.♖h1 ♖b8 0-1

6.2.2 Die Ausnutzung von Schwächen

Ein Feld, das von keinem Bauern mehr kontrolliert bzw. geschützt werden kann, bezeichnet man als Schwäche. In Kapitel 2 haben wir uns bereits mit dem Prinzip der 'zwei Schwächen' beschäftigt. Auch wurde in Kapitel 3 die Richtlinie untersucht, warum der Verteidiger einer Schwäche – speziell eines schwachen Farbkomplexes – abgetauscht werden sollte. Da dies ein sehr schwieriges und sehr wichtiges Thema ist, möchten wir uns hier noch mit einigen weiteren Beispielen beschäftigen.

6.2.2.1 Schaffung einer zweiten Front

06.10

Rubljewski – Barejew

Moskau 2005

1.e4 e6 2.d4 d5 3.♘d2 c5 4.♘gf3 ♘f6 5.exd5 exd5 6.♗b5+ ♗d7 7.♗xd7+ ♘bxd7 8.0-0 ♗e7 9.♖e1 0-0 10.dxc5 ♘xc5 11.♘f1 ♖e8 12.♗e3 b5?!

Die Hauptvariante ist 12...a5.

13.c3 ♕d7 14.♗d4 ♖ad8 15.♘e3 ♘ce4

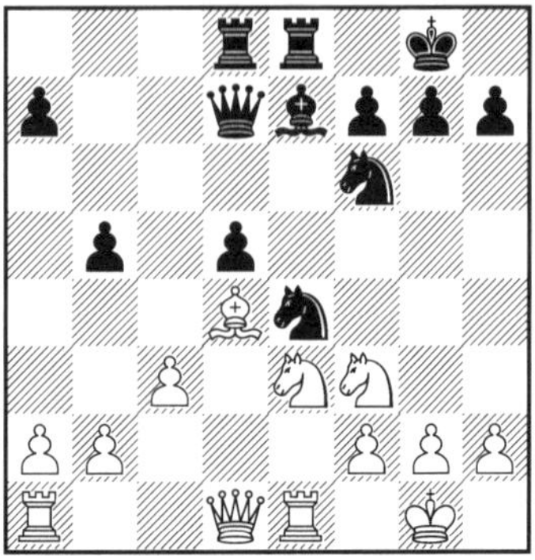

16.♕b3

„Wie üblich erzielt man das beste Ergebnis, wenn man kleine Vorteile ansammelt und nicht etwa überreagiert!" (Psachis im *CBM* 111)

16...a6 17.♘e5 ♕b7 18.♘d3 ♕c6

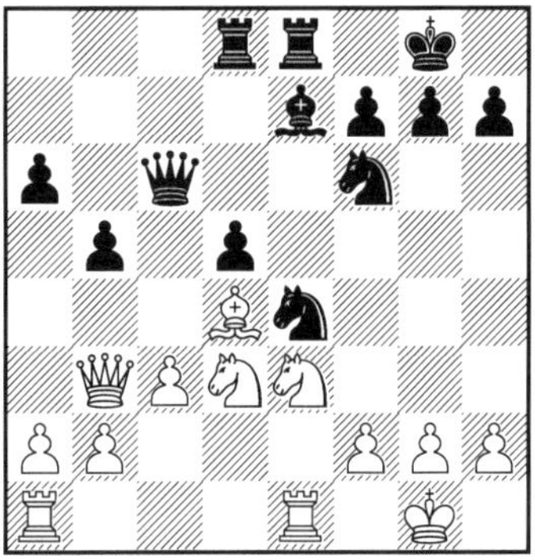

19.a4!

Weiß schafft eine zweite Front.

19... ♘d2?!

Angebracht war 19...♘c5, um durch Abtausch den Druck zu reduzieren.

20.♕c2 ♘c4 21.axb5 axb5

21...♘xe3 22.♖xe3 axb5 23.♕e2 ♗f8 24.♘e5±.

22.♘f5

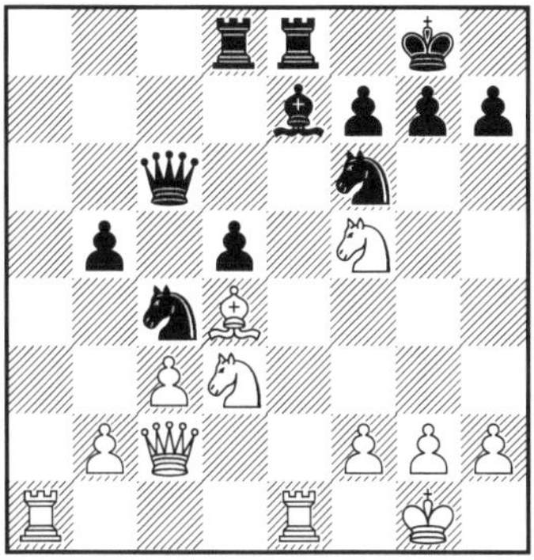

„Weiß hat einen klaren Plan, um seine Stellung zu verbessern, während Schwarz es nicht leicht hat, mit aktivem Gegenspiel aufzuwarten." (Psachis) Dies ist ein typischer Vorteil beim Spiel gegen Schwächen, weswegen der Verteidiger nicht rein passiv spielen sollte.

22...♗f8

22...♕d7? 23.♘f4 ♖a8 24.♖xa8 ♖xa8 25.g3+−.

23.b3 ♘b6 24.♘e5

24.♕d2!? ist sogar noch etwas stärker: 24...♘e4 25.♕f4 f6 26.♘b4 ♕b7 27.h4±.

24...♕e6 25.f3!?

Rubljewski schränkt den Spielraum des schwarzen Springers ein.

25...♖a8 26.♖ad1

Natürlich vermeidet Weiß den Abtausch von Angriffspotenzial.

26...b4?

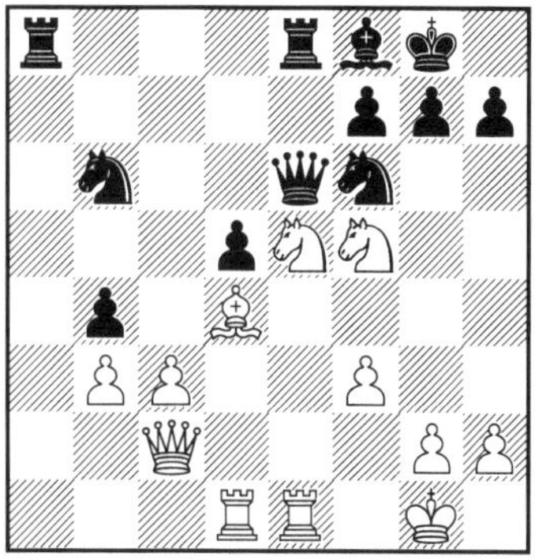

Die letzte Chance, Widerstand zu leisten, bestand darin, mit 26...♘bd7 einen weiteren Verteidiger zum Königsflügel zu bringen; z.B. 27.b4 ♘xe5 28.♖xe5 ♕c6.

27.♘g4!

Die Einleitung des entscheidenden Angriffs am Königsflügel.

27...♕xe1+ 28.♖xe1 ♖xe1+ 29.♔f2 ♖ea1

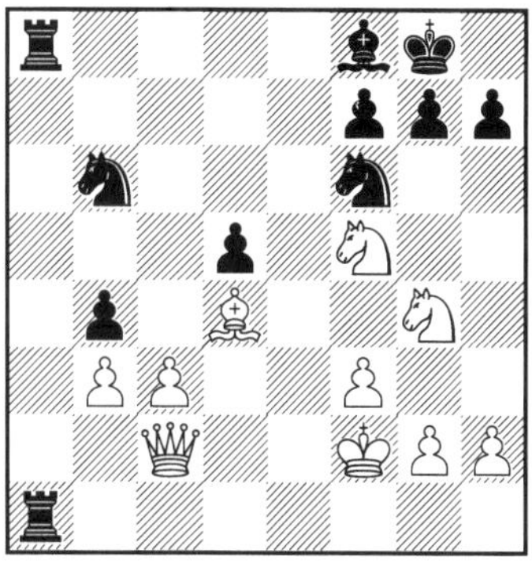

30.♘fh6+!

Der tödliche Schlag.

30...♔h8 31.♘xf7+ ♔g8 32.♘fh6+ ♔h8 33.♘xf6 gxf6 34.♕f5 ♗g7 35.♘f7+ ♔g8 36.♕e6 1-0

6.2.2.2 Eine Schwäche, die nicht ausgenutzt werden kann, ist überhaupt keine Schwäche.

Schach ist ein schwieriges Spiel, und eine entscheidende Fähigkeit, die der Spieler entwickeln muss, ist das intuitive Gefühl für das Wechselspiel zwischen statischen und dynamischen Faktoren. Entsprechend ist ein Konzept verfehlt, welches jegliche Schwächung vermeiden will, denn gemäß Fischers Formulierung 'muss man Felder preisgeben, um Felder zu erhalten'. Von entscheidender Bedeutung ist es nämlich, ob die geschwächten Felder bzw. Bauern vom Gegner ausgenutzt werden können oder eben nicht.

06.11

Gschnitzer – Ribli

Deutschland 2005

1.d4 ♘f6 2.c4 e6 3.♘f3 d5 4.♘c3 c5 5.cxd5 ♘xd5 6.e4 ♘xc3 7.bxc3 cxd4 8.cxd4 ♘c6 9.♗c4 ♗b4+ 10.♗d2 ♗xd2+ 11.♕xd2 0-0 12.0-0 b6 13.♖ad1 ♗b7 14.♕f4

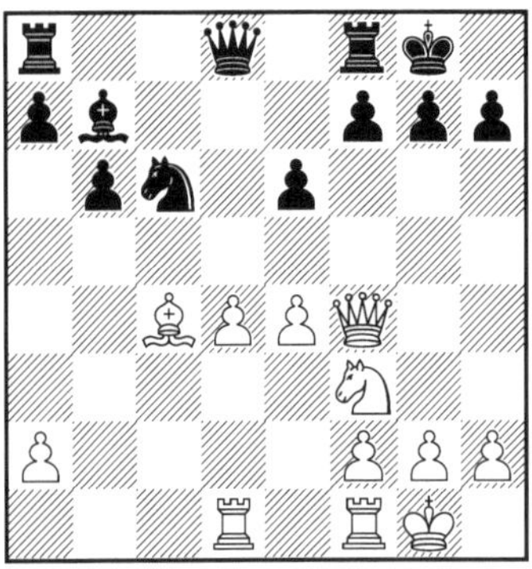

14...♕f6! 15.♕e3

15.♕xf6?! gxf6 16.d5 ♘a5 ist bereits etwas bequemer für Schwarz, da die Schwächen an seinem Königsflügel nicht ausgenutzt werden können.

15...♖ac8

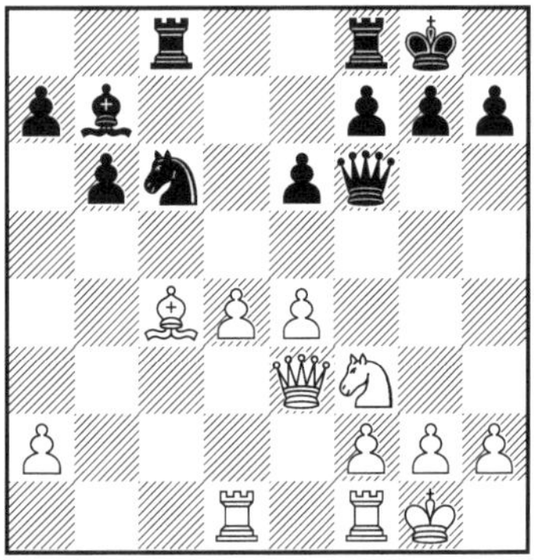

16.e5?

Dies wird mit einem mächtigen positionellen Schlag beantwortet, der die Tatsache unterstreicht, dass d5 jetzt einen starken schwarzen Vorposten darstellt.

16.♖c1 ♖fd8 17.♖fd1 ♕h6 war erforderlich.

16...♕h6!! 17.♕xh6 gxh6 18.♖fe1 ♘b4 19.♗b3 ♖fd8 20.♖e3 ♘d5

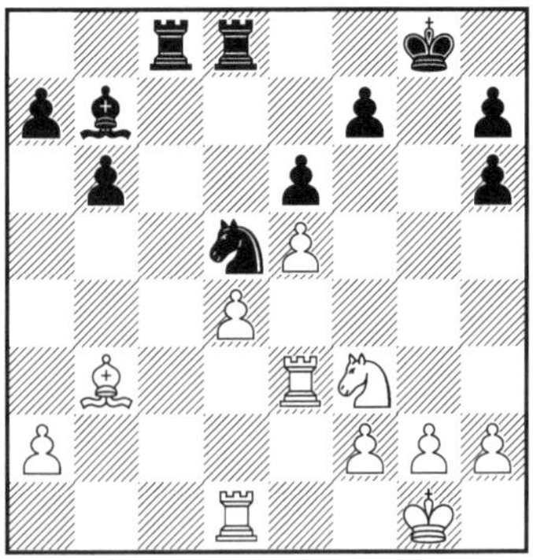

21.♖e4?

Das weiße Spiel am Königsflügel ist harmlos, wohingegen Schwarz dank der am Damenflügel vorliegenden weißen Schwächen gewinnen wird. Besser war 21.♗xd5 ♖xd5 22.♖a3, obwohl Schwarz sogar nach 22...♖a5 23.♖xa5 bxa5 gute Gewinnchancen erhält.

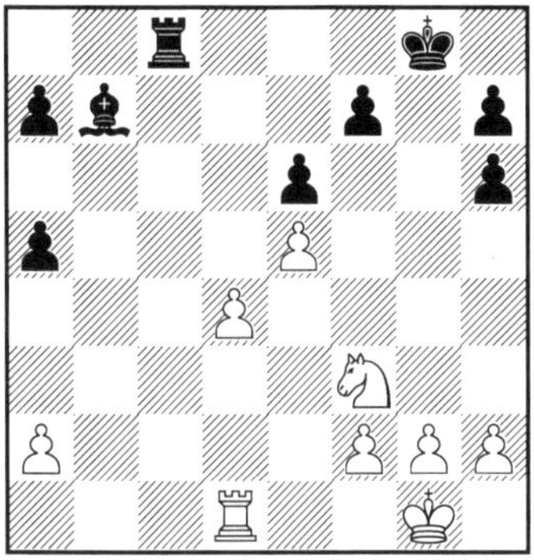

Denn der schwarze Doppelbauer ist nicht wirklich schwach, da ja eine Schwäche, die nicht ausgenutzt werden kann, bekanntlich gar keine Schwäche ist.

21... ♘c3 22.♖g4+ ♔h8 23.♖e1 a5 24.♘d2 b5 25.a3 a4 26.♗d1

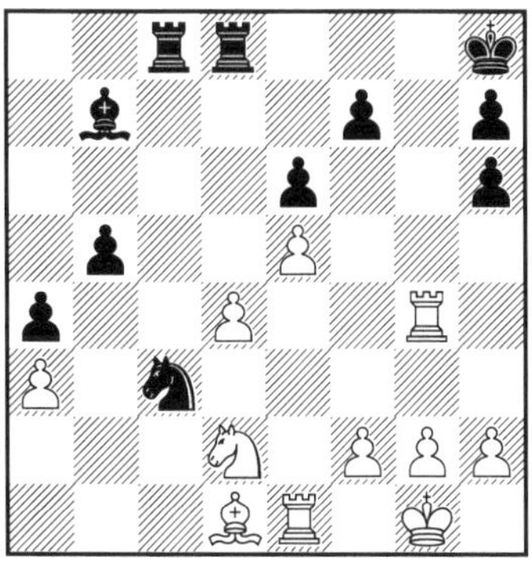

26...♘xd1!?

Ribli tauscht einen wichtigen gegnerischen Verteidiger ab, der die Invasion seiner Türme verhindert.

27.♖xd1 ♖c3 28.♘b1 ♖c2 29.h3 ♖dc8 30.♘d2 ♖c1 31.♖f1

31.♖xc1 ♖xc1+ 32.♔h2 ♖c2 33.♘e4 h5 34.♖f4 ♗xe4 35. ♖xe4 ♖c3−+.

31...♖xf1+ 32.♔xf1 b4! 33.d5 ♖c1+ 34.♔e2 ♗a6+ 35. ♔f3 ♖c3+ 36. ♔f4 bxa3 37.♘e4 a2 0-1

6.2.2.3
Die Farbkomplex-Schwäche

Die Schwächung eines kompletten Farbkomplexes ist für die verteidigende Seite sehr gefährlich. Entsprechend sollte der Angreifer jene Figuren abzutauschen versuchen, die einen solchen Komplex verteidigen. Ungleiche Läufer stellen diesbezüglich einen Extremfall dar und favorisieren den Angreifer beträchtlich, wenn er über den Läufer von der Farbe des geschwächten Komplexes verfügt.

06.12

Polgar – Anand

Mainz 2003 **(S)**

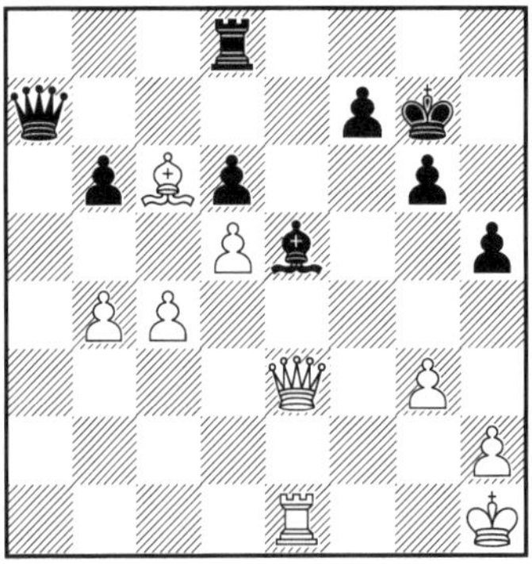

Schwarz steht besser, da er einen langfristigen Angriff auf den dunklen Feldern in die Wege leiten kann.

34...h4!

Ein starker Schlag zur Erhöhung des Drucks auf den dunklen Feldern.

35.gxh4

Auch 35.g4 ♕a2 36.♕e2 ♕b3 37.b5 ♖c8 mit der Idee ♖c7-a7 (Stohl im *CBM* 97) gibt Schwarz gutes Spiel.

35...♖h8 36.♕f2 ♗f6 37.♖f1 ♕e7 38.♖e1

38.♕xb6?? ♕e4+ 39.♔g1 ♗d4+ −+ (Stohl)

38...♕d8 39.♖e2 ♗xh4 (39...♗e5!?) **40.♕f4 ♗g5 41.♕f2**

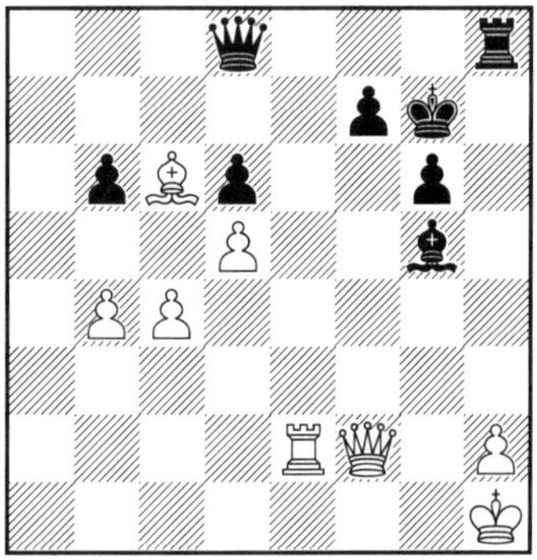

41...♗f6!

Ein sehr starkes Manöver.

42.c5?!

Eine Geste der Verzweiflung, aber guter Rat ist teuer; z.B. 42.♕e1 ♗d4 43.♖e8? ♕f6−+.

42...bxc5 43.bxc5

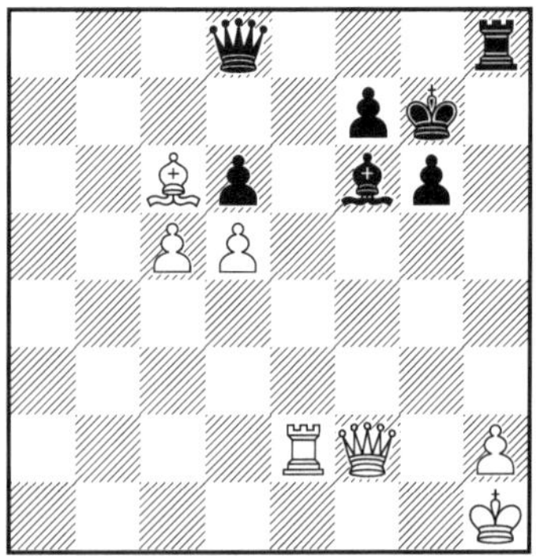

43...♕b8?

Mit 43...♗e5!? konnte noch mehr Druck ausgeübt werden, da 44.♖xe5 dxe5 45.d6 mit 45...♕a5 46.♗g2 ♕b4 47.♕e3 ♕b1+ 48.♕g1 ♕d3 49.♕a1 ♔f6−+ beantwortet werden könnte.

44.cxd6 (44.♕g3? ♗e5−+) **44...♕xd6 45.♕e3 ♖h5 46.♖f2 ♗e5 47.♕f3**

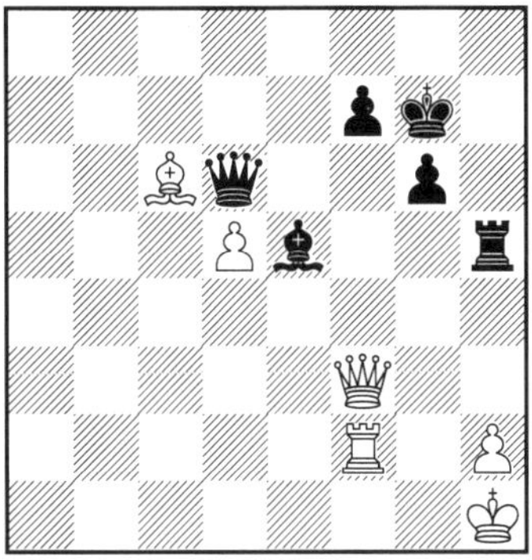

47...♕e7?

Anand will die von Stohl gegebene Variante 47...♗xh2 48.♕xh5 (48.♕xf7+? ♔h6+) 48...gxh5 49.♖xh2 ♕f4−+ vermeiden, aber objektiv musste er sich dafür entscheiden.

48.♖e2?

In einer Schnellpartie ist die Verteidigung einer solchen Stellung so gut wie unmöglich. 48.♗b5 war erzwungen.

48...♕g5 49.♕f1 ♕g3 50.♕f2

50.♕g2 ♕d3 51.♖f2 ♕b1+ 52.♕g1 ♕e4+ 53.♖g2 ♖h8−+ (Stohl)

50...♕d3 51.h4 ♕h3+ 52.♔g1 ♖xh4 0-1

6.2.2.4
Ein Springer strebt nach Kontrolle

Einem Springer ist an völliger Kontrolle gelegen, weil er zumeist etwas mehr Zeit für seine eher langsamen Manöver benötigt.

06.13

Strutinskaja – Tschernikow

Courmayeur 2011 **(W)**

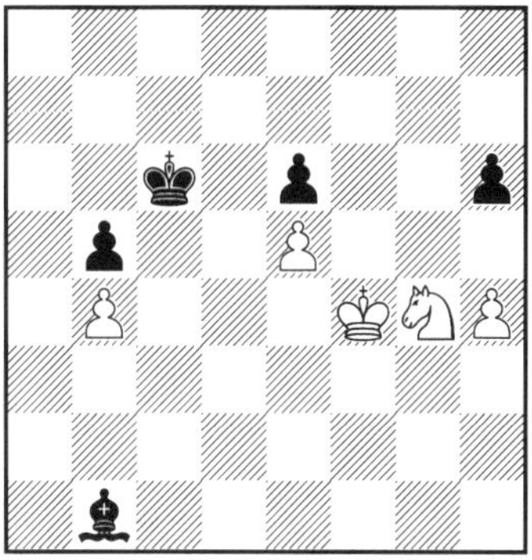

68.♘f6!

Weiß verurteilt seinen Gegner zu völliger Passivität.

1) Zunächst funktioniert 68.h5? ♔d5 69.♘xh6 ♔c4= überhaupt nicht.

2) Und 68.♘xh6? würde gegen das Endspielprinzip ‘nichts überstürzen’ verstoßen. 68...♔d5

a) 69.♔g5 ♔c4 70.♔f6 ♔xb4 71.♔xe6 ♔c3 72.♘f5 b4 73.♘e3 b3 74.♔f6 ♗d3 75.e6 ♗b5 76.e7 ♔d2 77.♘c4+ ♔c3 78.♘a3 ♗e8=

b) 69.♘f7 ♔c4

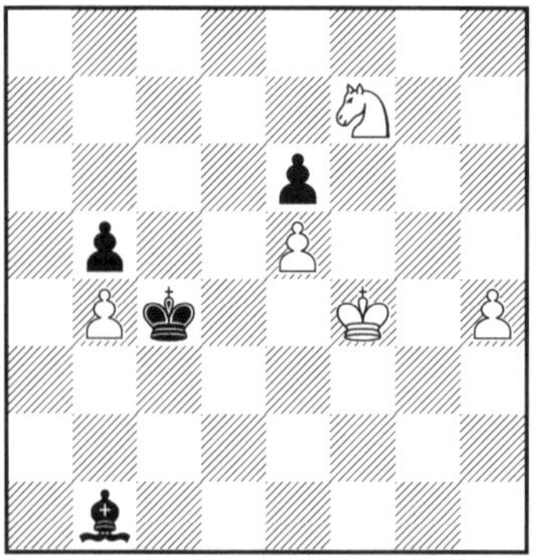

Baburin zeigt (in *Chess Today* 3807), wie das schwarze Gegenspiel zum Remis reicht: 70.♘g5 ♔xb4 71.h5 ♔c4 72.♘xe6

(72.h6 b4 73.h3?? geht voll nach hinten los: 73...♗xh7 74.♘xh7 b3−+.)

72...b4 73.♘d4 ♔d5 74.e6 ♔d6 75.♔g5 ♔e7=.

68...♗c2 69.♔e3 ♗f5 70.♔d4 ♔b6

70...♗c2 ist keine Verteidigung: 71.♘g8 h5 72.♘f6 ♗d1 73.♔e3 (Baburin) 73...♔b6 74.♔f4 ♔b7 75.♔g5 ♔c6 78.♔g6 ♗f3 77.♔f7 ♗g4

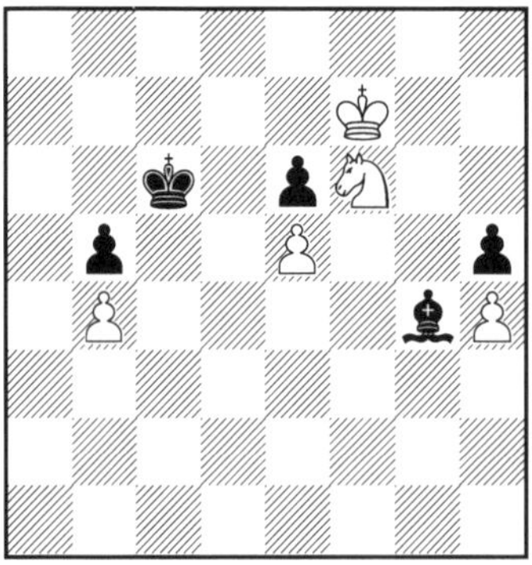

Und jetzt folgt ein Dreiecksmanöver: 78.♔f8 ♔c7 (78...♗f5 79.♔e7 ♗g4 80.♔f7+−) 79.♔g7 ♔c6 80.♔f7 mit fatalem Zugzwang in den Abspielen:

1) 80...♗f5 81.♘xh5 ♔d5 82.♔f6 ♔c4 83.♘g7+−;

2) 80...♔c7 81.♔g6 ♔c6 82.♘xh5 ♔d5 83.♘f6+ +−.

71.♘g8!

Der Springer zwingt Schwarz, einen Einbruchsweg zu öffnen.

71...h5 72.♔e3 ♔c6 73.♘f6 ♗g6 74.♔f4 ♗c2 75.♔g5 ♗d1 76.♔g6 ♗f3 77.♔f7 ♗g4 78.♔e7 ♗f5

78...♔c7 wird mit Zugzwang niedergerungen: 79.♔f8 ♔c6 80.♔f7 ♗h3 81.♘xh5 ♔d5 82.♘f4+ +−.

79.♘xh5 ♔d5 80.♔f6 ♔c4 81.♘g7 ♗d3 82.♘xe6 ♔xb4 83.♘d4 ♔c5 84.e6

Auch 84.♘xb5 gewinnt.

84...♔d6 85.e7 ♔d7 86.♘e6 ♗g6 87.♘f8+ 1-0

06.14

Kramnik – Carlsen

Wijk aan Zee 2011 **(W)**

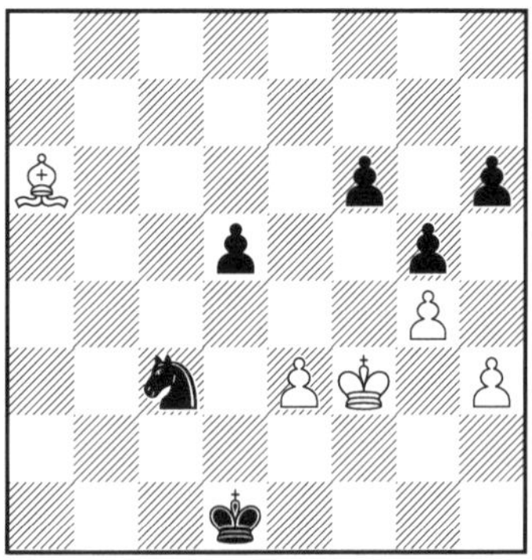

59.♗b7?!

59.♗c8 war zäher, da jetzt kein direkter Zugzwang erfolgen kann. Allerdings wird Schwarz so oder so gewinnen. 59...♔d2 60.♗b7

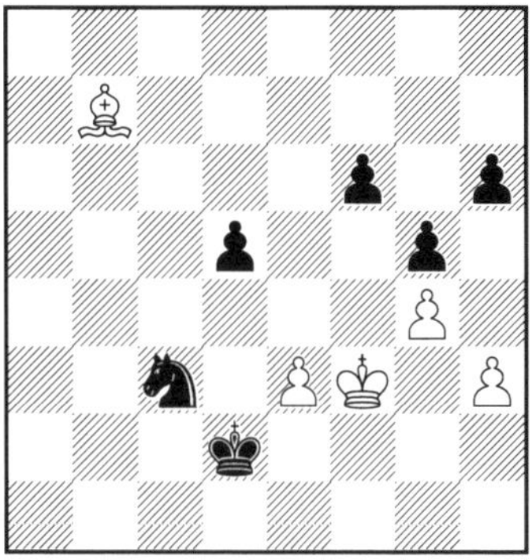

60...♔c1 Ein Dreiecksmanöver, um diesen Aufbau aufzubrechen. 61.♗c8 ♔d1 62.♗f5 (62.♗a6 ♔e1 Zugzwang 63.♗d3 ♔d2 64.♗a6 ♘d1 65.e4 d4−+) 62...♔e1 63.♗e6 ♔f1 64.♗g8 ♔g1 65.♔g3 ♘e4+ 66.♔f3 ♔h2 67.♗xd5.

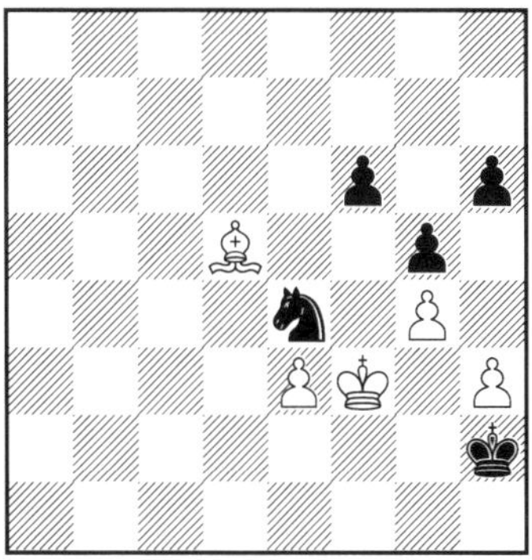

67...♘c3! Schwarz muss ein Tempo gewinnen. (Nach 67...♘d6? 68.h4 gxh4 69.♔f2 oder 67...♘c5? 68.♗c4 ♔xh3 69.♗f1+ ♔h4 70.♗e2 h5 71.gxh5 ♔xh5 hat Weiß gute Remischancen.) 68.♗c4

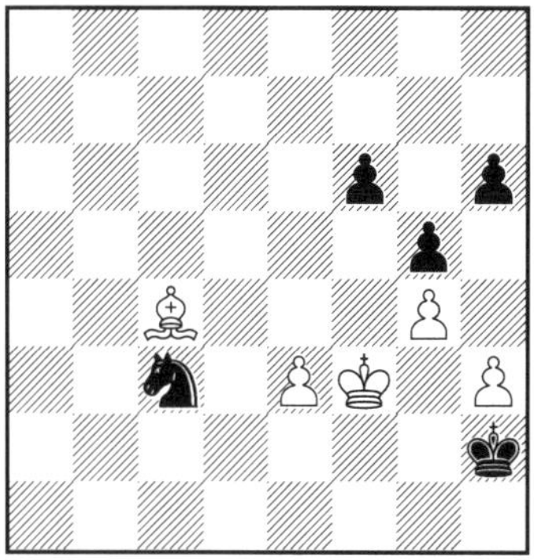

68...♘b1!! Die Pointe. Der Springer wird auf d2 geopfert oder unter Zeitgewinn zurückgenommen. (68...♔xh3? wird mit 69.♗f1+ ♔h4 70.♗d3 beantwortet.)

69.♔e2 ♔xh3 70.♗d3 (70.♗e6 ♘c3+ 71.♔f3 ♘a4 72.♗c4 ♔h4 73.♗f1 ♘b6 74.♗e2 ♘d5 75.♗d1 ♘c3 76.♗c2 ♘b5 77.♗a4 ♘d6 78.♗b3 f5+) 70...♘c3+ 71.♔f3 ♔h4.

1) Auf 72.♗f1 folgt nun 72...♘b1 73.♗d3 ♘d2+ 74.♔e2 ♔xg4 75.♔xd2 ♔h3 76.♗e2 g4 77.♔e1 h5 78.♔f1 ♔h2−+.

2) Und bleibt der Läufer mit 72.♗c2 auf der Diagonale b1-h7, gewinnt Weiß (laut GM Knaak) mit folgenden Springermanövern. Allerdings muss auch der schwarze König gelegentlich ziehen, um Weiß in Zugzwang zu bringen.

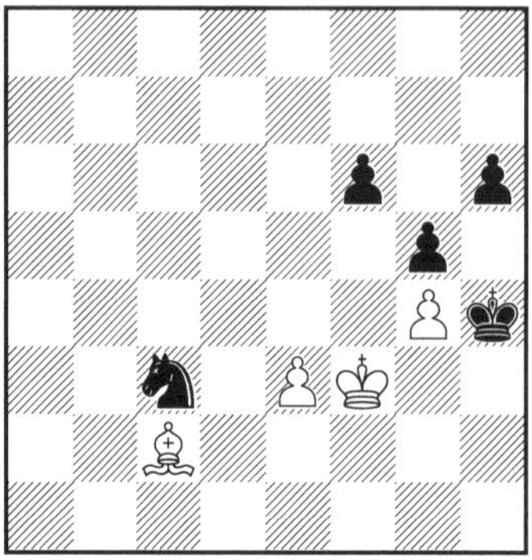

72...♘b5 73.♗f5 (73.♗h7 ♘d6 74.♗g6 ♘c4 −+) 73...♘d6 74.♗e6 ♔h3

a) 75.♗a2 ♘c8 76.♗c4 ♘e7 77.♗e6 ♘c6 78.♔e4 ♘e5 79.♔f5 ♘xg4 80.♔g6 ♔h4 81.e4 ♘e3−+;

b) 75.♗b3 ♘b7 76.♗d1 ♘c5 77.♗e2 ♔h4 78.♗b5 ♘b3 79.♗e2 ♘d2+ 80.♔f2 ♘e4+ 81.♔g2 ♘c3 82.♗f3 ♘a2 83.♗e2 ♘c1 84.♗d1 ♘d3 85.♔f3 ♘e5+ −+.

59...♔d2!!

Carlsen bringt Kramnik in Zugzwang. Danach wird sein König die weißen Königsflügelbauern erreichen.

60.♗c6

60.♗a6?! wird mit 60...♘d1 61.e4 d4−+ widerlegt.

60...♔e1 61.♗b7 ♔f1 62.♗a8 ♔g1 63.♔g3 ♘e4+ 64.♔f3 ♘d2+ 65.♔g3

65.♔e2 ♘c4 66.♗xd5 ♘e5 67.♗e4 ♔h2 68.♔f2 ♔xh3 69.♗f5 ♔h4−+.

65...♘f1+ 66.♔f3 ♘d2+ 67.♔g3 ♘c4 68.♗xd5 ♘xe3 69.♗b7 ♘f1+ 70.♔f3 ♔h2 71.♔f2

71.h4 ♔h3 72.hxg5 fxg5 73.♗c8 ♘h2+ 74.♔f2 ♘xg4+ 75.♔f3 h5−+.

71...♘d2 72.♗g2 ♘c4 73.♗f1 ♘e5 74.♔e3 ♔g1 75.♗e2

75.♔e2 ♘d3 76.♔xd3 ♔xf1−+.

75...♔g2 76.♔e4 ♔xh3 77.♔f5 ♔h4 78.♗d1

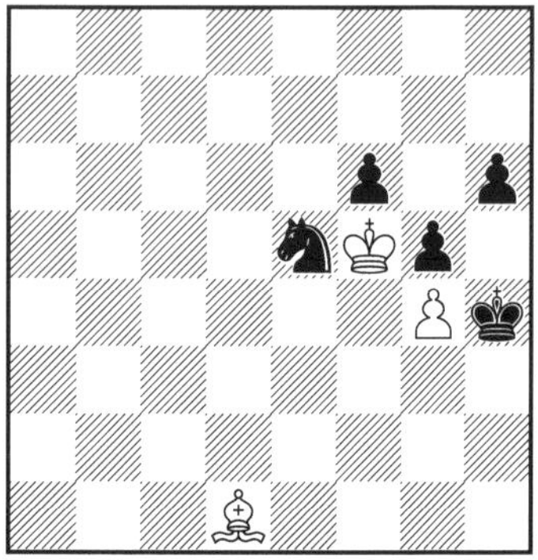

78...♘c4! 79.♔e4

Nach 79.♔xf6 ♘e3 80.♗e2 ♘xg4+ 81.♔g6 h5 82.♗d1 ♘e3 83.♗xh5 ♘g4 gerät auf Weiß auf tragikomische Weise in Zugzwang.

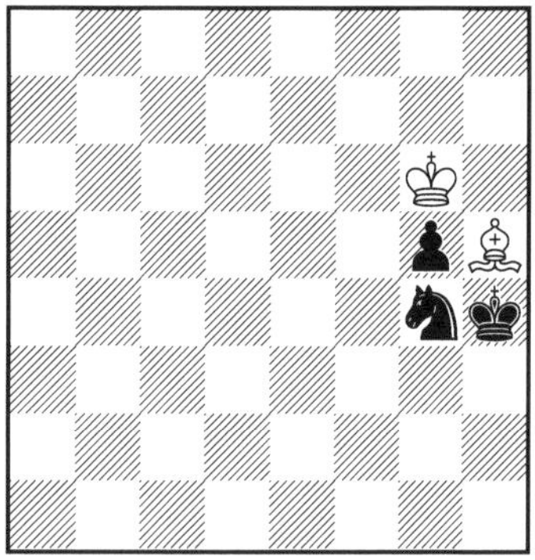

Allerdings bleibt Weiß auch in der Partie ohne jede Chance.

79...♘d6+ 80.♔d5

80.♔f3 h5 81.gxh5 ♔xh5 82.♔g3+ ♔g6−+

80...f5! 0-1

Die Schlusspointe. In Erwartung von 81.♔xd6 fxg4 82.♔e5 g3 83.♗f3 ♔h3 84.♔f5 g2 85.♗xg2+ ♔xg2−+ gab Kramnik sich geschlagen. Eine äußerst beeindruckende Endspielleistung von Magnus Carlsen!

6.3 Die Verwandlung eines Vorteils in einen anderen

Flexibilität ist im Schach sehr wichtig. Man sollte niemals denken 'Ich habe das Läuferpaar, und da ich später damit gewinnen werde, werde ich niemals einen Läufer abtauschen.' Eine solche Herangehensweise kann unvermittelt zu einem Desaster führen. Man muss stets zu Stellungsumformungen bereit sein. Man schaue sich das folgende Beispiel des ungarischen Großmeisters Peter Leko an.

06.15

Leko – Anand

Moskau 2004 **(W)**

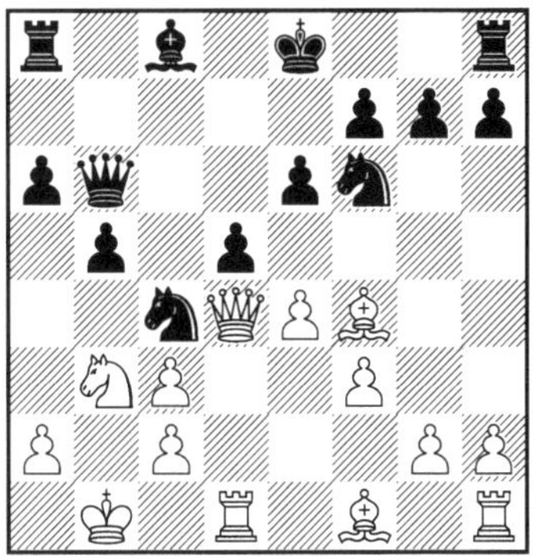

15.♗xc4!

Leko gibt das Läuferpaar auf, erhält dafür aber sehr starke Initiative auf den dunklen Feldern.

15...♕xd4 16.cxd4 dxc4 17.♘a5! ♘d7 18.♗c7 0-0

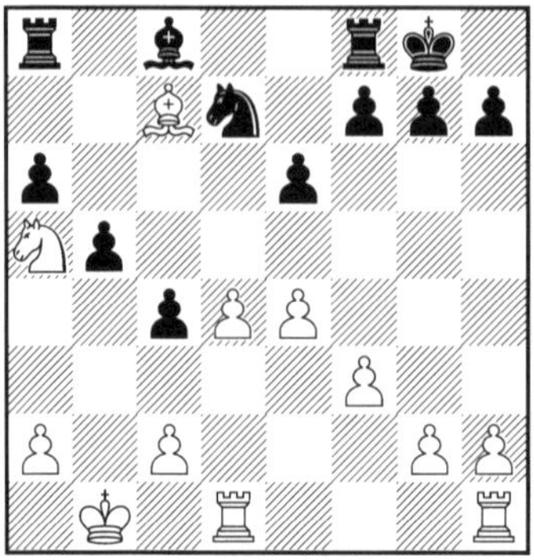

Und jetzt gibt Leko seine ideale Zentrumskonstellation e4-d4 auf, wofür er einen starken Freibauern erhält.

19.d5! exd5 20.exd5 ♘f6 21.♖he1 ♗d7 22.♗e5

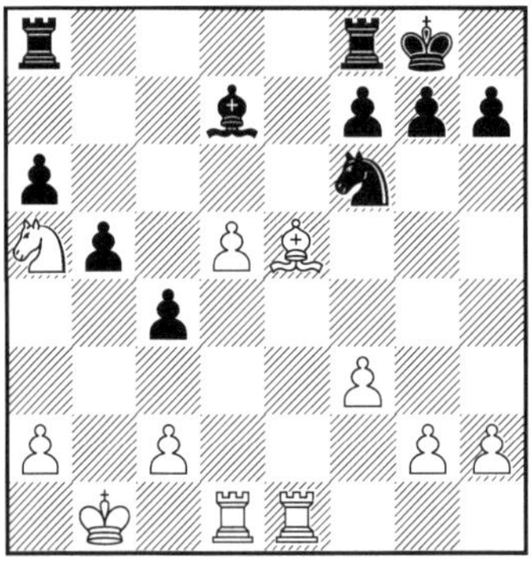

Lekos Spiel deutet bereits auf die nächste Stellungsumformung hin. Der starke Läufer wird hergegeben, um die schwarze Königsflügelstruktur zu schwächen und den Vorteil eines guten Springers gegen einen schlechten Läufer hervorzuheben.

22...♖fe8 23.♔b2!

Leko überstürzt nichts, sondern aktiviert zuerst den König, um die volle Kontrolle zu behalten.

23...♖ac8 24.♗xf6 gxf6 25.♔c3 ♔f8 26.♔d4

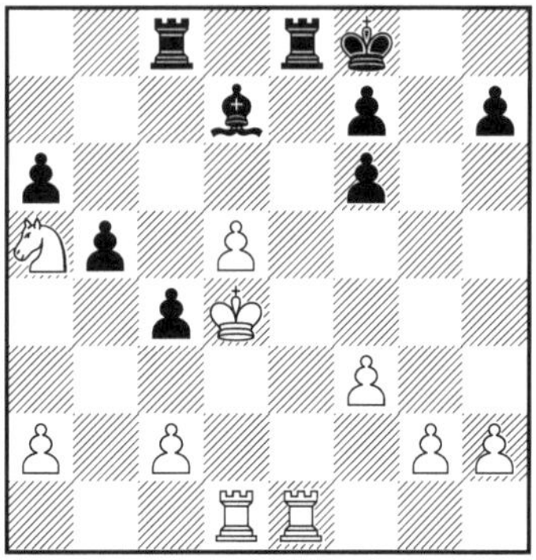

26...c3?!

Verzweiflung. Schwarz sollte den Bauern mit 26...♗f5 27.c3 ♖ed8 28.♘b7 ♖d7 29.♘c5 ♖d6 30.♘e4 ♗xe4 31.fxe4± stoppen.

27.♖xe8+ ♖xe8

27...♔xe8 28.♖e1+ ♔f8 29.g4 h6 30.a3 f5 31.h3 fxg4 32.fxg4±.

28.♔xc3 ♖c8+ 29.♔b3 ♔e7 30.♖d2 ♔d6

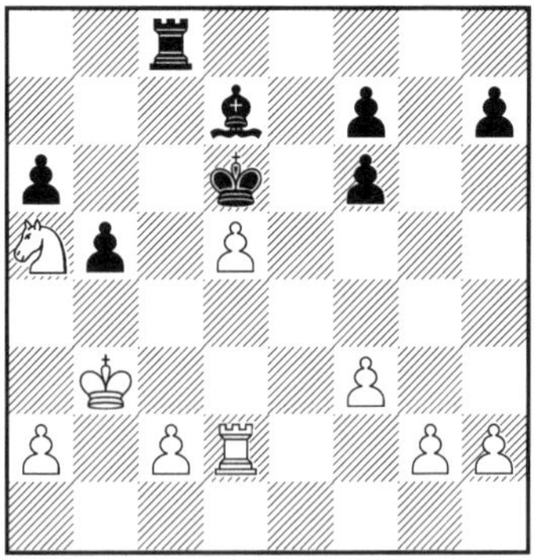

31.♔b4

Leko bleibt bei seiner langsamen Herangehensweise, um alles unter Kontrolle zu halten.

Direkt 31.♘b7+!? ♔c7 32.♘c5 a5 33.♘e4+− war (laut GM Huschenbeth) sogar noch stärker. Nur nicht 31.c4?! wegen 31...bxc4+ 32.♘xc4+ ♔c5.

31...♖b8 32.c3 f5 33.a3 f6 34.♖d4 h5 35.g3 ♗e8

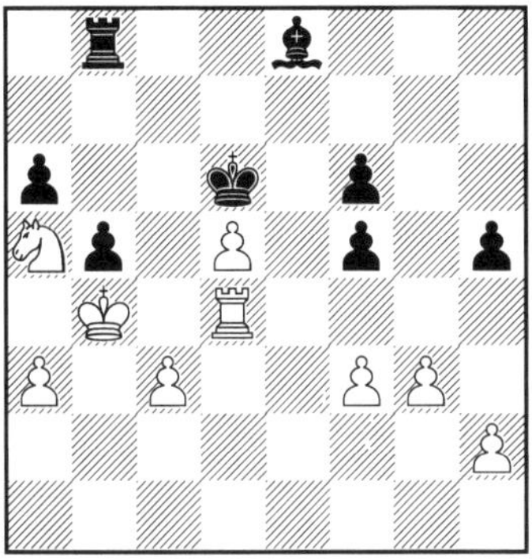

Weiß steht bestens, nur wie soll man Fortschritte erzielen? Erneut löst Leko dieses Problem durch die Verwandlung eines Vorteils in einen anderen.

36.♘c6! ♖c8

36...♗xc6 37.dxc6+ ♔xc6 38.♖f4+−.

37.♘a5 ♖b8 38.♘c6 ♖c8 39.♔a5!

Leko zwingt Anand dazu, das Trojanische Pferd anzunehmen.

39...♗xc6 40.dxc6+ ♔xc6 41.♖h4 ♔d6 42.♔b4 ♖h8

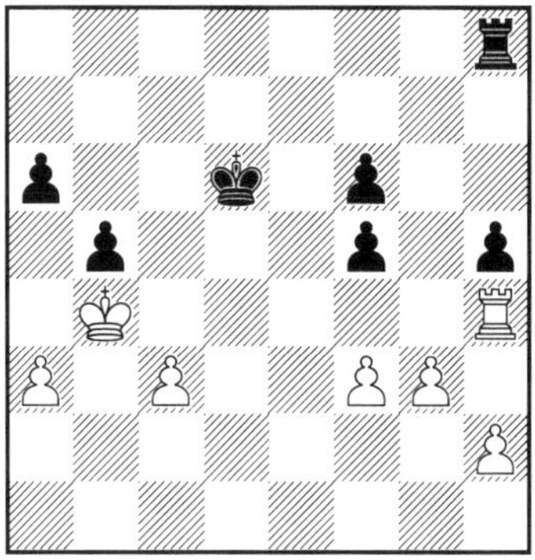

43.c4!

Gute Technik. Da Weiß alles kontrolliert und zudem alle Zeit der Welt hat, entledigt er sich zuerst des schwachen c-Bauern, bevor er einen der schwarzen Schwächlinge schlägt.

43...bxc4 44.♔xc4 ♔e6 45.♔b4 ♖b8+

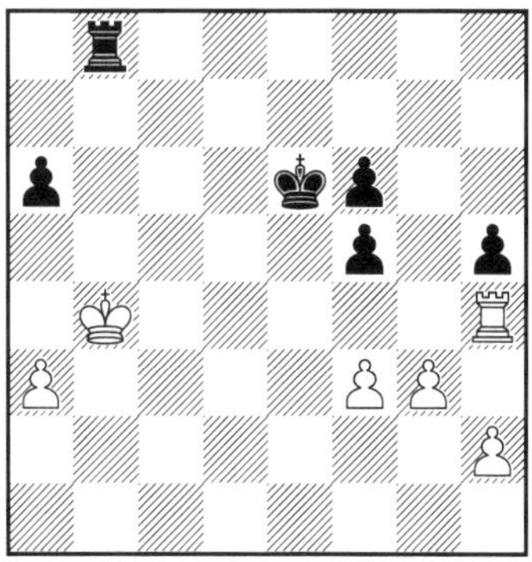

46.♔a4!

Weiß überstürzt nichts und verhindert die Aktivierung des schwarzen Turms.

46...♖d8 47.♔a5 ♖d2 48.a4 f4 49.gxf4! ♖d6 50.♖xh5 ♖d4

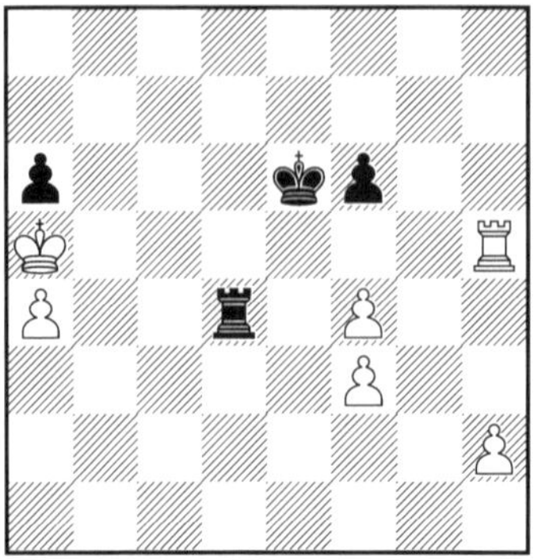

Jetzt setzt Leko alles auf seinen a-Bauern.

51.♖c5 ♖xf4 52.♖c3 ♖h4 53.♖b3 ♔d7 54.♖b4 ♖xh2 55.♔xa6 ♖c2 56.♔b6 ♖c6+ 57.♔b5 ♖e6 58.♖e4 ♖d6 59.♖c4 ♖d5+ 60.♔b4 ♖d3 61.f4 ♖d1 62.a5 ♖b1+ 63.♔a4 ♖a1+ 64.♔b5 ♖b1+ 65.♖b4 ♖f1 66.♔b6 ♔c8

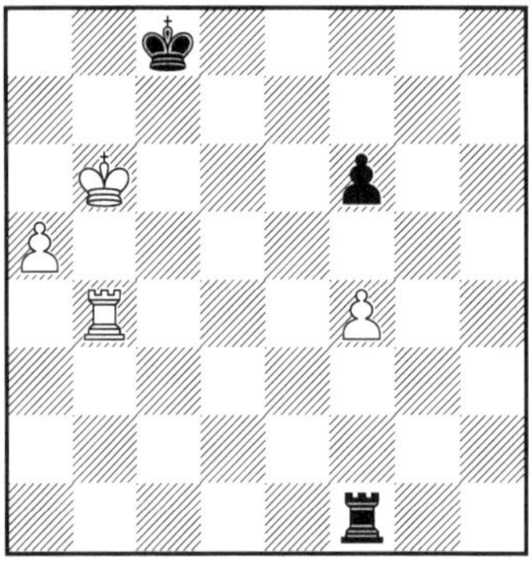

Und jetzt bringt die letzte Umformung die Entscheidung.

67.♔c6 ♖e1 68.♔d6 1-0

Und da Weiß mit dem f-Bauern gewinnen wird, gab Anand auf.

Übungen

Lösungen ab Seite 225

Ü06.01

Hracek – Dautow

Lippstadt 2000 **(W)**

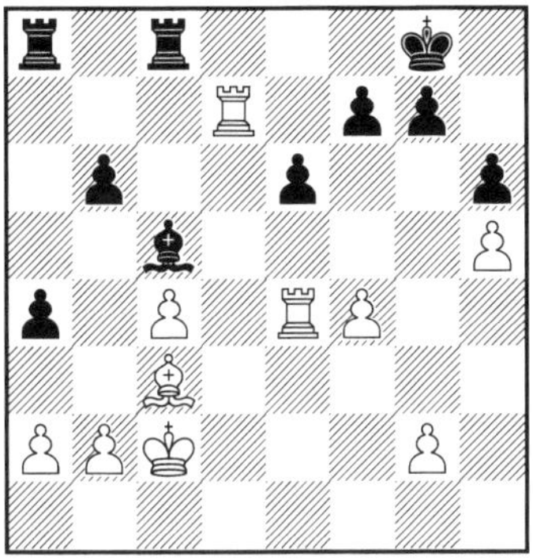

Wie setzte Hracek fort?

Ü06.02

Bu Xiangzhi – Y. Hou

China 2011 **(W)**

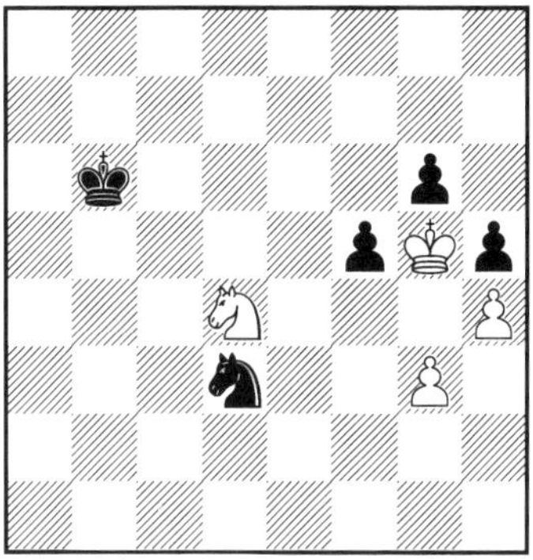

Wie verwandelte Bu seinen Vorteil?

Ü06.03

Siebrecht – Berger

Deutschland 2011 **(S)**

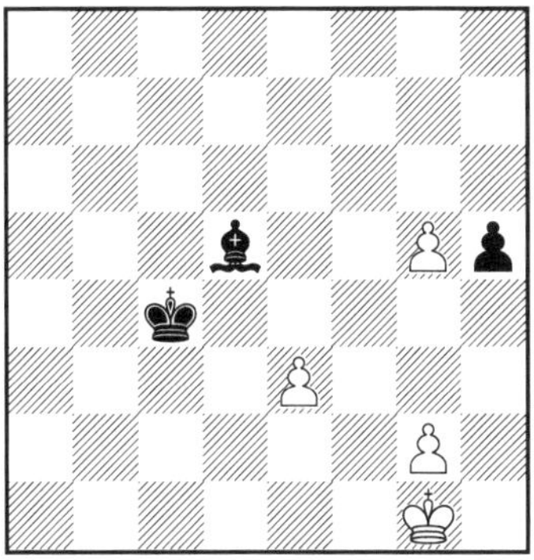

Wie bewahrt Schwarz seinen letzten Bauern vor dem Abtausch?

Tests

Punktetabelle

Für jeden der zwölf Tests haben Sie eine Stunde Bedenkzeit, die vielleicht am besten mit einer Schachuhr gemessen wird, um Turnierbedingungen zu simulieren. Lösen Sie die Aufgaben 'vom Blatt' und schreiben Sie die Lösungen auf. Um einen präziseren Wert zu erhalten, raten wir dazu, den Durchschnitt aller 12 Tests zu ermitteln. Selbstverständlich ist das Resultat (quasi Ihre 'positionelle Elozahl') mit Vorsicht zu genießen und sollte nur als Näherungswert angesehen werden.

0–1:	Arbeiten Sie die Kapitel noch einmal von vorne durch!
2-3:	unter 1500
4-5:	1500
6-7:	1700
8-9:	1900
10–11:	2100
12:	2300
13:	2500
14:	Fordern Sie den Weltmeister heraus!

Viel wichtiger als das *Resultat* dieser Berechnungen ist es aber, dass Sie sich mit den Lösungen wirklich anstrengen und Spaß dabei haben. Es gibt hier nämlich ein paradoxes Phänomen: Wenn Sie einerseits problemlos ein Schachbuch lesen und das Gefühl haben, alles zu verstehen, kann es durchaus sein, dass Sie überhaupt nichts lernen. Wenn Sie sich andrerseits größte Mühe geben und sich trotzdem 'dumm' fühlen, weil Sie eine Aufgabe nicht haben lösen können („auf der Suche nach den Grenzen Ihres Wohlfühl-Bereichs" – wie GM Rowson es nennt), haben Sie womöglich doch etwas gelernt. Eine weitere Möglichkeit besteht in einem Lösungs-Wettkampf mit Freunden, um die Sache etwas spannender zu machen.

Test 1

Lösungen ab Seite 227

T01.01

Aronjan – Vescovi

Bursa 2010 **(W)**

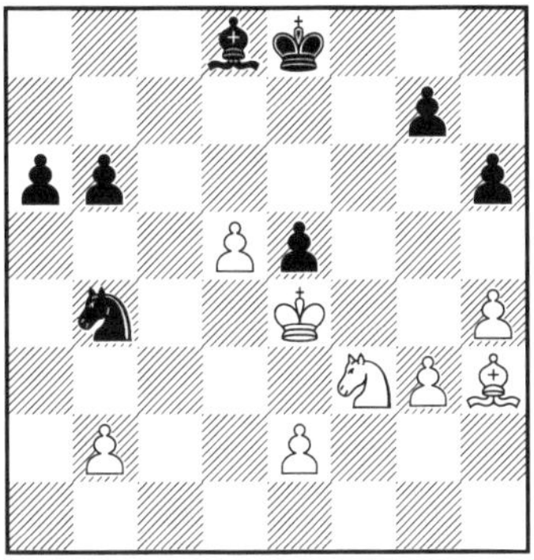

Was hat für Weiß die höchste Priorität?

T01.02

Witjugow – Bacrot

Ohrid 2009 **(W)**

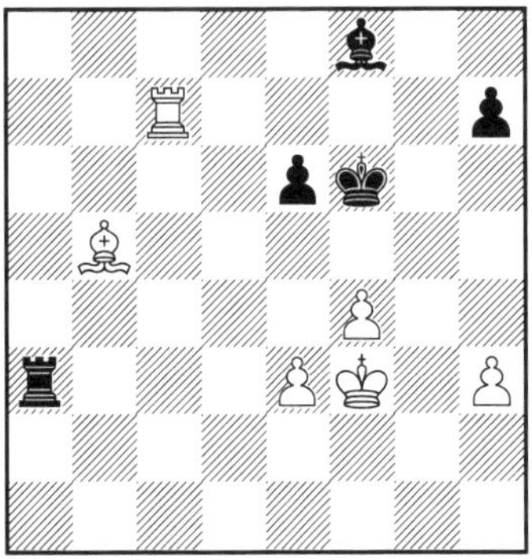

Wie lautet die präziseste Fortsetzung?

T01.03

Jepischin – Tschernjajew

Hastings 2004 **(W)**

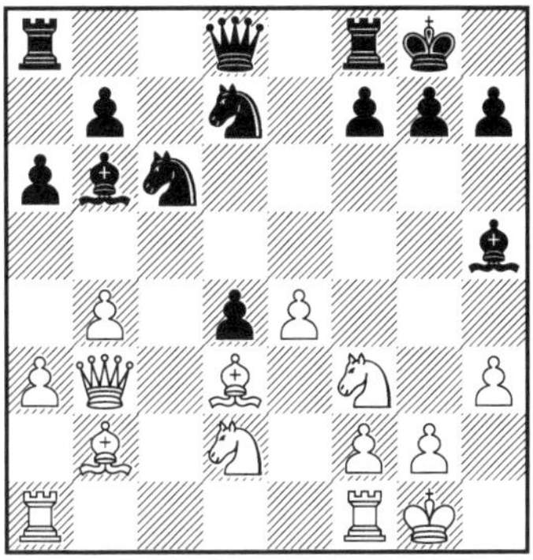

Wie nutzt Weiß seine Initiative?

T01.04

Ernst – Nordstrom

Avesta 1995 **(W)**

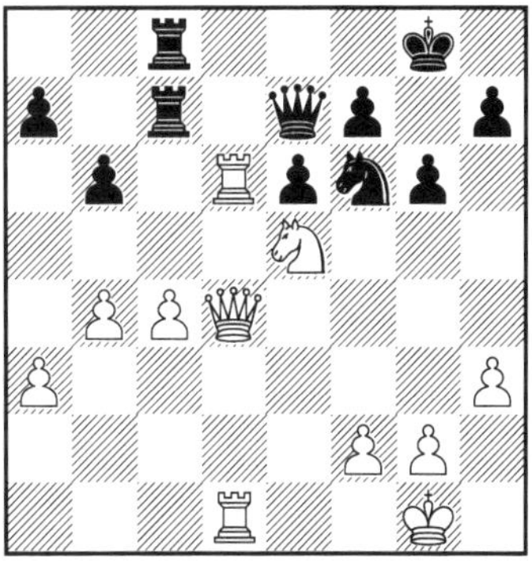

Wie ist der offenkundige weiße Vorteil noch zu vergrößern?

T01.05

Anand – Swidler

Moskau 2009 **(W)**

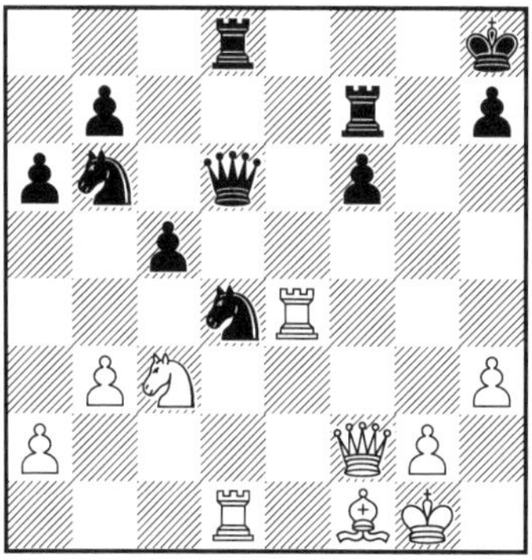

Wo ist die schwarze Achillesferse?

T01.06

Kreiman – Becerra Rivero

USA 2006 **(W)**

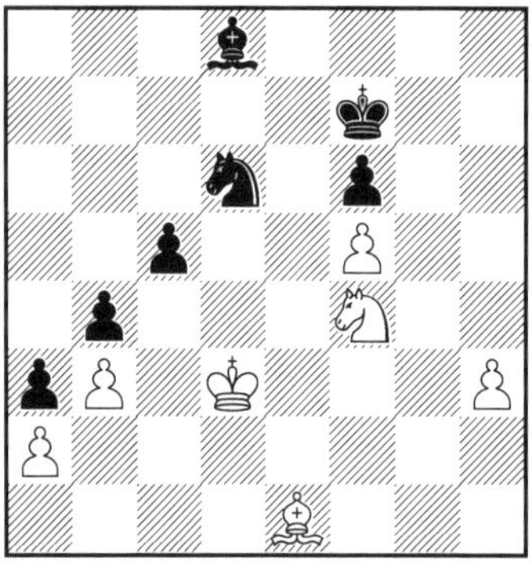

Scheinbar hat Schwarz alle Einbruchswege unter Kontrolle. Aber Kreiman konnte dennoch eindringen. Können Sie das auch?

T01.07

Eljanow – Radjabow

Wijk aan Zee 2008

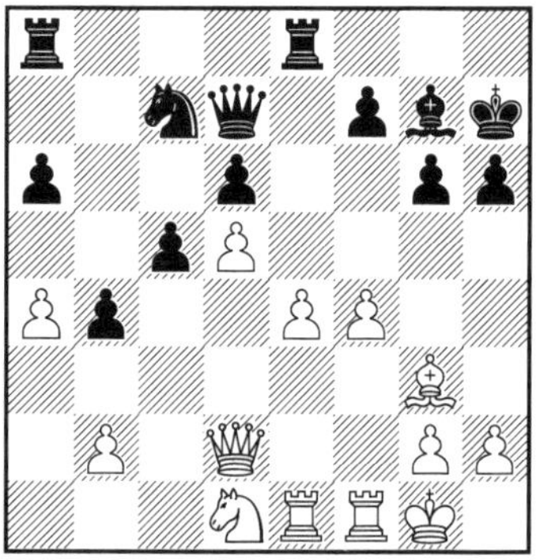

Wo ist die weiße Achillesferse?

T01.08

Barejew – Alexejew

Chanty Mansijsk 2007 **(S)**

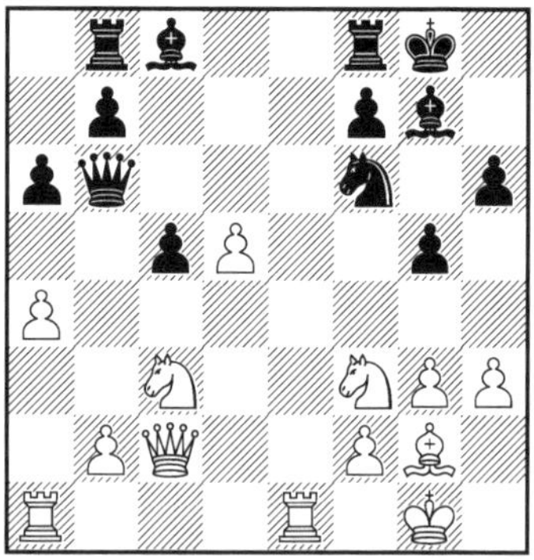

Wie glich Alexejew aus?

Test 2

Lösungen ab Seite 231

T02.01

Caruana – van der Wiel

Wijk aan Zee 2008 **(W)**

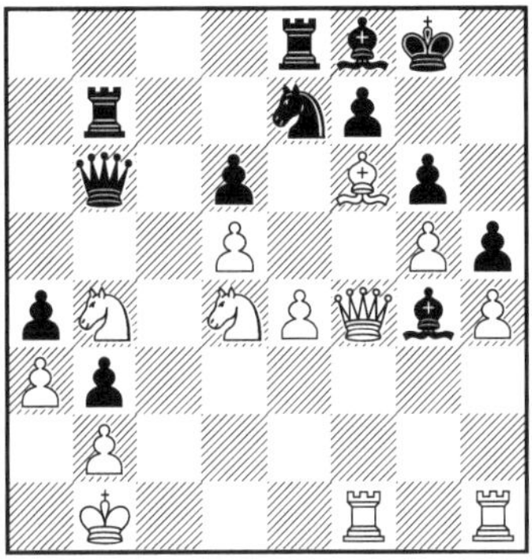

Wie nutzte Caruana die mangelnde Harmonie im gegnerischen Lager?

T02.02

Ni Hua – Inarkiew

Russland 2007 **(W)**

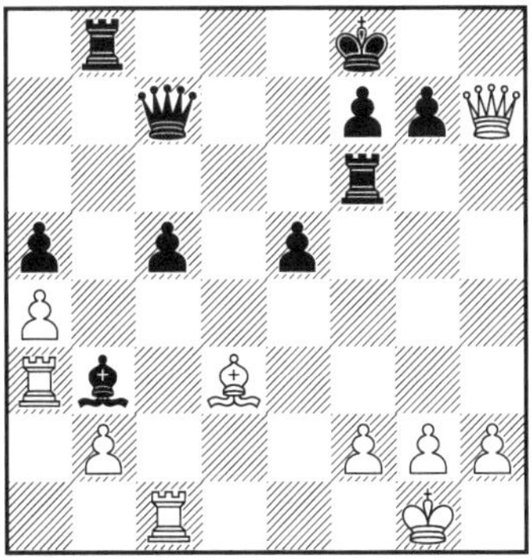

Wie zerstörte Ni Hua die schwarze Koordination?

T02.03

Sutovsky – Tiwjakow

Montreal 2007 **(S)**

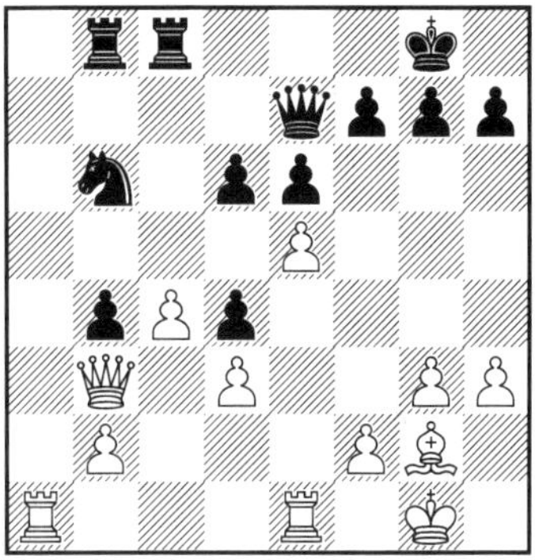

Welche Leichtfigur ist hier die stärkere?

T02.04

Charlow – Zivkovic

Fuegen 2006 **(W)**

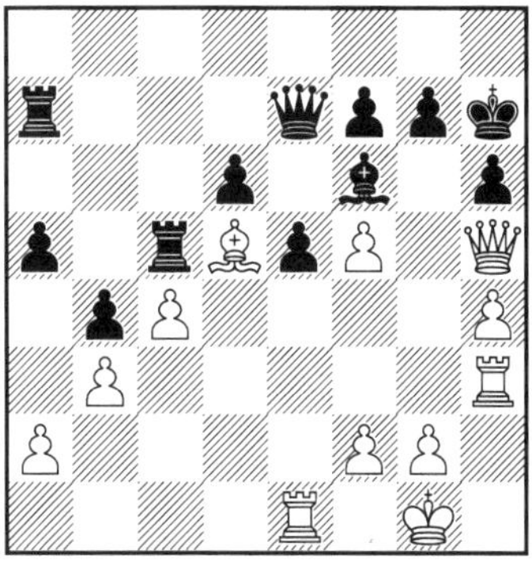

Wie setzt Weiß den Angriff fort?

T02.05

Vallejo Pons – Kamsky

Chanty Mansijsk 2005 **(S)**

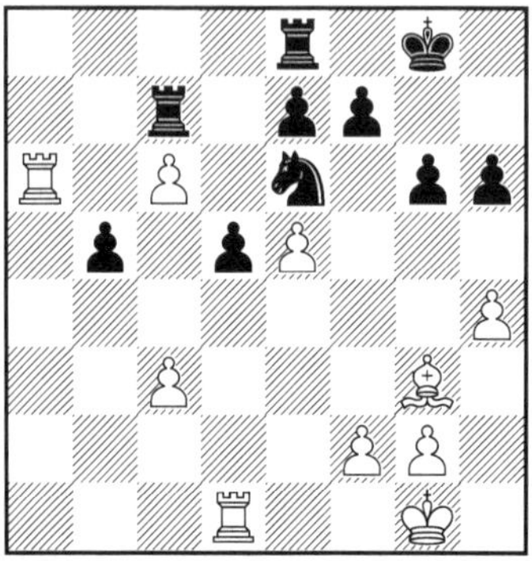

Wie erbrachte Kamsky den Nachweis, dass der Springer dem Läufer überlegen ist?

T02.06

Tregubow – Kabanow

Russland 2005 **(W)**

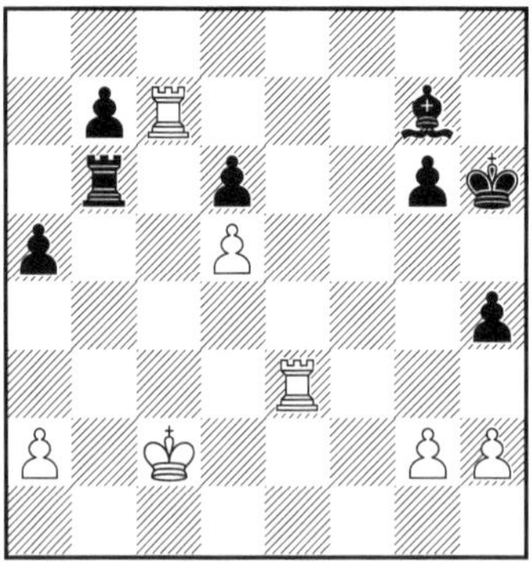

Wie gewann Tregubow leicht?

T02.07

Baburin – Skripchenko

Deutschland 2003 **(W)**

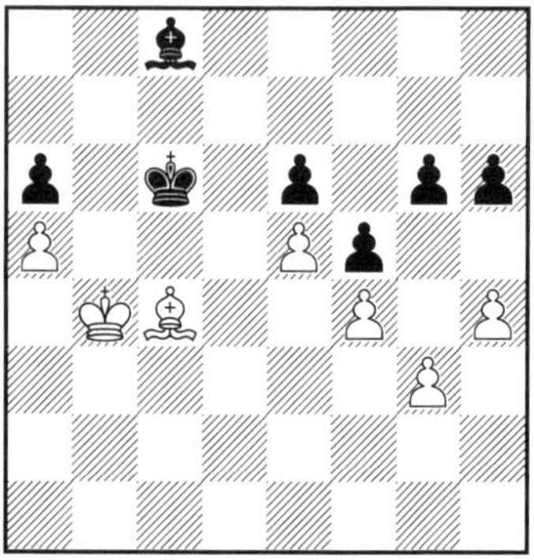

Kann die schwarze Festung erstürmt werden?

T02.08

Caruana – Ljubojevic

Amsterdam 2010 **(S)**

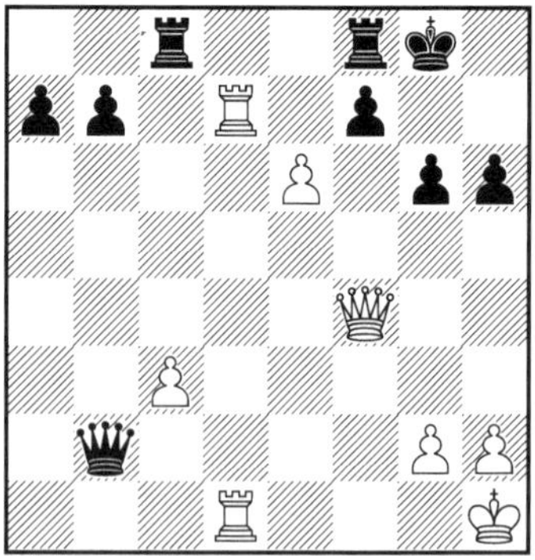

Mit welcher Prophylaxe-Maßnahme sollte Schwarz die Verteidigung fortsetzen?

Test 3

Lösungen ab Seite 235

T03.01

van Wely – Leko

Wijk aan Zee 2010 **(W)**

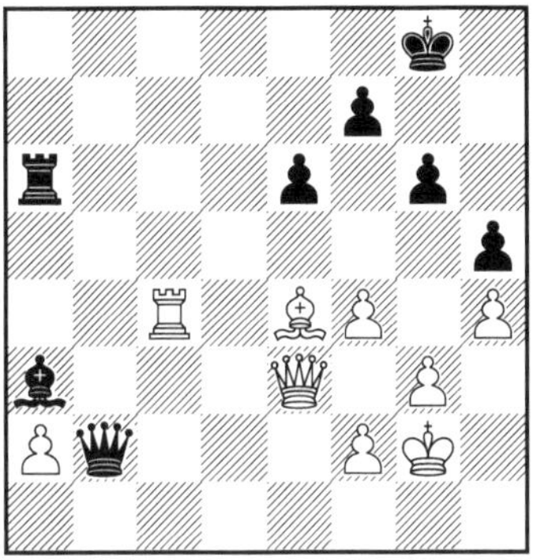

Wie verwertet Weiß seinen Vorteil?

T03.02

Bagirow – Malyschew

Abu Dhabi 2003 **(W)**

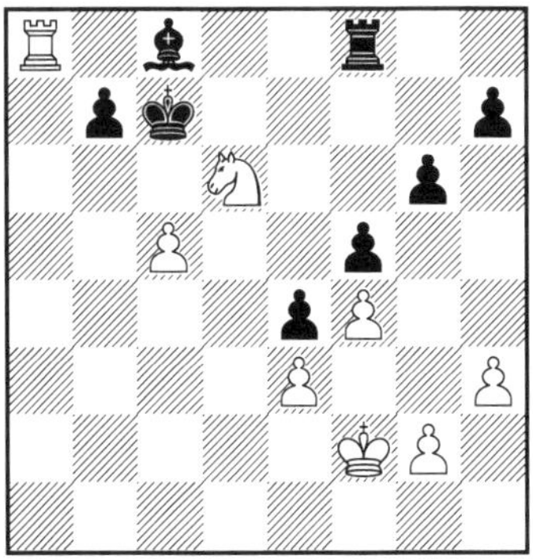

Weiß zieht und gewinnt.

T03.03

Sedlak – Pavasovic

Terme Zrece 2003 **(W)**

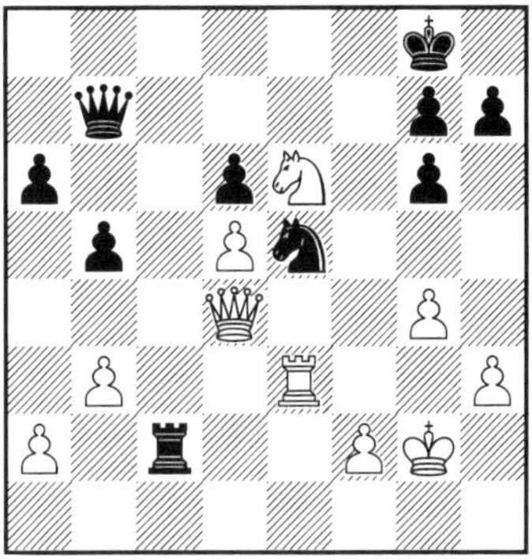

Finden Sie die schwarze Achillesferse!

T03.04

Thormann – Ftácnik

Berlin 2003 **(S)**

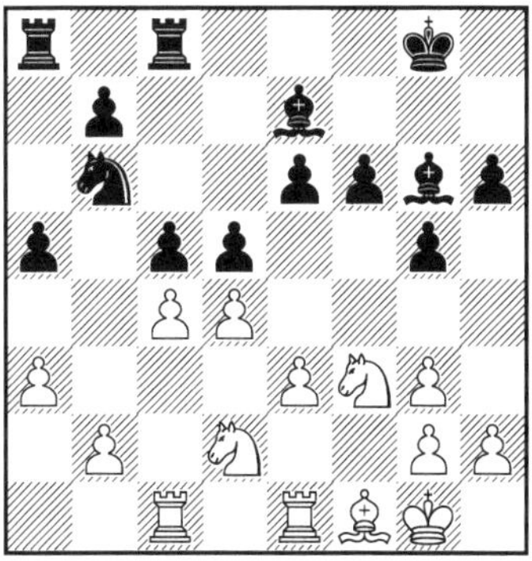

Wie setzt Schwarz sein Läuferpaar ein?

T03.05

Chabanon – Santo Roman

Frankreich 2003 **(W)**

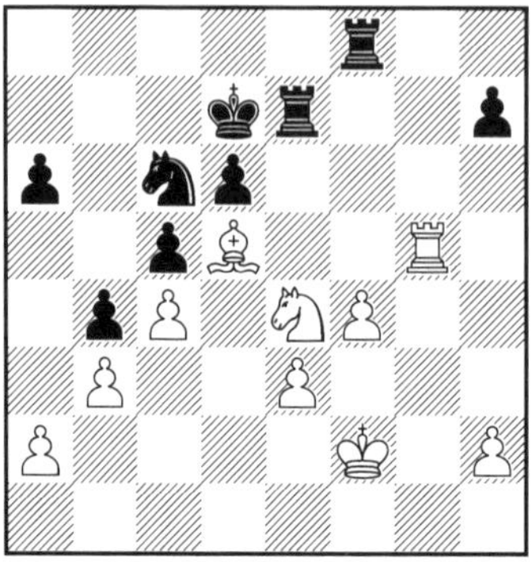

Um nachzuweisen, dass er mehr als genug Kompensation hat, muss Weiß handeln. Nur wie?

T03.07

Berg – Kallio

Bermuda 2003 **(W)**

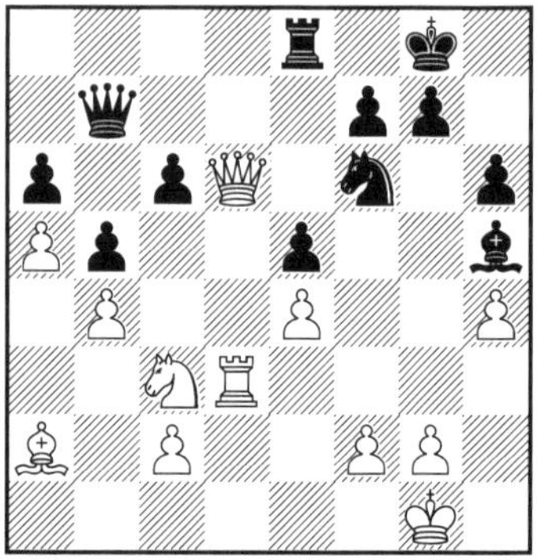

Die weißen Figuren stehen gut, aber wie kann man Fortschritte erzielen?

T03.06

Roiz – Lerner

Tel Aviv 2002 **(W)**

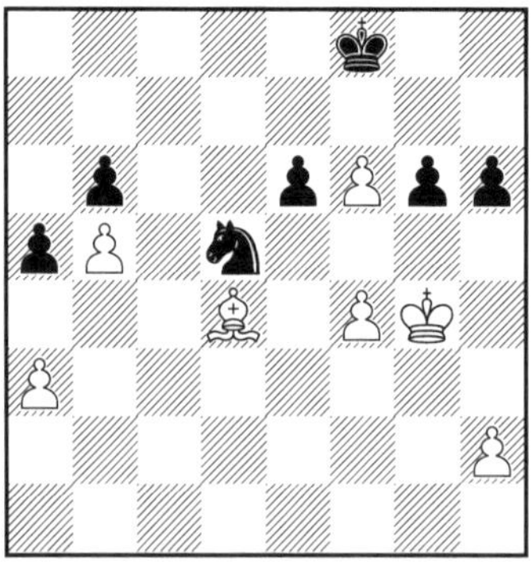

Wie wies Roiz die Überlegenheit seines Läufers nach?

T03.08

Pigusow – Iwanow

Moskau 2001 **(W)**

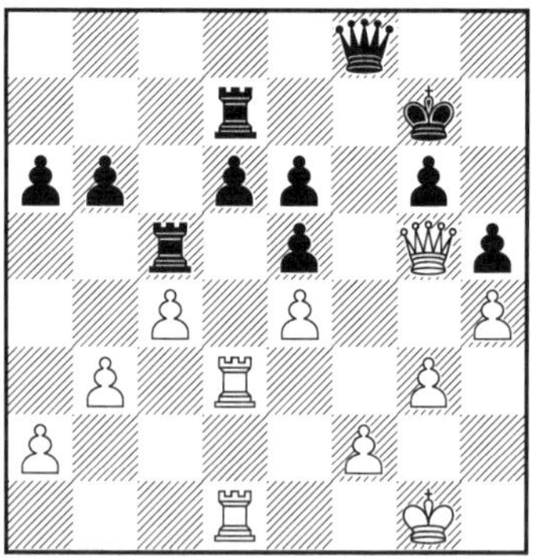

Wie kann man den Druck erhöhen?

Test 4

Lösungen ab Seite 239

T04.01

Müller – Seger

Deutschland 2009 **(W)**

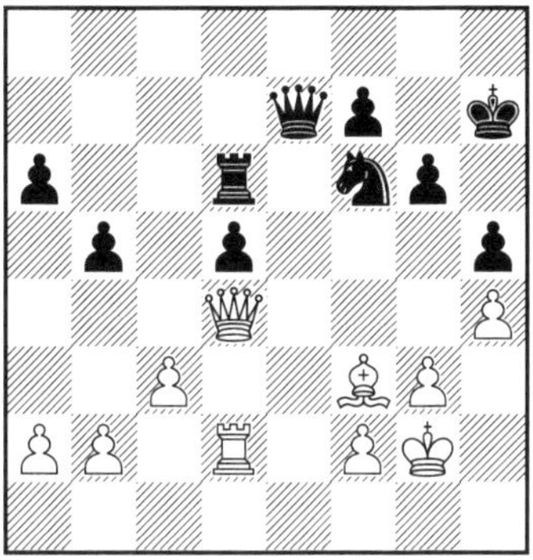

Wie kann man Fortschritte erzielen?

T04.02

Wolkow – Grabarczyk

Ohrid 2001 **(W)**

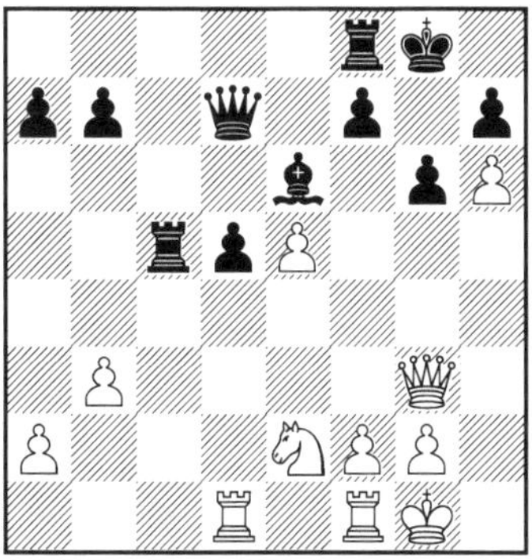

Wie kann man den schwarzen König angreifen?

T04.03

van Mil – Michalewski

Tel Aviv 2001 **(W)**

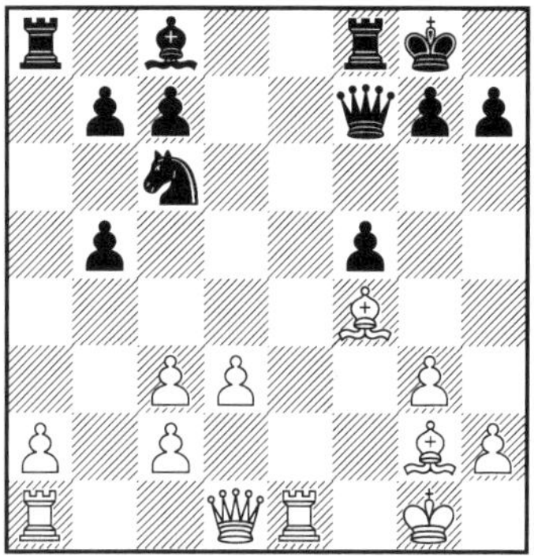

Wie erschütterte van Mil das Fundament der schwarzen Stellung?

T04.04

Piket – Fjodorow

Wijk aan Zee 2001 **(W)**

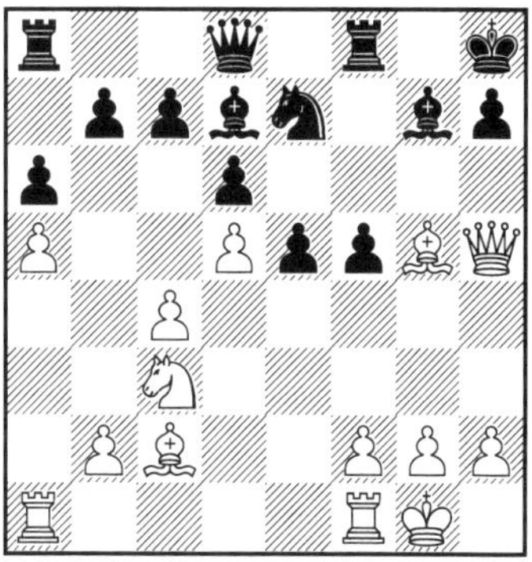

Piket fand die Schwachstelle der schwarzen Stellung. Können Sie das auch?

T04.05

van der Sterren – Polgar

Istanbul 2000 **(S)**

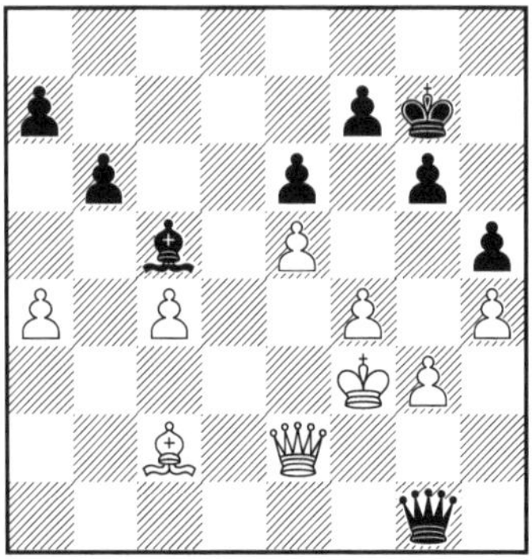

Wie brachte Judit Polgar das weiße Haus zum Einsturz?

T04.06

Parker – Hauchard

Mondariz 2000 **(W)**

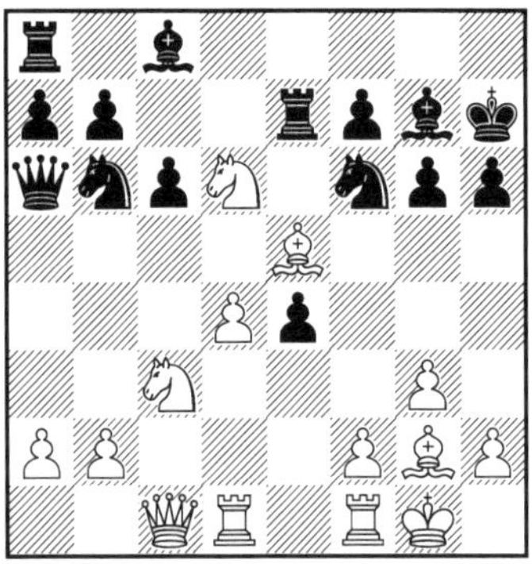

Wie macht Weiß das Beste aus seiner Initiative?

T04.07

Jegjazarjan – Danieljan

Jerewan 2000 **(W)**

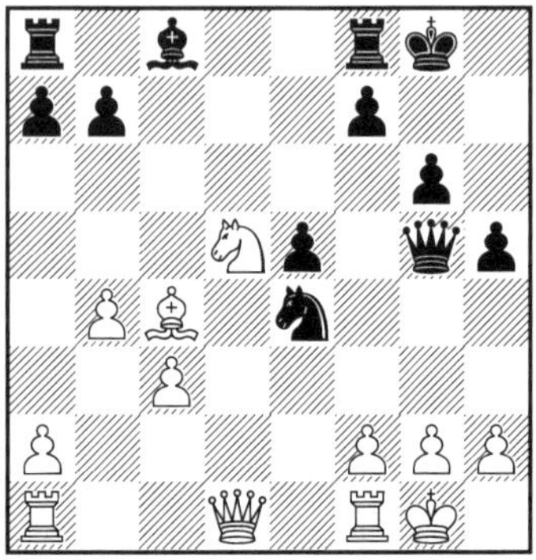

Wie nutzt Weiß seinen Entwicklungsvorsprung?

T04.08

Nakamura – Kramnik

Dortmund 2011 **(S)**

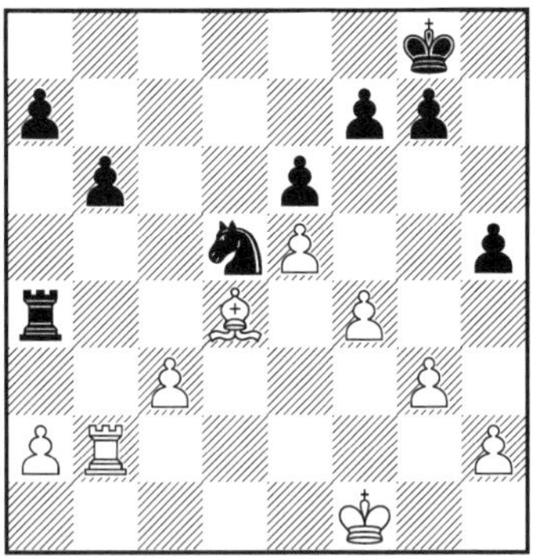

Wie erzielt man Fortschritte?

Test 5

Lösungen ab Seite 242

T05.01

Vallejo Pons – Ivanisevic

Kallithea 2008 **(W)**

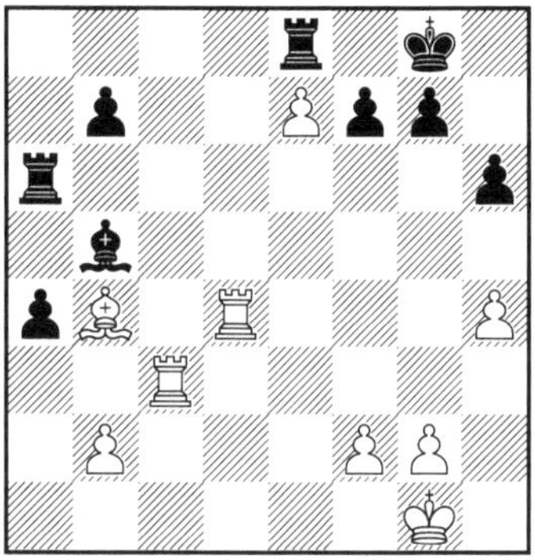

Mit dem langsamen Zug f2-f4 hielt Vallejo sich an das Prinzip 'nichts überstürzen'. War das richtig?

T05.02

Berg – Jones, Oslo 2008 **(W)**

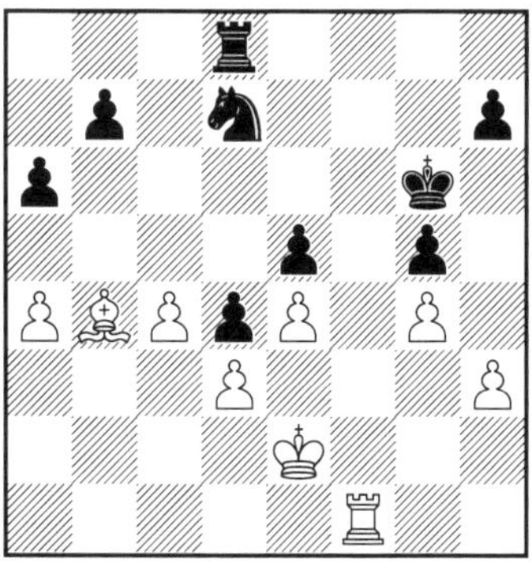

Wie kann man die weiße Initiative ausbauen?

T05.03

Asrjan – Portisch

Warschau 2005 **(W)**

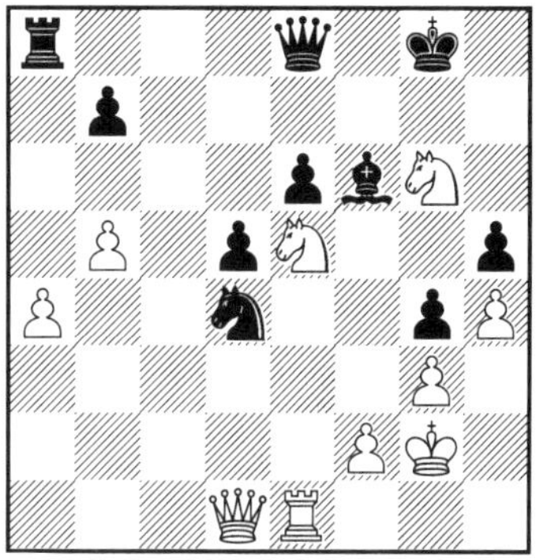

Wie nutzt man die Schwächen am schwarzen Königsflügel aus?

T05.04

Socko – Levin

Deutschland 2005 **(W)**

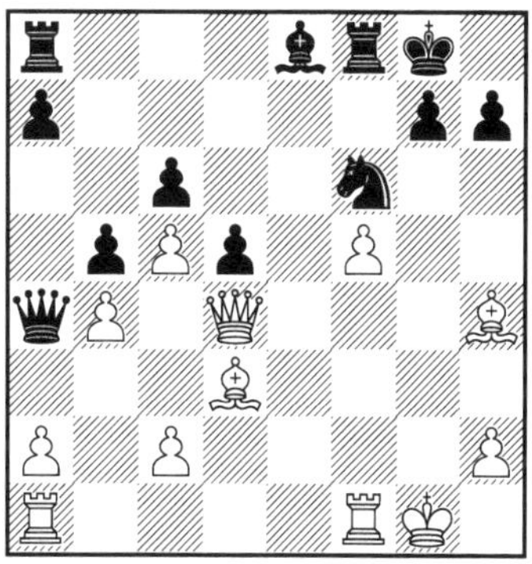

Was ist der weiße Haupttrumpf?

T05.05

Ponomarjow – Giri

Dortmund 2011 **(W)**

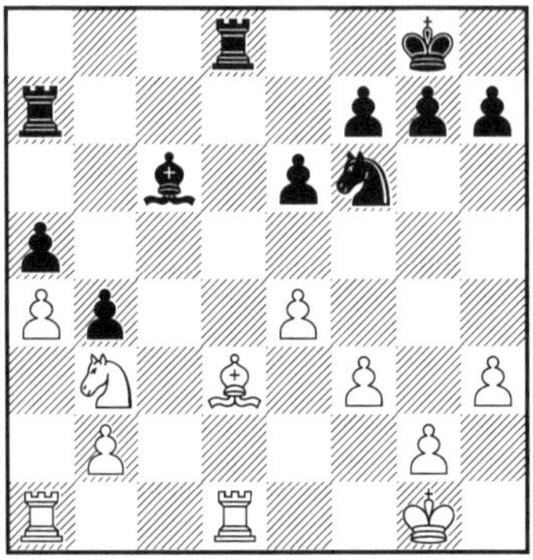

Wie nutzt Weiß seine Initiative?

T05.07

Kramnik – Giri

Dortmund 2011 **(W)**

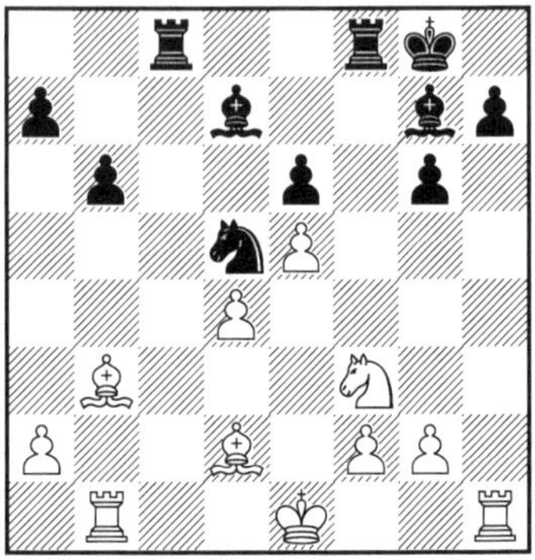

Wie erhöhte Kramnik den Druck?

T05.06

Hickl – Tiwjakow

Deutschland 2007 **(W)**

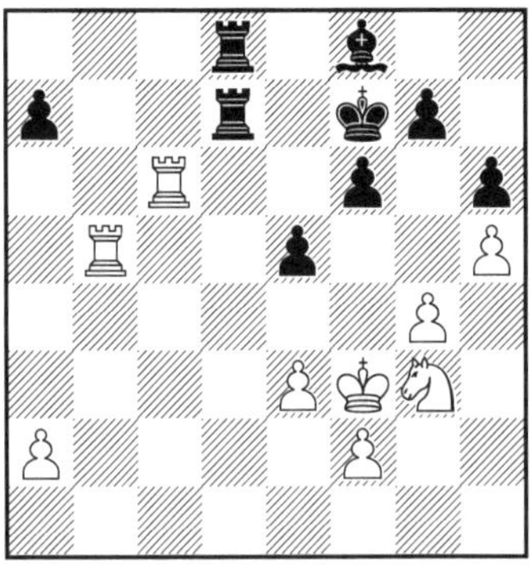

Welchen typischen Plan verfolgte Hickl nun?

T05.08

Gaschimow – Wang Yue

Ningbo 2011 **(S)**

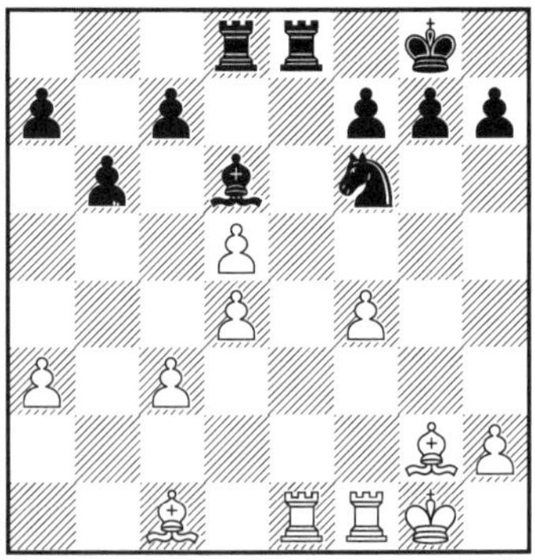

Wie hält man die weißen Läufer unter Kontrolle?

Test 6

Lösungen ab Seite 246

T06.01

Deltschew – Galkin

Tripolis 2004 **(W)**

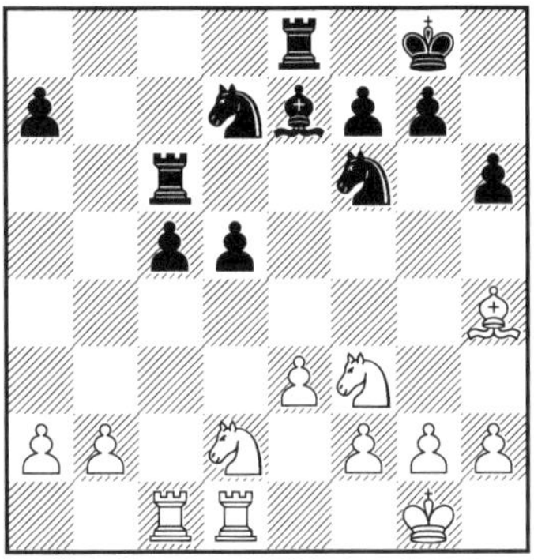

Wie erhöht man den Druck auf das schwarze Zentrum?

T06.02

van den Doel – Meins

Deutschland 2004 **(W)**

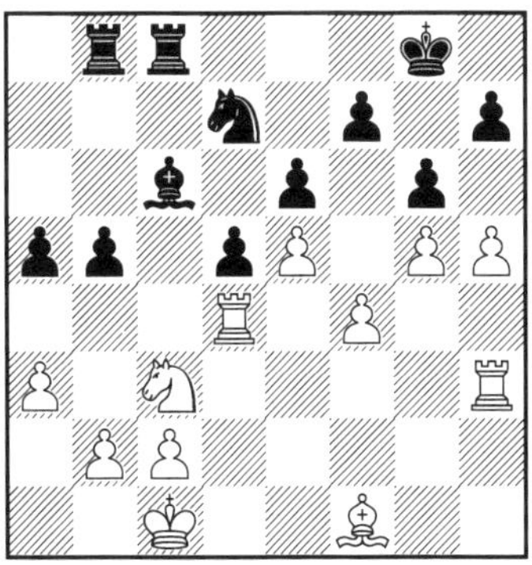

An welchem Flügel soll Weiß spielen?

T06.03

Tjomkin – Dwoiris

Israel 2004 **(W)**

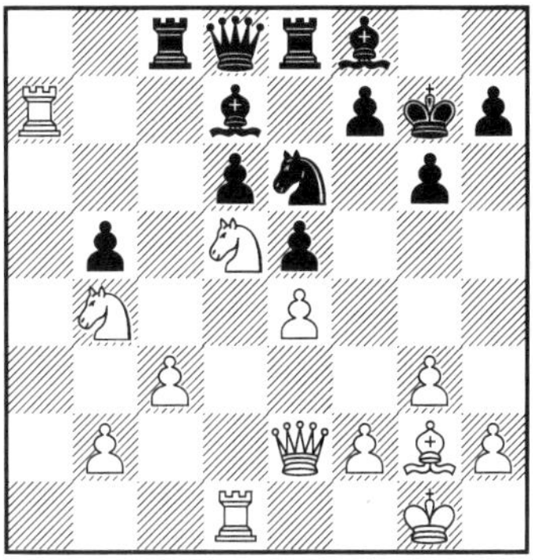

Wie erhöht man den Druck?

T06.04

van Wely – Timman

Almelo 2004 **(W)**

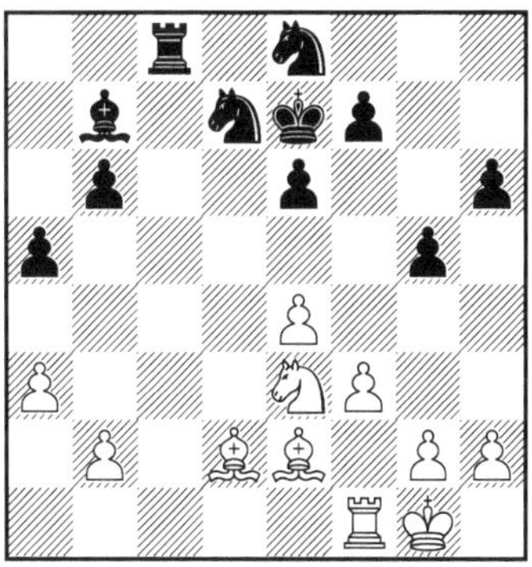

Wie nutzt Weiß sein Läuferpaar?

T06.05

Wolokitin – Schmittdiel

Deutschland 2004 **(W)**

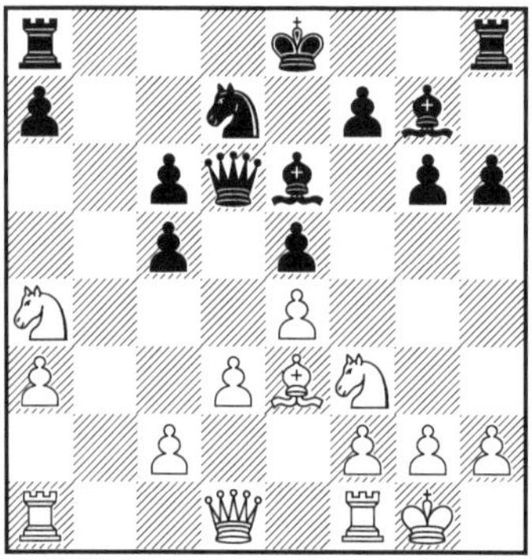

Wo ist die schwarze Achillesferse?

T06.06

Sorokin – Mamedow

Moskau 2004 **(W)**

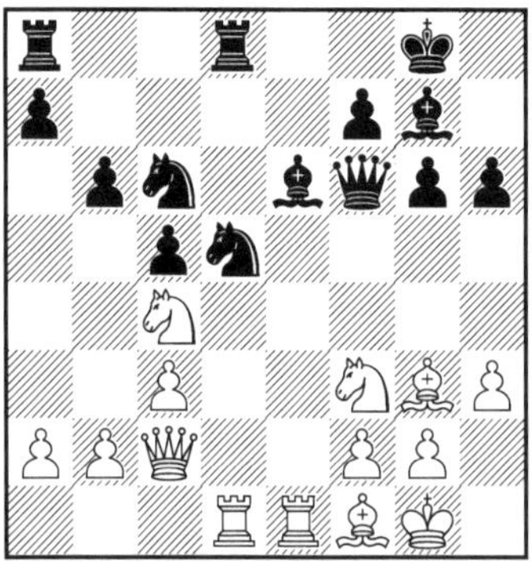

Wie erhöht man den Druck?

T06.07

Murshed – Miezis

Dhaka 2001 **(W)**

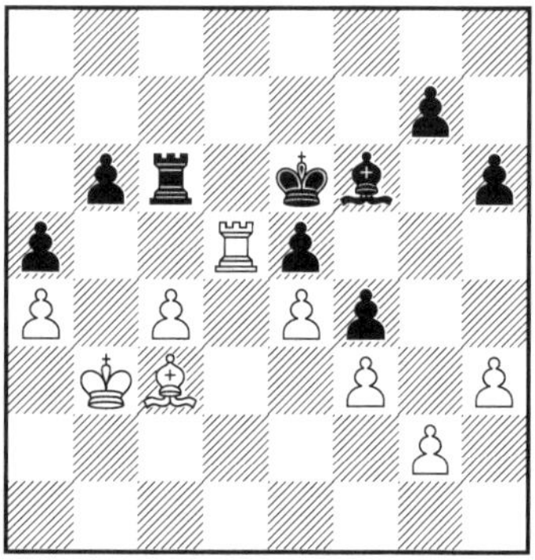

Wie brachte Murshed die Sache voran?

T06.08

Nielsen – Giri

Amsterdam 2010 **(W)**

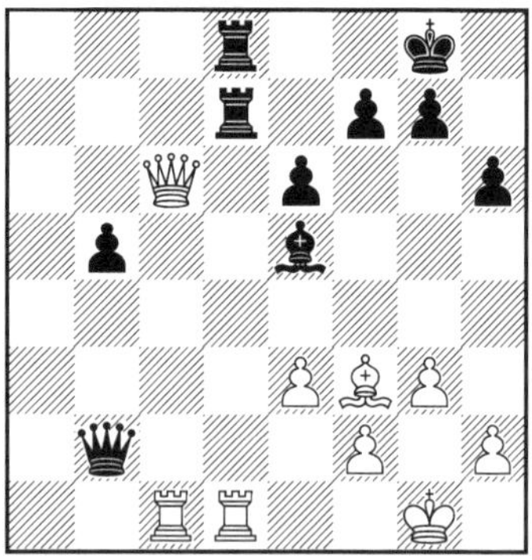

Weiß zieht und gewinnt.

Test 7

Lösungen ab Seite 249

T07.01

Zaltz – Roiz

Israel 2005 **(W)**

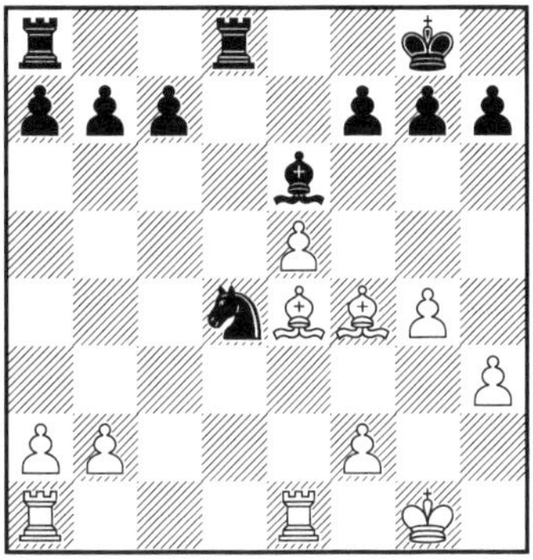

Was hat für Weiß höchste Priorität?

T07.02

Alexejew – Schukowa

Wijk aan Zee 2005 **(W)**

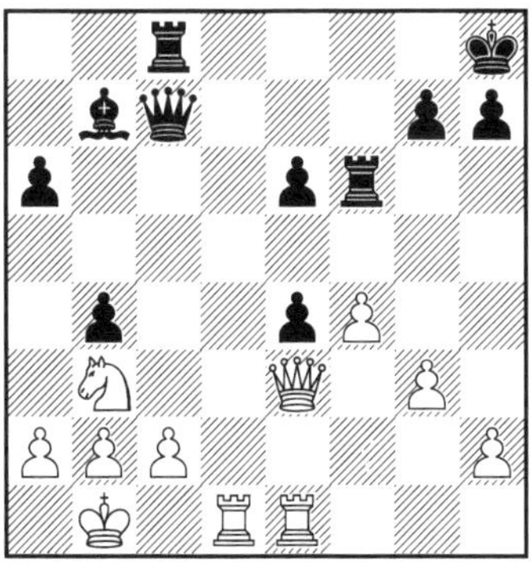

Wie pariert man die Drohung gegen c2?

T07.03

Jakowenko – Michalewski

Montreal 2005 **(S)**

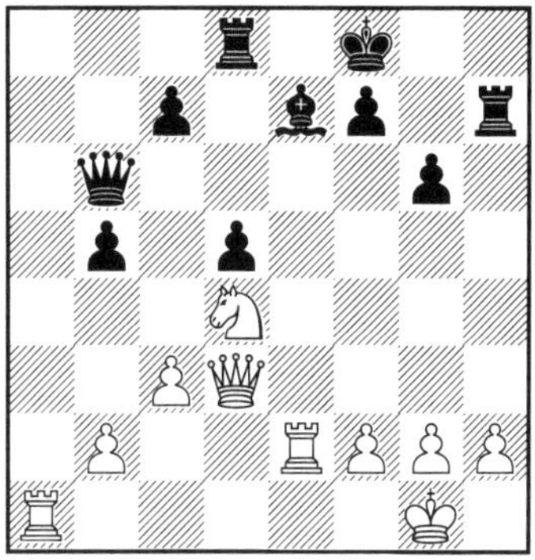

Den Bauern b5 schützen oder nicht? – Das ist hier die Frage.

T07.04

Najer – Ponkratow

Russland 2010 **(W)**

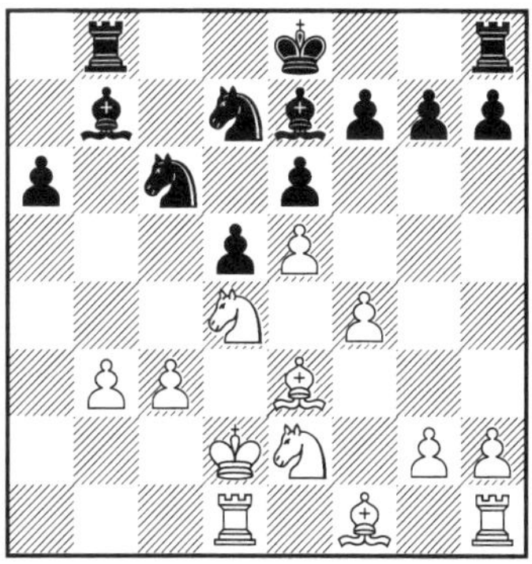

Wie nutzt Weiß seinen Raumvorteil?

T07.05

Motyljow – Korotyljow

Sotschi 2005 **(W)**

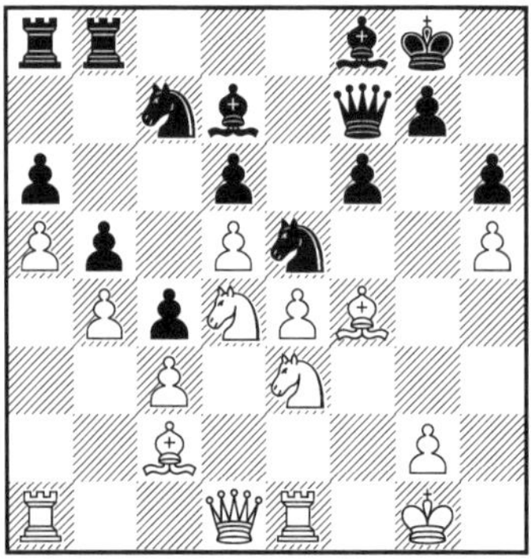

Wie schützt man den Bauern h5 auf Dauer?

T07.06

Asarow – Sowray

Athen 2009 **(W)**

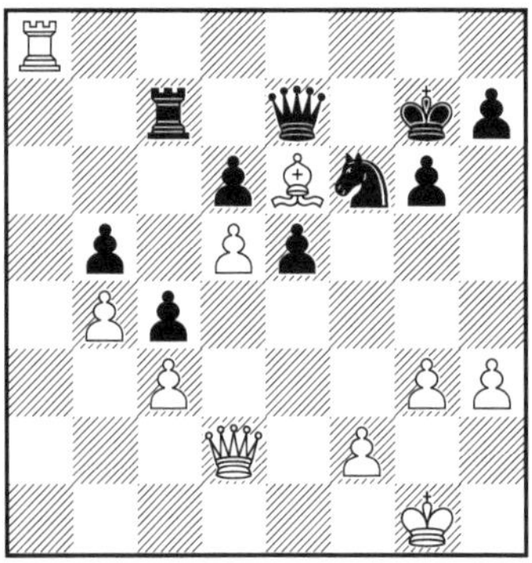

Offensichtlich steht Weiß viel besser. Nur wie macht er Fortschritte?

T07.07

Ganguly – Polgar

Ningbo 2011 **(S)**

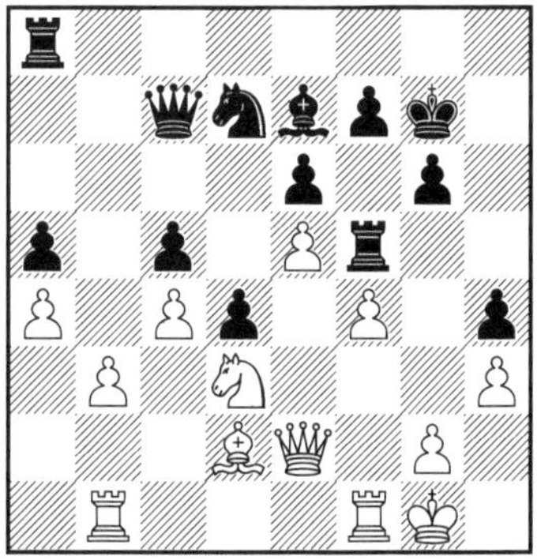

Man finde nicht nur den ersten Zug, sondern auch den dazugehörigen Plan!

T07.08

Navara – Leko

Chanty Mansijsk 2010 **(W)**

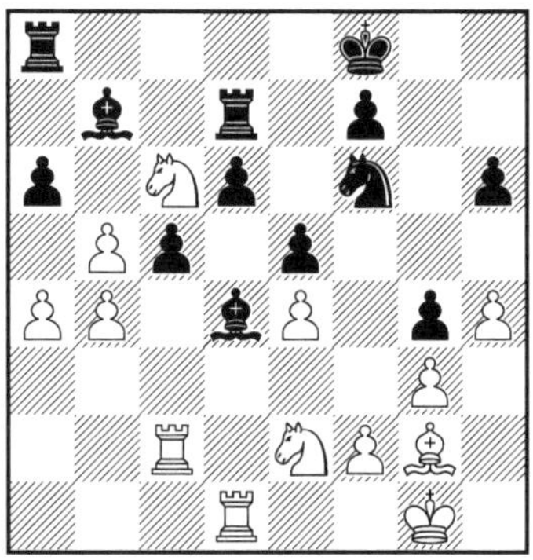

Wie nutzt Weiß seine Majorität am Damenflügel?

Test 8

Lösungen ab Seite 254

T08.01

Jakowenko – Rachmanow

Russland 2010 **(W)**

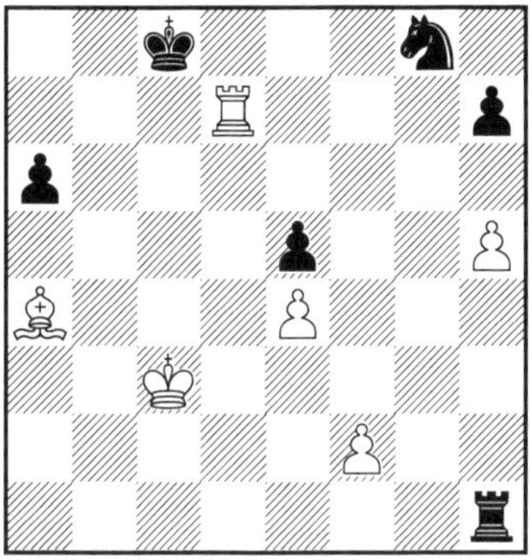

Was hat höchste Priorität?

T08.02

Jakowenko – Froljanow

Russland 2011 **(W)**

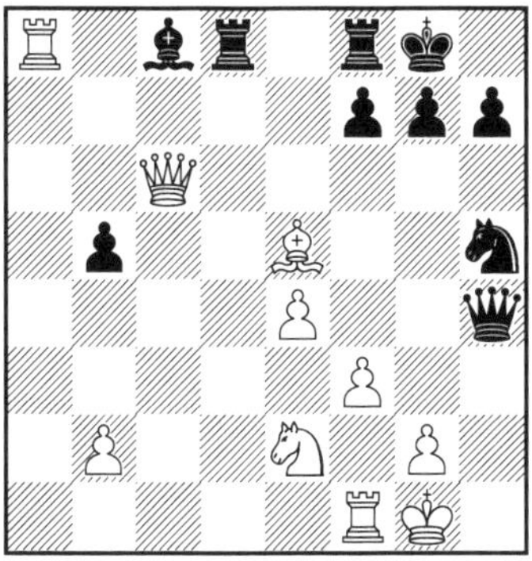

Wie verwertet man den weißen Vorteil?

T08.03

Jakowenko – Laznicka

Plowdiw 2010 **(W)**

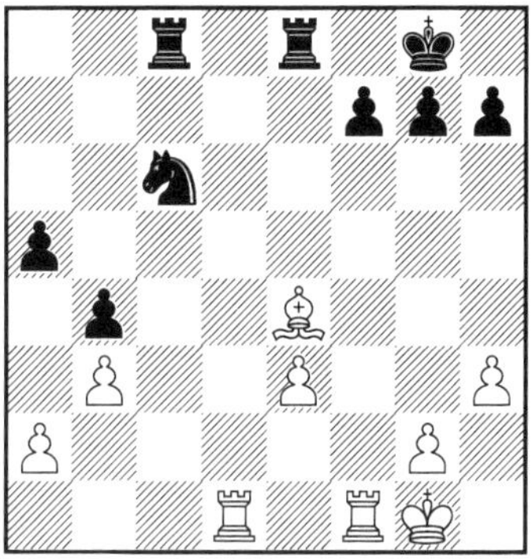

Wie nutzt Weiß seine Initiative?

T08.04

Jakowenko – Bojkow

Plowdiw 2010 **(W)**

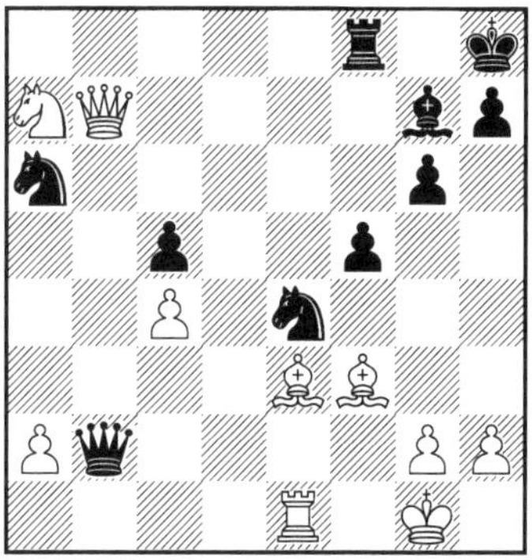

Wie nutzt Weiß das Läuferpaar?

T08.05

Jakowenko – Ponomarjow

Russland 2011 **(S)**

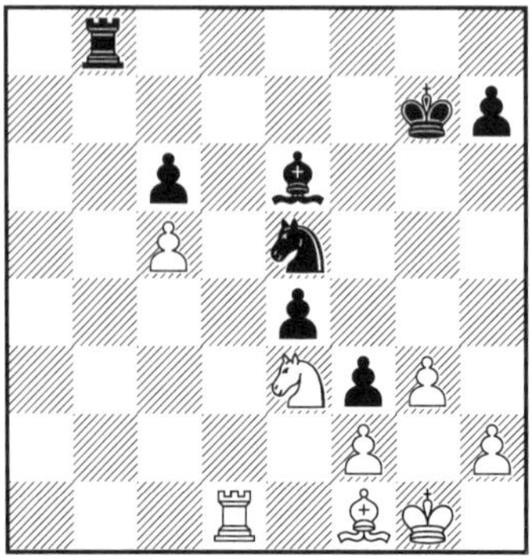

Wie überwindet man die weiße Verteidigung?

T08.06

Jakowenko – Areschtschenko

Chanty Mansijsk 2009 **(W)**

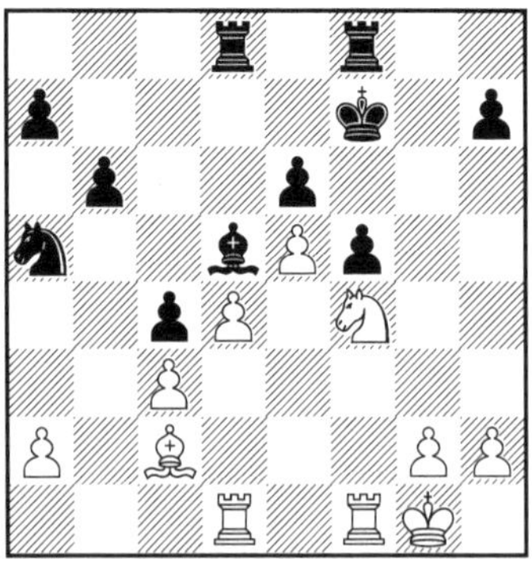

Man verbessere die Position der am schlechtesten stehenden weißen Figur!

T08.07

Gaschimow – Schirow

Poikovsky 2008 **(W)**

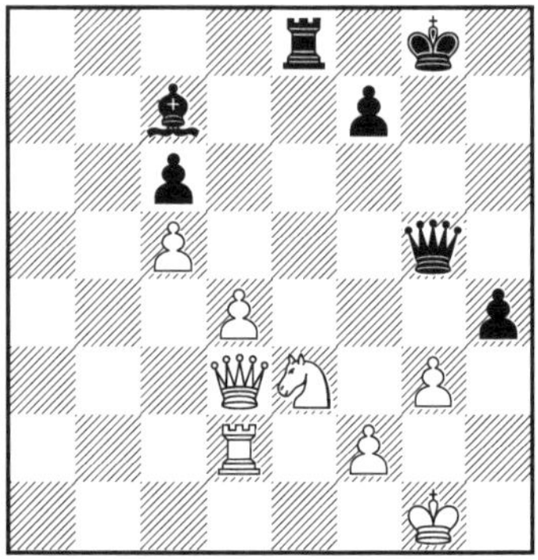

Finden Sie den einzigen weißen Gewinnversuch!

T08.08

Grigorjanz – Rytschagow

Moskau 2010 **(W)**

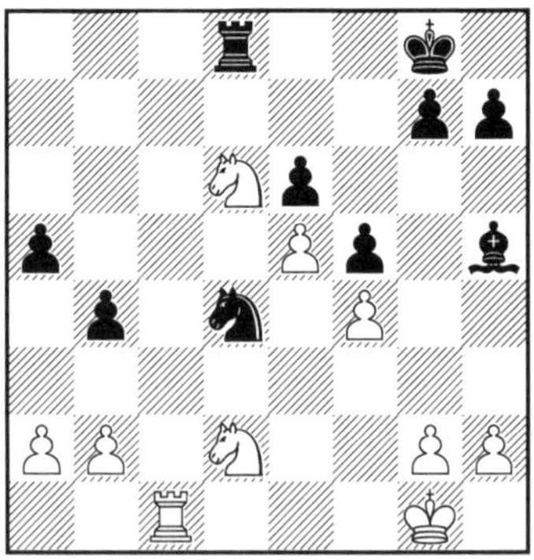

Was tut man gegen die Drohung ♘d4-e2+?

Test 9

Lösungen ab Seite 260

T09.01

Parligras – Bodiroga

Subotica 2003 **(W)**

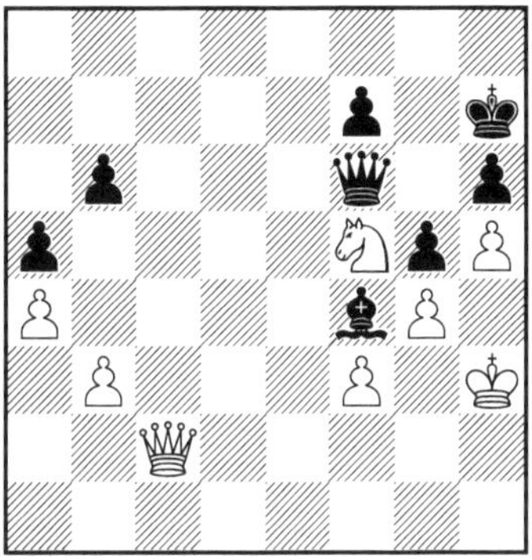

Weiß zieht und gewinnt.

T09.03

Haba – Golubew

Deutschland 2001

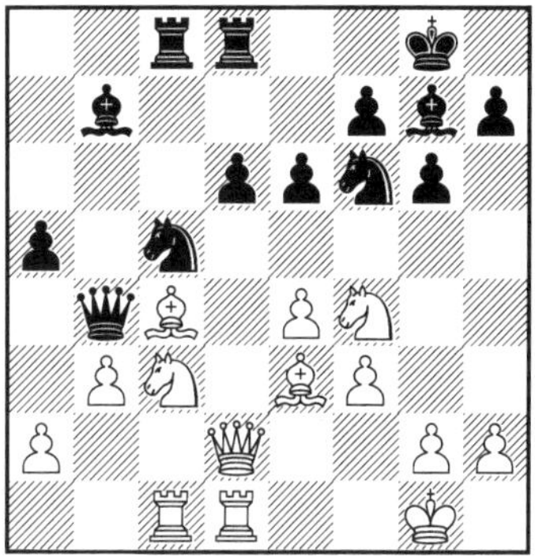

Woran hapert das schwarze Konzept?

T09.02

Katscheischwili – Barkhagen

Plowdiw 2003 **(W)**

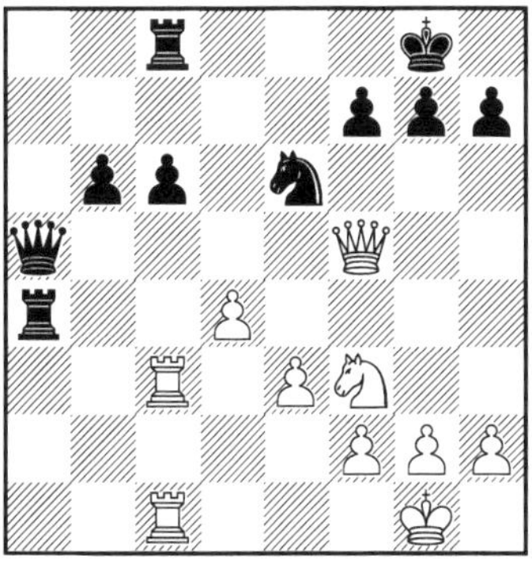

Wie nutzt Weiß seine Initiative?

T09.04

Gurevich – Ye Jiangchuan

Shenyang 2000 **(S)**

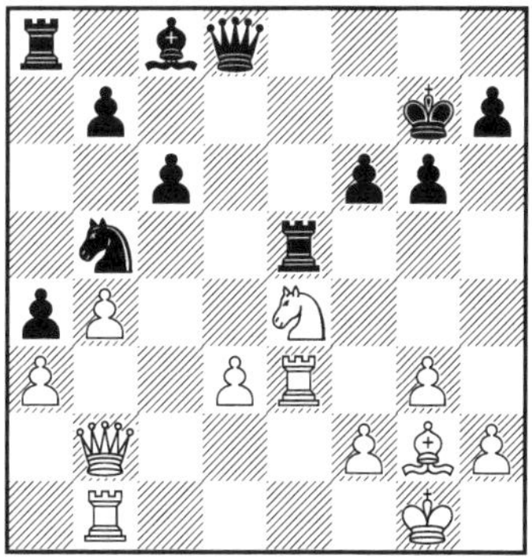

Wer steht besser – und warum?

T09.05

Chalifman – Kramnik

Linares 2000 **(S)**

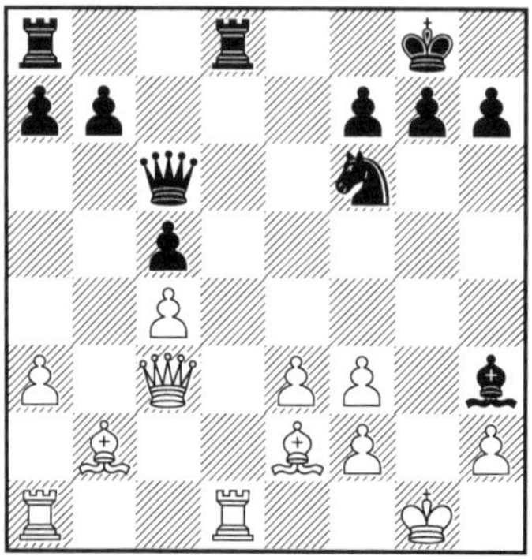

Wie erbrachte Kramnik den Nachweis, dass er besser steht?

T09.06

Kramnik – Leko

Dortmund 2010 **(S)**

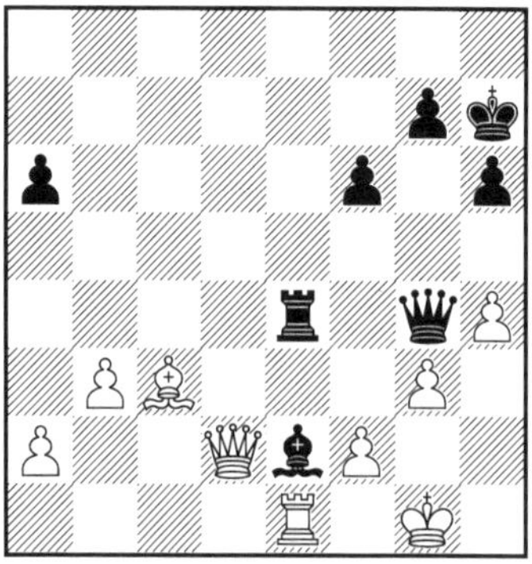

Wie setzt Schwarz den Angriff fort?

T09.07

Adams – Kramnik

Wijk aan Zee 1998 **(S)**

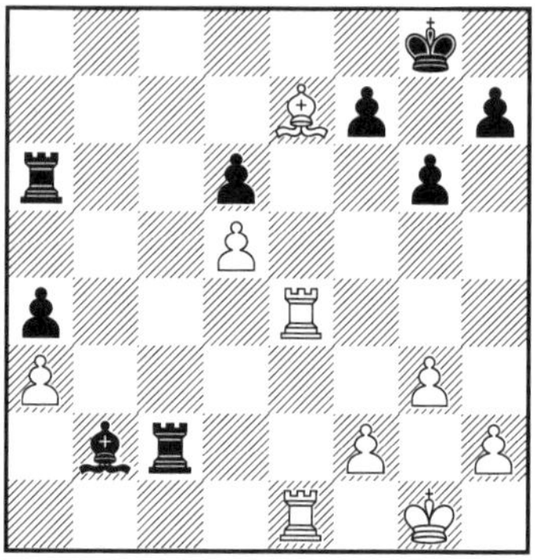

Wer ist hier überhaupt der Angreifer?

T09.08

Vachier-Lagrave – Nepomnjaschtschi

Wijk aan Zee 2011 **(W)**

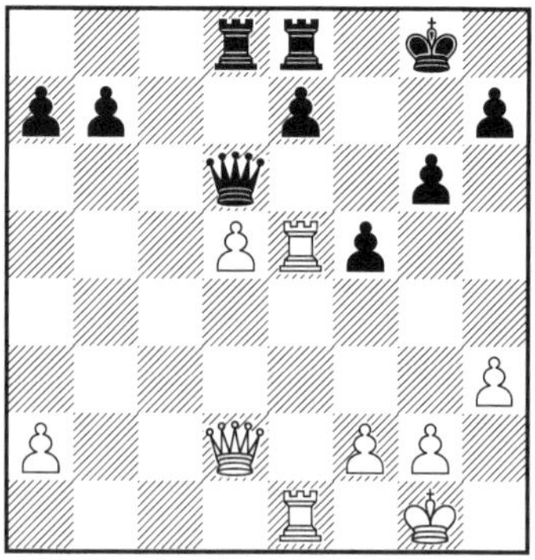

Wie nutzt Weiß seine Initiative?

Test 10

Lösungen ab Seite 262

T10.01

Bedouin – Tschatalbaschew

Frankreich 2006 **(S)**

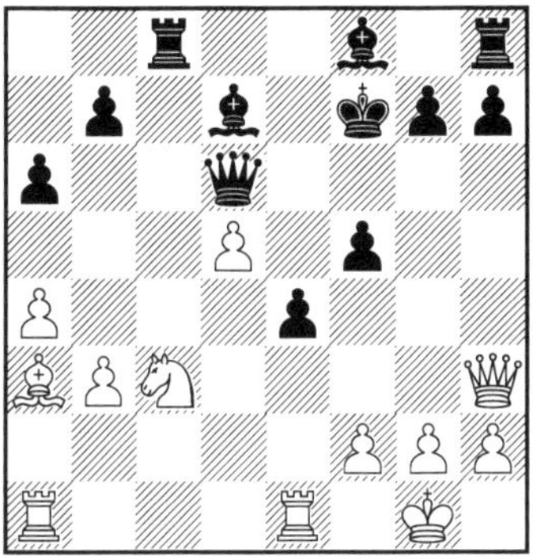

Wohin mit der Dame?

T10.02

Tsesarsky – Grünfeld

Israel 2000 **(W)**

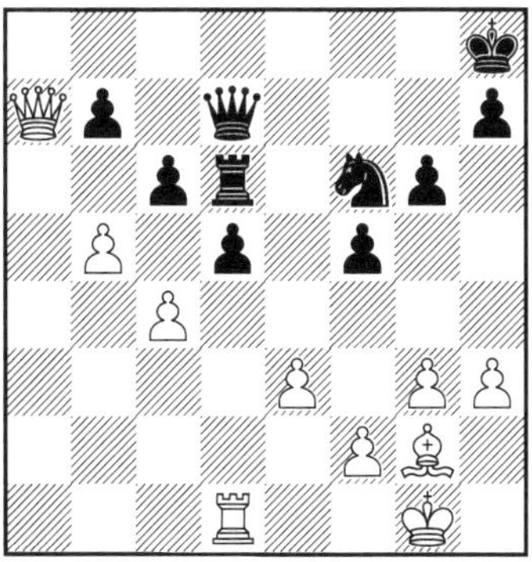

Finden Sie den stärksten weißen Zug!

T10.03

Nisipeanu – Radjabow

Medias 2010 **(W)**

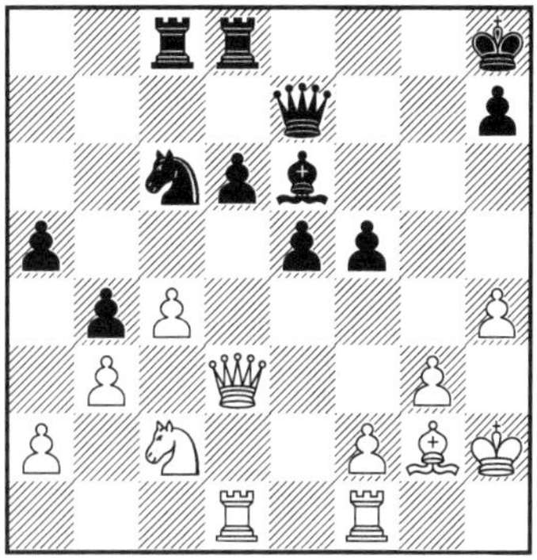

Wie setzt man in dieser typischen Sweschnikow-Struktur fort?

T10.04

Short – Asarow

Mallorca 2004 **(S)**

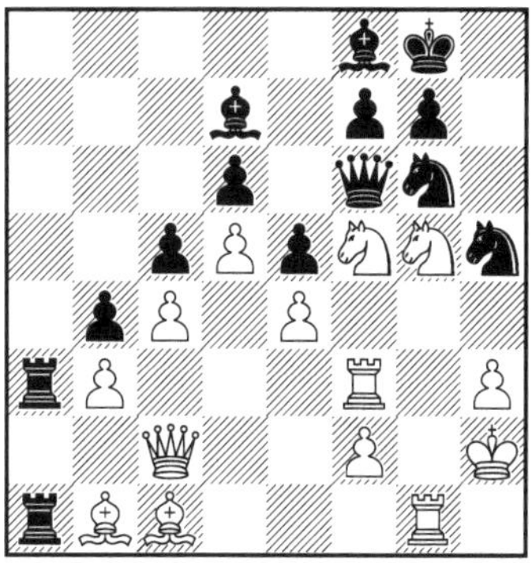

Was tut man gegen den weißen Angriff am Königsflügel?

T10.05

Nisipeanu – Spassow

Rumänien 2010 **(W)**

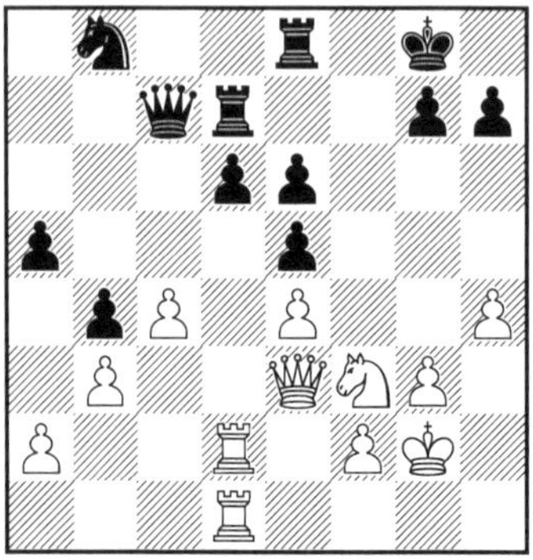

Weiß hat die bessere Struktur und ist besser entwickelt. Aber was fängt man damit an?

T10.06

Le Quang – McShane

Wijk aan Zee 2011 **(W)**

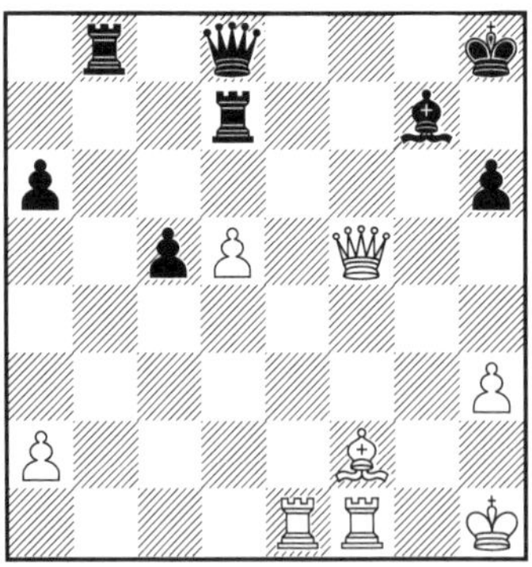

Wo ist die schwarze Achillesferse?

T10.07

Georgiew – Nielsen

Frankreich 2004 **(W)**

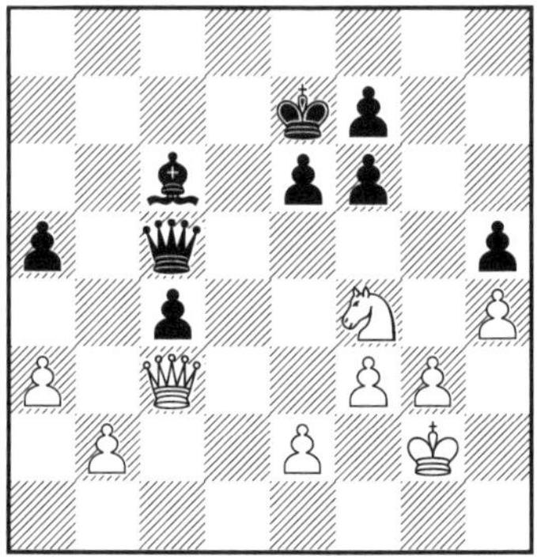

Wie nutzt man die Schwächen im schwarzen Lager aus?

T10.08

Karpow – Salow

Linares 1991 **(W)**

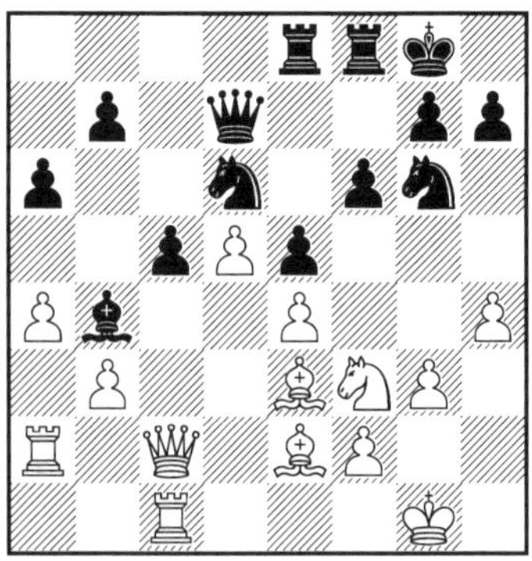

Wie bewahrt Weiß seinen Vorteil?

Test 11

Lösungen ab Seite 265

T11.01

Timman – Speelman

Deutschland 2001 **(S)**

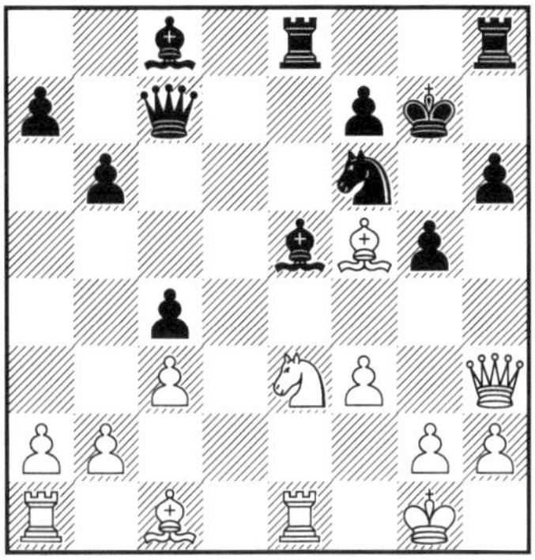

Wie zerstörte Speelman die weiße Stellungsharmonie?

T11.02

Lenic – Le Quang

Moskau 2011 **(S)**

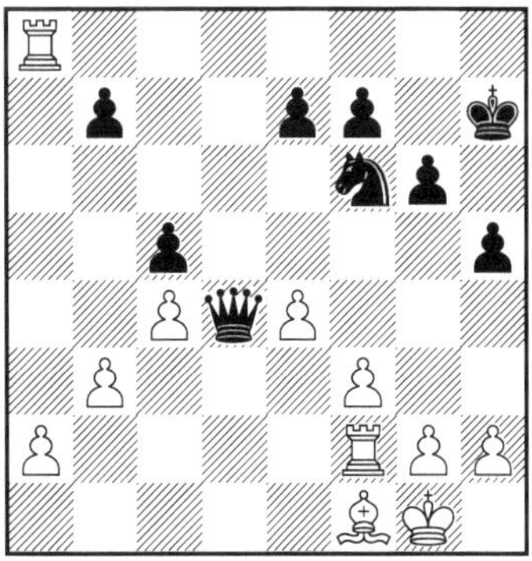

Wie ist diese Stellung zu bewerten?

T11.03

Nakamura – Schirow

Wijk aan Zee 2011 **(W)**

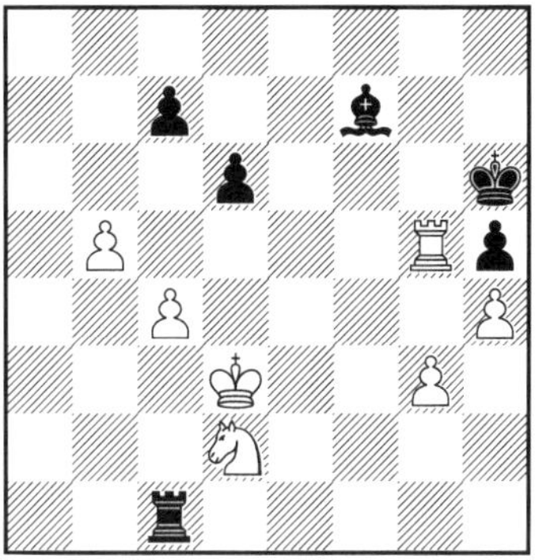

Wie brachte Nakamura die Sache voran?

T11.04

Kramnik – Carlsen

Moskau 2011 **(W)**

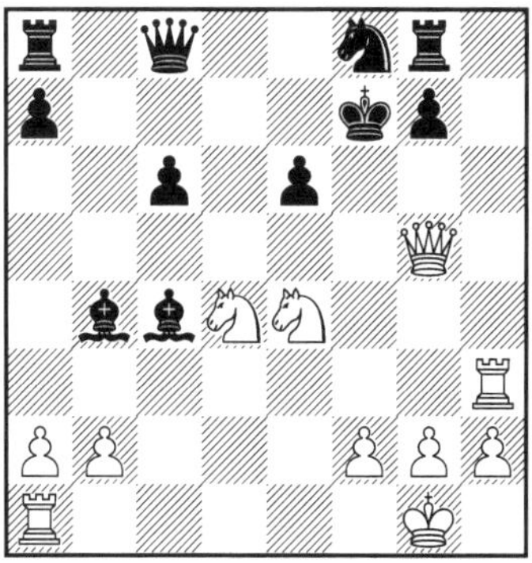

Wie brachte Kramnik den Angriff zum Abschluss?

T11.05

Giri – Meyer

Dortmund 2011 **(S)**

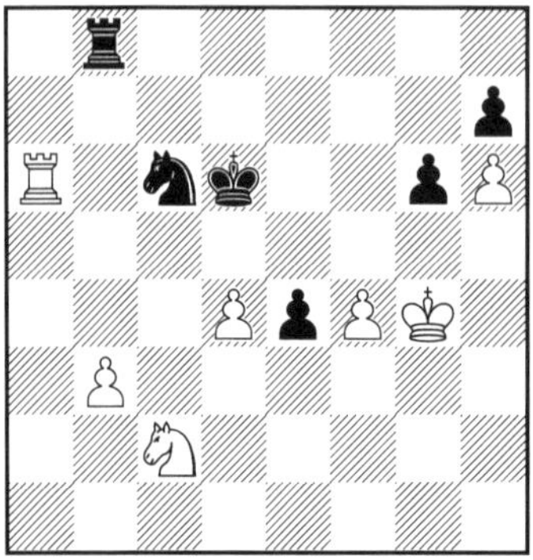

Sollte Schwarz auf b3 nehmen oder besser ♔d5 spielen?

T11.06

Anand – Carlsen

Monte Carlo 2011 **(S)**

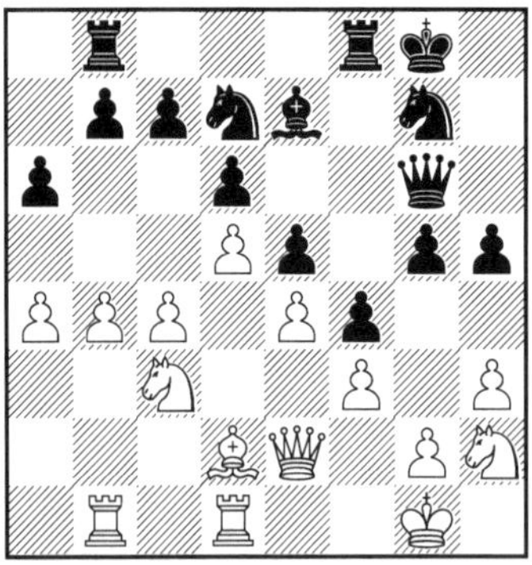

An welchem Flügel spielte Carlsen weiter?

T11.07

Schigalko – Dembo

Frankreich 2011 **(S)**

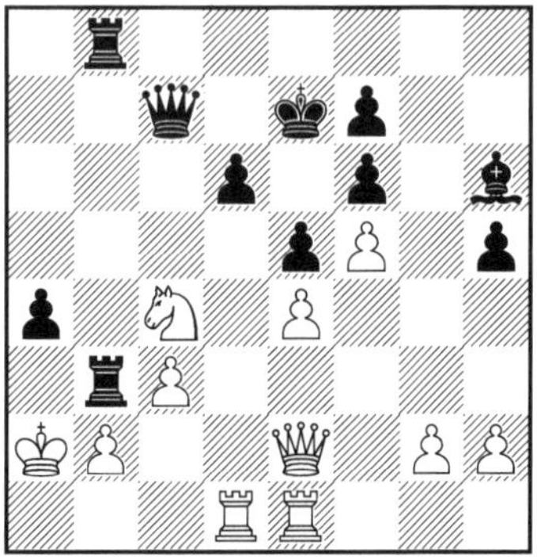

Wie setzt Schwarz den Angriff fort?

T11.08

Vachier-Lagrave – Yangyi Yu

Chanty Mansijsk 2009 **(W)**

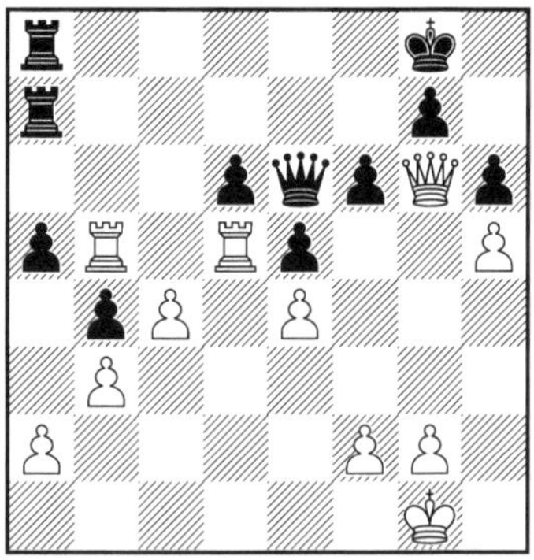

Wie verwertet Weiß seinen Vorteil?

Test 12

Lösungen ab Seite 269

T12.01

Schirow – Tiwjakow

Holland 2010 **(W)**

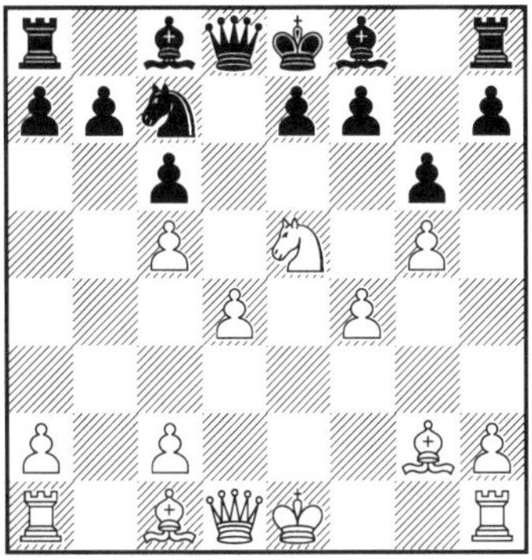

Will Weiß seine Initiative nutzen, muss er handeln. Nur wie?

T12.02

Bacrot – Tiwjakow

Wijk aan Zee 2006 **(W)**

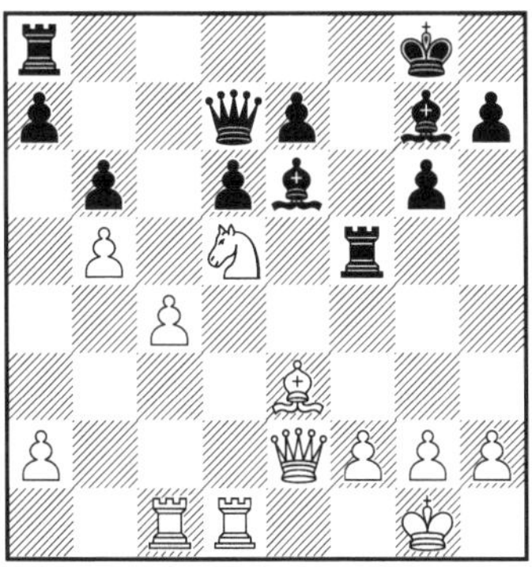

Wie kann Weiß seine Stellung verbessern?

T12.03

Vachier-Lagrave – Carlsen

Biel 2011 **(W)**

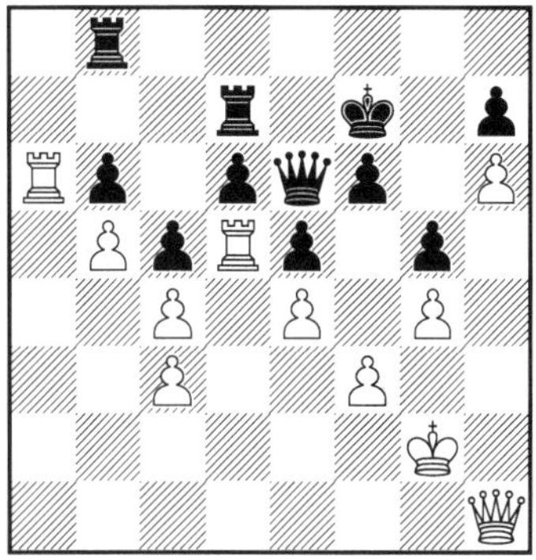

Weiß hat alles unter Kontrolle. Aber wie sollte er umgruppieren und wo kann er durchbrechen?

T12.04

Akopjan – Adianto

Tripolis 2004 **(W)**

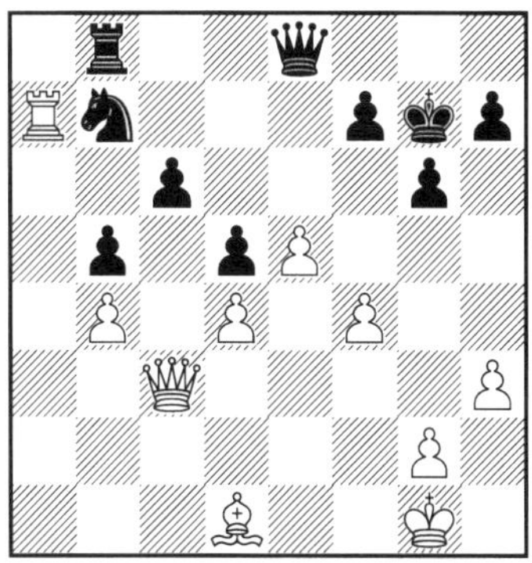

Man schaffe eine zweite Front!

T12.05

Iwantschuk – Alexejew

Russland 2008 **(W)**

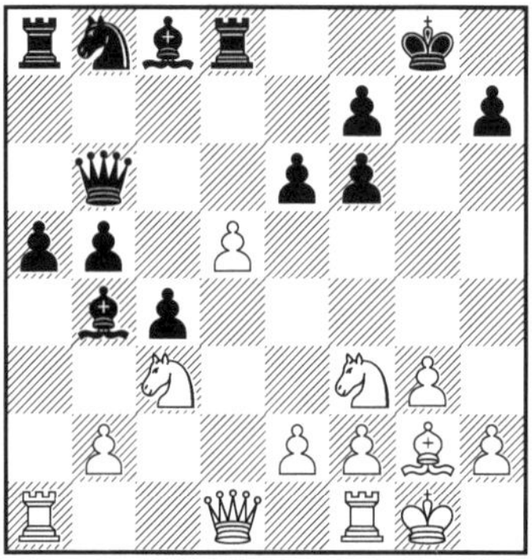

Wie erhält man Kompensation für den geopferten Bauern?

T12.06

Berg – Hillarp Persson

Schweden 2010 **(W)**

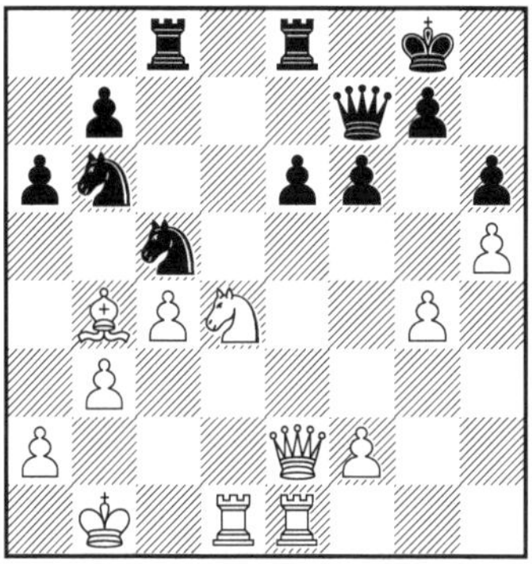

Wie erhöht man den Druck?

T12.07

Berelowitsch – Erwich

Belgien 2009 **(W)**

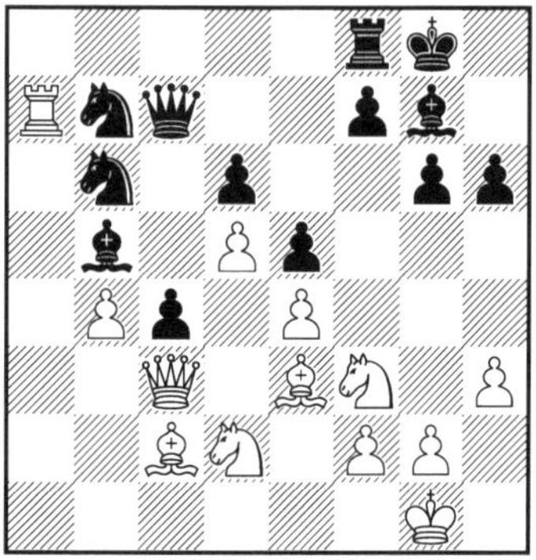

Welche Figurenposition sollte verbessert werden?

T12.08

Karjakin – Hracek

Chanty Mansijsk 2010 **(W)**

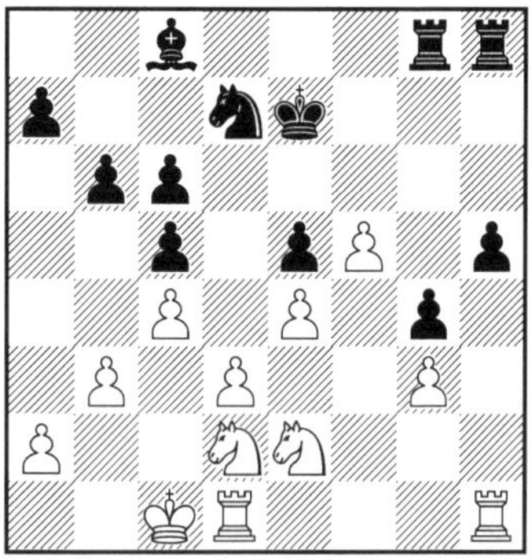

Finden Sie Karjakins Plan!

Test 13

Lösungen ab Seite 275

T13.01

Pawel Eljanow (2741) – Alexei Schirow (2679)

Douglas 2016 **(W)**

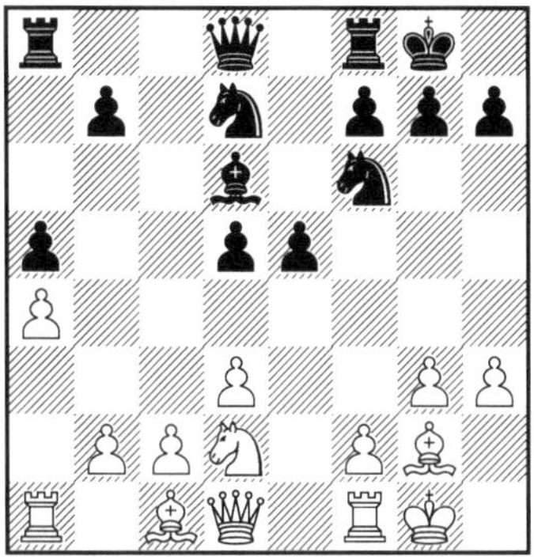

Wie verstärkte Eljanow den weißfeldrigen Druck?

T13.02

Jurij Kryworutschko (2707) – Eduardo Iturrizaga Bonelli (2653)

Dubai 2014 **(S)**

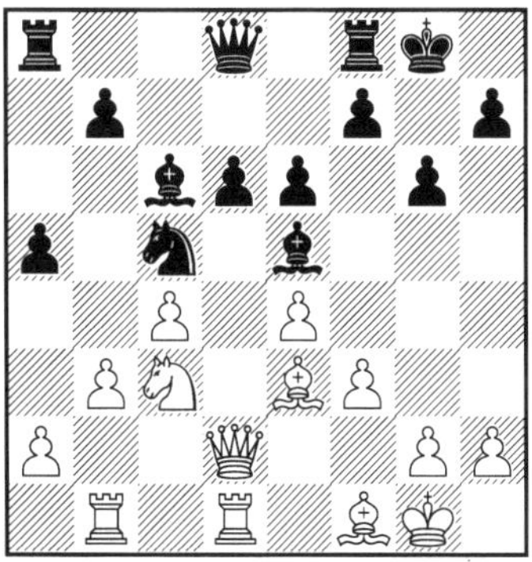

Wo soll Schwarz ansetzen?

T13.03

Weselin Topalow (2761) – Magnus Carlsen (2855)

Paris 2016 **(S)**

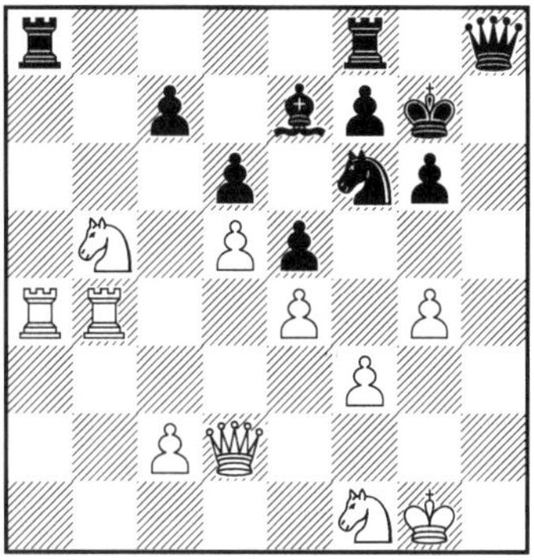

Wie verstärkte Carlsen den Druck?

T13.04

H. Fioramonti (2325) – S. Dishman (2330)

Serbien 2016 **(S)**

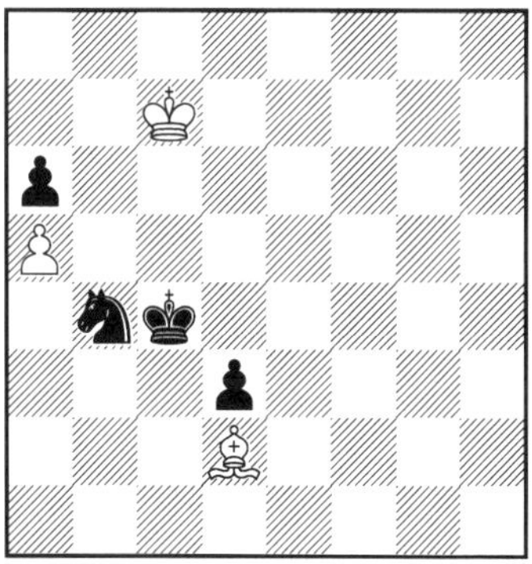

Schwarz zieht und gewinnt

T13.05

Magnus Carlsen (2855) – Viswanathan Anand (2770)

Leuven 2016 **(W)**

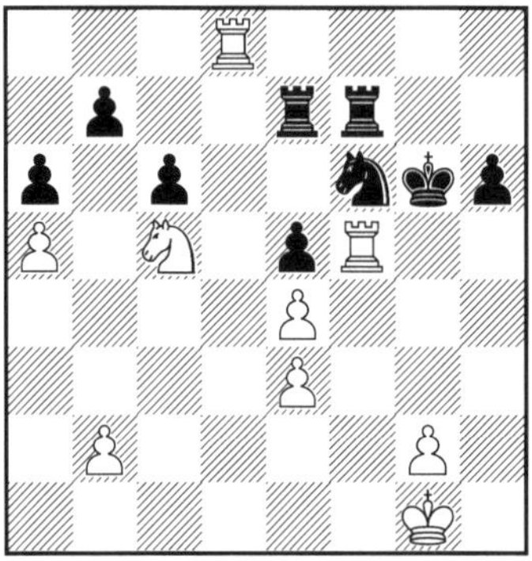

Wie verstärkte Magnus Carlsen den Druck?

T13.06

Magnus Carlsen (2851) – Wladimir Kramnik (2801)

Stavanger 2016 **(W)**

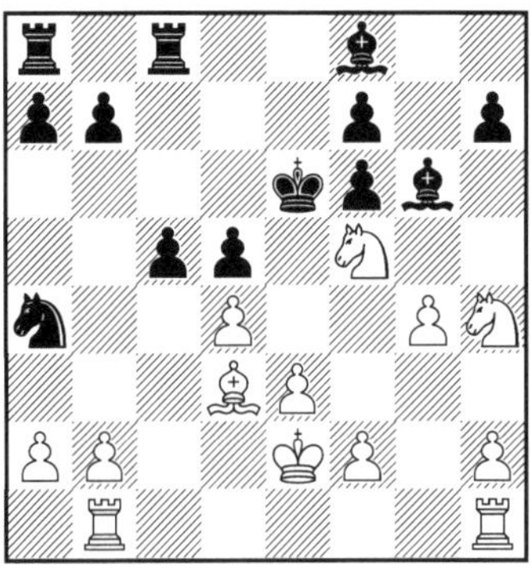

Verbessern Sie die schlechteste weiße Figur!

T13.07

Magnus Carlsen (2855) – Lewon Aronjan (2792)

Paris 2016 **(W)**

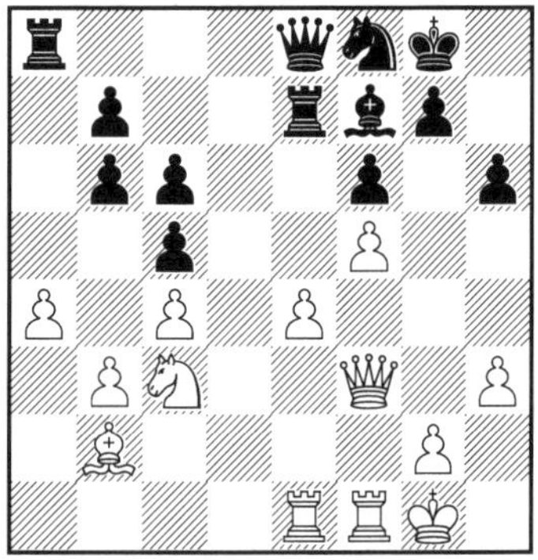

Wie legte Magnus Carlsen los?

T13.08

G. Sarkissjan (2670) – A. Schirow (2679)

Douglas 2016 **(W)**

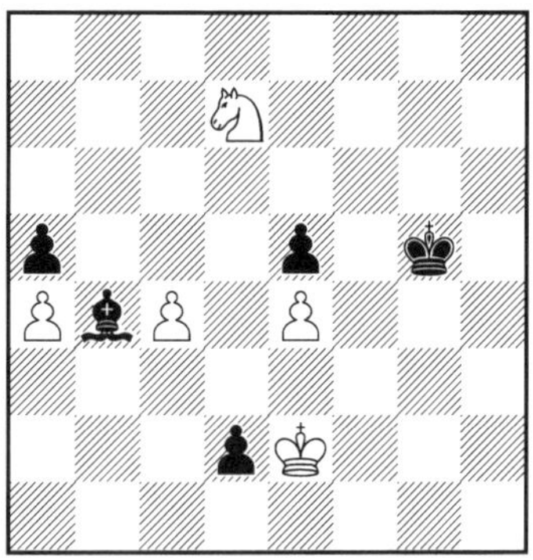

Weiß zieht und gewinnt

Test 14

Lösungen ab Seite 278

T14.01

Thies Heinemann (2466) – Fernando Braga (2422)

Bundesliga 2016 **(W)**

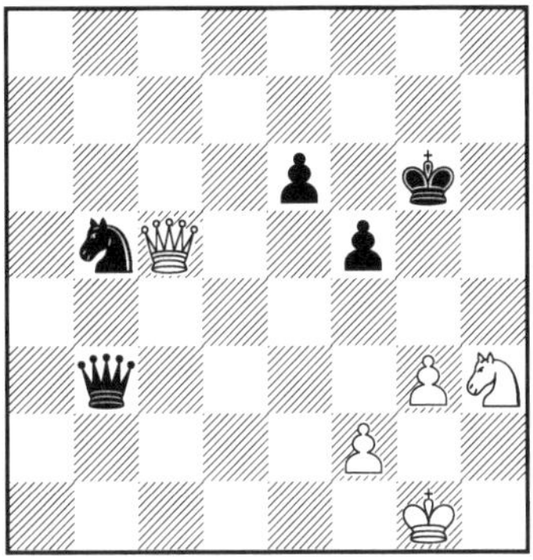

Wo ist die schwarze Achillesferse?

T14.02

Magnus Carlsen (2855) – Lewon Aronjan (2792)

Paris 2016 **(W)**

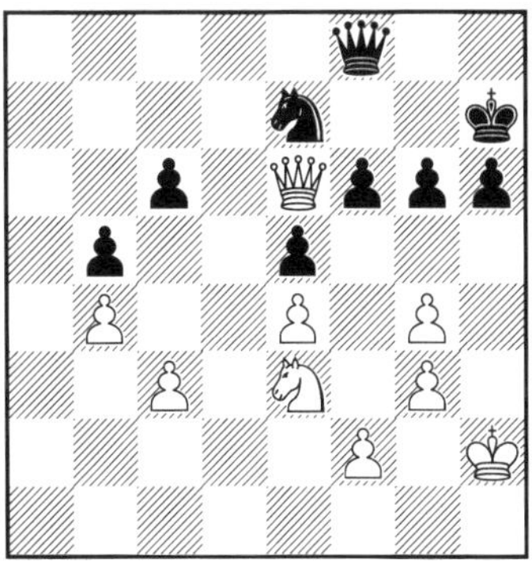

Wie soll Weiß weiterkommen?

T14.03

A. Grech (2368) – Egor Bogdanow (2411)

Lviv 2016 **(W)**

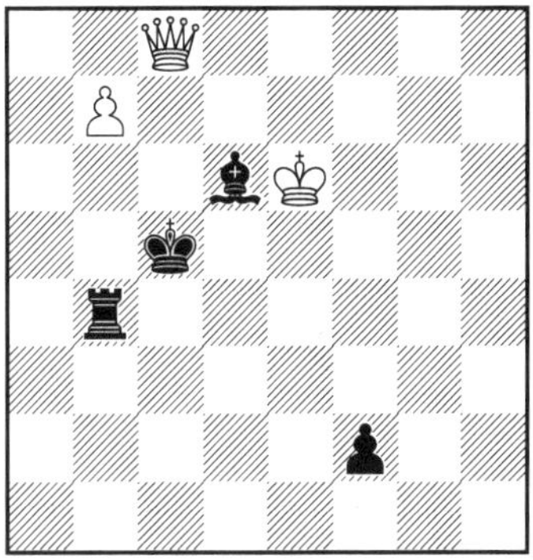

Finden Sie den einzigen weißen Gewinnzug!

T14.04

Ch. Bauer (2623) – A. Mastrovasilis (2555)

Baku 2016

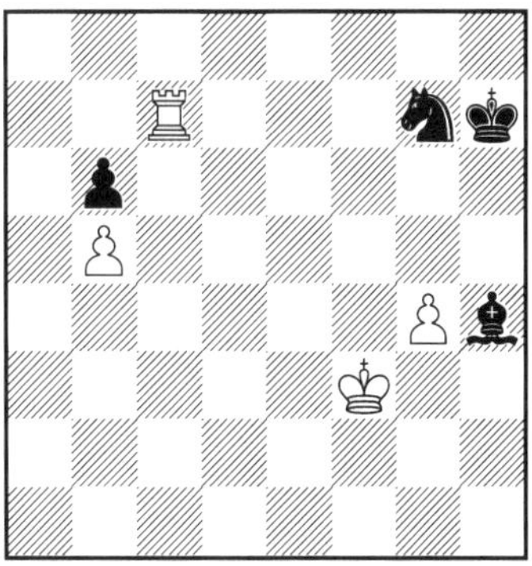

Wie kann der Turm den Läufer austanzen?

T14.05

Stuart Conquest (2485) – John Nunn (2590)

London 1993 **(S)**

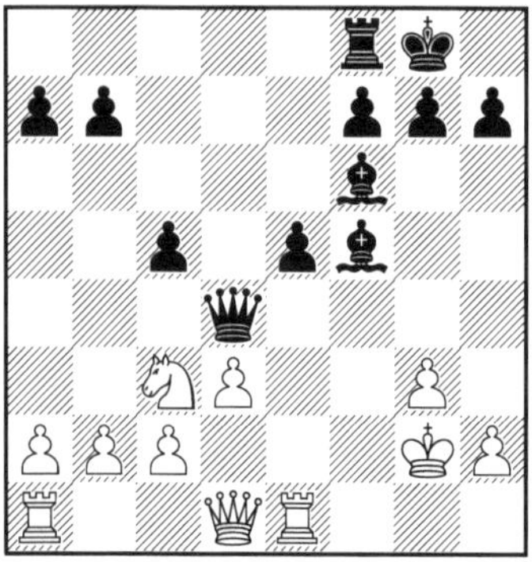

Wie sollen die schwarzen Läufer eingesetzt werden?

T14.06

Waleri Popow (2580) – Waleri Loginow (2516)

St. Petersburg 2004 **(S)**

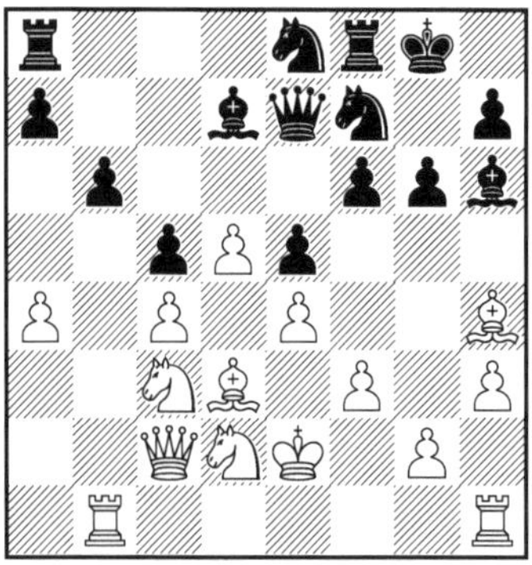

Welche schwarze Figur soll verbessert werden?

T14.07

Tatjana Kossinzewa (2497) – Elena Saiatsch (2364)

St. Petersburg 2009 **(W)**

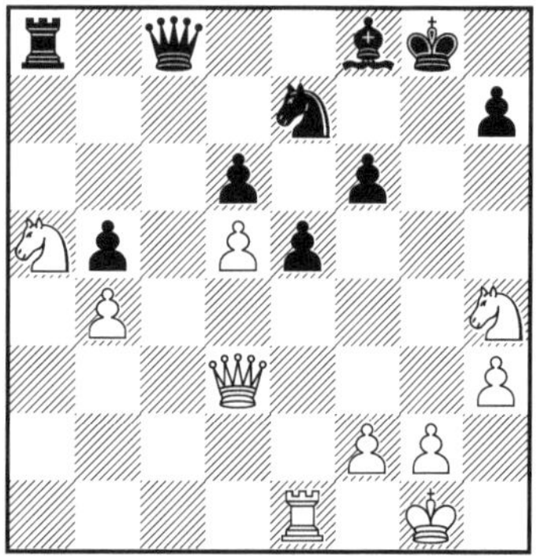

Wie nutzte die Weißspielerin ihre Initiative?

T14.08

Alexei S. Suetin – Michail Botwinnik

Moskau 1952 **(S)**

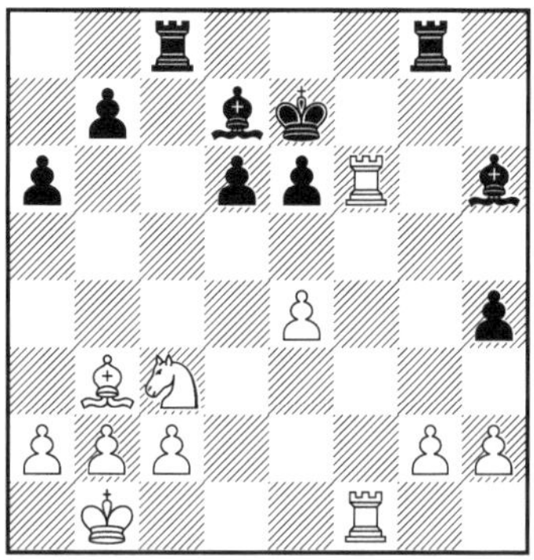

Wie entlastete sich Botwinnik?

Lösungen der Übungen und Tests

Kapitel 1

Ü01.01: 37...♔e7?

1) Zunächst scheitert 37...♖c8? an 38.♘xa6 ♖a8 39.♘b4 ♗xa4 40.♖c5 ♖d8 41.♗b5 ♗xb5 42.♖xb5 ♖d7 43.♘a2±.

2) 37...♘e8! ist der einzige Zug. Nun funktioniert der weiße Plan nicht mehr, weil der Turm auf c7 gedeckt ist. Der Springer steht natürlich passiv, aber das ist gerechtfertigt, da die aktiven weißen Optionen verhindert werden müssen. Jetzt kann noch 38.♗xa6 bxa6 39.♘xa6 ♖c8 40.♘b4 ♗d7! (40...♗b7? 41.a6!+−) versucht werden, wonach die Sache keinesfalls klar ist.

38.♘xb7! ♖xb7 39.♖xc6+−♖b2+ 40.♖c2 ♖b4 41.♖a2 ♘e8 42.♗xa6 ♘d6 43.♗b5 ♘xb5 44.axb5 ♖xb5 45.a6 ♖b8 46.a7 ♖a8 47.♔c3 ♔d6 48.♔b4 ♔c6 49.♖a6+ ♔b7 50.♔b5 1-0

Ü01.02: 13.♔h1!

Nach dieser aktiven Prophylaxe zur Verhinderung von Springerschachs kann Schwarz die Fesselung nicht mehr abschütteln und wird zu großen materiellen Zugeständnissen gezwungen.

Eine Schutzmaßnahme für den Läufer wie z.B. 13.♗c3? 0-0 14.♕c1 d6 15.♕b2 e5= verspricht nicht viel.

13...g5

13...e5 14.f4 d6 15.fxe5 ♕xe5 16.b5+−

14.♖c1 d6 15.f4!+− Und Baklan gewann. **15...gxf4 16.♘xf4 ♕g5 17.♘h5 e5 18.♘f6+ ♔d8 19.♕a4 ♗e6 20.♕a5+ ♔e7 21.♕c7+ ♔f8 22.♗c4 ♖c8 23.♕xd6+ ♔g7 24.♗xe6 ♖xc1 25.♗xc1 ♘xe6 26.d4 ♕g6 27.d5 ♗b8 28.♕e7 ♘f4 29.♗xf4 exf4 30.♘e8+ ♖xe8 31.♕xe8 ♗d6 32.♕d7 b5 33.a3 ♗e5 34.♕f5 ♕xf5 35.exf5 ♔f6 36.♖c1 1-0**

Ü01.03: 41.♖h3!

Der direkte Ansatz 41.♖xa3? trifft auf 41...♗xb4 42.cxb4?? ♖f3+.

41...♗xb4

Verzweiflung – denn wie auch immer wird Weiß zuerst den a-Bauern gewinnen und später die Partie.

42.cxb4 ♖d6 43.♔c3 ♖dxd4 44.♖a4 ♖d1 45.♖xa3 ♖c1+ 46.♔b2 ♖c8 47.♖ag3+ ♔f7 48.♖f3 1-0

Ü01.04: 22...♘g5!

22...♖xa5? 23.f3 ♘f6 24.♘d2 ♘d5 25.♘c4 spielt dem Weißen in die Hände.

23.h4 ♘e4

Ein ausgezeichnetes Manöver. Angesichts der Schwäche des Bauern g3 kann Weiß die hellen Felder nicht mehr mit f2-f3 verteidigen. Auch andere Ideen sind unzureichend, denn die weißen Figuren haben nur sehr wenige Möglichkeiten, während Schwarz bereit ist, seine Stellung schrittweise zu verbessern und den weißen a-Bauern zu erobern. In der Partie versuchte Waganjan, den Gang der Dinge durch ein verzweifeltes Qualitätsopfer zu ändern. Aber Schwarz setzte sich dennoch durch.

24.♘d2 (24.♘f3?! ♘xg3!−+) **24...♘c3 25.♘c4 ♘xd1 26.♖xd1 ♖b8 27.♕b3 c5 28.♘b6 ♕c6 29.dxc5 ♗xc5 30.♘d7 ♖c8 31.♘d3 ♗e7 32.♘xb4 ♕b7 33.♘b6 ♖xb6 34.axb6 ♕xb6 35.♖b1 ♖b8 36.♕a2 ♗xb4 37.a5 ♕a7 38.a6 ♗c5 39.♖d1 h5 40.♕a4 ♗xe3 41.♖d7 ♗xf2+ 42.♔g2 ♕e3 0-1**

Ü01.05:

Weiß muss präzise vorgehen, da die schwarze Verteidigung über viele Ressourcen verfügt. Er kann versuchen, den ♗b1 mit ♘b4-c2 zu blockieren. Aber noch wichtiger ist, dass er mit g6 oder g5 seinen g-Bauern opfern kann, um den ♖c7 längs der 7. Reihe in die Verteidigung einzubeziehen. Wenn ihm dies gelingt, wird er nicht matt, sondern erhält gute Aussichten. Entsprechend wird der direkte Ansatz 29.♕h5? mit 29...g6! beantwortet.

(Nicht jedoch 29...♘c2? 30.♗xa5, denn Weiß gewinnt eine Qualität.)

Und nach 30.♕xg6+ ♖g7 kann Schwarz sich erfolgreich verteidigen. Nachdem die richtige Verteidigungsidee nun bekannt ist, macht das Aufspüren des richtigen Einleitungszuges keine Mühe mehr: Weiß blockiert den g-Bauern einfach mit dem Läufer.

29.♗g6!

Jetzt funktionieren die schwarzen Ideen nicht mehr, während der weiße Angriff mit vollem Tempo weitergeht. In Verbindung mit der extremen Zeitnot von Schwarz führte dies zum schnellen Gewinn.

29...♕xd4

1) 29...♖fc8 30.♖fe1! ♗xd4 31.♖xe6! ♗xf2+ 32.♔h1 ♖c6 33.♕f5 ♖xe6 34.♗f7+ ♔h8 35.♗xe6+−;

2) 29...♖d8 30.♖fe1 ♗xd4 31.♗g5!! ♗xf2+ 32.♔h1 ♗xe1 33.♕h5+−;

3) 29...♗xd4! ist relativ am besten, aber der weiße Angriff geht dennoch weiter: 30.♕xh4 ♖f6 31.♕h7+ ♔f8 32.♗e3! ♗e3 33.♕h8+ ♔e7 34.♕xg7+ ♔d6 35.♕xf6±.

30.♕xe6+ ♔h8 31.♖ad1?!

Danach kann Schwarz noch kämpfen, während 31.♕e2! ♕e5 32.♕g4 ♖c4 33.f4+− sofort entschieden hätte.

31...♕e5?!

Mit 31...♖e7! war mehr Widerstand zu leisten, aber Weiß gewinnt trotzdem; z.B. 32.♕h3 ♖e5 33.♗g5 ♕c4? 34.f4+−.

32.♕g4 ♖fc8 33.♖fe1 1-0

Ü01.06: **20...♖h6!**

Ein starker prophylaktischer Zug. Schwarz verhindert die Ausführung des weißen Plans h2-h3 und g2-g4, indem er seinen Turm in die *Eventuallinie* stellt. (Zur Erinnerung: Laut Nimzowitsch ist dies eine Linie, in der es eventuell zu wichtigen Ereignissen kommen kann, deren Öffnung jedoch nicht in unserer Macht liegt.) Danach hat Weiß keinen aktiven Plan mehr und sollte sich folglich auf die Verteidigung des Damenflügels einrichten.

Der direkte dortige Vorstoß 20...a6 erlaubt Weiß nach 21.♗a4 b5 22.♗d1 a5 die Fortführung seines Spiels am anderen Flügel; z.B. 23.♖h3 g6 24.a3 ♗a6 25.♕e1 mit gefährlichen Optionen wie etwa ♖f1f3-g3, ♗xh5 oder g2-g4.

21.♗e1 g6 22.♗h4 ♔f7 23.♕e1

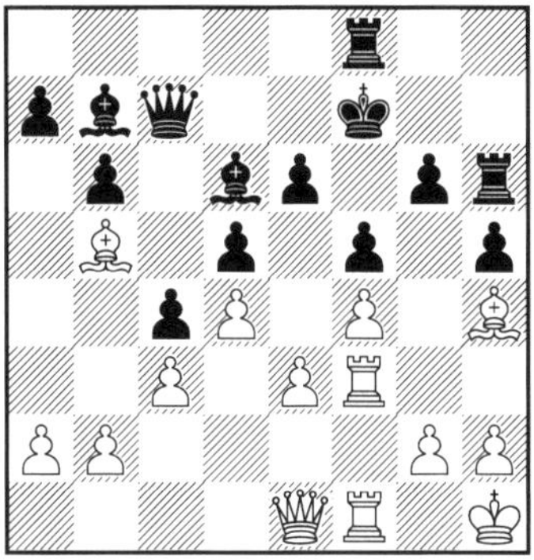

Capablanca hat das weiße Spiel am Königsflügel völlig zum Stillstand gebracht. Jetzt setzt er seine Bauern am Damenflügel in Bewegung.

23...a6 24.♗a4 b5 25.♗d1 ♗c6 26.♖h3?

Am Königsflügel kann Weiß nichts erreichen. Er sollte seine Figuren zur Verteidigung des anderen Flügels umdirigieren.

26...a5 27.♗g5?! ♖hh8 28.♕h4?! b4 29.♕e1 ♖b8 30.♖hf3 a4 31.♖3f2 a3!

Die entscheidende Unterminierung.

32.b3 cxb3 33.♗xb3 ♗b5 34.♖g1 ♕xc3 35.♕xc3?!

35.♕d1 ♖hc8 36.♖c2 ♕d3 37.♖d2 ♕e4 38.♖e1 ♖b7 39.♗h4 ♖bc7−+.

35...bxc3 36.♖c2 ♖hc8 37.♗h4 ♗d3 38.♖cc1 ♖xb3 39.axb3 a2 0-1

Ü01.07: **18.♖ab1!**

Dieser ‘mysteriöse’ Turmzug ist das Ergebnis prophylaktischen Denkens. Spielt Schwarz jetzt 18...bxa4 19.bxa4 d5, so ist der Turm in der b-Linie gut postiert. Nach 20.♗xf8 ♔xf8 21.exd5 cxd5 22.dxe5 verliert Schwarz einen Bauern, denn wegen des hängenden ♗b7 kann er nicht auf e5 zurückschlagen.

Deshalb sollte er sich jetzt mit 18...♗g7 abwartend verhalten. In diesem Fall sollte Weiß versuchen, von seinem Turm in der b-Linie zu profitieren, indem er mittels c3-c4 Linienöffnung am Damenflügel anstrebt. Beljawski hatte gesehen, dass die Öffnung der b-Linie nicht in seinem Interesse wäre, daher strebte er eine sofortige Linienöffnung im Zentrum an.

18...d5?!

Dies ist allerdings nicht so gut, denn, wie wir bereits gesehen haben, hat Weiß dagegen prophylaktische Maßnahmen ergriffen.

19.♗xf8 ♔xf8

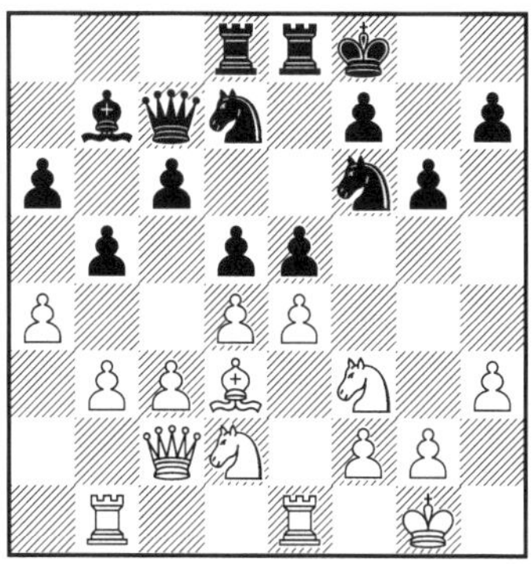

20.b4!?

Da die schwarzen Damenflügelbauern auf der Farbe des ♗b7 fixiert sind, hat Weiß einen ebenso kleinen wie beständigen Vorteil.

20...dxe4 21.♗xe4

Nach 21.♘xe4 kann Schwarz den Gegner mit 21...♘xe4 22.♗xe4 f5 dazu zwingen, seinen Läufer mit unklaren Konsequenzen auf f5 zu opfern. Dolmatow spielt jedoch solider.

21...exd4 22.cxd4 ♕d6 23.♕b3?!

1) (Die Bewertung '?!' stammt von Dworetski.) Der Zug ist ungenau, weil noch nicht klar ist, wohin die Dame gehört. Dworetski plädiert für 23.a5 ♖e7 24.♕b2 nebst Turmtausch zwecks Stabilisierung seiner Stellung. Aber nach 24...♖de8 25.♗c2 ♖xe1+ 26.♖xe1 ♖xe1+ 27.♘xe1 kann Schwarz mit dem Befreiungsschlag 27...c5! ausgleichen, dessen Pointe in 28.bxc5 ♘xc5! 29.dxc5 ♕xd2 besteht. Dennoch bleibt der weiße Vorteil in jedem Fall gering und sollte nicht überschätzt werden.

2) Ein Versuch zum Ausschluss der Befreiungszüge besteht in 23.♘b3; z.B. 23...♘xe4 24.♖xe4 ♖xe4 25.♕xe4 ♖e8 26.♕c2, und Weiß steht leicht besser.

23...♖e7 24.♗c2 ♖de8 25.♕b2 ♖xe1+ 26.♖xe1 ♖xe1+?! (26...♘d5 ist aktiver.) **27.♘xe1 ♘b6?! 28.a5 ♘bd5 29.♘d3**

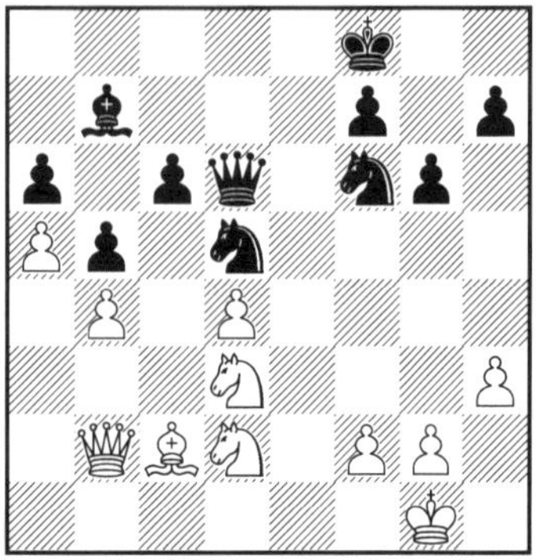

Nun hat Weiß den Stellungstyp erreicht, der Dworetski in seiner Analyse zum 23. Zug vorschwebte, und Schwarz ist nicht dazu gekommen, den befreienden Vortoß c6-c5 auszuführen. Auch steht sein Läufer noch immer passiv und der a6-Bauer ist sehr verletzlich. Weiß hat also greifbaren Endspielvorteil und Dolmatow verwertet diesen mit ausgezeichneter Technik.

29...♗c8 30.♘c5 ♘f4 31.♗d1 ♕d5 32.♗f3 ♕g5 33.♔f1 ♘6d5 34.♘de4 ♕e7 35.♘c3 ♕d6 36.♗xd5 cxd5 37.♕d2 h5?!

Im Sinne des Läufers wäre es besser, die Bauern mit 37...g5 schwarzfeldrig zu postieren.

38.h4 ♔g7 39.♕e3 ♘e6 40.g3 f6 41.♔e1 ♘c7 42.♔d2 ♗g4 43.f3 ♗e6 44.♘e2 ♗f7?

44...♗f5 war erforderlich.

45.g4!

Zusätzlich zum Spiel gegen die Schwäche a6 am Damenflügel schafft Weiß eine zweite Front.

45...hxg4?! 46.fxg4 ♗e6 47.g5 ♗f5 48.gxf6+ ♔xf6 49.♕g5+?!

Weiß verpasst die direkte Entscheidung 49.♘g3! ♔f7 50.♘xf5 gxf5 51.♕e5+−.

49...♔f7 50.♕e3?!

Die Unterminierung 50.h5 ist stärker.

50...♘e6 51.♕g3 ♕xg3?

Ohne Damen werden die strukturellen Mängel Schwarz zum Verhängnis. Beljawski musste die Dame mit 51...♘xc5 52.dxc5 ♕f6 behalten, um sich etwas Gegenspiel zu sichern.

52.♘xg3 ♘xd4

52...♘xc5 53.dxc5 ♗g4 54.♔d3 ♔e6 55.♔d4 ♗f3 56.♘f1 ♗h5 57.♘e3 ♗f3 58.♘c2 ♗e4 59.♘a1 ♗f5 60.♘b3 ♗h3 61.♔e3 ♗f1 62.♘d4+ ♔e5 63.♘c6+ ♔e6 64.♔d4 ♗g2 65.♘b8 ♗h3 66.♘xa6 ♔d7 67.c6+ +−

53.♘xf5 gxf5 54.♘xa6 ♘c6 55.♘c7 ♘xb4 56.♘xb5 ♔g6 57.♘d4 ♘a6 58.♔e3 ♘c5 59.♔f4 ♘d3+ 60.♔e3 ♘b4 61.♔f4 ♘d3+ 62.♔f3 ♘b4 63.♘e2 ♔f6 64.♘f4 d4 65.♔e2 ♔f7 66.♔d1 ♔f6 67.♔d2 ♔f7 68.♘e2 ♔g6 69.♘xd4 f4 70.♔e2 ♔h5 71.♔f3 ♔xh4 72.♔xf4 ♔h5 73.♔e5 ♔g6 74.♔d6 ♔f7 75.♔c5 ♘a6+ 76.♔b6 ♘b4 77.♘c6 ♘d5+ 78.♔b7 ♔e6 79.a6 ♔d7 80.a7 ♘c7 81.♘e5+ ♔d8 82.♘c4 ♘a8 83.♘b6 ♘c7 84.♔c6 1-0

Ü01.08: 30.♕d2!

Ein starker Prophylaxezug. Aljechin plant, durch Triplierung der Schwerfiguren in der a-Linie seine Kanone zu laden. Auch wird der direkte Turmtausch verhindert, da Weiß starken Königsangriff erhielte; und zwar 30...♖a8?! 31.♖xa8 ♖xa8 32.♖xa8+ ♘xa8 33.♘f5! gxf5 (33...♗xf5 34.exf5+−) 34.♕g5+ ♔f8 35.exf5±. Wegen des Doppelangriffs auf den ♗e6 und den ♘a8 gewinnt Weiß die Figur zurück und hat dann großen Vorteil im Hinblick auf den schwachen gegnerischen König.

30...♔g7 31.♖a7

31.♘f5+ ist auch sehr stark.

31...♖a8?

Jetzt kann die weiße Idee mit voller Kraft ausgeführt werden. Aber guter Rat war schon teuer.

32.♖xa8 ♖xa8 33.♖xa8 ♘xa8 34.♘f5+! gxf5 35.♕g5+ ♔f8 36.exf5 ♗c4 37.♗xa8 d5 38.f6 ♕e6 39.♗b7 ♕g4 40.♕xe5 1-0

Ü01.09: Weiß würde ♗xf3 gern mit 14.♘fe5 verhindern, aber das scheitert am Verlust des e2-Bauern. Bevor man jedoch nach Möglichkeiten sucht, ♗xf3 zu verhindern, sollte man prüfen, ob es tatsächlich eine Drohung darstellt.

Nach 14...♗xf3 15.♗xf3 ist Schwarz seinen schlechten Läufer losgeworden und kann einen Springer nach e4 stellen. Allerdings kann Weiß auch mit 15.exf3 zurückschlagen und dabei die Bauernstruktur radikal verändern. Der Doppelbauer leistet in der resultierenden Struktur gute Dienste, da er wichtige Zentrumsfelder schützt, vorneweg e4.

Außerdem erhält Weiß die Option, den rückständigen Bauern e6 unter Druck zu setzen. Also ist die Bauernstruktur d4-f3-f2 gegen d5-e6-f5 besser für Weiß. Aber man muss weiter rechnen, da Schwarz nach 14...♗xf3 15.exf3 mit der Strukturveränderung 15...e5 fortfahren kann, um seine Schwäche zu beseitigen. Also muss die weiße Prophylaxe sich gegen den befreienden Vorstoß e6-e5 richten.

14.♖e1!

Nun kann Schwarz nach eventuellem Schlagen auf f3 nicht den Vorstoß e6-e5 folgen lassen. Weiß hat die Stellung gut im Griff und kann langsam seinen typischen Plan ausführen – einen Bauernangriff am Damenflügel und/oder das Manöver ♘f3-e5 gefolgt von f2-f3 und e2-e4. Schwarz hat kein rechtes Gegenspiel.

Weiß kann auch 14.♕b2!? mit ähnlichen Ideen wie nach dem Partiezug ♖e1 folgen lassen. Allerdings unterstützt der Damenzug nicht den Vorstoß im Zentrum mit f2-f3 und e2-e4.

14...a5?!

Dies erleichtert es dem Weißen, Zugstraßen zum Damenflügel zu öffnen. Es musste versucht werden, mit 14...♘e4 ein Spiel am Königsflügel einzuleiten. In der Partie wird es Schwarz nicht mehr gelingen, diesen Plan in die Tat umzusetzen.

15.c5 ♖fc8 16.a3 ♗e8 17.b4 axb4 18.axb4 b5

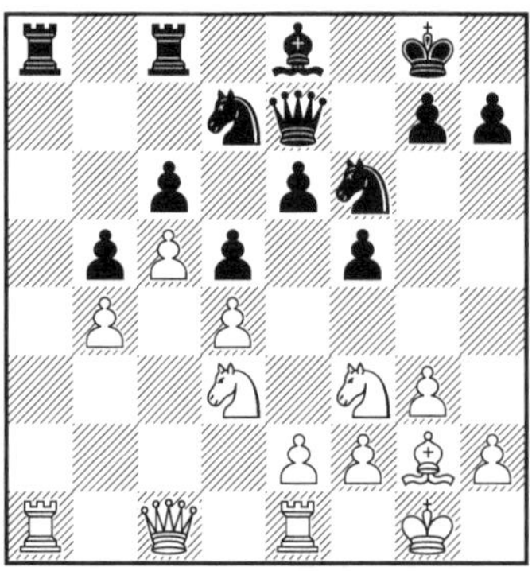

19.♖a5!

Eine typische Methode, den Raumvorteil zu nutzen, um die Kontrolle über die offene Linie zu übernehmen oder sich einen gefährlichen Freibauern zu verschaffen.

19...♖xa5 20.bxa5 ♖a8 21.♕a3?!

Erlaubt die Aktivierung des schwarzen Springers. Präziser ist 21.♕f4 ♘b8 22.♖a1 ♘a6 23.♘fe5±.

21...♘b6! 22.♘fe5 ♘a4?

Mit 22...♘c4 war mehr Widerstand zu leisten; z.B. 23.♘xc4 bxc4 24.♘e5 ♕a7 25.♖a1 ♕a6 26.♕b4 ♕b5.

23.♘b4! ♕c7 24.a6 ♗d7 25.f4 ♔f8 26.♗f3 ♘g8?! 27.e3 ♔e8 28.♖a1 ♘e7 29.♗d1 ♕a5 30.♗xa4 bxa4 31.♕xa4 ♕xa4 32.♖xa4 ♖a7 33.h3 ♔d8 34.g4 ♔c7 35.♔f2 ♗e8 36.♖a1 ♖a8 37.♔e2 ♘c8 38.♔d2 ♘a7 39.gxf5 exf5 40.♖g1 g6 41.h4 ♘c8 42.h5 ♘e7 43.hxg6 ♗xg6 44.♖h1 ♖c8 45.♘xg6 hxg6 46.♖h7 ♔d7 47.a7 ♔e6 48.♖xe7+ 1-0

Ü01.10: 12...♖d8!?

Dies ist die einzige Methode, beide Drohungen zu parieren. Der Zug schützt nicht nur den d-Bauern, sondern wendet sich auch gegen die andere Drohung h3 nebst ♗xh6, da 13.h3 jetzt stark mit 13...♘e5! beantwortet werden kann. Nun muss Weiß die präziseste Antwort finden.

1) Der Zwischenzug 12...d5? scheitert an 13.♘xd5! ♕xd2 14.♘e7+ ♔h7 15.♗xd2+−.

2) Und der Rückzug 12...♕d8? ist nicht gut wegen 13.h3 g5 14.hxg4 gxf4 15.♕xf4 ♕f6 16.♕g3±.

13.♖fe1!

Wie die Folge zeigen wird, ist dieser ruhige Zug, der einfach eine weitere Figur ins Spiel bringt, am stärksten.

13...d5?

1) Auch 13...♘e5? ist schlecht, da Weiß im Opferstil fortsetzen kann, um den gegnerischen König anzugreifen, wobei der e1-Turm entscheidend mithilft. Nach 14.♘xe5 dxe5 15.♗xe5! ♗xe5 16.♕xh6 hat Weiß siegreichen Angriff. Es droht der Rückgewinn der Figur auf e5 und der Einschlag auf g6.

a) 16...♗g7 17.♗xf7+ ♔xf7 18.♖e7+ ♔xe7 19.♕xg7+ ♔d6 20.♘e4+ ♔d5 21.♕e5+ ♔c4 22.♕xa5+−;

b) 16...♗xd4 17.♕xg6+ ♔h8 (17...♗g7 18.♖e8+ ♖xe8 19.♕xf7+ ♔h7 20.♗d3+ ♗f5 21.♗xf5+ ♔h8 22.♕h5+ ♔g8 23.♗h7+ +−) 18.♕h6+ ♔g8 19.♘e4 (19.♖ad1!!+− Rybka) 19...♗g7 (19...♕f5 20.♖e3!+−) 20.♘f6+ ♗xf6 21.♕xf6 ♗e6 (21...♖f8 22.♗xf7+ ♖xf7 23.♖e8++−; 21...♕c7 22.♗xf7+ ♕xf7 23.♕xd8+ +−) 22.♗xe6 fxe6 23.♕xe6+ ♔g7 24.♕g4+ ♔f7 25.♕f4+ ♔g7 26.♖e7+ ♔g6 27.♕f7+ ♔g5 28.f4+ ♔h4 29.♕f6+ ♔g4 30.♖g7+ ♔h5 31.g4#.

2) Schwarz sollte 13...g5! spielen, um die weiße Aufgabe nach Kräften zu komplizieren. Natürlich ist es unwahrscheinlich, dass damit Ausgleich zu erzielen ist, aber Weiß stünde vor einer schwierigen Entscheidung.

a) Entweder für den einfachen Rückzug 14.♗g3.

b) Oder für 14.♘d5 ♕xd2 15.♘e7+ ♔f8 16.♗xd2 ♖e8 17.♘xc8 ♖axc8 18.♗d3 mit vielversprechendem Endspiel.

c) Oder für 14.♘xg5 hxg5 15.♗xg5 mit vielversprechendem Angriff in allerdings nicht ganz klarer Stellung.

d) Nur nicht für 14.♖e7?, was auf die Antwort 14...gxf4 15.♕xf4 ♕f5 16.♕xf5 ♗xf5 17.♖xb7= trifft.

14.♗b3?!

Damit macht Weiß einen Großteil seines Vorteils zunichte, obwohl sein Spiel noch unangenehm genug bleibt.

Nach dem einfachen 14.♗a6! ♕xa6 15.h3 ♘f6 16.♗xh6± behält er einen soliden Mehrbauern. Ganz schlecht wäre übrigens 15...g5? 16.♗c7 ♖d7 17.♖e8+ ♔h7 18.hxg4 ♖xc7 19.♘xg5+ hxg5 20.♕xg5 c5 21.♘xd5 ♖d7 22.♖xc8 ♖xc8 23.♕f5+ +−.

14...g5 15.♗g3 ♕b4?! (15...♗e6 16.h4±) **16.h4! f6 17.♕d3**

17.♗c7!? ♘xc7 18.♘xd5 ♕xd2 19.♘xc7+ ♔h7 20.♘xd2+−.

17...♕f8 18.♘d1 ♘b4 19.♕d2 ♗f5 20.a3 ♘a6 21.c4 dxc4 22.♗xc4+ ♔h8 23.♘c3 b5?! 24.♗d3 ♗xd3 25.♕xd3 f5 26.hxg5 hxg5 27.♗e5 ♘c5 28.♗xg7+ ♔xg7 29.♕c2 ♘d7 30.♖e6 ♖e8 31.♖ae1 ♖xe6 32.♖xe6 ♖e8 33.♘xg5 ♕h8! 34.♕xf5 ♕h2+ 35.♔f1 ♕h1+ 36.♔e2 ♕h5 37.♖xe8 ♘h6+ 38.g4 ♕xe8+ 39.♘e6+ ♔h8 40.♕e4 ♘f6 41.♕e5 ♘hxg4 42.♕f5 ♕h5 43.♕xh5+ ♘xh5 44.♘d8 ♘h6 45.♘xc6 a6 46.♘b8 ♘f5 47.♔d3 ♘d6 48.d5 a5 49.♔d4 b4 50.axb4 axb4 51.♘e4 ♘f7 52.♘c6 ♘f4 53.♘xb4 ♔g7 54.♘c6 ♔f8 55.b4 ♘e2+ 56.♔c5 ♘c1 57.b5 ♔e8 58.b6 1-0

Ü01.11: 23...♔h8!

Ein typisches prophylaktisches Motiv. Schwarz will 24.♘e4 mit 24...♗f5 beantworten und das Springerschach auf f6 verhindern. Wenn Weiß diese Fesselung nicht abschütteln kann, kann die Sache sehr unangenehm für ihn werden.

1) 23...♗xc5? 24.♘e4 ♘xe4 25.♗xe4 ♗b6 26.♕xc6± überlässt Weiß die bessere Struktur.

2) Spielbar ist übrigens auch 23...♕f7!? mit Ideen wie 24.♘e4 ♘g4 25.♗f3 ♕h5 bzw. 24.♗xc6 ♘g4 25.♗f3 ♗xc5 26.♘e4 ♗b6=.

24.e3?!

24.b4 war erforderlich, um die Struktur am Damenflügel intakt zu halten.

24...♖bc8 25.♘e2 ♕f7

Larsen hat bereits spürbare Initiative.

26.♕d2 ♗d5 27.f3 ♘d7 28.e4?

Wieder war 28.b4 erforderlich.

28...♗e6 29.♕e3 a5!

Isoliert den c5-Bauer, der jetzt sehr schwach ist.

30.♖c2 ♖cd8 31.♖f1 ♗xc5?!

Statt dieses direkten Ansatzes hätte Larsen die Vorbereitung mit 31...a4! 32.bxa4 ♗xc5 33.♖xc5 ♘xc5 34.♕xc5 (34.♗xe5 ♗c4) 34...♖d2 35.♗xe5 ♖xe2 wählen sollen, wonach er klar obenauf gewesen wäre.

32.♖xc5 ♘xc5 33.♗xe5 ♘d3 34.♗a1 ♔g8 35.♘d4 Zwar hatte Timman Kompensation, aber Larsen konnte dennoch gewinnen.

Kapitel 2

Ü02.01: Weiß übt bereits starken Druck auf den b7-Bauern aus und zwingt die schwarzen Figuren zur Verteidigung. Aber das Spiel gegen eine Schwäche allein reicht ja oft nicht zum Gewinn. Und so macht Kasparow sich augenblicklich daran, am Königsflügel eine zweite hervorzurufen. Dann werden die schwarzen Figuren mit der Verteidigung überfordert sein, weil sie weniger flexibel postiert sind als die weißen.

34.h4! ♔f7 35.h5 ♔g7 36.♔g2 ♖e7 37.♖b6 ♖f7 38.♗d5 ♖fd7! 39.♖1b5 ♖e7?!

Einfach passiv abzuwarten reicht nicht aus, da Weiß auch noch den König und die Bauern mobilisieren kann. Nach Verbesserung der Springerstellung mit 39...♘f7!? war aber wohl mehr Widerstand zu leisten.

40.♔g3 ♖ed7 41.hxg6 hxg6 42.♔f4 ♖c2

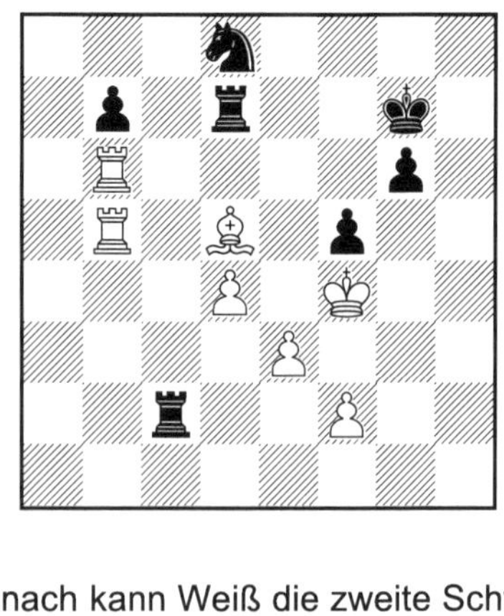

Danach kann Weiß die zweite Schwäche auf g6 ausnutzen.

Eine Alternative bestand in 42...♔h6 43.f3.

1) 43...♘c6 44.♗e6! ♖d6 45.d5 ♘a7 46.♖b1 ♖xb6 47.♖xb6+−.

2) 43...♖e7 44.♖f6! Weiß verdoppelt die Türme auf der sechsten Reihe, wonach Schwarz g6 passiv verteidigen muss. 44...♖ed7 45.♗b3

a) 45...♔g7?! 46.♖bb6 ♘c6 47.♔g5+−;

b) 45...♖e7 46.♖d6! ♖cd7 47.♖xd7 ♖xd7 48.♖b6 Alle schwarzen Figuren werden zur passiven Verteidigung verurteilt. Weiß kann einfach gewinnen, indem er mit den Bauern vormarschiert. 48...♖c7 49.d5!+−; 48...♘c6 49.d5 ♘e7 50.e4+−;

c) 45...♖c3 46.♖bb6 ♔h7 47.♗e6 ♖dc7 48.♖d6 ♘xe6+ 49.♖fxe6 ♖g7 50.d5+−.

43.♔g5! ♖xf2

43...♘f7+ 44.♗xf7 ♔xf7 45.♖xb7 ♖xb7 46.♖xb7+ ♔e6 47.♖b6+ ♔e7 48.f3±.

44.♖xg6+ ♔f8 45.♗b3! ♘f7+?!

Besser war die Reduzierung des Angriffspotenzials mit 45...♖g2+ 46.♔xf5 ♖xg6 47.♔xg6 ♖e7 48.♖f5+ ♔e8 49.♗a4+ ♘c6 50.♖f3±, obwohl Weiß eine technische Gewinnstellung behält.

46.♔f6 f4

46...♖b2 47.♖e5 ♖xb3? 48.♖e8+ ♔xe8 49.♖g8#; 47...♖d6+ 48.♗e6 f4 49.♖c5+−.

47.e4 ♖b2 48.e5 f3 49.e6 f2 50.♗c4 1-0

Und Andersson gab auf. Es könnte noch folgen:

1) 50...f1♕+ 51.♗xf1 ♖f2+ 52.♖f5 ♖xf5+ 53.♔xf5 ♖xd4 54.♖f6 ♖d5+ 55.♔e4+−;

2) 50...♖xb5 51.♗xb5 ♖c7 52.♖g2 ♘d6 53.♗d3 ♖h7 54.♖xf2+−.

Ü02.02: Es gelang Schwarz nicht, sich genug Gegenspiel gegen den weißen Minoritätsangriff am Damenflügel zu verschaffen. Seine Figuren stehen passiv und der c6-Bauer ist schwach. Aber mit nur einer Schwäche kann er noch Hoffnung hegen, sich erfolgreich zu verteidigen. Also muss er sicherstellen, dass Weiß ihm keine ernste zweite Schwäche am Königsflügel zufügen kann.

42...♔f6?

Danach gelingt ihm dies nicht und er kann seine Stellung langfristig nicht halten. Vielleicht wäre dies möglich gewesen, aber am Brett ist eine derartige Aufgabe immer extrem schwer zu lösen. Er hätte 42...h5! probieren sollen, um das weiße Spiel am Königsflügel zu erschweren.

43.g4!

Damit wird der Bauer h7 als zweite Schwäche fixiert, um den Aufbau f7-g6-h5 zu verhindern.

43...♔e6

Womöglich war es besser, sich mit 43...♔g5!? etwas Aktivität zu verschaffen, obwohl die schwarzen Probleme nach 44.h3 f5 45.f4+ ♔f6 46.♔f2 noch nicht gelöst wären, da er weiterhin zwei Schwächen verteidigen muss.

Übrigens verliert 43...c5? nach 44.dxc5 ♗xc5 45.♖a5± einen Bauern.

44.♔g2 ♖b7 45.♖e8+ ♖e7 46.♖h8 f6 47.h4 ♖b7 48.♔f3 ♖f7 49.♖e8+ ♖e7 50.♖d8 ♖a7 51.♘c5+ ♔e7

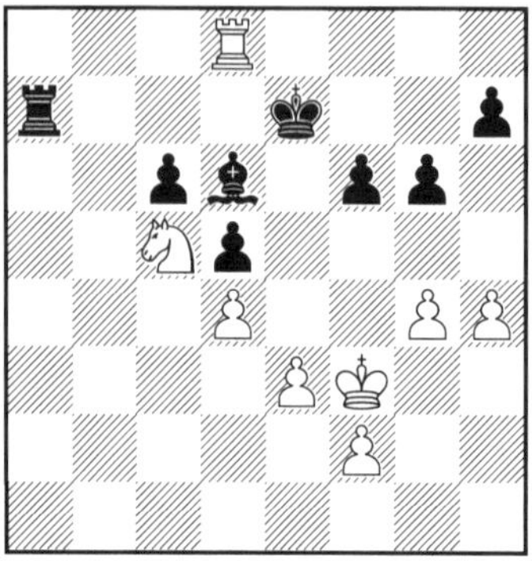

52.♖c8!

Kotow demonstriert gute Technik. Durch Angriff auf den c6-Bauern verhindert er die Aktivierung des schwarzen Turms. 52.♖h8? wäre schwächer wegen 52...♗xc5 53.♖xh7+?? ♔e6+; 53.dxc5 ♖a5!.

52...♗xc5 (52...♖c7 53.♖h8±) **53.dxc5 ♔d7 54.♖h8!**

Der Turm strebt nach d6, von wo aus er c6 und f6 angreift. Zu diesem Zweck muss der schwarze König von den Feldern d7 und e7 vertrieben werden.

54...♔e6 55.♖d8 ♔e7 56.♖d6 ♖a6

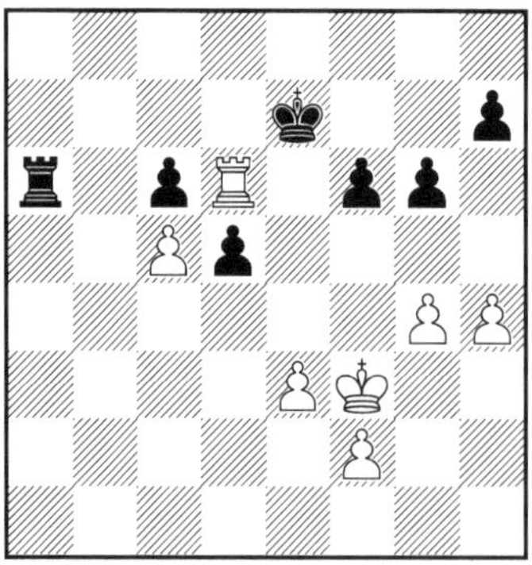

Der weiße Turm dominiert die gesamte schwarze Armee, so dass der König mit entscheidender Wirkung eingreifen kann.

57.g5! fxg5 58.hxg5 ♔f7 59.♔g3 ♔e7 60.f3 ♖a3 61.♔f4 ♖a4+ 62.♔e5 ♖a3

62...♖a6 63.♖e6+ ♔f7 64.♔d6; 63...♔d7 64.♔f6+−.

63.♖xc6 ♖xe3+ 64.♔xd5 ♖d3+ 65.♔e4 ♖c3 66.f4 ♖c1 67.♖c7+ ♔d8?!

67...♔e6

1) 68.♖xh7? wirft den Gewinn weg wegen 68...♖xc5 69.♖g7 ♖c4+ 70.♔f3

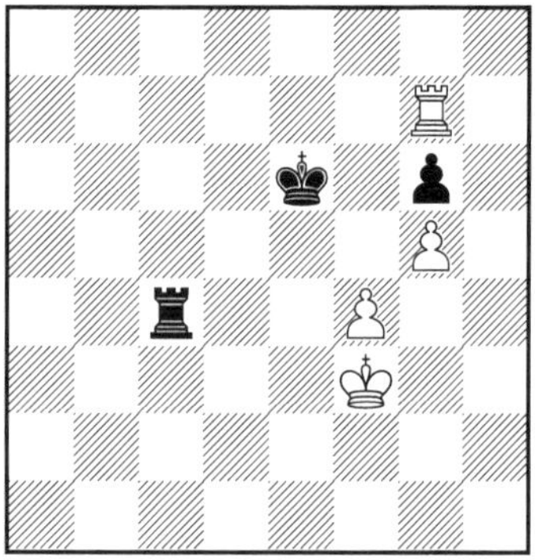

70...♖c6!! mit der Pointe 71.♖xg6+ ♔f5 72.♖xc6 patt.

2) 68.♔d4 ♖d1+ (68...♖f1 69.♖c6+ ♔d7 70.♖d6+ ♔c7 71.♔e5 ♖c1 72.♔f6 ♖xc5 73.♖a6 ♖c4 74.♖a7+ ♔d8 75.♖xh7 ♖xf4+ 76.♔xg6+−) 69.♔c4 ♖f1 70.♖c6+

a) 70...♔d7 71.♖d6+ ♔c7 72.♔d5 ♖xf4 73.♖f6 ♖h4 74.♖f7+ ♔d8 75.♔d6 ♖d4+ 76.♔c6 ♖h4 77.♖d7+ ♔c8 78.♖g7 ♔d8 79.♖g8+ ♔e7 80.♔b7 ♖b4+ 81.♔c7 ♔e6 82.c6 ♔f5 83.♔d6+−;

b) 70...♔e7 71.♖d6 ♖xf4+ 72.♖d4 ♖f5 73.♖d5 ♖f4+ 74.♔b5 ♔e6 75.♖d8 ♖f1 76.c6 ♖c1 77.♖d4 ♔e7 78.♔b6 ♖b1+

79.♔a6 ♖c1 80.♔b7 ♖b1+ 81.♔c8 ♔e6 82.c7 ♔f5 83.♔d8 ♖c1 84.♖d5+ ♔e6 85.♖d7 ♔f5 86.♖xh7 ♔xg5 87.c8♕ ♖xc8+ 88.♔xc8 ♔f4

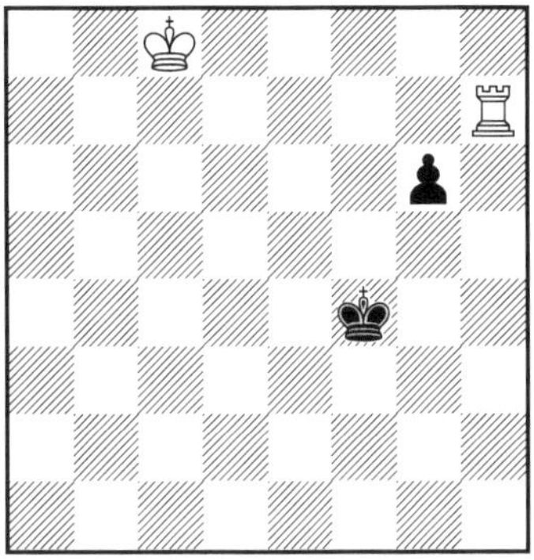

89.♖f7+ Ein sehr wichtiges Zwischenschach. 89...♔e4 90.♖g7 ♔f5 91.♔d7 g5 92.♔d6 g4 93.♔d5 ♔f4 94.♔d4 g3 95.♖f7+ ♔g4 96.♔e3+−.

68.♖xh7 ♖xc5 69.♖f7 1-0

Ü02.03: 28.♘e1!

Der Springer beginnt seine Reise zum Damenflügel, was die Sache letztlich entscheiden wird.

28...♗e7 29.♘c2 ♗d8 30.♗xa5 ♖xa5

Nach 30...♗xb6? 31.♗xb6 ♔e8 32.♘e3 ♖d7 33.♔d3+− wäre Schwarz vollkommen verloren, da der Turm rein passiv verteidigen müsste, was ja keine befriedigende Aufgabe für einen echten Turm ist.

31.♖xb7+ ♔e8 32.♖b4?!

32.♖g7 g5 33.h5 ♖xa4 34.♖g6 ♔f7 35.♖xh6 g4 36.♖h8 ♗g5 37.h6 ♔g6 38.h7 ♗c1 39.♔d3 ♔g7 40.♖e8+−.

32...♖d5?!

Der folgende Turmrückzug erweckt kein Vertrauen. Allerdings ist guter Rat schon teuer; z.B. 32...♔d7 33.♘a1 ♗e7 34.♖c4 ♖d5 35.♘b3 g5 (Die Abwartestrategie 35...♗f8 wird mit 36.♔e3 ♗e7 37.♘c5+ ♗xc5 38.♖xc5 ♖xc5 39.dxc5+− niedergerungen.) 36.hxg5 hxg5 37.♔e3 g4 38.♔f4±.

Übrigens führt 38.♘c5+?? nach 38...♗xc5 39.♖xc5 ♖xc5 40.dxc5 a5= nur zu einem ausgeglichenen Bauernendspiel.

33.♖c4 ♖d7 34.♖c6 ♔f7

34...♖c7 35.♖xc7 ♗xc7 36.♔d3 ♗d7 37.♔c4 ♔c6 38.♘b4+ ♔b7 39.♘d3+−

35.♖xa6 ♖b7 36.a5 ♖b2 37.♔d3 ♖a2 38.♖a7+ 1-0

Ü02.04: 23.♖c1!

Weniger überzeugend wäre 23.b4? axb4 24.cxb4 ♘d4+ 25.♔f2 ♘b3 26.♖d1 c5 27.♔e1.

23...♔f6 24.b4 ♖d8

24...axb4 25.cxb4 ♘d4+ 26.♔e3 c6 27.a5 bxa5 28.bxa5 ♖a7 29.♘xe5 ♘xe5 30.♗xe5+ ♔xe5 31.♖c5+ +− (Jussupow im *Informator* 58).

25.b5 ♘e7 26.♗f2!

Starke Prophylaxe. 26.c4?! wäre ein Verstoß gegen das Prinzip 'nichts überstürzen', denn es folgt 26...c5! 27.bxc6 ♘xc6.

26...♖b8

26...♖c8 27.c4 c5 28.bxc6 ♖xc6 29.c5 bxc5 30.♖xc5 ♖xc5 31.♘xc5 ♘c6 32.♘b7+− (Jussupow).

27.c4 c5 28.♘xc5

Noch stärker ist 28.♗xc5! bxc5 29.♘xc5 ♖d8 30.♘b3+−.

28...bxc5 29.♗xc5 ♘d8 30.♗d6 ♖b7 31.♖d1 ♘dc6 32.bxc6 ♘xc6 33.♗c5 ♖b2+ 34.♖d2 ♖b3 35.♖d6 ♘e7 36.♗b6 ♘g6 37.♗xa5 ♘f4+ 38.♔d2 ♘xg2 39.c5 ♘e3 40.♗d8+ ♔f7 41.♖d3 ♘c4+ 42.♔c2 ♖b8

42...♖xd3 43.♔xd3 ♘b2+ 44.♔c2 ♘xa4 45.♗b6+− (Jussupow).

43.c6 ♚e8 44.c7 ♖a8 45.♖c3 ♘b6 46.a5 ♖xa5 47.c8♕ 1-0

Ü02.05: 36.f3

Mit diesem typischen Verfahren verschafft Karpow sich einen Freibauern.

36...♗b7

36...c5 37.♗xa8 cxb4 38.g4+−.

37.g4 ♗a8

37...hxg4 38.fxg4 ♗a8 39.h5 gxh5 40.gxh5 ♔f8 41.♔f6+− (Ftácnik im *CBM* 31).

38.gxh5 gxh5 39.f4 ♗b7 40.♗f3 ♗a8 41.♔xh5 1-0

Ü02.06: 27.h4!!

Dies zwingt Schwarz dazu, seinen Königsflügel auf unvorteilhafte Weise festzulegen.

27...♘d7?!

27...♔f7!? 28.♖c7+ ♚g6 29.hxg5 fxg5 30.♘f3

1) 30...g4?! 31.♘h4+ ♔g5 32.g3 ♖f6 33.♖g7+ ♔h6 34.♖b7+−;

2) 30...♔f5 31.♖h7 g4 32.♖xh5+ ♔e4 33.♖h4 ♖f4 34.♘e5 ♔xd4 35.♘xg4±.

28.♖c7 ♖f7 29.♘f3! g4 30.♘e1 f5 31.♘d3 f4 32.f3!? gxf3 33.gxf3 a5 34.a4 ♔f8 35.♖c6?!

35.b4!? ♔g7 36.bxa5 bxa5 37.♔f2 ♘b6 38.♖c5 ♘xa4 39.♖xd5+−.

35...♚e7 36.♔f2 gf5 37.b3 ♚d8 38.♔e2 ♘b8?! 39.♖g6!

Das gierige 39.♖xb6? verstößt gegen das Prinzip ‘nichts überstürzen’ und gibt Schwarz nach 39...♔c7 40.♖g6 ♘c6 Gegenspiel.

39...♔c7 40. ♘e5 ♘a6 41.♖g7+ ♚c8 42.♘c6 gf6 43.♘e7+ ♔b8 44.♘xd5 ♖d6 45.♖g5 ♘b4 46.♘xb4 axb4 47.gxh5 ♖c6

47...♖xd4 48.♖f5 ♔c7 49.h5+−(Kasparow).

48.♖b5 ♚c7 49.♖xb4 ♖h6 50.♖b5 gxh4 51.♔d3 1-0

Ü02.07: Die Schwäche auf b7 ist fixiert und muss jetzt maximal angegriffen werden, um die gegnerischen Figuren zur passiven Verteidigung zu nötigen.

31.♖b2 ♚d7 32.♖eb1 ♔c8 33.♔e2 ♖e7 34.♔f3 ♖e4

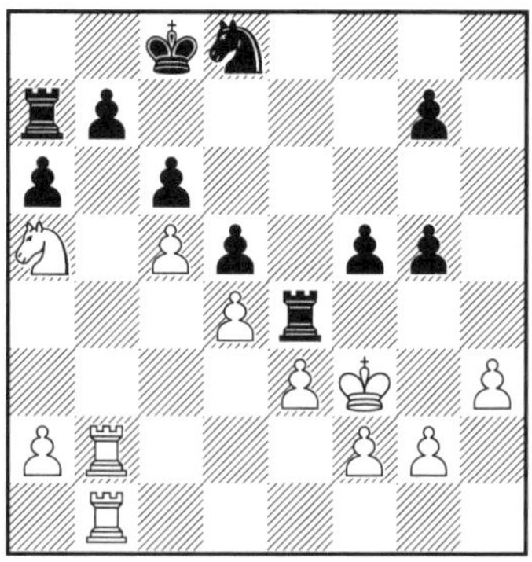

Weiß hat seine Stellung optimal verbessert. Gemäß dem Prinzip der ‘zwei Schwächen’ schafft er jetzt eine zweite Front am Königsflügel.

35.g4! g6 36.♖g1 ♘f7

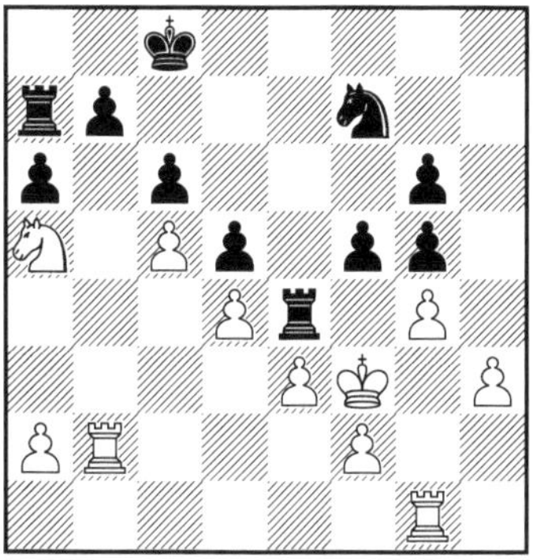

37.h4?!

Rubinstein überstürzt die Dinge. Es wäre besser, die Stellung zunächst mit 37.♖b6 zu verbessern. Schwarz ist nämlich in eine Art Zugzwang geraten, da 37...♔c7 38.h4 ♘h6 jetzt mit 39.hxg5 fxg4+ 40.♔g2 ♘f5 41.♖gb1+− beantwortet werden könnte.

37...gxh4?

Dies öffnet der absehbaren weißen Invasion zu viele Einbruchswege. Nach hingegen 37...♘h6! 38.hxg5 fxg4+ 39.♔g2 ♘f5 40.♖h1 ♖e7 41.♖b3 g3 42.♖h8+ ♔c7 43.♖f8 gxf2 44.♔xf2 ♖g7 wäre es noch nicht so leicht gewesen, die schwarze Verteidigungslinie zu durchbrechen.

38.gxf5 gxf5 39.♖g7

Aus strategischer Perspektive ist die Partie entschieden, da es Weiß gelungen ist, eine zweite Front zu schaffen.

39...♘d8 40.♖g8 f4?

Dies ist ein Fehler, aber langfristig würde Weiß sowieso gewinnen.

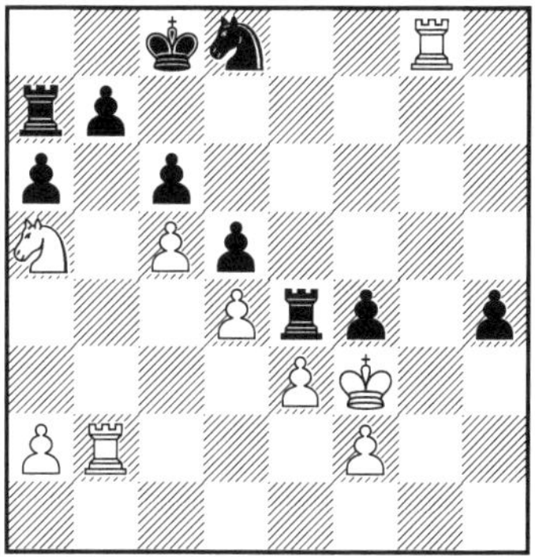

Jetzt kann Weiß die Partie taktisch entscheiden.

41.♖h8?!

Rubinstein erhöht den positionellen Druck.

1) Zwar wäre die Abwicklung zum Turmendspiel mit 41.♘xb7? ♖xb7 42.♖xd8+ ♔xd8 43.♖xb7 verkehrt.

2) Aber die Keule 41.♘c4! hätte mehr oder weniger direkt gewonnen: 41...♖e7 42.♘b6+ ♔c7 43.♔xf4 ♖e4+ 44.♔f5+−.

41...fxe3 42.fxe3 ♔d7 43.♖g2 ♖e8 44.♖xh4 ♖e7 45.♖h8 ♔c7 46.♖gg8 ♖d7

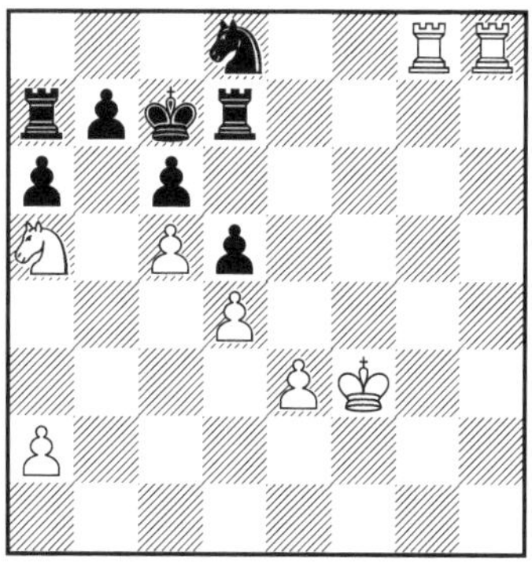

47.♘b3!

Der Springer hat seinen Job auf a5 erledigt und wird nach e5 verlegt.

47...a5 48.♘c1 ♖a8 49.♘d3 b5

Passive Verteidigung hilft nicht; z.B. 49...♖f7+ 50.♔e2 ♖e7 51.♘e5 a4 52.♔d3 a3 53.e4 dxe4+ 54.♔xe4 ♖b8 55.♔f5 ♖a8 56.♘c4 ♖b8 57.♘b6 ♖f7+ 58.♔e4 ♖e7+ 59.♔d3 ♖f7 60.♔c4 ♖e7 61.d5+−.

50.cxb6+ ♔xb6 51.♘c5 ♖d6

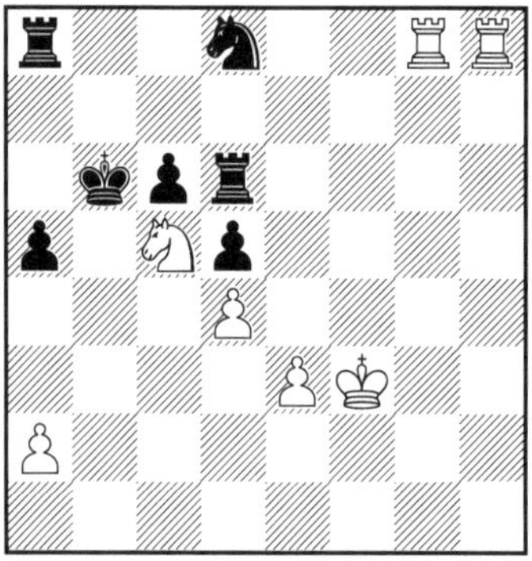

52.a4

Nichts überstürzen! Am Damenflügel sind Schwarz die Züge ausgegangen und sein König ist in einem Mattnetz gefangen.

52...♖c8 53.♔g4 ♖a8 54.♔f5 ♔c7 55.♖h7+ 1-0

Eine exzellente positionelle Leistung Rubinsteins!

Ü02.08: Der schwache d5-Bauer ist einem massiven Angriff ausgesetzt. Aber eine Schwäche allein kann ja verteidigt werden. Also sollte Weiß ein weiteres Angriffsziel schaffen.

29.g4!

Ein starker Zug. Im Geist der klassischen Partie Botwinnik – Sagorjanski kombiniert Weiß sein Spiel gegen den isolierten d-Bauern mit einem Angriff auf den schwarzen König. Die schwarzen Figuren müssen den Isolani verteidigen, was die zusätzliche Bewachung des Königs problematisch macht.

Die Alternative 29.♖cxd5? verändert den Stellungscharakter unnötigerweise und kommt Schwarz entgegen. Nach 29...♕xd5+! (29...g6?? 30.♖xd6 gxf5 31.♖xh6+ ♔g7 32.♖b6+−) 30.♖xd5 ♖xd5 31.♕xf7 ♖5d7 32.♕g6 ♖xd4 sollte Schwarz sich verteidigen können.

29...♔g8?

Schwarz sollte die Öffnung des Königsflügel mit 29...f6 30.♖e6 ♕f8 verhindern. Natürlich steht Weiß auch dann deutlich besser, aber seine Verteidigung wäre nicht so einfach durch Schaffung einer zweiten Front zu überwinden.

30.♕f3 ♔f8?! 31.♕f5?!

Besser wäre 31.g5, was erst im 33. Zug folgt.

31...♔g8?! 32.♕f3 ♔f8?! 33.g5!

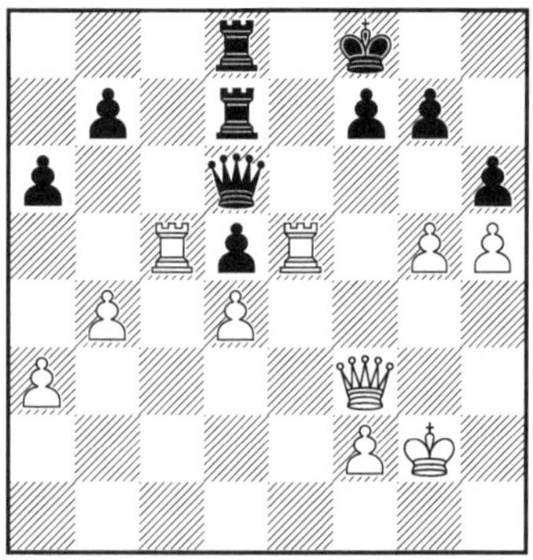

Endlich öffnet Weiß den Königsflügel für den Angriff. Und nachdem er ein zweites Angriffsziel gefunden hat, ist die schwarze Stellung womöglich nicht mehr zu verteidigen.

33...hxg5 34.gxg5 ♔g8 35.♕g4 ♔h8

Nach 35...f6 36.♖g6± hat Weiß sehr starken Angriff.

36.♖xg7 ♕f6 37.♖g5 ♖ge7 38.♖gxd5 ♖xd5 39.♖xd5

Die Partie ist entschieden. Weiß hat zwei Mehrbauern und der schwarze Gegenangriff wird verpuffen.

39...♖e8 40.♕f5 ♕g8+ 41.♔f1

41.♔h3!? ♕g7 42.♔h4 +−.

41...♕h6 42.♕e5+ f6 43.♕e3 ♕g7 44.♖c5 b6 45.♖c3 1-0

Ü02.09:

In dieser scharfen Stellung hatte Schwarz soeben 27...♔g8 gespielt, um prophylaktische Maßnahmen gegen den absehbaren Angriff am Königsflügel mit h3-h4 nebst g4-g5 zu treffen. Allerdings kann Weiß jetzt die Situation am Damenflügel verbessern.

28.c5!

Danach steht Weiß strategisch auf Gewinn, da sein c-Bauer nach c6 vorstoßen wird. Dieser starke Freibauer muss von einer schwarzen Schwerfigur blockiert werden, die dann bei der Verteidigung des Königsflügels fehlen wird, denn die weißen Kräfte haben mehr Raum für flexible Manöver.

28...♗e5 29.c6 ♕f6 30.♖d2?!

Es war sogar besser, den Moment, in dem der c-Bauer noch nicht blockiert ist, wie folgt zu nutzen: 30.c7! und dann:

1) 30...♖b6 31.♖c1 ♖c8 32.♖d2 h5 33.♖dc2 ♗d4 34.♕f3 ♗c5 35. ♖e1 ♖xc7 36.♖e8+ ♔h7 37.♕xf4+−;

2) 30...♖bc8 31.♕c2

a) 31...♗xb2 32.♗b7 ♗c3 33.♗xc8 ♖xc8 34.♖hd1 ♕h4 35.♕c1 ♕g5 36.♔f3 ♖xc7 37.♕f4±;

b) 31...♕g5 32.♗b7 h5 33.♗xc8 ♖xc8 34.f3 ♕h4 35.♖c1 ♕g3+ 36.♔h1 ♕xh3+ 37.♕h2 hxg4 38.♕xh3 gxh3 39.♖d5±.

30...♖fc8 31.h4!

Leitet einen Angriff am Königsflügel ein.

31...♖b6 32.♖c2 ♖c7

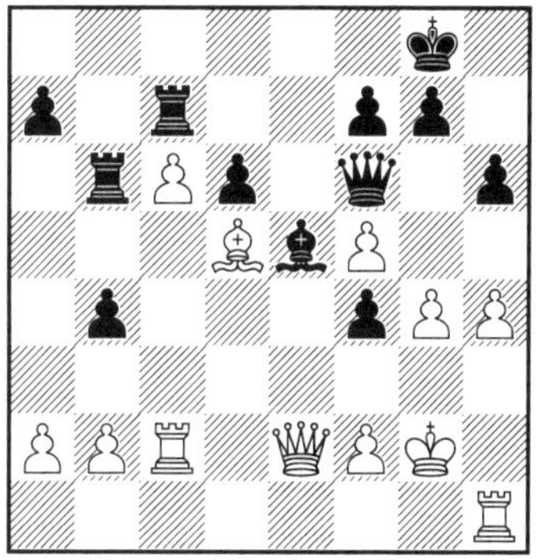

Weiß hat sein erstes Ziel erreicht und die schwarzen Türme zur Passivität verurteilt. Im nächsten Schritt wird er die Stellung seiner Figuren verbessern und mit g4-g5 eine zweite Front am Königsflügel schaffen. Dies ist ein etwas zweischneidiges Vorgehen, zumal auch der eigene König erreichbar wird.

33. ♔h3

Der nächste Teilplan besteht in ♖g1, ♕e4 und g4-g5. Der weiße König hat die wichtige Aufgabe, den h-Bauern zu schützen.

33...♔f8 34.♖g1 g6

Schwarz muss handeln, wenn er nicht von den weißen Bauern überrollt werden will.

35.♕e4

35.fxg6 fxg6 würde dem c7-Turm den Weg zum Königsflügel öffnen.

35...g5

Schwarz will die Stellung geschlossen halten, aber auf Dauer ist dies nicht möglich.

Auf 35...gxf5 folgt 36.gxf5 und dann:

1) 36...♗xb2? 37.♖xb2 ♕xb2 38.f6 ♕xf6 39.♕h7 ♖cxc6 40.♕g8+ ♔e7 41.♖e1+ ♔d7 42.♕e8+ ♔c7 43.♖e7+ +−;

2) 36...♖b5 37.♖d2 ♗xb2 38.♕xf4 ♗e5 39.♕e4.

36.♔g2!?

Da Weiß in der h-Linie angreifen will, lässt der König den Turm vorbei. Er verliert keine Zeit für den Schutz des b-Bauern, da es beim Angriff mit ungleichen Läufern mehr auf jedes Tempo für Angriff und Verteidigung ankommt. Allerdings sah auch einfach 36.b3 spielbar aus.

36...♗xb2 37.hxg5 ♕xg5

37...hxg5 38.♖h1 ♕e5 39.♕f3 nebst ♖e2 ändert nichts an der Situation.

38.♔f3

Den Läufer zu nehmen führt nur zu Dauerschach: 38.♖xb2 ♕xg4+ 39.♔f1 (39.♔h1?? ♕h3#; 39.♔h2 ♕h4+ 40.♔g2 ♕g4+=) 39...♕d1+ 40.♔g2 (40.♕e1? ♕xd5−+) 40...♕g4+=.

Nach dem Textzug hingegen hängt nicht nur der Läufer, sondern es droht auch ♖g1-h1-h5.

38...♗e5 39.♖h1! a5 40.♖h5 ♕f6

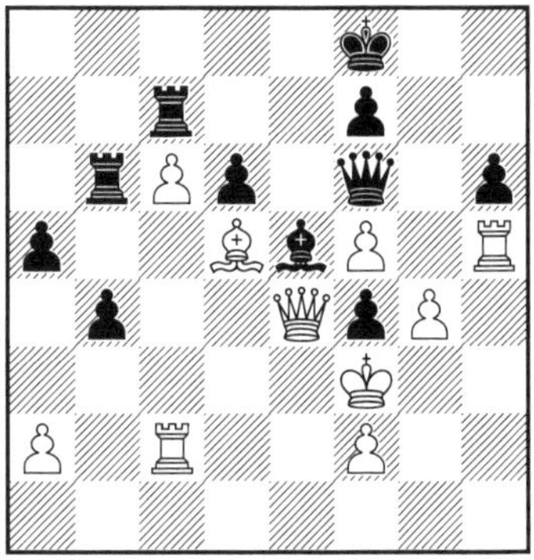

41.g5?!

Weiß überstürzt und muss in der Folge einen neuen Gewinnanlauf nehmen. Stattdessen hätte zuerst der zweite Turm zum Königsflügel verlegt werden müssen: 41.♖c1! Das war der logische Zug. 41...♖b5 (41...a4 42.♖ch1 b3 43.♖xh6 ♕g7 44.♖h7 ♕g8 45.♕xa4+−) 42.♖ch1 ♖c5 43.g5!

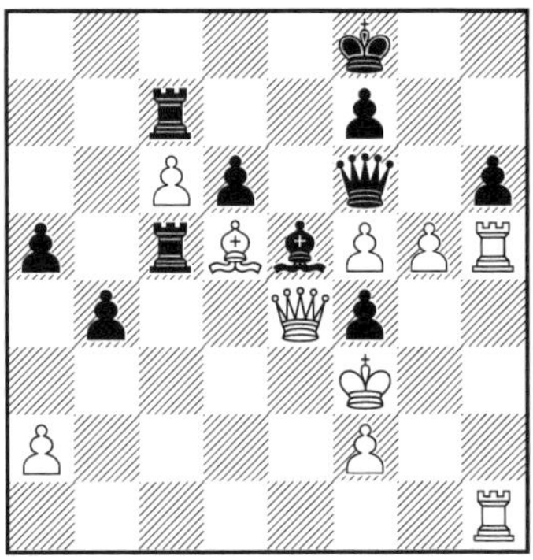

Dies ist der richtige Moment für den Bauerndurchbruch. Der weiße König versteckt sich auf g4 und das schwarze Gegenspiel ist zu langsam.

43...hxg5 44.♔g4 ♖e7 (Auch nach 44...♕g7 45.♖h7 ♕g8 46.♖1h6+− nebst f6 gewinnt Weiß.) 45.♖h6 ♕g7 46.♖h7 ♕g8 47.♕d3 Schwarz kann sich langfristig nicht verteidigen.

41...hxg5 42.♔g4 ♖b8

42...a4 43.♖c4!

1) 43...b3 44.axb3 axb3 45.♖b4 ♖xb4 46.♕xb4 ♕d8 47.♕xb3;

2) 43...♗c3 44.♕h1 f3 45. ♖h6 ♕g7 46.♖e4 ♖b5 47. ♖xd6 ♗f6 48.♕h2+−.

43.f3 ♖b5?!

Dies läuft ins offene Messer, aber guter Rat war teuer.

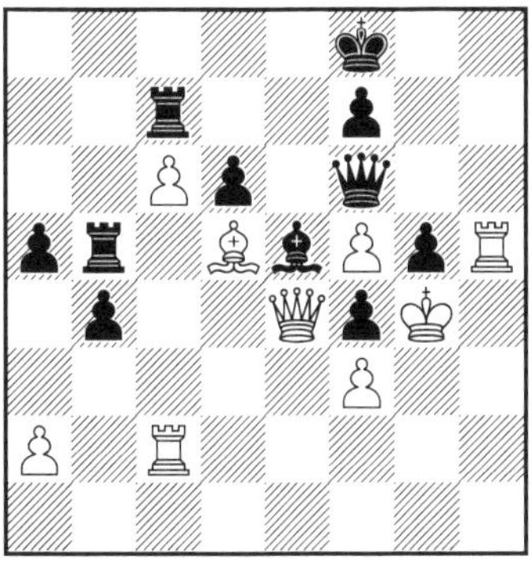

44.♖h7?

44.♖ch2! gewinnt; z.B. 44...♖c5 45. ♖h6 ♕g7 46.f6! ♗xf6 47. ♕f5 ♔e7 48.♖h7! (48.♖xf6? ♖xd5!=) 48...♖xd5 49.♕xd5+−; 48...♕g8 49.♕e6+! ♔d8 50.♕xf6+ +−.

44...♖c5 45.♖c4 ♔e8?

Die falsche Richtung. 45...♔g8 war erforderlich.

46.♕d3?

46.♖xc5 dxc5 47.♗xf7+ ♔f8 48.♕d5 ♗d4 49.♗g8 ♖xh7 50.♗xh7+−; 47...♔d8 48.♕d5+ ♗d6 49.♖g7+−.

46...♖xc4?

46...♔f8 47.♖xc5 dxc5 48.♕b5 ♔g8 49.♖h5 ♖c8 50.♕xc5 ♔g7±.

47.♕xc4 ♔f8 48.♕a6 ♕d8 49.♕xa5 ♕b8?!

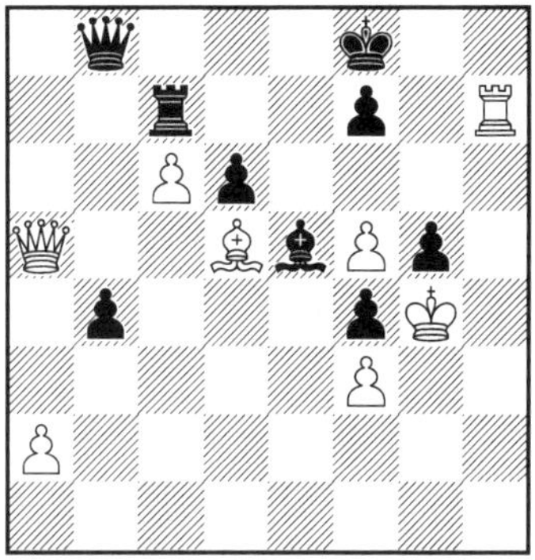

50.♕a6?

Verpasst die schöne und direkte Lösung 50.♕xc7!! ♕xc7 51.♖xf7+ ♕xf7 52.♗xf7 d5 53.♗xd5 ♔e7 54.♔xg5+−.

50...♗g7 51.f6! ♗xf6 52.♖xf7+! ♖xf7 53.♗xf7

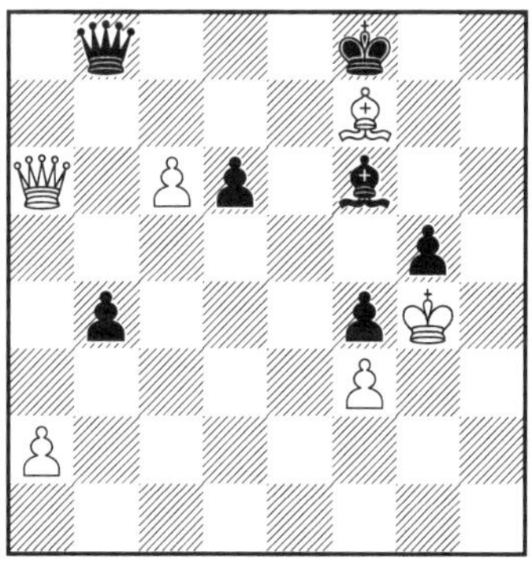

53...♗d8?

Zu passiv. Nach 53...d5! (53...♔xf7? 54.♕b7+ ♕xb7 55.cxb7+−) 54.♗xd5 ♗e5 wäre es noch nicht klar, ob Weiß gewinnen kann.

54.♕b7! ♕c7

54...♗c7 55.♕xb8+ ♗xb8 56.♗d5!+−.

55.♗d5!

Die Blockade des d6-Bauern macht Schwarz arg zu schaffen.

55...♕g7?!

55...♔e8 56.♕xc7 ♗xc7 57.♔xg5 ♔e7 58.♔xf4 ♔f6 59.♔e4 ♗b6 60.♗b3 ♗c7 61.♔d5+−.

56.♕c8 (56.♕xg7+ ♔xg7 57.♔f5+−) **56...♕e7**

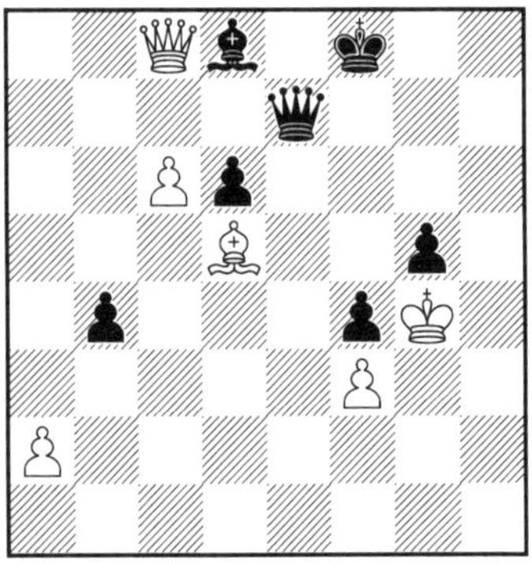

57.♕f5+?

57.c7!! ♕xc7 58.♕f5+ ♔g7 (58...♔e8 59.♕g6+ ♔f8 60.♕g8+ ♔e7 61.♕f7#)

1) 59.♕e6 ♕c2 (59...♗e7 60.♔h5!+−) 60.♕g8+ ♔h6 (60...♔f6 61.♕xg5#) 61.♕f8+ (61.♕h8+ ♕h7 62.♕xd8+−) 61...♔g6 62.♗e4+ +−;

2) 59...♗f6 60.♕g8+ ♔h6 61.♗e4 ♕g7 62.♕e8+−; 61...♕d7+ 62.♗f5 ♕g7 63.♕e8+−;

3) 59...♕e7 60.♕g8+ ♔f6 61.♕xg5#; 60...♔h6 61.♗e4 ♕g7 62.♕xd8+−.

57...♖g7 58.♗e4 d5?

Endlich gibt Lanka den Bauern her, wählt dafür jedoch einen unglücklichen Zeitpunkt.

Besser war 58...♕f7 59.♕h7+ ♔f8 60.♕h6+ ♕g7 61.♕xd6+ ♕e7 62.♕d4±.

59.♕g6+ ♖f8 60.♗xd5 ♕c7 61.♕e6?

61.♔f5 ♕c8+ 62.♔e4 ♕c7 63.♕g8+ (63.♔d3!?+−) 63...♔e7 64.♕xg5+ ♔d6 65.♕xf4+ ♔c5 66.♕xc7 ♗xc7 67.f4+−.

61...♕h7 62.♕d6+

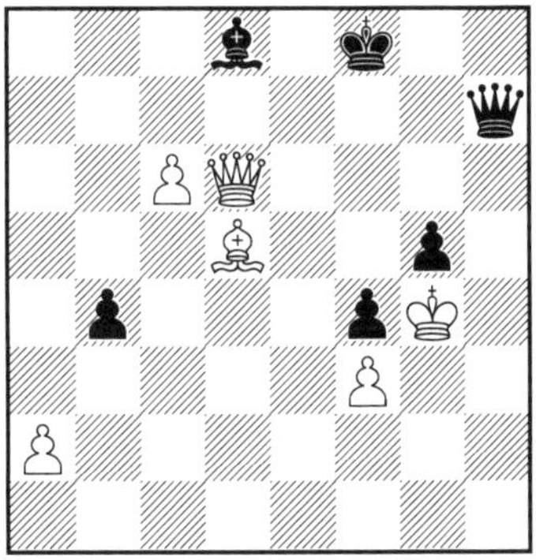

62...♕e7?

Nach der besten Verteidigung 62...♔e8 63.♗g8 ♗c7 64.♕d5 bestanden noch Chancen, die Stellung zu halten.

63.♕g6?!

63.♕h6+ ♕g7 64.♕xg7+ ♔xg7 65.♔f5 ♔f8 66.♔e6 ♔e8 67.♔d6+−.

63...♕c7 64.♖f5 ♖e7 65.♕f6+ ♖e8 66.♕e6+ ♖f8

66...♕e7?! 67.♕g6+ ♔f8 68.♕g8#.

67.♕h6+ ♖e7

67...♕g7 68.♕xg7+ ♔xg7 69.♔e6+−.

68.♔g4?!

68.♔e4! ♔e8 69.♕g6+ ♔f8 70.♔d3 ♕g7 71.♕f5+ ♔e8 72.♕e6+ ♔f8 73.♔c4 ♕c3+ 74.♔b5+−.

68...♕c8+?!

68...♔e8 69.♔f5 ♔e7 70.♗c4 ♔e8 71.♕h8+ ♔e7 72.♕f6+ ♔e8 73.♕h6 ♔e7 74.♔g4 ♔e8 75.♕e6+ ♔f8 76.♕g8+ ♔e7 77.♕xg5+ ♔d6 78.♕d5+ +−.

69.♔xg5 ♔e8+ 70.♔xf4 ♕c7+ 71.♔e4 ♕e7+ 72.♕e6 ♕xe6+ 73.♗xe6 ♔e7 74.♗d7 ♗c7 75.f4 ♔f6 76.f5 ♔e7 77.♔d5 ♗f4 78.♔c5 ♗d6+ 79.♔b6 ♔d8 80.f6 1-0

Kapitel 3

Ü03.01: 22.♘xc4!

Nach 22.♘hf5? ♘xe3 23.♗xe3 ♗xf5 24.exf5 d5 erhält Schwarz gutes Gegenspiel.

22...bxc4 (22...♕xc4 23.♕xd6±) **23.♗a4!**

So wird der wichtige Verteidiger der schwachen weißen Felder abgetauscht.

23...♕c7 24.♗xd7 ♕xd7 25.♘f5

Jetzt ist der strukturelle weiße Vorteil offenkundig.

25...d5!?

Gegen einen menschlichen Gegner könnte dieser aktive Zug, der die Struktur verändert, eine schlechte Antwort bewirken. Aber nicht gegen eine Maschine. Nach 25...♗e7 erhält Weiß einen beständigen Vorteil. (25...♘xe4? wird mit 26.♕g4+− widerlegt.) Nach etwa 26.♕f3 (mit der Drohung ♗xh6) 26...♔h7 27.♕g3 ♘e8 28.♖d1± steht Schwarz völlig passiv.

26.♖a6!

Bringt den Turm in Angriffsposition.

26...♕b7?

Das weiße Angriffspotenzial musste reduziert werden.

1) 26...dxe4! 27.♕xd7 ♘xd7 28.♖xe4♗f6 29.♘d6 ♖a8 30.♖xa8 ♖xa8 31♗e3 ♖a1+ 32.♔h2 ♖a6 33.♘xc4 ♗d8 34.♗d2±;

2) 26...♖b8? 27♗xh6! (27.♖d6!+−) 27...gxh6 28.♕f3 ♔h7 29.♕e3+−.

27.♖d6! ♗e7

1) 27...dxe4 28.♗xh6! gxh6 29.♕d2 ♘h7 30.♕xh6 f6 31.♖ed1+−;

2) 27...♘xe4 28.♖xe4 dxe4 29.♗xh6 g6 30.♗xf8+−.

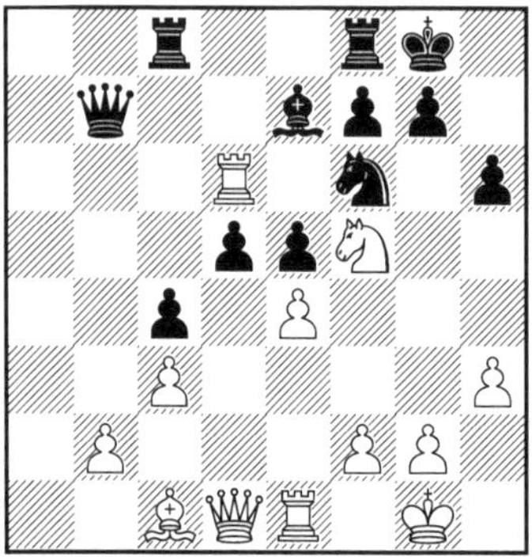

28.♗xh6!! 1-0

Und angesichts der hoffnungslosen Lage gab Adams auf.

1) 28...♗xd6 29.♗xg7 ♘e8 30.♕g4 f6 31.♗xf6+ ♔f7 32.♘xd6+ ♘xd6 33.♗xe5

a) 33...♔e7 34.exd5+−;

b) 33...♘xe4 34.♕g7+ ♔e6 35.♕xb7+−;

c) 33...♖g8 34.♕f4+ ♔e8 35.♗xd6+−.

2) 28...gxh6 29.♕f3

a) 29...♘h7 30.♖xh6+−;

b) 29...♘xe4 30.♘xh6+ ♔g7 31.♖xe4 dxe4 32.♘f5+ ♔g8 33.♕g4+ +−;

c) 29...♘e8 30.♘xh6+ ♔h7 31.♘f5 ♗xd6 32.♕h5+ ♔g8 33.♕g5+ ♔h7 34.♕h6+ ♔g8 35.♖e3 f6 36.♖g3+ ♔f7 37.♕h7+ +−.

Ü03.02: 45...♖xg6?

Vor der Abwicklung zum Bauernendspiel musste dieses bis zum Ende berechnet werden, da jetzt der weiße König eindringen wird. Zwei Alternativen führten zum Remis.

1) 45...♖e6?! ist spielbar, aber sehr kompliziert. 46.♔g4 ♔e7 47.♔f5 ♖e3 48.♖xh6

(48.g4 ♖f3+ 49.♔e5 ♖f4 50.♖xh6 ♖xg4 51.♖h7+ ♔f8 52.♔f6 ♖f4+ 53.♔g6 Weiß benutzt den g-Bauern als Schutzschirm, aber Schwarz kann sich passiv mit 53...♔g8 54.♖a7 ♖f8= verteidigen.) 48.. .♖xg3

a) 49.♖h7+ erzwingt 49...♔f8! 50.♔g6 ♖f3!, aber dies sollte haltbar sein; z.B. 51.♖h8+ ♔e7 52.h6 ♖f6+ 53.♔xg5 und jetzt am besten 53...♖f8 54.♖h7+ ♖f7 55.♖g7 ♖xg7+ 56.hxg7 ♔f7 57.♔h6 ♔g8=.

b) 49.♔g6 g4 (49...♖f3 50.♖h7+ ♔f8=) 50.♖h7+ ♔e6! (50...♔f8? 51.h6 ♔g8 52.♖a7+−)

51.h6 ♖f3! 52.♖a7 g3 53.♖a2 ♖f6+ 54.♔g7 ♖f7+ 55.♔g8 ♖f2 56.♖a6+ ♔e5 57.♖g6 ♔f4 58.h7 ♖h2=.

2) 45...♖c4!? schneidet den weißen König ab und stellt die einfachste Verteidigungsmethode dar.

a) 46.♖xh6 g4+ 47.♔e3 ♔e7 48.♖g6 ♔f7=;

b) 46.g4 ♖c3+ 47.♔e4 ♖c4+ 48.♔f5 ♖f4+ 49.♔e5 ♖xg4 50.♖xh6 ♔e7 51.♖h7+ ♔f8 52.♔f6 ♔g8 53.♔g6 ♖a4=.

46.hxg6 ♔e7 (46...h5 47.g7+−) **47.♔g4 ♔f6 48.♔h5 1-0**

Und angesichts der Folge 48...♔g7 49.g4 ♔g8 50.♔xh6 ♔h8 51.♔xg5 ♔g7 52.♔h5 ♔g8 53.♔h6 ♔h8 54.g7+ ♔g8 55.g5 ♔f7 56.♔h7+− gab Schwarz auf.

Kapitel 4

Ü04.01: 72.♔g6!

Auf Zehenspitzen durchquert Alexandrow das Minenfeld. Hingegen wäre er mit 72.♔e6? ♘c5+ oder 72.♔e4? ♘c5+ direkt hineingetapst.

Allerdings reichte auch 72.♔f4 zum Gewinn. Nach 72...♔h5 konnte der König die Gefahrenzone im Süden umwandern: 73.♔e3 ♔g5 74.♔d4 ♔f6 75.♔d5+−.

72...♔g4 73.♔f7

Der König schlüpft durch das Loch im Netz.

73...♔f5

73...♘e5+ 74.♔e6 ♘c4 75.♔d5 ♘b2 76.♘xb6 ♔f5 77.♔d6 Jetzt ist es der Weiße, der ein Minenfeld geschaffen hat.

1) 77...♔f6 78.♘d7+ +−; 77...♔e4 78.♘d7 ♘xa4 79.♘c5+ +−;

2) 77...♔g6 78.♔c6 ♔f7 79.♘d5 ♘xa4 80.♘c3 ♘xc3 81.b6+−.

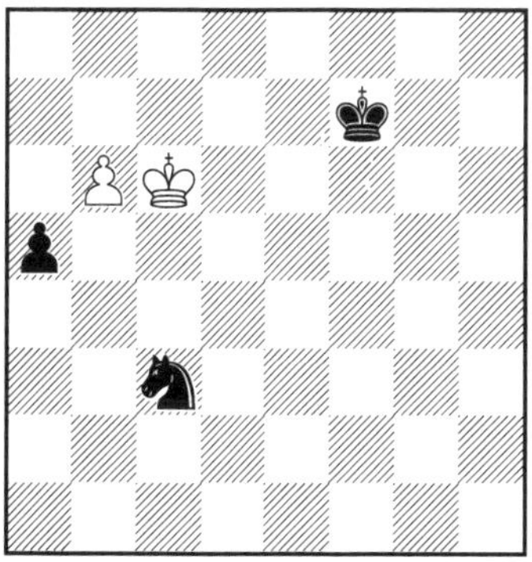

Der Springer wird auf typische Weise dominiert.

74.♔e7 ♘c5 75.♘xb6 ♔e4 76.♔d6 ♔d4 77.♔c6

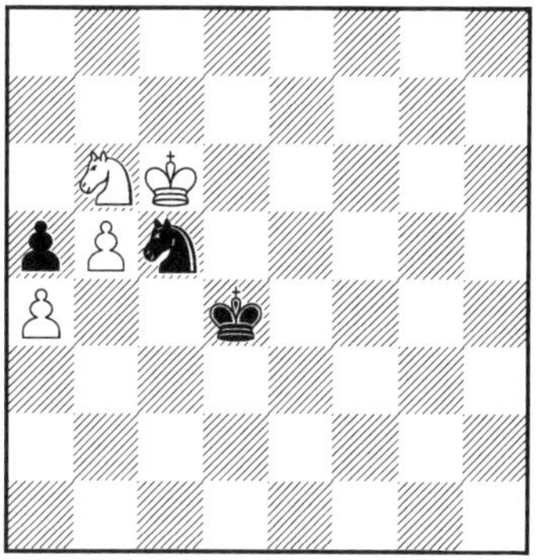

Weiß setzt Zugzwang ein – eine typische Endspielwaffe, die oft gegen einen Springer angewandt wird.

77...♘d3 78.♘d7 ♔c4

78...♘b2 79.b6 ♘xa4 80.b7+−.

79.b6 ♘b4+ 80.♔d6 ♘a6 81.b7 ♔b4 82.♘c5 1-0

Ü04.02: 78.♗g1!!

Der Läufer verlässt den Einflussbereich des Springers und hindert ihn daran, zu seinem König heimzukehren.

78...♔e6

1) 78...♘d1 79.♔d3 ♘b2+ 80.♔c3 ♘a4+ 81.♔b3+−;

2) 78...♘a4 79.♔c4 ♔e5 80.♔b3 ♔f4 81.♗h2+ ♔f3 82.♔xa4 ♔g2 83.h4+−.

79.♔c3 ♘a4+ (79...♘d1+ 80.♔c2+−) **80.♔b3 ♔d5 81.♔xa4 ♔e4 82.♗h2 ♔f3 83.♗d6 ♔g2 84.h4 1-0**

Ü04.03:

1) 30...a5? Verpasst die letzte Remischance, die in **31.b4!** bestanden hätte.

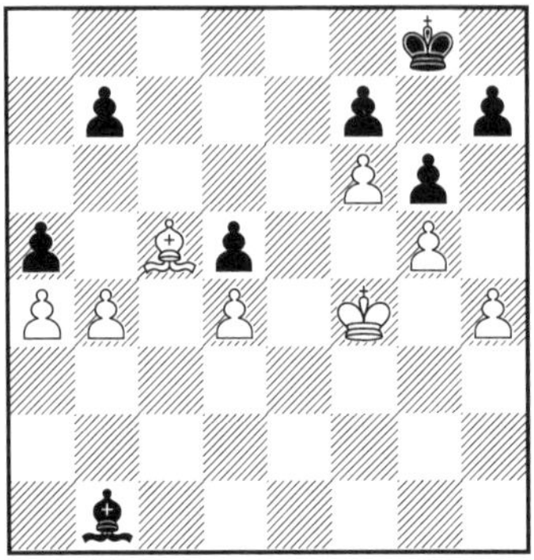

31...axb4

Es ist keine Rettung mehr zu entdecken; z.B.:

a) 31...h5 32.gxh6 ♔h7 33.♔e5 ♔xh6 34.♔d6 g5 35.♔c7 axb4 36.♗xb4 gxh4 37.♗d6 ♔g6 38.♗e5 h3 39.♔xb7 h2 40.♗xh2 ♔xf6 41.a5 ♗d3 42.a6 ♗xa6+ 43.♔xa6 ♔f5 44.♔b5 ♔e4 45.♔c5+−;

b) 31...b6 32.♗xb6 axb4 33.♗c5 b3 34.♗a3 b2 (34...h6 35.gxh6 ♔h7 36.♔e5 ♔xh6 37.♔xd5+−)

35.♗xb2 ♔f8 36.a5 ♗d3 37.♔e5 ♔e8 38.♔d6 ♔d8 39.♗a3 ♗c4 40.♗c5 ♗d3 41.♗b6+ ♔e8 (41...♔c8 42.♔e7+−) 42.♔c7+−.

32.♗xb4

b*) In der Partie folgte nun **32...♗d3?! 33.a5 ♗c4 34.♔e5 ♗b3 35.♔d6 ♗c4 36.♔c5 ♔h8**

36...♗b3 37.♔b6 ♗c4 38.♔xb7+−;

36...♗e2 37.♔b6 ♗a6 38.♔c7 ♔h8 39.♗f8+−.

37.♔b6 ♗a6 38.♗f8 ♔g8 39.♗g7

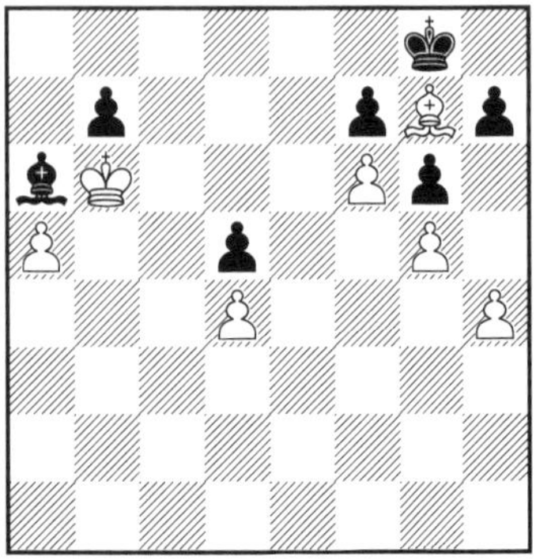

Ponomarjow macht die Gefängnistür für immer zu und schafft damit eine wirklich tragikomische Zugzwang-Situation.

39...h5 40.gxh6 ♔h7 41.♔c7 ♔g8 42.♔d6 ♗c4 43.♔e7 1-0

b)** Zäher war 32...b6!?, da der schwarze König aus dem Gefängnis ausbrechen kann.

(32...h5?! 33.gxh6 ♔h7 34.♗f8 b6 35.♔e5 ♗c2 36.♔xd5 ♗xa4 37.♗d6+−)

Allerdings bricht Weiß dann am Königsflügel ein.

33.♔e5 ♗a2 34.♔d6 ♗b3 35.♔c6 ♔h8 (35...♗xa4+?! 36.♔xd5+−) 36.♔b5 ♔g8 37.♗d6 ♗d1

(37...h6 38.gxh6 ♔h7 39.♗f8 ♗c2 40.♔xb6 ♗xa4 41.♔c5 ♗b3 42.♔d6 ♔g8 43.♔e7 ♗d1 44.h7+ ♔xh7 45.♔xf7 ♗h5 46.♔e7 g5 47.f7 gxh4 48.♔f6 h3 49.♗d6+−)

38.♗c7 ♔f8 39.♗xb6 ♔e8 40.a5 ♔d7 41.a6 ♗e2+ 42.♔a5 ♔c8 43.a7 ♔b7 44.♔b4+− gefolgt von der Invasion am Königsflügel.

2) 30...b6!! Wichtiger als der Bauer war die Öffnung der Gefängnistür.

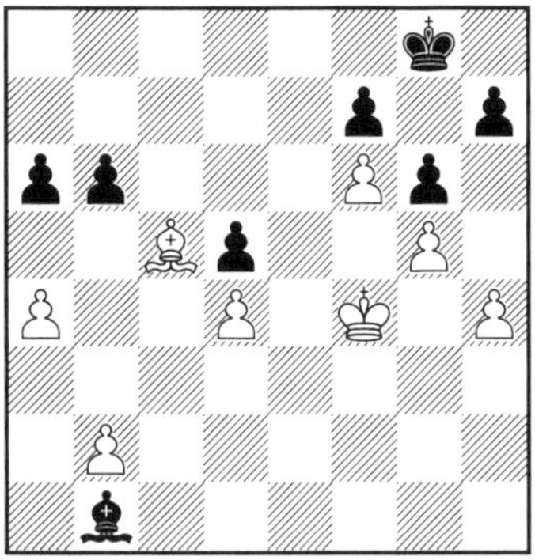

31.♔e5!?

31.♗xb6?! ♗c2

1) 32.a5 ♔f8 33.b4 ♗d3 34.♔e5 ♔e8 35.♔xd5 ♔d7=;

2) 32.♔e5 ♗xa4 33.♔xd5 ♔f8 34.♔d6 ♔e8=.

31...bxc5

31...♗a2? 32.♗xb6 ♔f8 33.b4 ♔e8 34.♔d6 ♗c4 35.♗c5 ♔d8 36.b5 axb5 37.a5 b4 38.♗xb4 ♗e2 39.♗c5 ♗c4 40.♗b6+ ♔c8 41♔e7+−; 40...♔e8 41.♔c7+−.

32.dxc5 ♔f8 33.♔xd5 ♔e8 34.♔c6 ♔d8 35.♔b7 a5 36.♔b6 ♗a2 37.♔xa5 ♗b3 38.♔b4 ♗c2 39.♔b5 ♗b3 40.♔b6 ♗xa4 41.c6 ♔c8 42.b4 ♔b8 43.b5 ♗d1 44.♔c5 ♗a4 45.b6 ♔c8 46.♔d6 ♗b3 47.♔e7 ♗c4 48.♔f8 ♗e6 49.♔g7 ♗d5 50.c7 ♗e6 51.♔xh7 ♗d5 52.♔g7 ♗e6 53.♔f8 ♔d7!

53...♗d5? 54.♔e7 ♗a2 55.h5 gxh5 56.g6 fxg6 57.♔d6 ♗f7 58.b7+ ♔xb7 59.♔d7+−.

54.♔g8 ♔c8 55.♔g7 ♔d7 56.♔h6 ♗f5 57.h5 gxh5 58.♔xh5 ♗g6+ 59.♔h6 ♔c8 60.♔g7 ♗h5 61.♔f8 ♔d7=

Ü04.04: 64...♔c3!!

Dieser überraschende Rückzug rettet Schwarz, da nur der weiße a-Bauer übrigbleiben wird.

64...♔xa2? 65.♘f5 ♔b3 66.♘d6 ♔b4 67.♘xb7 ♔b5 68.♔e4 ♔a6 69.♘d6+−.

65.♔e3

65.♘c8 ♔d4 66.♘d6 ♔xc5 67.♘xb7+ ♔b4=.

65...♔c4 66.♔d2 ♔xc5 67.♔c3 ♔b5!

67...b5? öffnet Weiß eine Zugstraße. 68.♘c8 b4+ 69.♔b3 ♔b5 70.♘d6+ ♔a5 71.♘f5

1) 71...♔b5 72.♘d4+ ♔c5 73.♘c2+−.

2) 71...c5 72.♘d6 ♔b6 73.♔a4 ♔c6 74.♘c4 ♔d5 75.♘b6+

a) 75...♔c6 76.♔a5 ♔c7 77.♔b5 ♔d6 78.♘a4+−;

b) 75...♔d476.♔b3 ♔d3 77.♘d5 ♔d4 78.♘xb4 cxb4 79.♔xb4+−.

68.♔b3 c5 69.♘c8 ♔a5 70.♘d6 (70.♔c4?! ♔a4=) **70...b5!**

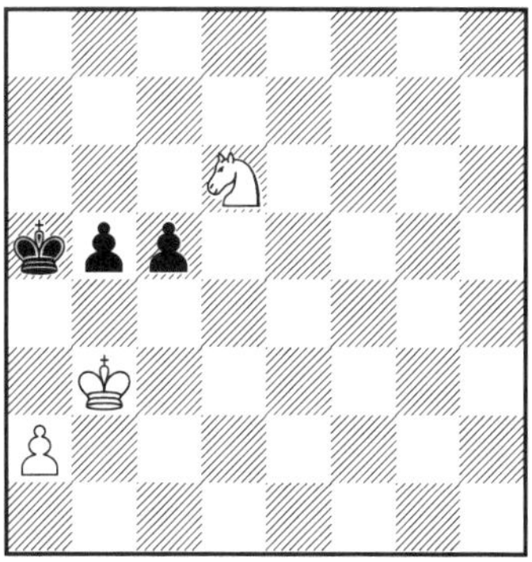

Diese Bauernwand kann nicht durchbrochen werden.

70...b6? 71.♔c4 ♔a4 72.♘b5 ♔a5 73.♘c3 ♔a6 74.♔d5 ♔a5 75.♔c6 ♔b4 76.♔xb6 ♔xc3 77.♔xc5+−.

71.♘e4

Nach 71.♔a3 wartet Schwarz einfach mit 71...♔b6 ab. Fehlerhaft wäre hingegen 71...c4? 72.♘b7+ ♔b6 73.♘d8 ♔a5 74.♘c6+ ♔b6 75.♘b4 ♔a5 76.♘d5 c3 77.♔b3+−.

71...c4+ 72.♔b2

Auf 72.♔c3 ♔a4 73.♘c5+ folgt 73...♔a3=, denn 73...♔a5? erlaubt die Blockade mit 74.a3 ♔b6 75.♔b4 c3 76.♘d3 c2 77.♔b3 ♔a5 78.♔xc2 ♔a4 79.♔b2+−.

72...♔b4 73.♘c3 ♔c5 74. ♘e4+ ♔d4 75. ♘d6 b4 ½-½

Kapitel 5

Ü05.01: 24.♔f2!

Starke Prophylaxe nach dem Prinzip 'nichts überstürzen'.

Nach 24.♖cxc7? ♖xc7 25.♖xc7 ♘d5 26.♖d7 ♘xe3 27.♘d6 ♖b8 (27...f6? 28.♘f4+−) 28.♔f2 ♘d5 29.♖xa7 f6 erhält Schwarz viel bessere praktische Remischancen, aber Weiß bleibt natürlich obenauf.

24...♘d5 25.♘f4!

Durch Abtausch der einzigen aktiven Figur von Schwarz erreicht Weiß ein sehr gutes Andersson-Endspiel (siehe 04.11).

25...♖cb8 26.♖cb1 ♖xb7 27.♖xb7 ♘xf4 28.exf4 a5

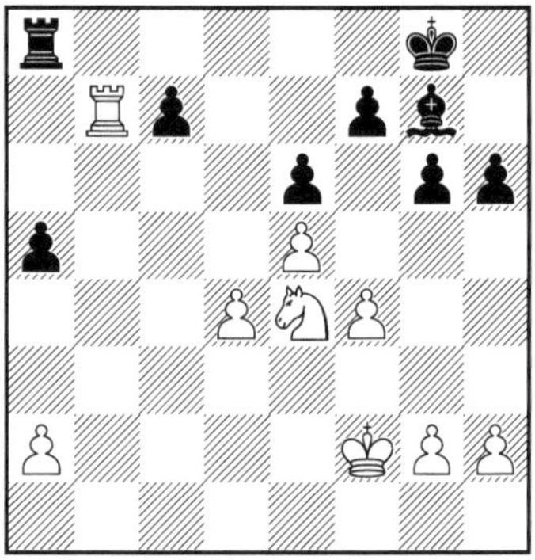

29.♔e3

Wieder beeilt Beljawski sich nicht, den Bauern zu nehmen. Dabei würde 29.♖xc7 auch gewinnen; z.B. 29...♖b8 30.♘d6 ♖b2+ 31.♔f3 ♖xa2 32.♘xf7 a4 33.♘d8 a3 34.♘xe6+−.

29...c6 30.a4

30.♘d6!? ♗f8 31.♘xf7 c5 32.dxc5 ♗xc5+ 33.♔e4 ♗f8 34.♘d6 ♖a6 35.♘e8+−.

30...♗f8 31.♔d3 ♖d8 32.♔c4 ♔g7

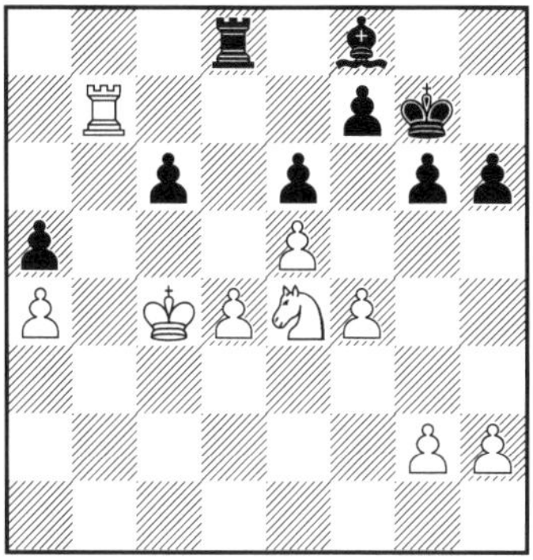

33.g4!

Das Prinzip der ‘zwei Schwächen’ in Aktion.“ (Krasenkow im *CBM* 113)

33...♗a3 34.h4 ♔f8 35.h5 gxh5 36.gxh5 ♔g7

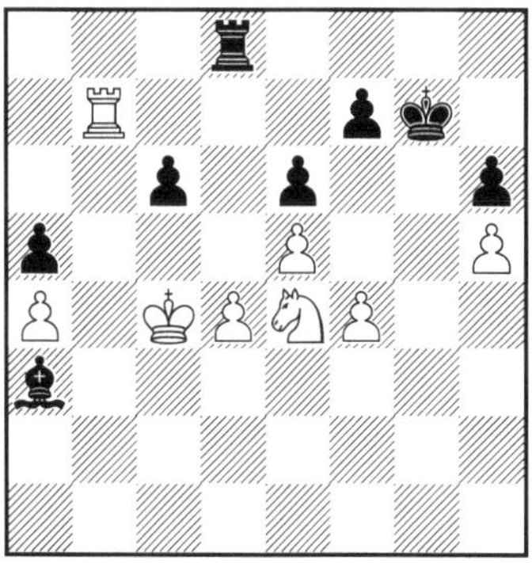

37.f5!

Der entscheidende Durchbruch.

37...exf5 38.♘g3 f4 39.♘f5+ ♔f8 40.♘xh6 ♗e7 41.♘f5 ♗g5 42.♖b1 f3 43.h6 ♔e8 44.h7 ♔d7 45.♖b7+ ♔c8 46.♘d6+ ♖xd6 47.exd6 1-0

Ü05.02: **29...e3?**

29...♖d7 30.♔e2 ♔f7 war viel zäher, da Schwarz damit den schwachen d5-Bauern aufs Korn nimmt.

30.f4! ♖g4

1) 30...♖g6 31.♖c6 ♗e7 32.♔e2±;

2) 30...♗xf4? 31.♖c8+ ♔f7 32.♖f8+ ♔g6 33.♖xf5+−.

31.♖c6 ♗xf4

Dies trifft auf eine schöne Kombination. Aber 31...♖h5 verliert auch: 32.♔e2! ♗xf4 33.♖c8+ ♔f7 34.♖f8+ ♔e7 35.♖xf4+−.

32.♖c8+ ♔f7 33.♖f8+ ♔g6 34.♖g8+ ♔h5 35.♖xg4 ♗d6+

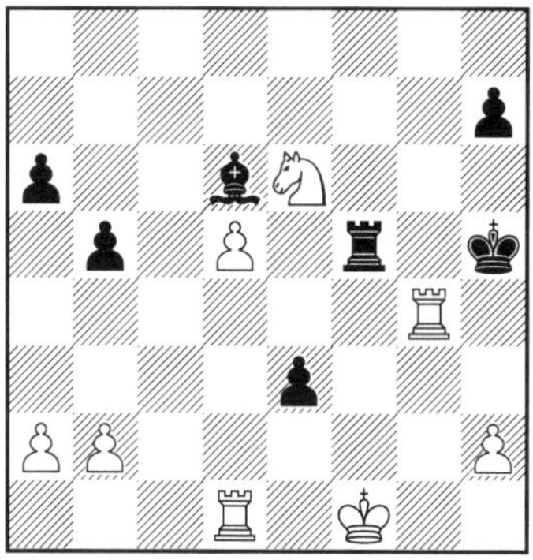

36.♖f4!!

Robsons Pointe, die die taktischen Möglichkeiten des Springers gewitzt ausnutzt.

36...♗xf4 37.♘g7+ ♔g4 38.♘xf5 ♔f3 (38...♔xf5 39.d6+−) **39.♘d4+ 1-0**

Ü05.03: 45.♔b7?

Zu automatisch. Zuerst musste prophylaktisch 45.♖h1! geschehen. 45...♔f6 (45...♖h8 46.♖xh2 ♖xh2 47.a8♕ c3 48.♕c8+−) 46.♖xh2 ♔e5 47.♖h5+ ♔d4 48.♔b7 c3 49.a8♕ ♖xa8 50.♔xa8 c2 51.♖h1 ♔xd5 52.♖c1 e5 53.♖xc2 e4 54.a4 e3 55.a5 ♔e4 56.a6 d5 57.♔b8 d4 58.a7 d3 59.a8♕+ +−.

45...♖f3!!

Eine verblüffende Rettung und ein wirkliches Wunder in einem Turmendspiel. 45...c3? 46.a8♕ ♖xa8 47.♔xa8

1) 47...c2 48.♖f1!+− Der Turm muss in alle Richtungen eingesetzt werden! Nur nicht 48.♖h1? e6 49.dxe6 d5 50.♖f1 d4 51.e7 h1♕+ 52.♖xh1 ♔f7+.

2) 47... e6 48.dxe6 d5 49.♖f1

a) 49...d4 50.e7 h1♕+ 51.♖xh1 ♔f7 52.♖c1 ♔xe7 53.a4 ♔d6 54.♔b7 ♔c5 55.a5 ♔c4 56.a6 d3 57.a7 d2 58.♖h1 c2 59.a8♕ d1♕ 60.♕a4+ +−;

b) 49...h1♕ 50.♖xh1 ♔f6 51.♖c1 d4 52.a4 ♔xe6 53.a5 ♔d5 54.a6 ♔c4 55.a7 d3 56.♔b8 d2 57.♖h1 c2 58.a8♕ d1♕ 59.♕a4+ +−.

46.a8♕

46.♖a1 ♖b3+ 47.♔c6 h1♕ 48.♖xh1 ♖xa3 49.♔b7 ♖b3+ 50.♔c6 ♖a3=.

46...♖b3+ 47.♖xb3 cxb3 48.♕a4

Nach 48.♕e8 h1♕ 49.♕xe7+ ♔g8 50.♕g5+ ♔h8; 50.♕xd6 ♕g2= kann Weiß den schwarzen b-Bauern nicht gewinnen und muss deshalb Dauerschach geben.

48...h1♕ 49.♕xb3 e6!

Schwarz wickelt zu einem ausgeglichenen Damenendspiel ab, da der weiße a-Bauer nicht über genug Gewinnpotenzial verfügt.

50.♔c6 exd5 51.♔xd6 ♕f1 52.♕g3+ ♔f7 53.♔xd5 ♕b5+ 54.♔d4 ♕a4+ 55.♔c5 ♕a5+ 56.♔c6 ♕a6+ 57.♔c7 ♕a7+ 58.♔d8 ♕a8+ 59.♔d7 ♕a7+ ½-½

Kapitel 6

Ü06.01: **26.g4!**

Dieser Vorstoß gewinnt Raum und droht Linienöffnung mit f5. Anschließend wird Weiß mit b4 den Damenflügel öffnen, um seine Initiative zu nutzen.

26...♖d8 27.♖b7 ♔f8 28.f5! exf5 29.gxf5 ♖ab8 30.♖xb8 ♖xb8 31.b4 axb3+ 32.axb3 ♖b7?!

Das kommt der Aufgabe gleich, obwohl Schwarz langfristig sowieso auf Verlust steht.

33.b4 ♗f2

33...♗e7 34.♔b3 b5 35.c5 ♖a7 36.♗d4+−.

34.♖f4 ♗e3 35.♖g4 ♗g5 36.b5 ♔e7 37.♖e4+ ♔d7

37...♔f8 38.♗d4 ♗e7 39.♔c3 ♖b8 40.♖e2 ♖b7 41.♖a2+−.

38.♗xg7 ♖a7 39.♗d4 ♔c7 40.f6 ♖a2+ 41.♔b3 ♖d2 42.♔c3 1-0

Ü06.02: **53.♘e2!**

Notwendige Prophylaxe, um das Gewinnpotenzial zu erhalten, da 53.♔xg6? auf 53...f4 54.gxf4 ♘xf4+ 55.♔g5 ♘g2 56.♔xh5 ♘xh4= trifft.

53...♘e5 54.♔f6 ♘g4+ 55.♔xg6 ♔c5 56.♔xf5 ♔d6 57.♘f4 ♘e3+ 58.♔e4 1-0

Ü06.03: **55...♗e6!** Der einzige Zug.

1) 55...♗e4? 56.♔h2 ♔d5 57.♔g3 ♔e6 58.♔h4 ♗g6 59.g4=.

2) 55...♔d3? trifft auf eine hässliche Überraschung.

a) 56...h4 57.g6 ♔e4 58.g3 h3 59.g4 ♔e5 60.♔g3=;

b) 56.♔f2 ♗f7 57.♔g3 ♔xe3 58.♔h4 ♔f4.

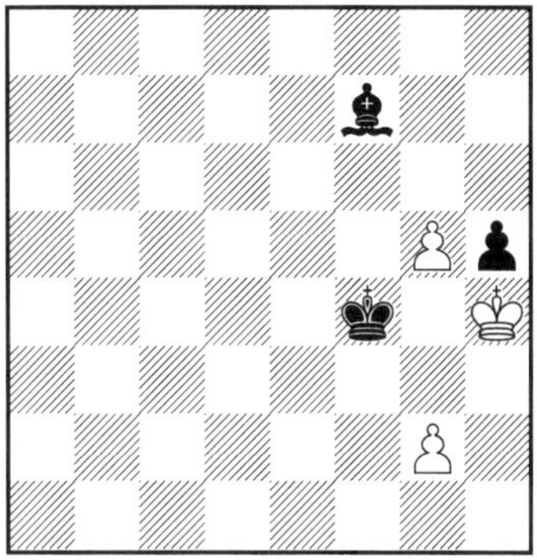

Und jetzt rettet Weiß das Wunder 59.g6 ♗xg6 60.g4 hxg4 patt!

56.♔f2 ♔d5! 57.♔g3

57.g6 hilft nicht, da der Läufer nach 57...♔e5 58.g7 ♔f6 59.♔g3 ♔xg7 60.♔h4 ♗g4−+ alles kontrolliert.

57...♔e5 58.e4 ♗g4

Der direkte Ansatz 58...♔xe4? trifft auf 59.♔h4 ♗f7 60.g4=.

59.♔h4

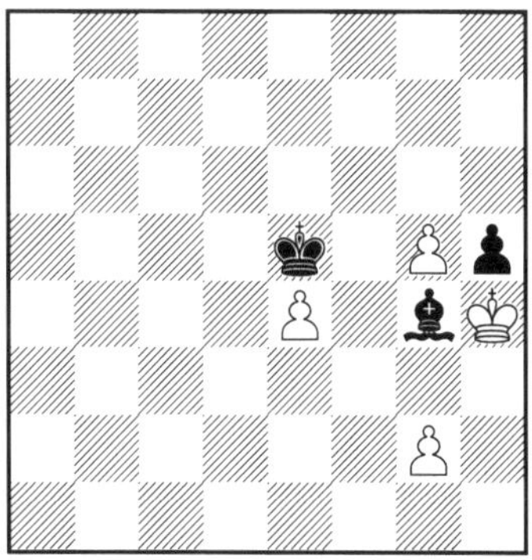

59...♔e6!

Das gierige 59...♔xe4? wird mit 60.g6= beantwortet.

60.♔g3 ♔f7 61.♔f4 ♔g6

Und Schwarz wird seine Mehrfigur unter Einsatz typischer Zugzwang-Technik verwerten.

62.♔e5 ♔xg5 63.♔d6 ♔f4 64.e5 ♔g3 65.e6 ♗xe6 0-1

Und angesichts der Folge 66.♔xe6 ♔xg2 67.♔f5 h4 68.♔g4 h3−+ gab Weiß auf.

Tests

Test 1

T01.01: **34.d6!**

„Ein großartiger Zug, der die Hand eines großen Meisters verrät. Weiß kontrolliert sowohl die hellen wie auch die dunklen Felder.“ (Ftácnik im *CBM* 134)

1) 34.♘xe5?! ♗c7 35.♗e6 a5 36.g4 ♔e7 37.h5 ist besser für Weiß, aber nicht so gut wie die Partiefolge. Denn diese ist technisch gewonnen, da Schwarz keine starke Blockade mehr errichten kann. Also gibt's für 34.♘xe5 nur einen Punkt.

2) Auch für 34.♔xe5?! ♗f6+ 35.♔d6 ♗xb2 36.e4 ♔d8 37.♗f1 a5 38.♗b5± gibt's nur einen Punkt.

34...♘c6 (34...♗f6 35.♘xe5+−) **35.♗c8 ♗f6**

35...a5 36.♗b7 ♘d4 37.♘xe5 ♘xe2 38.♗c6+ ♔f8 39.g4+−.

36.g4 g6 37.g5 hxg5 38.hxg5 ♗d8

38...♗g7 39.♘h4 ♔f7 40.♗xa6 ♔e6 41.d7 ♔xd7 42.♗b5 ♔d6 43.♗xc6 ♔xc6 44.♘xg6 ♔d6 45.♘h4+−.

39.♗xa6 ♔d7 40.♗b5 ♔xd6 41.♗xc6 ♔xc6 42.♔xe5 ♔d7

42...♔c5 43.♔e6 ♔b4 44.♔d7+−.

43.e4 ♗e7 44.♔d5 ♗d8 45.b4 1-0

Zwei Punkte gibt's für 34.d6.

T01.02: Nach **37.♖c6!** fällt der e6-Bauer, was die Sache entscheidet.

1) 37.♖xh7? kann mit 37.. .♗c5 38.♗e8 ♖xe3+ 39.♔g4 e5 40.f5 e4 41.♖h6+ ♔g7 42.♖e6 ♖e2 43.f6+ ♔h6 44.♔f5 ♗f8 beantwortet werden.

2) Und 37.♗c4? mit 37...♖c3 38.♖c6 ♗d6, mit guten Remischancen in beiden Fällen.

37...♖a7 38.♗c4 ♖e7 39.e4 ♗h6 40.e5+ 1-0

Drei Punkte gibt's für 37.♖c6.

T01.03: **17.♗c4!**

Jepischin verbessert die Stellung der am schlechtesten postierten Leichtfigur, die auf d5 eingepflanzt werden soll, was für Schwarz sehr unangenehm ist.

17...♘de5 18.♗d5 ♘xf3+ 19.♘xf3 ♕d7 20.♖fd1 ♖fe8 21.♖d3 ♗g6 22.♖e1 ♖ad8 23.♕d1 ♕e7

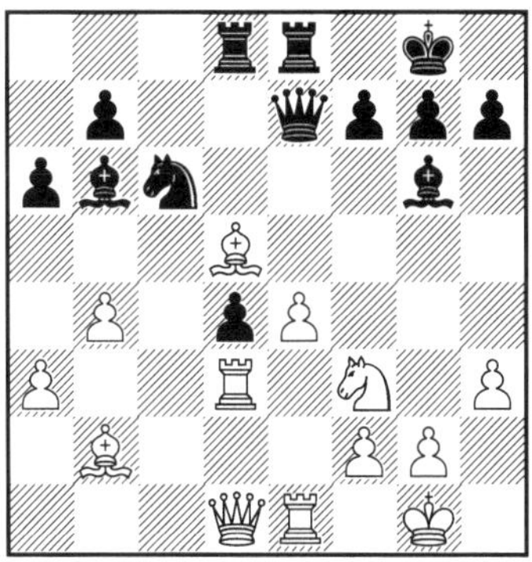

24.♖d2!

„Eine professionelle Entscheidung. Weiß ist nicht in Eile. Statt einen Bauern zu gewinnen und ein besseres

Endspiel mit Dame und Freibauer gegen zwei Türme zu spielen, bringt er seinen Turm vor eventuellen taktischen Tricks in Sicherheit und hält so alle Optionen offen.“ (Michalewski im *CBM* 99)

Direkt 24.♗xc6 hat den Nachteil, dass viele Figuren abgetauscht werden, wonach die resultierenden technischen Endspiele Schwarz gute Verteidigungschancen bieten; z.B. 24...bxc6 25.♗xd4 ♗xe4 26.♖de3 ♗xd4 27.♘xd4 ♕e5

1) 28.♘xc6 ♖xd1 29.♘xe5 ♖xe1+ 30.♖xe1 ♖xe5 31.f3 f5;

2) 28.♖xe4 ♕xe4 29.♖xe4 ♖xe4 30.♕d3 ♖exd4 31.♕xa6 (Michalewski) 31...♖4d6.

24...♗a7?

Dies verliert einen Bauern ohne jede Kompensation.

24...♗h5! zwingt Weiß, seine Königsstellung zu schwächen: 25.g4 ♗g6 26.♗xc6 bxc6 27.♗xd4 c5 28.♗xc5 ♗xc5 29.bxc5 ♖xd2 30.♕xd2 ♕xc5 31.♕d7! ♔f8 32.♕a4± (Michalewski).

25.♗xc6 bxc6 26.♗xd4 ♗b8 27.♗c5 ♖xd2 28.♕xd2 ♕e6 29.e5 h6

29...♕d5 30.♕xd5 cxd5 31.♗d6!+− (Michalewski).

30.♕e3?!

Das direkte 30.♘d4! ♕d5 31.f4+− war laut Michalewski stärker.

30...♕d5 31.♕d4 ♕e6?

Das Endspiel nach 31...♕xd4 32.♗xd4 ♗d3 bietet bessere praktische Chancen.

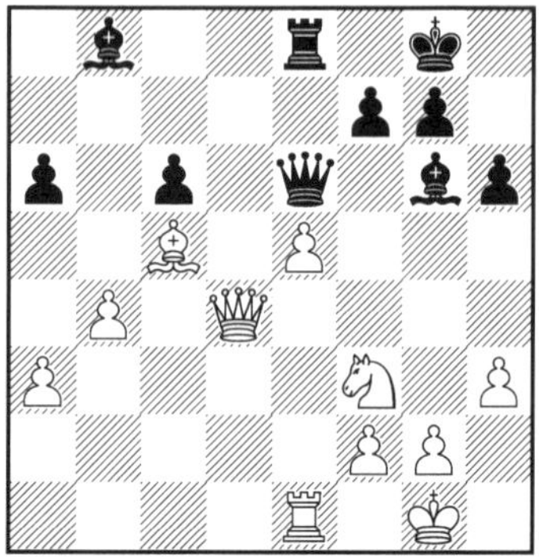

32.♗d6!

Jepischin tauscht den Verteidiger der schwarzen Felder ab.

32...♕b3?

Das verliert auf der Stelle. Aber guter Rat war teuer.

33.♕b6 ♗xd6 34.♕xc6 1-0

Einen Punkt gibt’s für 17.♗c4.

T01.04: 29.b5!

Ernst sichert den wichtigen Vorposten auf c6.

29...♕f8

1) 29...♘d5 30.♖c6 ♘f6 31.a4±.

2) 29...♘e8 30.♖d7 ♖xd7 31.♕xd7 ♕xd7 32.♖xd7 ♖c7 33.♖xc7 ♘xc7 34.♘c6

a) 34...a5 35.c5 ♘a8 36.♘xa5+−;

b) 34...♘e8 35.♘xa7 ♘d6 36.c5 bxc5 37.♔f1+−.

30.♖d3

30.♘c6 ist auch sehr stark.

30...♘d5 31.♖c6 ♘e7

31...♘f6 32.♖f3 ♖xc6 33.bxc6 ♕e7 34.g4 h6 35.h4 g5 36.hxg5 hxg5 37.♕e3+−.

32.♖xc7 ♖xc7 33. ♘d7 ♕c8 34. ♘f6+ ♔f8 35. ♘xh7+ ♔g8 36. ♘f6+ ♔f8 37.♕d8+ 1-0

Einen Punkt gibt's für 29.b5.

T01.05: 29.b4!

29.♖f4? wird mit 29...♕f8 30.b4 ♘e6= pariert.

29...f5 30.bxc5 fxe4

30...♕xc5 31.♖exd4 ♖xd4 32.♕xd4+ ♕xd4+ 33.♖xd4+−.

31.♕xf7 ♘f3+ 32.♕xf3 1-0

Einen Punkt gibt's für 29.b4.

T01.06: 41.♘d5!

Auch 41.♗f2? ♗b6 42.♔c2 ♘xf5 43.♘d5 ♗a7 44.♘xb4 ♘e7 ist besser für Weiß, aber nicht so überzeugend wie die Textfolge.

41...♘xf5

41...c4+ 42.bxc4 b3 43.axb3 ♘xf5 44.♗b4 ♗e7 45.♗c3+−.

42.♔c4 ♘d4

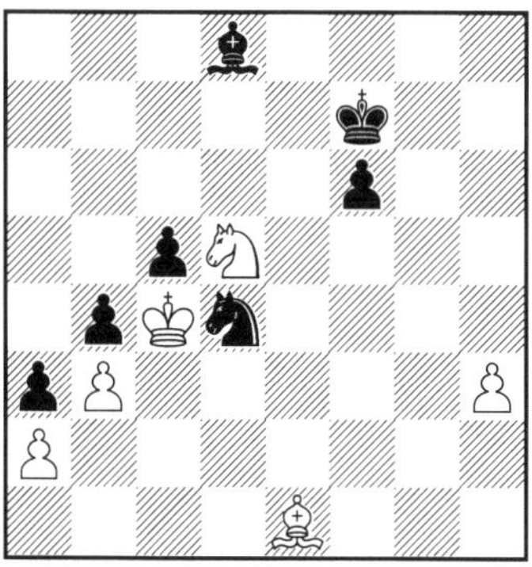

43.♗f2!?

1) 43.♔xc5? trifft auf 43...♘xb3+!, wonach Schwarz sich halten kann.

2) Sowohl 43.♗xb4?! ♘xb3 44.♗xa3 ♘d2+ 45.♔xc5 ♘e4+ 46.♔c6 ...

3) als auch 43.♘xb4 ♘f3 44.♘d3 ♗e7 45.♔d5 gibt Weiß Gewinnchancen, aber die Textfortsetzung ist leichter zu spielen.

43...f5 44.♔xc5?!

Mit Springern auf dem Brett ist die Sache komplizierter.

Besser also 44.♗xd4!? cxd4 45.♔xd4:

1) 45...♔e6 46.♘xb4 ♗f6+ 47.♔e3 ♔e5 48.♘c2 ♗e7 49.b4+−;

2) 45...♔g6 46.♘xb4 ♔g5 47.♘d5 ♔h4 48.♔e5+−.

44...♘e6+?! 45.♔xb4 ♘g5 46.♗h4 ♔e6 47.♔c4 ♔e5 48.b4 f4 49.b5 ♘f7 50.♗xd8 ♘xd8 51.b6

51.♘xf4!? gewinnt direkt: 51...♔xf4 52.♔b4 ♔g3 53.♔xa3 ♔xh3 54.♔b4 ♔g4 55.a4 ♔f5 56.a5 ♔e6 57.a6+−.

51...f3 52.♘e3 ♔e4 53.♘d1 ♘b7 54.♔b4 ♘d6 55.h4 ♔f4 56.♔c5 ♘b7+ 57.♔c6 ♘a5+ 58.♔c7 ♔g4 59.b7 ♘xb7 60.♔xb7 ♔xh4 61.♔c6 ♔g3 62.♔c5! ♔g2

62...f2 63.♘xf2 ♔xf2 64.♔b4 ♔e3 65.♔xa3 ♔d4 66.♔b4+− (Postny im *CBM* 112).

63.♔b4 ♔f1 64.♘e3+ ♔f2 65.♘f5! ♔e1 66.♔xa3 ♔d2!? 67.♔b3 f2 68.♘g3 ♔e3 69.a4 ♔f4 70.♘f1 ♔e5

Ist es nicht erstaunlich, dass Schwarz immer noch kämpfen kann? Er wird sogar noch den a-Bauern fangen, aber zum guten Schluss werden die weißen Springer gerade rechtzeitig kommen, um sein Schicksal zu besiegeln.

71.♔b4 ♔d6 72.♔b5 ♔c7 73.a5 ♔b7 74.a6+ ♔a7 75.♔a5 ♔a8 76.♔b6 ♔b8 77.♘e3 ♔a8 78.♘d5 1-0

Und Schwarz gab auf in Erwartung von 78...f1♕ 79.♘c7+ ♔b8 80.a7+ ♔c8 81.a8♕+ ♔d7 82.♕e8+ ♔d6 83.♕e6#.

Zwei Punkte gibt's für 41.♘d5.

T01.07: **18...♘e8!**

Die Umsetzung des Springers nach d6 macht die weiße Hoffnung auf Gegenspiel im Zentrum endgültig zunichte.

Nach den Alternativen 18.. .♖e8?! 19.♘e5 ♕c7 20.♘c4 oder 18...♗d7?! 19.♘e5 ♖fe8 20.♖e2 behält Weiß noch einen Hauch von Initiative.

19.a5 ♕d8 20.♘d2 ♘d6 21.♘ce4 ♘xe4 22.♘xe4 b6 23.axb6 ♕xb6 24.♘xc5 ♕xb2 25.♕xb2 ♗xb2 26.♖ad1 ♗a3 27.♘e4 ♗b4 28.♖e3 ♔g7 29.g4 a5 30.♘g3 ½-½

Drei Punkte gibt's für 18...♘e8.

T01.08: **25...f5!**

Radjabow unterminiert das Zentrum und verurteilt den weißen Läufer zur Passivität. Der gierige Ansatz 25...♕xa4?! 26.f5 käme Weiß sehr gelegen.

26.exf5 ♕xf5 27.♘e3 ♖xe3! 28.♖xe3 ♗d4 29.♗f2 ♗xe3 30.♗xe3 ♘xd5!?

Auch die Alternative 30...♖e8 31.♖d1 ♕h5 war deutlich besser für Schwarz, aber Radjabows Zug gewinnt forcierter.

31.♖d1 ♖e8!

Eine exzellente praktische Entscheidung. 31...♘xe3?! 32.♕xe3 ♕f6 33.b3 gibt Weiß potenzielles Gegenspiel gegen den schwarzen König.

32.♗f2?!

Das Turmendspiel 32.♕xd5 ♕xd5 33.♖xd5 ♖xe3 musste versucht werden, dennoch sollte Schwarz nach 34.♖xd6 ♖e2 bzw. 34.♔f2 ♖b3 35.♖d2 d5 langfristig gewinnen.

32...♘xf4 33.♕xd6? ♕e4 0-1

Einen Punkt gibt's für 25...f5.

Test 2

T02.01: **31.♘dc6! ♘xc6**

31...♘c8 32.♗d4 ♕b5 33.♕f6+−.

32.dxc6 ♖a7 33.♘d5 ♕a6

33...♕xc6 34.♗d4 ♗g7 35.♘f6+ ♗xf6 36.♕xf6 ♕xe4+ 37.♔a1 ♖e5 38.♗xa7+− (Caruana im *CBM* 122).

34.♗c3 ♖e5 35.♘f6+ ♔g7 36.♗xe5 dxe5 37.♕xe5 ♕d3+ 38.♔a1 ♖e7 39.♘xh5+ ♔g8 40.♘f6+ ♔g7 41.♕b8 ♗e2 42.h5 gxh5 43.♖c1

„Nigel Short verriet mir, er habe 43.♖xh5 ♗xf1 (43...♗xh5 44.♘xh5+) 44.♕xf8+! ♔xf8 45.♖h8+ ♔g7 46.♖g8# erwartet“ (Caruana).

43...♖xe4 44.c7 1-0

Zwei Punkte gibt's für 31.♘dc6.

T02.02: **25.♗b5!**

25.♕h8+? ♔e7 26.♕xg7 ♕d6 27.♕g3 c4 28.♗e2 ♕d4 gibt Schwarz gute Überlebenschancen aufgrund seiner Aktivität.

25...♖h6 26.♕e4 ♗e6 27.♖ac3 ♖c8?!

Aus praktischer Perspektive war 27...c4 zu bevorzugen. (27...f5?! 28.♕e1 e4 29.h3+−)

Denn nach z.B. 28.♗xc4 ♕d6 hätte Schwarz mehr Gegenspiel.

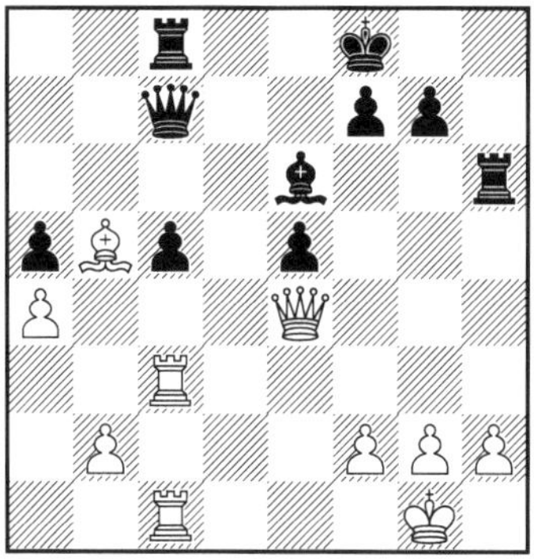

28.♖xc5!

Ein starker Abtausch, da die unkoordinierten schwarzen Türme der aktiven weißen Dame unterlegen sind. Schließlich findet diese reichlich Angriffsziele und fühlt sich wie ein Fisch im Wasser.

28...♕xc5 29.♖xc5 ♖xc5 30.h3

Diese starke Prophylaxe ist möglich, weil Schwarz die Zeit nicht für aktive Maßnahmen nutzen kann.

30...g5?

Eine gehörige Schwächung, aber guter Rat ist teuer; z.B. 30...♖d5 31.♕e1 ♖h4 32.♕xa5 ♖ c4 33.♕e1+−.

31.♕e3 ♖d5 32.♕xg5 ♖g6 33.♕e3 ♔g8

33...♖d1+ 34.♔h2 ♗d5 35.f3 ♗b7 36.♗e2 ♖dd6 37.♕xe5 ♗a6 38.♗xa6 ♖xa6 39.g4+−.

34.♔h2 ♗c8 35.♕a7 ♔g7 36.♗c4! ♖d7 37.♕xa5 ♗b7

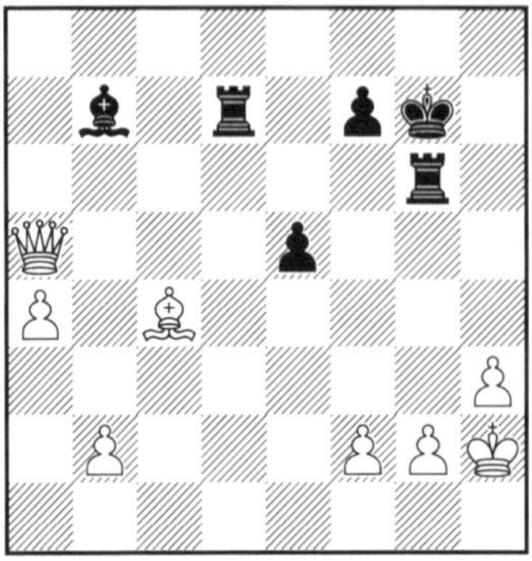

38.g4!

Nach diesem kaltblütigen Vorstoß steht der weiße König bemerkenswert sicher.

38...e4 39.♕e5+ ♔f8 40.♗b5

40.a5 ♖gd6 41.b4 ♖d2 42.♕c5+ ♖e7 43.♔g3 e3 44.fxe3♖g2+45.♔h4+−.

40...♖dd6 41.g5 ♔g8 42.♗c4 ♗c6 43.h4 e3 44.♕xe3 ♖d1 45.♕e7 ♖g7 46.a5 ♖d4 47.♕c5 ♖xh4+ 48.♔g3 ♖h6 49.a6 ♗e4 50.a7 ♔h7 51.♕e5 1-0

Einen Punkt gibt's für 25.♗b5.

T02.03: 25...♘d7!

25...dxe5? erlaubt Weiß, aktiv zu werden und die Damen abzutauschen: 26.♖xe5 ♘d7 27.♖a7 ♘c5.

(27...♕d8 kann jetzt mit 28.♖b5! beantwortet werden.) Nach 28.♖xe7 ♘xb3 29.♖d7 kann nur Weiß besser stehen.

26.♖a7 ♕d8 27.exd6 ♘c5 28.♕d1 ♕b6 29.♖a1 ♕xd6

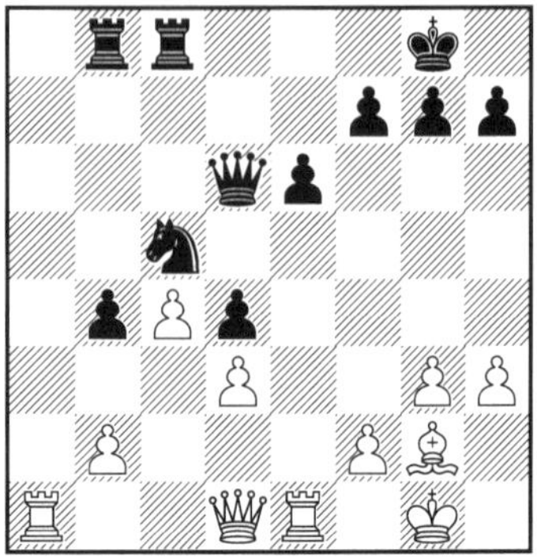

Jetzt verfügt Schwarz über strategische Initiative im Hinblick auf das Szenario 'guter Springer – schlechter Läufer'.

30.f4?!

Mit Bauern an dem Flügel vorzugehen, an dem der Gegner besser steht, ist immer riskant. Allerdings ist die weiße Stellung sowieso nicht einfach zu spielen.

30...♖e8 31.♕f3 ♖bc8 32.♔h2 g6 33.♖a5 ♔g7 34.♖b5

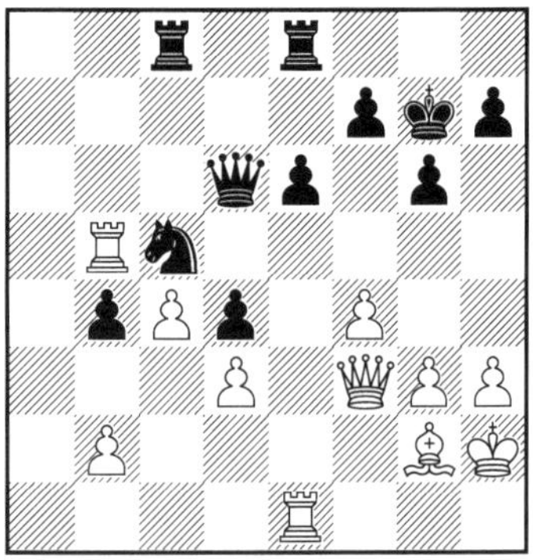

34...b3?!

Wegen der fixierten Schwächen d3 und b2 sind jetzt alle Endspiele für

Schwarz gewonnen. (Tiwjakow im *CBM* 119)

35.♕e2 ♖e7 36.♗f1?! f6 (36...♖a7!?) **37.♕d2 e5 38.♗g2?**

Mit 38.fxe5 ♖xe5 39.♖xe5 ♕xe5 40.h4 war der schwarze Vorteil einzuschränken.

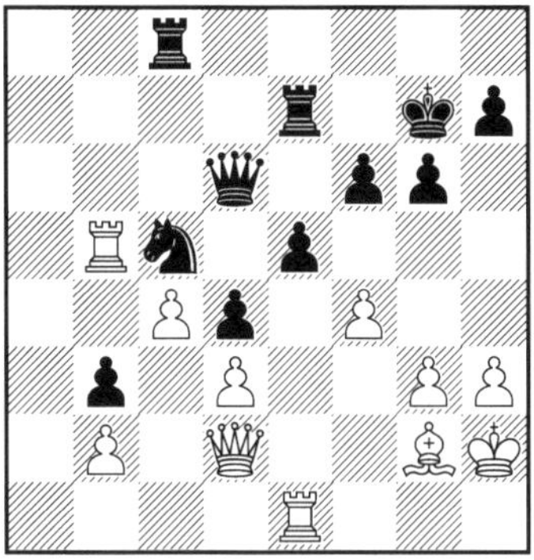

38...♖ce8!

Tiwjakow bringt alle Kräfte ins Spiel, bevor er die Stellung öffnet.

39.♕b4?

Ein taktisches Versehen, aber Weiß hatte sowieso keine rechte Verteidigung mehr.

1) 39.fxe5? erlaubt den schwarzen Türmen die Invasion 39...♖xe5 40.♖xe5 ♖xe5−+ (Tiwjakow).

2) Und auch die Alternativen 39.♗f3 exf4 40.♕xf4 ♕xf4 41.♖xe7+ ♖xe7 42.gxf4 ♖e3 ...

3) bzw. 39.f5 gxf5 40.♕b4 ♖c7 41.♖f1 f4 42.♗d5 fxg3+ 43.♔g2 ♔h8 sind deutlich besser für Schwarz.

39...exf4!! 40.♖xe7+ ♖xe7 41.♖xc5

41.♕xc5 fxg3+ 42.♔g1 ♖e1+ 43.♗f1 ♕f4 44.♖b7+ ♔h6 45.♕f8+ ♔g5 46.♕c5+ f5−+ (Tiwjakow).

41...fxg3+ 42.♔h1 ♖a7

42...♖e2 ist sogar noch stärker.

43.♗e4 f5 44.♗c6 ♖a1+ 45.♔g2 ♕f4 46.♖xf5 ♕xf5 47.♕e7+ ♕f7 48.♕e5+ ♕f6 49.♕c7+ ♔h6 0-1

Zwei Punkte gibt's für 25...♘d7.

T02.04: **28.♗e4!**

Ein starker prophylaktischer Zug. Der direkte Ansatz 28.g4?? trifft auf 28...♖xd5 29.cxd5? g6−+.

28...♕e8?

28...d5 was das geringere Übel. Zwar bekäme Schwarz nach 29.cxd5?! ♖c3 etwas Luft, aber nach 29.♗xd5 ♖d7 30.♖he3 behält Weiß starken Druck.

29.g4 g6 30.fxg6+ fxg6 31.g5 ♗g7 32.♖g3 ♖c8 1-0

Zwei Punkte gibt's für 28..♗e4.

T02.05: **28...♘c5 29.♖a5 e6**

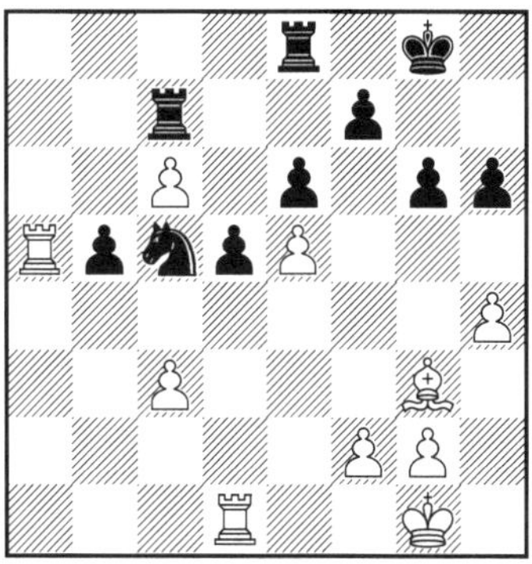

Schwarz muss den Zentrumsbauern behalten, um den Läufer in seiner Wirkung einzuschränken.

30.♖xb5 ♖xc6 31.♗f4 ♘e4 32.♖e1?!

Das aktivere 32.♖a1 ♘xc3 33.♖b2 gibt bessere praktische Chancen.

32...♘xc3 33.♖b7 ♔g7 34.♔h2 ♖ec8 35.♖a1 ♖6c7 36.♖b3 d4 37.♗d2 ♘e4 38.♗e1 ♖c1 39.♖bb1 ♖xb1 40.♖xb1 d3 41.f3?

Dies läuft in eine kleine Kombination. 41.♖d1 war erzwungen, wenn auch Schwarz nach 41...d2 42.♗xd2 ♘xf2 43.♖e1 ♖d8–+ trotzdem langfristig gewinnen sollte.

41...d2! 42.fxe4 ♖c1 43.♗xd2 ♖xb1 44.♔g3 ♖b3+ 45.♔g4?! ♖b2 0-1

Zwei Punkte gibt's für 28...♘c5.

T02.06: 43.♖b3!

Zwingt den schwarzen Turm zum Rückzug, da das technische Endspiel hoffnungslos wäre.

Hingegen könnte Schwarz nach 43.♖ee7? ♖b2+ 44.♔c1 ♗f6 45.♖e6 ♖f2 noch kämpfen.

43...♖a6

43...♖xb3 44.♔xb3 b5 45.♖a7 ♗e5 46.h3 ♔g5 47.♖xa5 ♔f4 48.♖xb5 ♔g3 49.♖b4+–.

44.♖bxb7 ♗e5 45.♖a7 ♖b6 46.♖cb7

Jetzt muss Schwarz die Türme abtauschen.

46...♖xb7 47.♖xb7 ♗xh2 48.♖a7 g5 49.♔d1 g4 50.♔e2 ♔g5 51.♖xa5 ♗g1 52.♖a3 ♔f4 53.♖d3 ♔e4 54.a4 ♗b6 55.♖b3 ♗c5 56.a5 ♔xd5 57.a6 ♔c6 58.♖b7 h3 59.gxh3 gxh3 60.♔f3 1-0

Zwei Punkte gibt's für 43.♖b3.

T02.07: Weiß gewinnt, indem er durch Läuferzüge immer wieder freiwillig ein Tempo verliert. Dies ist eine typische Methode, das Prinzip der 'zwei Schwächen' anzuwenden, wenn nicht mehr viel Material auf dem Brett ist.

47.♗b3 ♗d7 48.♗a2 ♗c8 49.♗c4 Zugzwang **49...h5 50.♗b3 ♗d7 51.♗a2 ♗c8 52.♗c4** Zugzwang **52...♔b7 53.♔c5 ♔c7 54.♗b3 ♗d7 55.♗a2 ♗c8 56.♗c4 1-0** wegen des nunmehr entscheidenden Zugzwangs.

Einen Punkt gibt's, wenn Sie den Zugzwang-Mechanismus aufgespürt haben.

T02.08: 33...♕e2!

1) 33.. .fxe6?? 34.♕xh6 ♖f7 35.♖d8+ +–.

2) 33...♕xc3?? 34.♖xf7 ♖xf7 35.♕xf7+ ♔h8 36.e7 ♕c6 37.♖d8+ +–.

3) 33...♕b3? 34.e7 ♖fe8 35.♖d8+–.

4) 33...♕c2? 34.e7 ♖fe8 35.♖d8+–.

34.exf7+

34.e7? kann jetzt mit 34...♖fe8 35.♖d8? ♕xe7 beantwortet werden.

34...♔h7

Und der schwarze König steht sicher.

35.♕d6 ♕c4 36.♖xb7 ♖xf7 37.♖xf7+ ♕xf7 38.♕e5 ♕g7 39.♕xg7+ ♔xg7 40.♖d7+ ♔f6 41.♖xa7 ♖xc3 42.h3 ½-½

Zwei Punkte gibt's für 33...♕e2.

Test 3

T03.01: 36.f5!

Da ungleiche Läufer den Angreifer favorisieren, öffnet van Wely den Weg zum verletzlichen Punkt f7.

Auch nach 36.♖c8+?! behält Weiß die Oberhand, aber sein Angriff wäre nicht so stark wie in der Partie, in der er den alles entscheidenden Punkt sogar noch deutlicher hervorhebt. Nach z.B. 36...♔g7 37.♖c7 ♖a5 kann Weiß ein vorteilhaftes technisches Endspiel erreichen.

1) 38.♗c6 ♖f5 39.♕xe6 ♗c5 40.♕e1 ♕xa2 41.♗a4 ♗d6 42.♗xf5 ♗xc7 43.♕c3+ ♔g8 44.♗xg6 ♕d5+ 45.♔g1 ♗a5.

2) 38.♕d3 ♗c5 39.♗xg6 ♕xf2+ 40.♔h3 ♖a7 41.♖xa7 ♗xa7 42.♗xh5 ♕e1.

Allerdings ist es nicht einfach, solch einen Vorteil zu verwerten. Königsangriff ist viel leichter!

36...exf5

1) 36...gxf5? 37.♖c8+ ♔h7 38.♕g5 ♕g7 39.♕xh5+ ♕h6 40.♕xf7+ ♕g7 41.♕h5+ ♕h6 42.♖c7+ ♔g8 43.♕xh6+−.

2) 36...♕xa2? 37.♖c8+ ♔g7 38.f6+ ♔xf6 39.♕g5+ ♔g7 40.♕e5+ f6 41.♕c7+ ♔h6 42.♖h8#.

37.♗d5 ♕b8

37...♗d6 38.♕h6 ♕g7 39.♖c8+ ♗f8 40.♕e3 ♖d6 41.♗c4 ♖d7 42.♕c5+−. Nun wird Schwarz dominiert, so dass der a-Bauer den Tag entscheiden wird.

38.♕c3 ♗b2?

Dies gestattet eine Kombination. Allerdings würde auch 38...♔h7 39.♖c7 ♖a7 40.♖c8 ♗b2 41.♕c5 ♕e5 42.♕xa7 ♕xd5+ 43.f3+− langfristig verlieren.

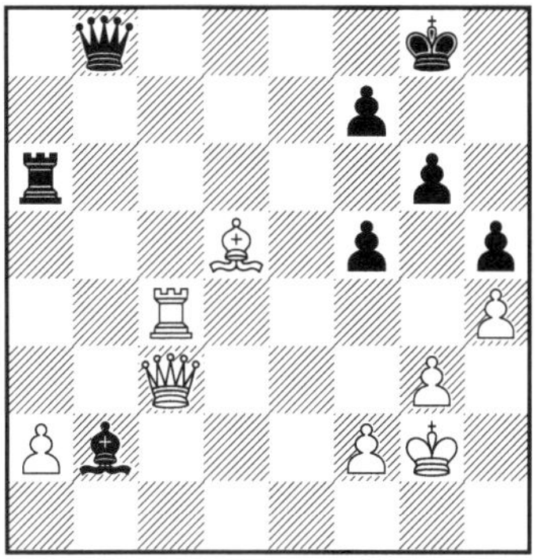

39.♖c8+?

Dies sollte noch technisch zu gewinnen sein, aber 39.♗xf7+! war viel stärker.

1) 39...♔xf7 40.♖c7+ ♔g8 41.♕c4+ ♔h8 42.♖c8+ +−.

2) 39...♔h7 40.♗g8+!!

a) 40...♕xg8 41.♖c7+ ♔h6 42.♕xb2+−;

b) 40...♔xg8 41.♖c8+ ♔h7 42.♖c7+ ♔g8 43.♕c4+ ♔h8 44.♖c8+ +− (Marin im *CBM* 135).

39...♔h7 40.♕c4 ♕d6 41.♗b7 ♖b6 42.♕xf7+ ♗g7 43.♖c7 ♕f6 44.♕xf6 gxf6 45.a4 f4 46.a5 fxg3 47.fxg3 gf5 48.a6 ♖a5 49.♖d7 ♖a3 50.♖e7 ♖a2+ 51.♔h3 ♔h6 52.♖e6 ♗d4 53.♗d5 ♖a3 54.♗e4 ♔g7 55.♖xg6+ ♔f7 56.♖g5 ♖xa6 57.♖xh5 ♖a3 58.♔g4 ♗c3 59.♖b5 ♔f6 60.♗c2 ♗e5 61.♗b3 ♖a1 62.♖b6+ ♔g7 63.♖e6 ♗f6 64.h5 ♖a5 65.h6+ ♔g6 66.♗c2+ ♔f7 67.♖c6 ♖g5+ 68.♔f4 ♖h5 69.h7 ♗e5+ 70.♔g4 ♖h2 71.♖c8 ♗b2 72.♗f5 ♗d4

73.♔f4 ♗b2 74.g4 ♖h1 75.♖c7+ ♔f8 76.g5 ♖f1+ 77.♔g4 ♖e1 78.♔h5 ♖e7 79.♖c2 ♗e5 80.♗g6 1-0

Drei Punkte gibt's für 36.f5.

T03.02: **29.g4! fxg4**

29...♖d8 30.♔g3 ♗d7 (30...h6 31.♔h4+−) 31.♖xd8 ♔xd8 32.gxf5 gxf5 33.♘xb7+ ♔c7 34.♘a5 ♗e8 35.♔h4 h6 36.♘b3 ♗g6 37.♘d4 ♔d7 38.♔g3+− (Roiz im *CBM* 97).

30.hxg4 h5 31.gxh5

31.♖xc8+ ♖xc8 32.♘xc8 ♔xc8 33.f5 gxf5 34.gxh5+−.

31...gxh5 32.♖xc8+ ♖xc8 33.♘xc8 ♔xc8 34.♔g3 ♔d7 35.♔h4 ♔c6 36.♔xh5 ♔xc5 37.f5 1-0

Zwei Punkte gibt's für 29.g4.

T03.03: **28. ♔g3!**

Um den Gewinnzug f2-f4 vorzubereiten.

Hingegen würde sowohl 28.♖xe5? dxe5 29.♕xe5 ♖d2 30.♘f4 ♕f7 als auch 28.♘c5? ♕a7 dem Schwarzen in die Hände spielen.

28...♕f7 29.♖c3 ♖xc3+ 30.♕xc3 ♕b7 31.♕d4

Direkt 31.♕c7!? wäre einfacher.

31...♕f7 32.f4 ♘d7 33.♕a7?

33.♕c3 ♘f8 34.♕c8 ♕f6 35.♔f3 ♕e7 36.g5+−; 35...h5 36.g5 ♕f5 37.♔f2 a5 38.a4+−.

33...♘f8?

33...♕f6 34.♕a8+ ♘f8 35.g5 ♕f5 war zäher.

34.♕xf7+ ♔xf7 35. ♘c7 ♘d7 36.♘xa6 ♘f6 37.♘b4 ♔e7 38.♔f3 ♔d7 39.g5 ♘g8 40.♘c6 1-0

Einen Punkt gibt's für 28.♔g3.

T03.04: **21...♘a4!**

Dies zwingt Weiß zu einer Schwächung der dunklen Felder. Entsprechend wird der Läufer e7 stärker und stärker.

22.b3 ♘b6 23.a4 ♔f7

23...g4!? ist womöglich sogar noch stärker.

24.g4 ♖c7 25.g3 ♖d8 26.♗e2?!

Zu passiv. Weiß sollte versuchen, sich mit 26.cxd5 ♘xd5 27.e4 ♘b4 28.♔g2 ♖cc8 29.d5 exd5 30.exd5 ♘xd5 31.♘c4 Gegenspiel auf den hellen Feldern zu verschaffen.

26...cxd4 27.exd4

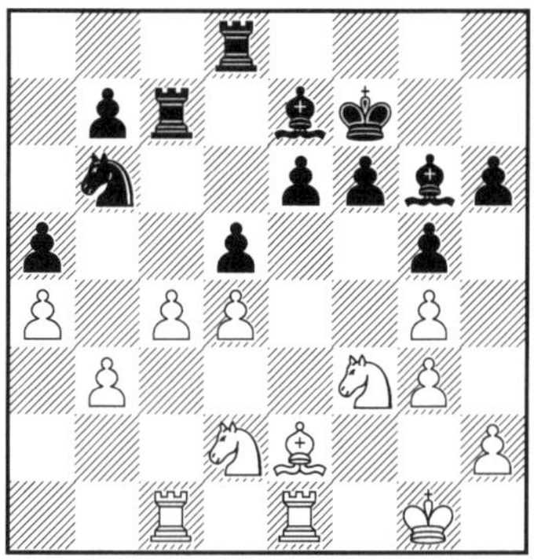

27...♗a3!

Solche kleinen Sticheleien sind typisch zur Ausnutzung des Vorteils 'Läuferpaar'.

28.♖a1 ♗b4 29.♖f1

29.c5 wird mit 29...♘d7 30.♗b5 e5 31.♗xd7 ♖dxd7 32.dxe5 ♖e7 33.exf6 ♔xf6 beantwortet, wonach die schwarzen Läufer die Alleinherrschaft übernehmen.

29...dxc4!?

Der schwache d4-Bauer wird früher oder später sowieso fallen, so dass Ftácnik mehr Figuren auf dem Brett behält. Der direkte Ansatz 29...♗xd2 30.♘xd2 dxc4 31.♘xc4 ♘xc4 32.♗xc4 ♖xd4 sollte auch gewinnen, stellt jedoch mehr technische Probleme.

30.♘xc4 ♘d5 31.♘fe5+ ♔g7 32.♘xg6 ♔xg6 33.♗d3+ ♔g7 34.♗e4?! ♘c3 35.♗f3 ♖xd4 36.♖ae1 ♖e7 37.♘e3 ♖d3 38.♘f5+?

Ein taktisches Versehen in verlorener Stellung.

38...exf5 0-1

Zwei Punkte gibt's für 21...♘a4.

T03.05: 32.♘g3?

32.♖h5!

1) 32...♘a7 33.♖h6 ♘c8 34.♘g5±.

2) 32...♘e5 33.♔e2 ♘g4 34.h3 ♘f6 35.♖f5 ♖xe4 36.♗xe4 ♔e6 37.♔f3±.

32...h6 33.♗xc6+ (33.♖g6?? ♘e5+) **33...♔xc6 34.♖g6 1-0**

Hier gab Schwarz auf, obwohl er gute Remischancen hatte; z.B. 34...♖fe8 35.e4 ♖e6 36.♖g7 ♖6e7.

Zwei Punkte gibt's für 32.♖h5.

T03.06: 44.a4!

Notwendige Prophylaxe, da 44.♔f3? mit 44...a4 beantwortet werden kann.

44...♔f7 45.♔f3 g5

45...h5 46.h4 ♔e8 47.♔e4 ♔f7 48.♔e5 ♘xf6 49.♔d6 ♘d5 50.♔c6 e5 51.♗xe5 ♔e6 52.♗d4+−.

46.fxg5 hxg5 47.♔g4 ♘xf6+ 48.♔xg5 ♘d7 49.h4 e5 50.♗e3 ♘f6 51.♗xb6 ♘e4+ 52.♔f5 ♘d6+

52.. ♘c3 53.♔xe5 ♘xa4 54♗d4+− (Hecht).

53.♔g4 ♘c4 54.♗c7 ♔e6 55.h5 e4 56.h6 e3 57.h7 e2 58.♗xa5

58.h8♕ ♘e3+ 59.♔g5 e1♕ 60.♕e5+ ♔d7 61.♕d6+ ♔e8 62.♕e6+ ♔f8 63.♗d6+ ♔g7 64.♕g6+ ♔h8 65.♗e5# (Hecht).

58...♘e5+ 59.♔g3 ♘g6 60.♔f2 1-0

Einen Punkt gibt's für 44.a4.

T03.07: 32.f3!

Weiß schränkt den Spielraum beider Leichtfiguren ein und verbessert dann seine Stellung am Königsflügel. Schwarz kann nur darauf warten, was das Schicksal ihm beschert.

32...♗g6 33.g4 ♔h8 34.h5 ♗h7 35.♔g2 ♗g8

35...♔g8 36.♗b3 ♖e7 37.♕c5+−.

36.♘e2! ♕c8?! 37.♘g3 ♘h7 38.♘f5 ♘g5 39.♘e7?!

39.♖c3! ♖d8 40.♖xc6 ♖xd6 41.♖xc8+− entscheidet die Sache auf der Stelle (Huzman im *CBM* 94).

39...♕b7 40.♘xc6

40.♘xg8 ♔xg8 41.♖c3 ♕a7 42.♕xc6 ♖d8 43.♕c5 ist auch sehr stark.

40...f5!?

Ein guter Versuch, Verwirrung zu stiften.

41.♗xg8 fxe4 42.fxe4 ♔xg8?

42...♖xg8 war erforderlich, aber nach 43.♕d7 ♕a8 44.♕d5± behält Weiß die überlegene Stellung.

43.♕d7!

Sehr stark, da die Dame der wichtigste schwarze Verteidiger ist. Das resultierende Endspiel ist nur eine Frage der Technik.

43...♕xd7

43...♕a8 44.♕xe8+ ♕xe8 45.♖d8 ♕xd8 46.♘xd8 ♘e4 47.♘e6+−.

44.♖xd7 ♘xe4 45.♖a7 ♘c3 46.♖xa6 e4 47.♖b6 ♔h7

47...e3 48.♖b8 ♖xb8 49.♘xb8 e2 50.♔f2+−.

48.♖b8 ♖e6 49.a6 ♖xc6 50.a7 ♖a6 51.a8♖ ♖xa8 52.♖xa8 ♘d5 53.♖c8 ♘xb4 54.♖c5 ♘d3 55.cxd3 1-0

Einen Punkt gibt's für 32.f3.

T03.08: Die Zeit ist reif, um eine zweite Front am Königsflügel zu schaffen.

29.g4! ♕f6

29...hxg4 trifft auf 30.h5 ♕f6 31.h6+ ♔f7 32.♕xg4 mit gewinnträchtigem Angriff; z.B. 32...♔g8 33.♖f3 ♕e7 34.♕xg6+ ♔h8 35.♖xd6

1) 35...♖xd6 36.♖f7 ♕xf7 37.♕xf7+−;

2) 35...♕xd6 36.♕e8+ ♔h7 37.♖g3 ♕d1+ 38.♔h2+−.

30.♖xd6 ♖xd6 31.♖xd6 ♕xg5 32.hxg5 b5 33.cxb5 axb5 34.gxh5 gxh5 35.♖xe6 h4 36.♖h6 h3 37.♔h2 ♖c2 38.♔xh3 ♖xf2 39.♖b6 ♖xa2 40.♔g4 1-0

Zwei Punkte gibt's für 29.g4.

Test 4

T04.01: 39.a4 bxa4?

Öffnet Zugstraßen für die weißen Figuren. Auch nach dem besseren 39...♖c6 40.axb5 axb5 41.♖d3 hat Weiß starke Initiative.

40.c4 ♕c7 41.cxd5 ♕a5 42.♕f4 ♕d8?!

42...♕c7 43.♕xa4 ♕d8 ist zäher.

43.♖c2! ♔g8

1) 43...♔g7 44.♖c6 ♖d7 45.♕e5 a5 46.d6 ♕e8 47.♕xa5+−.

2) 43...♘xd5? 44.♕xf7+ ♔h6 45.♗xd5 ♖xd5 46.♖c6 ♖d6 47.♕f4+ +−.

44.♖c6 ♘e8 45.♕xa4 ♖xc6 46.dxc6 ♘c7 47.♕b4 ♔g7 48.♕f4 ♕e7 49.♕d4+ ♔g8 50.♔f1 1-0

Schwarz gab auf. Ein denkbares Finale lautet 50...♘e6 51.♕e5 ♕c7 52.♕xc7 ♘xc7 53.♔e2 ♔f8 54.♔e3 ♔e7 55.♗e2 ♔d6 56.♗c4 f6 57.♗f7+−.

Einen Punkt gibt's für 39.a4.

T04.02: 27.♘f4!

Auch 27.♘d4 ♖fc8 28.♕h4 ♕d8 29.♕f6 ♕xf6 30.exf6 ist stark und dafür gibt's einen Punkt. Da jedoch die weiße Dame in der Partiefolge wertvolles zusätzliches Angriffspotenzial sicherstellt, gibt's für den Textzug zwei Punkte.

Weniger gut wäre übrigens 27.♕f4?! ♕e7 oder 27.♕h4?! ♕d8.

27...d4 28.♘h5 ♔h8 29.♘f6 ♕c7 30.♖fe1!?

Weiß behält sein Angriffspotenzial. Es besteht keine Veranlassung, sich auf das Turmendspiel nach 30.♖xd4?! ♕xe5 31.♕xe5 ♖xe5 32.♖fd1 ♖c5 33.♘d7 ♗xd7 34.♖xd7 einzulassen, obwohl Weiß natürlich auch dieses langfristig gewinnt.

30...♖d8

30...♖c2 31.♕f4 ♕e7 32.♖xd4 ♖xa2 33.♖ed1 ♗xb3 34.♖d7 ♕e6 35.♕b4+−.

31.♕f4 d3?

Dies trifft auf einen Keulenhieb, aber auch 31...♖c6 32.♖xd4 ♖xd4 33.♕xd4 ♖c1 34.♖d1 verliert.

32.♘d5 1-0

T04.03: 17.♕b1! ♖a5

17...♘d8 18.♕xb5 ♘e6 19.♗e5±.

18.♕b3!

Der Damentausch öffnet Tür und Tor, da c7 nicht verteidigt werden kann.

18...♕xb3 19.cxb3 ♗d7 20.♗xc7 ♖a6 21.d4 ♔f7 22.d5 ♘e7 23.d6 ♘c6 24.♗f1 ♖a3 25.♗xb5 ♖fa8 26.♖e2 ♔f6 27.♗a4 b5 28.♗xb5 ♘d4 29.cxd4 ♗xb5 30.♖e5 ♖xb3 31.♖f1 ♗xf1 32.axb3 ♖a1 33.♔f2 ♖d1 34.d7 ♖xd4 35.d8♕+ ♖xd8 36.♗xd8+ ♔xe5 37.♔xf1 ♔d4 38.b4 1-0

Zwei Punkte gibt's für 17.♕b1.

T04.04: 17.♕h4 ♖f7 18.♗d1!

Pikets Pointe gewinnt eine Qualität und somit die Partie.

18...♕f8 19.♗h5 ♖f6 20.♕h3 ♖h6 21.f4 ♖xh5?!

Mit 21. ..♗f6 22.♗xh6 ♕xh6 23.fxe5 ♗xe5 24.♖ad1 ♖f8 war mehr Widerstand zu leisten.

22.♕xh5 ♘g6?!

22...e4 hält die Stellung geschlossen, so dass die weißen Türme nicht so schnell eindringen können.

23.♖ae1 ♖e8

23. ..e4 24.♘xe4 fxe4 25.f5 ♗xf5 26.g4+−.

24.fxe5 ♗xe5 25.♘e2 ♗xb2 26.♘f4 ♘xf4 27.♗xf4 ♗e5 28.♕h4 b5?! 29.axb6 cxb6 30.♔h1 a5 31.♕f2 a4 32.♗xe5+ dxe5 33.♕xb6 f4 34.c5 a3 35.♕b4 a2 36.♕b2 ♕f6 37.♕xa2 ♗b5 38.♖f2 1-0

Zwei Punkte gibt's für 17.♕g4 ♖f7 18.♗d1.

T04.05: 39...a5!

Bringt Weiß in tödlichen Zugzwang.

40.♗b3

40.♗d3 ♕h1+ 41.♕g2 ♕d1+ 42.♕e2 ♕xa4−+.

40...♕h1+ 41.♕g2 ♕e1 0-1

Zwei Punkte gibt's für 39...a5.

T04.06: 20.♗xf6! ♗xf6 21.♘dxe4 ♗g7 22.♖fe1±

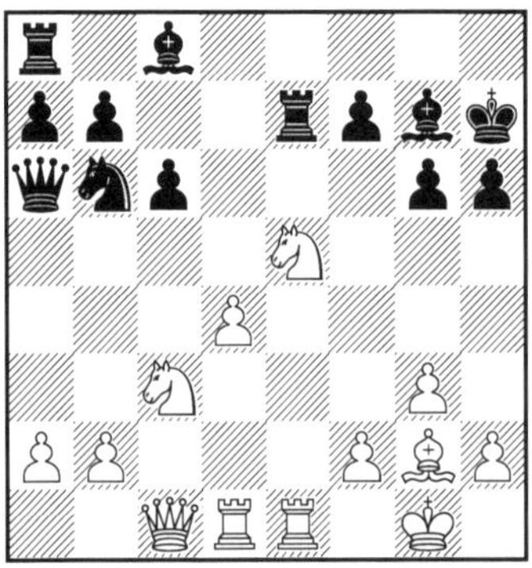

Jetzt steht Schwarz vor einer schwierigen Entscheidung.

22...♗e6?!

Mit 22...♕a5!? 23.d5 ♖d7 24.♕f4 ♘xd5 25.♘xd5 cxd5 26.♘d6 d4 (26...♕c7 27.♖xd5 ♗xb2 28.h4) 27.♘xf7 ♕f5 28.♕xf5 gxf5 29.♘e5 konnte mehr Angriffspotenzial abgetauscht werden, obwohl die weiße Initiative selbstredend erhalten bliebe.

23.♘c5 ♕a5 24.♘xe6

Präziser war der Zwischenzug 24.a3!? gefolgt von beispielsweise 24...♘c8 (24...♘c4 25.♗h3 ♖ae8 26.♗xe6 fxe6 27.♘3e4) 25.♘xe6 ♖xe6 26.♖xe6 fxe6 27.♕f4 ♕d8 28.♘e4 ♕e7 29.♕g4, wonach die weiße Initiative sogar etwas stärker wäre als in der Partie.

24...♖xe6 25.♖xe6 fxe6 26.♕c2

„Wieder wird eine Initiative, die allein auf besserer Mobilisierung und Entwicklung beruht, letztlich neutralisiert. Wie auch immer hat Weiß zwei Faktoren vor Augen: Der Bauer g6 ist chronisch schwach, und die ungleichen Läufer garantieren, dass dessen erfolgreiche Verteidigung auf Dauer ein Ding der Unmöglichkeit ist." (Wells im *CBM* 79)

26...♖d8

26. ..♖f8 27.h4 ♕f5 28.♕e2±.

27.♘e2 e5 28.♗e4 ♖d6 29.h4 h5?! 30.dxe5 ♖xd1+ 31.♕xd1 ♕xe5 32.♕d3

Endlich fällt g6.

32...♔h6 33.♗xg6 ♕xb2?!

1) 33...♕b5?! 34.♕e3+ ♔xg6 35.♘f4+ ♔h7 36.♕e4+ ♔g8 37.♕e6+ ♔h7 38.♕g6+ ♔h8 39.♘e6 ♕xb2 40.♕e8+

♔h7 41.♕xh5+ ♔g8 42.♕e8+ ♔h7 43.♘g5+ ♔h6 44.♕e4 ♔h5 45.♕f3+ ♔h6 46.♕f5+−.

2) 33...♘d5 34.♗f7 ♘e7 35.♗b3+−.

34.♗xh5 ♕f6 35.♗f3 (35.g4+−) **35...♕a1+ 36.♔g2 ♗e5?! 37.♗h5! ♔g7**

37...♔xh5 38.♕h7+ ♔g4 39.♕g6#.

38.♕g6+ ♔h8 39.♕e8+ ♔g7 40.♕f7+ ♔h8 41.♗g6 1-0

Zwei Punkte gibt's für 20.♗xf6.

T04.07: **19.f4!! exf4?**

19...♕d8! ist relativ am besten. (19...♕h4? 20.♗d3+−)

1) 20.fxe5 ♗e6 21.♕d3 ♘xc3 22.♘f6+ ♔g7 23.♘xh5+ ♔g8 24.♕xc3 ♖c8.

2) Nach 20.♕d3 behält Weiß dennoch starke Initiative.

a) 20...♘d6 21.fxe5 ♘xc4 22.♘f6+ ♔g7 23.♕xc4 ♗e6 24.♕f4;

b) 20...♗f5 21.fxe5 ♘d6

b*) 22.♘e7+ ♕xe7 23.exd6 ♕f6 24.♕d2;

b)** 22.♕g3 h4 23.♘e7+ ♕xe7 24.exd6 ♕d7 25.♕f4 h3 26.♕d4.

20.♕d4! ♖e8 21.♗d3 ♗h3 22.♗xe4 ♖ad8 23.♔h1 ♗g4 24.♘f6+ ♔h8 25.♗d5 ♖e5 26.♖ae1 f3 27.♖xe5 1-0

Zwei Punkte gibt's für 19.f4!!.

T04.08: In Endspielen mit Turm und Springer gegen Turm und Läufer strebt der Springer oft nach voller Kontrolle, um seine relativ langsame Manövrierfähigkeit zu kompensieren. Ein anderer wichtiger Faktor besteht in der Stärke des Läufers. Steht dieser jedoch passiv und ist der von ihm nicht beherrschte Farbkomplex schwach, so hat der Springer oft gute Gewinnchancen.

30...♔h7!

Kramniks König beginnt einen langen Marsch.

31.♔f2 ♔g6 32.♖c2?

32.♔f3 ♖a3 33.h3 war die bessere Methode, um Nakamuras Defensivkonzept umzusetzen. Aber nach 33...♘xc3 34.♖b3 ♖xb3 35.axb3 ♘d5−+ sollte Schwarz langfristig gewinnen.

32...♖a3! 33.h3

1) 33.c4 ♘b4 34.♖e2 (34.♖d2 ♔f5−+) 34.. .♔f5 35.h3 ♘d3+ 36.♔g2 h4 37.g4+ ♔g6 38.♗e3 ♖c3 39.♔f3 ♘b4 40.♔f2 ♘c2−+.

2) Nach dem passiven 33.♔e2 ♔f5 34.♔d2 ♔g4 35.♔c1 b5 36.♔b2 ♖a4 37.♔b3 a6 38.a3 g6 39.♖f2 ♔h3 40.♖d2 unterminiert Schwarz die Struktur mit 40...h4−+.

3) 33.♔f3 ♘b4 34.♖c1 ♘c6 35.♔e4 ♖xa2 36.h3 ♖h2 37.♔f3 ♖b2 38.g4 ♖h2 39.♔g3 ♖d2 40.♗e3 h4+ 41.♔xh4 ♖d3 42.♗f2 ♖f3 43.♗g3 b5−+.

33...b5 34.♖b2

Nach 34.♗c5 ♖xc3 35.♖xc3 ♘xc3 36.♗xa7 ♘xa2 37.g4 b4 38.♔e3 ♘c3 39.♔d3 ♘d5 40.♔e4 öffnet Schwarz die Tore mit 40...♔h7 41.♗c5 g5 42.fxg5 hxg4 43.hxg4 ♔g6−+.

34...a6!

Kramnik behält alles ruhig unter Kontrolle. Zu überstürzt wäre 34...♘xc3? 35.♗xc3 ♖xc3 36.♖xb5 ♖c2+ 37.♔f3 ♖xa2 38.g4 wegen der großen Remistendenz von Turmendspielen.

35.♖c2 (35.♔f3 b4−+) **35...♔f5**

Endlich setzt der König seinen Marsch fort.

36.♔f3 b4 37.g4+ hxg4+ 38.hxg4+ ♔g6 39.♔e4 bxc3 40.♖h2

40.♗e3 ♖a4+ 41.♔f3 ♖b4 42.♗c1 ♖d4 43.a3 f6 schafft eine zweite Front, um mit dem König ins Herz der weißen Stellung vorzudringen. 44.exf6 ♔xf6 45.♔f2 e5 46.fxe5+ ♔xe5 47.♔f3 ♖d3+ 48.♔e2 ♔e4−+.

40...♖a4 41.♖f2 a5 42.♔d3 c2!? 43.f5+ (43.♖xc2? ♘b4+ −+) **43...♔g5 44.♗b2 ♘b4+ 45.♔c3 ♖xa2 46.♖f1 ♔xg4 47.fxe6 fxe6 0-1**

Einen Punkt gibt's für 30...♔h7.

Test 5

T05.01: 29.f4?

Dieser langsame Zug erlaubt es Schwarz, seine Verteidigung zu organisieren. Mit 29.♖d5! sollte Weiß den Augenblick nutzen, um von seiner Initiative zu profitieren.

1) 29...a3 30.♗xa3 ♗a4 31.♖d8 f6 32.b3 ♗b5 33.♖c5 ♖xa3 34.♖xb5 ♔f7 35.♖xe8 ♔xe8 36.♖xb7+−.

2) 29...♗c6 30.♖d8 ♖a8 31.♖cd3 b5 32.♖3d6 ♗b7 33.f3 ♔h7 34.♖b6+− (Krasenkow im *CBM* 127).

29...f6 30.♔f2 ♔f7 31.g4 ♗c6 32.♖e3 ♖b6 33.g5?! ♖b5 34.♖g3 hxg5 35.hxg5 fxg5 36.fxg5 ♖f5+ 37.♔e3 ♔g6 38.♖d6+ ♔h5 39.♖d8 ♖e5+ 40.♔d2 ♔g6 41.♖c3 ♖8xe7 42.♗xe7 ♖xe7 43.♖c5 ♖e4 44.♖d6+ ♔h5 45.g6+ ½-½

Drei Punkte gibt's für 29.♖d5.

T05.02: 42.♗d6!

Gegen 42.♖f5? kann Schwarz sich mit 42...♖e8 43.♗d6 b6 44.a5 ♖e6 45.♗c7 bxa5 46.♗xa5 ♖c6 verteidigen, was ihm einige Remischancen sichert.

42...♖c8

42...♖e8 43.c5±; 42...b6 43.a5 bxa5 44.♖f5 ♖e8 45.c5±.

43.♖f5 ♖e8 44.a5 ♖e6 45.c5 ♖e8 46.♔d1 h6

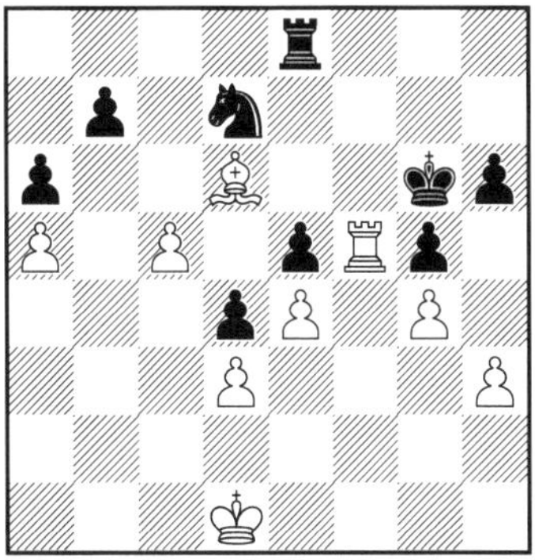

47.♔d2!

Berg setzt auf das Prinzip ‘nichts überstürzen’ und bringt Schwarz in Zugzwang.

Der direkte Ansatz 47.♔c2? trifft auf 47...♖c8=.

47...♖d8

47...♖e6 48.♔c2 ♖e8 49.♔b3+− (Berg im *CBM* 122 Extra).

48.♗xe5 ♘xc5 49.♖f6+ ♔h7 50.♖f7+ ♔g8 51.♖g7+ ♔f8 52.♖h7 ♔e8 53.♖xh6 ♔f7 54.♖f6+ ♔e8 55.♖h6 ♔f7 56.♖f6+ ♔e8 57.♖g6 ♔f7 58.♖xg5 ♘b3+ 59.♔c2 ♘xa5 60.♗xd4 1-0

Zwei Punkte gibt’s für 42.♗d6.

T05.03: 38.♘f4!

Danach wird die schwarze Stellung bald unter dem Druck zusammenbrechen.

38.♕xd4?! erlaubt 38...♕xg6, wonach Schwarz vereinfachen und weiterkämpfen kann, da sein Läufer stärker wird; z.B.:

1) 39.♕xd5 exd5 40.♘xg6 ♖xa4 41.♘f4 ♔f7;

2) 39.♕b6 ♕f5 40.♘d7 ♗c3 41.♖e3 ♗g7 42.♕xe6+ ♕xe6 43.♖xe6 ♖xa4.

Weiß steht in beiden Fällen klar besser, aber die Partiefolge ist viel stärker.

38...♘f5 39.♘ed3

1) 39.♘xd5! exd5 40.♕xd5+ ♔g7 41.♕xb7+ ♘e7 42.♘c6+−.

2) 39.♘xg4 hxg4 40.♖xe6 ♕f7 41.♕xg4+ ♗g7 42.♖e5 ♖f8 43.♖xd5 ist auch stark.

39...♕f7

Nach 39...♘d4 kann Weiß auf den Gewinnweg 40.♘e5 ♘f5 41.♘xd5 zurückgreifen.

40.♖xe6 ♘d4 41.♘e5! ♗xe5 42.♖xe5 ♘f5 43.♖xd5 ♖e8 44.♖d8 ♔g7 45.♖d5 ♖e1 46.♘xh5+ ♔h7 47.♕d3 1-0

Zwei Punkte gibt’s für 38.♘f4.

T05.04: 23.♔h1!

Es wäre auch gut, den inaktiven Turm mit 23.♖ae1 direkt ins Spiel zu bringen.

Dafür gibt’s einen Punkt.

23...♗h5 24.♖f2 a5

24...♖f7 25.♗xf6 ♖xf6 26.♖g1

1) 26...♖af8 27.♖g5 ♗d1 28.♖fg2 g6 29.♔g1+−;

2) 26...♔h8 27.♕h4 ♖g8 28.♖f4+−.

25.♖g1 ♔h8 26.♖xg7! 1-0

Und Schwarz gab auf wegen der denkbaren Folge 26...♔xg7 27.♖g2+ ♗g6 28.fxg6 h6 29.♕e5 ♖ae8 30.♗xf6+ ♖xf6 31.♕c7+ ♔g8 32.♕h7+ ♔f8 33.g7+ ♔e7 34.g8♕+ +−.

Drei Punkte gibt’s für 23.♔h1.

T05.05: **26.♗b5! ♖xd1+?**

26...♗d7 27.♖d6 ♖b8 28.e5 ♗xb5 29.axb5 ♘d5 30.♘d4 ♖ab7 31.♘c6 ♖c8 32.♖xa5±.

27.♖xd1 ♗xb5

27...♗e8? 28.♖d8 ♔f8 29.e5

1) 29...♔e7? 30.exf6+ ♔xd8 31.fxg7+−;

2) 29...♘d7 30.♖c8 ♔e7 31.♘d4+−.

28.axb5 ♔f8

28...♖d7 29.♖c1 ♔f8 30.♘xa5+−.

29.♘c5 ♖a8

29...♖c7 30.b6 ♖xc5 31.b7 ♖b5 32.♖d8+ ♔e7 33.b8♕ ♖xb8 34.♖xb8+−.

30.b6 ♔e7 31.b7 ♖b8 32.e5 ♘d5 33.♖a1 ♔d8 34.♖xa5 1-0

Einen Punkt gibt's für 26.♗b5.

T05.06: **42.a4!**

42.♘f5? erlaubt die Verteidigung 42...♖a8 43.a4 a5 44.♔e4 ♗b4.

42...♗d6 43.♘f5 ♗b8 44.a5 ♗c7 45.♘g3 (45.♔e4!?) **45...♗d6**

45...♖e7 46.♔e4 ♖d1 47.♘f5 ♖ed7 48.♖a6 ♗d8 49.♖b8 ♗e7 50.♖a8 ♗c5 51.♖c6 ♗e7 52.♖ac8 ♗d8 53.a6 ♖a1 54.♖b8 ♔e8 55.♖b7+−.

46.♔e4 ♗c7 47.♘f5 ♗b8 48.a6

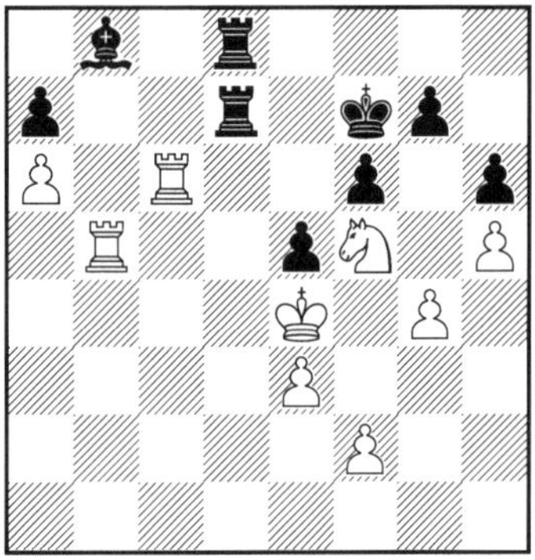

Durch den typischen Vorstoß des a-Bauern hat Weiß ein starkes Feld für einen Vorposten auf b7 erhalten, was von entscheidender Bedeutung ist.

48...♔e8 49.♖b2 ♗d6 50.♖b7 ♗f8 51.♖cc7 ♖xc7 52.♖xc7 ♖d7 53.♖xd7

53.♖b7 hätte auf der Stelle gewonnen und die mit 42.a4 eingeleitete Strategie gekrönt.

53...♔xd7 54.♔d5 ♔c7 55.♔e6 ♔b6 56.♔f7 ♗c5 57.♔xg7 ♔xa6 58.♘xh6 ♔b5 59.♘f5 a5 60.h6 a4 61.h7 1-0

Einen Punkt gibt's für 42.a4.

T05.07: 20.♘g5!

Dies verbessert die Springerposition und zwingt Giri zu einer Stellungsschwächung.

20...h6

20...h5 21.f3 ♖c7 22.♔f2 ♖fc8 23.♘e4±.

21.♘e4 g5 22.♘d6 ♖c7 23.♔e2 ♖d8 24.♖h3 ♗c6

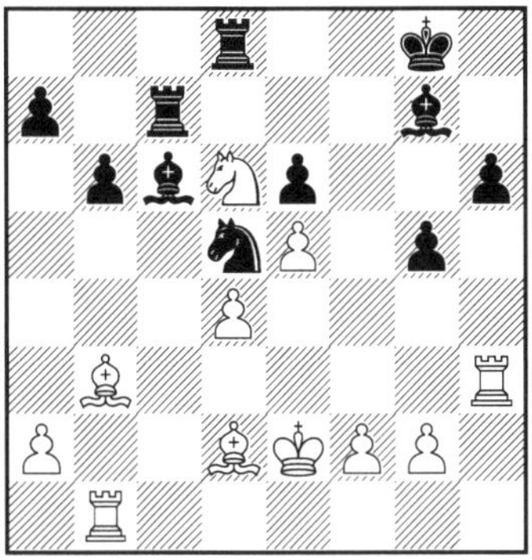

25.♖bh1! ♖f8

25...♗d7 26.♖xh6! ♗xh6 27.♖xh6 ♘f4+ 28.♗xf4 gxf4 29.♗xe6+ ♗xe6 30.♖g6+ ♔h7 31.♖xe6±; 30...♖g7 31.♖xe6 ♖xg2 32.♔f3 ♖h2 33.d5±, die verbundenen Freibauern geben Weiß mehr als genug Kompensation für die Qualität.

26.♖c1

Dieser Zug gibt Weiß klaren Vorteil, aber mit 26.♖xh6!? stand Kramnik sogar eine starke Alternative zur Verfügung. Schwarz wird einen weiteren Bauern verlieren und kaum in der Lage sein, dem Druck der weißen Bauern und starken Leichtfiguren zu widerstehen; z.B. 26...♗xh6 27.♖xh6

1) 27...♖e7 28.♗xg5 ♖g7 29.f4!+−;

2) 27...♘f4+ 28.♗xf4 gxf4 29.♖xe6+−.

26...♗d7 27.♖xc7 ♘xc7 28.♖c3 ♘a6

Giri muss diesen hässlichen Zug machen, um die Invasion des weißen Turms nach 28...♘d5 29.♗xd5 exd5 30.♖c7 zu verhindern.

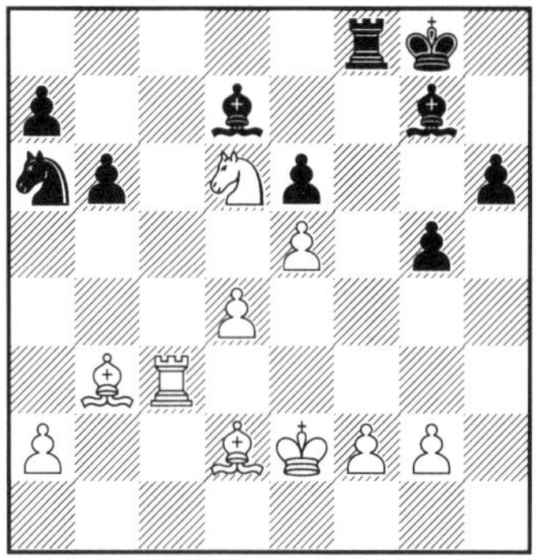

29.g3!

Ein starker ruhiger Zug, um den Vorstoß des f-Bauern vorzubereiten. Schwarz ist hilflos.

29...♖d8

29...g4!? 30.♗d1! ♖d8 31.♔f1

1) 31...♗f8 32.♗e2 ♘b4 33.♖c7 ♘d5 34.♖xa7+−;

2) 31...h5 32.♗e2 ♘b4 33.♘b7 ♖b8 34.♖c7 ♗c6 35.♘d6+−.

30.f4 ♗f8 31.f5 ♗xd6 32.exd6 ♗b5+ 33.♔e3 ♖xd6 34.fxe6 ♔f8 35.♖c8+ ♔e7 36.d5 ♖d8 37.♖xd8 ♔xd8 38.d6 ♘c5 39.♗d5 ♗d7 40.exd7 ♔xd7 41.♔d4 ♔xd6 42.♗b4 a5 43.♗xc5+ bxc5+ 1-0

Einen Punkt gibt's für 20.♘g5.

T05.08: 28...b5! 29.♗d2

Auch nach 29.♗f3 ♖xe1 30.♖xe1 ♗f8 31.♖e5 ♘d7 32.♖e2 ♘b6 wird der Läufer dominiert.

29...♗xa3 30.♖b1

30.♖a1?! b4 31.cxb4 ♗b2−+.

30...a6 31.♗f3?!

Zäher war 31.♖a1!? b4 32.cxb4 ♗b2 33.♖xa6 ♗xd4+ 34.♔h1 ♘xd5 35.♖a2, da die Läufer über mehr Raum zum Manövrieren verfügen.

31...♘xd5 32.♖b3 ♗f8 33.♖a1 ♘b6 (33...♖e6!?) **34.♖xa6 ♘c4 35.♖a2 b4! 36.♖c2**

36.cxb4 ♖xd4 37.♗c3 ♖xf4−+.

36...♘xd2 37.♖xd2 bxc3 38.♖e2 ♖xe2 39.♗xe2 ♖xd4

39...♗c5!? 40.dxc5 c2−+.

40.♖xc3 ♗d6 41.♖b3 ♖xf4 42.♖b8+ ♗f8 43.♖c8 c5 0-1

Einen Punkt gibt's für 28...b5.

Test 6

T06.01: 20.♘b1! ♖b8 21.b3 c4 22.♘d4 ♖c5 23.♘c3

Beide weißen Springer haben starke Felder erreichen können.

23...♖bc8?

Jetzt treten sich die schwarzen Türme gegenseitig auf die Füße. 23...♖b7 war erforderlich, aber nach 24.f3 steht Weiß klar besser.

24.b4! ♖5c7 25.♘cb5 ♗xb4

25...♖b7 26.♘f5! ♗xb4 27.♘bd6 ♗xd6 28.♘xd6± (Michalewski im *CBM* 102).

26.♘xc7 ♖xc7 27.♖b1 a5 28.f3 ♖c8 29.♘c2 ♗c3 30.♔f1 a4 31.♖b5 ♖e8 32.♖db1 ♔h7 33.♗xf6!

Ein starker Abtausch, da Schwarz ja keinen Turmtausch zulassen will.

33...♘xf6 34.♖b8 ♖e5 35.♖1b7 ♗d2 36.♔f2 c3 37.♖d8!

Starke Prophylaxe, denn direkt 37.♖xf7? trifft (laut Michalewski) auf 37...♗xe3+! 38.♘xe3 d4, wonach Schwarz den Kampf noch fortsetzen kann.

37...♔g6 38.♔e2 h5 39.g3 ♖e6 40.♔d3 1-0

Zwei Punkte gibt's für 20.♘b1.

T06.02: 23.b4!

Weiß kann auch mit 23.hxg6 hxg6 beginnen, aber danach sollte er die Schwäche b5 mit 24.b4! fixieren.

23...♖c7 24.hxg6 hxg6 25.♖d2

Jetzt wendet van den Doel seine Aufmerksamkeit dem Königsflügel zu.

25...axb4 26.axb4 ♖a7 27.♔b2 ♖ba8 28.♖dh2 ♘f8

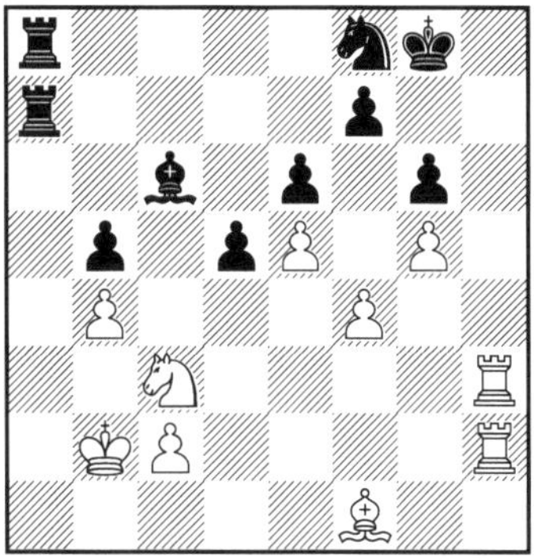

29.♗d3!

Weiß ist nicht in Eile. Der direkte Ansatz 29.♗xb5? trifft auf 29...♗xb5 30.♘xb5 ♖b7=. Ab hier waren beide Spieler womöglich in Zeitnot.

29...d4? (29...♔g7 30.♘e2±) **30.♘e2?**

30.♘xb5

1) 30...♗xb5? 31.♗xb5 ♖b7 32.♗c6 ♖xb4+ 33.♖b3 ♖xb3+ 34.cxb3 ♖c8 35.♗a4+−;

2) 30...♖b7 31.♘xd4 ♖xb4+ 32.♔c3 ♖b6 33.♔d2±.

30...♖a2+?

30...♖d7 31.♘g3 ♖da7 32.♔c1 ♖c7 war viel zäher.

31.♔c1 ♖d8 32.♘g3?

32.♖h8+ ♔g7 33.♖2h7+ ♘xh7 34.♖xd8+−.

32...♖a3?

Die Prophylaxe mit 32...♔g7 war angebracht.

33.♖h8+ ♔g7 34.♖2h7+ ♘xh7 35.♖xd8 ♖a1+ 36.♔b2 ♖a4 37.♖xd4 ♘f8 38.♘e4 ♖a8 39.♖d6 ♗e8 40.♘f6 1-0

Zwei Punkte gibt's für 23.b4.

T06.03: 25.h4!

Ein typischer Vorstoß, um eine Schwächung des schwarzen Königsflügels hervorzurufen oder einen weiteren Angreifer in der Nähe des schwarzen Königs zu postieren.

25...♘c5

1) 25...♖a8 26.♖da1 ♖xa7 27.♖xa7 ♘c5 28.♘c7+−.

2) 25...h5 26.♖da1 ♗e7 27.♗h3 ♘d4 28.♕f1±.

26.h5

26.♕f3! ist sogar noch stärker; etwa 26...♗e7 27.♗f1 h5 28.♖da1 ♖b8 29.♘xe7 ♕xe7 30.♗h3±.

26...♖b8 27.♖da1 ♕g5 28.hxg6 hxg6 29.♘a6! ♘xa6 30.♖xd7 ♘c5 31.♖da7 ♖ed8 32.♗h3 ♔g8 33.♕f3 ♖b7 34.♖xb7 ♘xb7 35.♖a7 ♖b8 36.♘f6+ ♔g7 37.♘d7 ♕d8 38.b4! ♗e7 39.♕d3 1-0

Zwei Punkte gibt's für 25.h4.

T06.04: 29.b4!

Van Wely nimmt Raum in Besitz und öffnet Zugstraßen.

29...axb4

29...a4 30.b5 ♘e5 31.♖d1 h5 32.♔f2 ♘f6 33.♗b4+ ♔e8 34.♗d6 ♘fd7 35.♖d4±.

30.♗xb4+ ♔f6?!

30...♔d8 31.♘g4 h5 32.♘h6 f6 33.♘f7+ ♔c7 34.♗b5±.

31.♗b5 ♘b8 (31...♘c5 32.♘c4±) **32.♘c4 ♗a6 33.♘xb6 ♖d8**

33...♗xb5 34.♘xc8 ♗xf1 35.♔xf1 ♘c6 36.♗c3+ +−.

34.a4 ♘c7 35.♗c3+ e5 36.♖b1 ♗xb5 37.axb5 ♖d3 38.♗a5 h5 39.♖c1 ♘xb5 40.♘d5+ ♔g7?! 41.♖b1 1-0

Zwei Punkte gibt's für 29.b4.

T06.05: 14.♕d2!

Wolokitin befolgt das Prinzip der 'zwei Schwächen'.

14...f5?!

14...c4 15.dxc4 ♕xd2 16.♘xd2 war das geringere Übel.

15.♕a5 c4 16.dxc4 ♗xc4?! (16...0-0 17.♘c5±) **17.♖fd1 ♕e7 18.♕c7 ♘b8?**

18...♗e6 19.♘c5 ♘xc5 20.♕xc6+ ♔f7 21.♗xc5±.

19.♕xe7+ ♔xe7 20.♘h4 1-0

Zwei Punkte gibt's für 14.♕d2.

T06.06: 20.♕a4!

Auch 20.♘d6 ♗f8 21.♘e4 ♕g7 22.♕a4 ist stark, hierfür gibt's ebenfalls zwei Punkte.

20...♘de7 21.♘d6

Nun überfordert die Drohung ♗b5 die schwarze Verteidigung.

21...a6 22.♘e4 ♕f5 23.♖xd8+ ♖xd8 24.♕xa6 ♗d5 25.♘d6 ♕f6 26.♘e4 ♕f5 27.♘ed2 ♘c8 28.♗c7 ♖f8 29.♗c4 ♗xc4 30.♘xc4 ♕d3 31.♕a4 ♘b4 32.♘xb6 ♘c2 33.♖c1 ♘e3 34.♘d7 1-0

Zwei Punkte gibt's für 20.♕a4.

T06.07: 44.c5! bxc5

44...♖xc5 45.♖xc5 bxc5 46.♗xa5 ♔d6 47.♔c4 ♔c6 48.♗c3+−.

45.♔c4 ♖b6 46.♗xa5?!

Zwar konnte Weiß auch nach diesem Zug gewinnen, aber leichter fiel der Sieg nach 46.♖xc5! ♖b1 47.♖xa5 ♖g1 48.♖d5; z.B. 48...♖xg2 49.a5 ♖a2 50.♔b3+−.

Einen Punkt gibt's für 44.c5.

T06.08: 25.♕xd7!

25.♖xd7? ♖xd7 26.♕c8+ ♔h7 27.♕xd7 ♕xc1+ 28.♔g2 ♕c7=.

25...♖xd7 26.♖c8+ ♔h7 27.♖xd7

„Jetzt ist alles vorbei."(Giri im *CBM* 138). Da ungleiche Läufer den Angreifer favorisieren, hat Schwarz keine Chance, den folgenden Sturm zu überleben.

27...♔g6

27...f5 28.♖dd8 ♗f6 29.♖e8 ♕e5 30.♖b8+−.

28.h4 ♕a3 29.♔g2 ♔f6 30.♖b7 ♕d6 31.♖a8 b4 32.♖aa7 ♕f8 33.h5 ♗d6 34.♖d7 ♗e5 35.♖ab7 ♕e8 36.♗d1 ♗c3 37.♗b3 (37.f4!?) **37...♗d2 38.♔f1 ♗c3 39.♔e2 ♕g8 40.♗c2 ♕e8 41.f4 g5 42.hxg6 fxg6 43.e4 g5 44.e5+ ♗xe5 45.♖f7+ ♕xf7 46.fxe5+ ♔g7 47.♖xf7+ ♔xf7 48.g4 ♔g7 49.♔f3 ♔f7 50.♗b3 ♔e7 51.♔e4 ♔f7 52.♗d1 ♔g7 53.♔d4 ♔g6 54.♔c4 h5 55.gxh5+ ♔f5 56.h6 ♔g6 57.♗g4 1-0**

Einen Punkt gibt's für 25.♕xd7.

Test 7

T07.01: 18.b3?

Wenn Weiß den Abtausch des Läufers mit dem prophylaktischen 18.♗e3! verhindert, behält er die strategische Initiative (Roiz im *CBM* 107); z.B.

1) 18...c5 19.b3 ♗d5 20.♗xd4 cxd4 21.♖ad1;

2) 18...♖ac8 19.♖ed1 c5 20.♔g2 ♗d5 21.♗xd5 ♖xd5 22.♖ac1.

18...♗d5! 19.♖ac1 ♘e6

Jetzt hat Schwarz die Initiative übernommen.

20.♗xd5 ♖xd5 21.♗e3 g5!

21...♖xe5? trifft auf 22.f4 ♖a5 23.f5.

22.h4 h6 23.hxg5 hxg5 24.♔g2?!

Laut Roiz bot 24.♖ed1 bessere praktische Chancen.

24...♖ad8! 25.♖h1 ♖xe5 26.♖h5 ♔f8 27.♖h7 ♔e7 28.♖c4 ♖d7 29.♖h8 c5 30.♖c8?! b6 31.♖a8 ♖ed5 32.♖c2 ♔d6 33.♖c1 ♔c6 34.♖h1 ♔b7 (34...♘d8!?) **35.♖hh8??**

Ein schwerer Fehler, obwohl Schwarz auch nach 35.♖g8 ♔a6 36.♔f3 ♔b5 37.♖c1 ♔b4 langfristig gewinnen sollte.

35...♘d8 0-1

Drei Punkte gibt's für 18.♗e3.

T07.02: 24.♕c5!

Ohne Damen auf dem Brett werden die vielen schwarzen Bauernschwächen deutlicher ins Gewicht fallen.

24...h6 25.♕xc7 ♖xc7 26.♘d2

26.♖d4!? e5 27.fxe5 ♖e6 28.♖xb4 ♖xe5 29.♘d2±.

26...♖d7 27.♘c4 ♖xd1+ 28.♖xd1 a5!?

Objektiv nicht das Beste, allerdings eine höchst kreative Verteidigungsressource!

28...♗d5 29.♘e3 g5 30.f5 ♔g7 31.♘xd5 exd5 32.♖xd5 e3 33.♔c1 ♖c6 34.♖d3± (Finkel im *CBM* 105).

29.♖d6?!

29.♘xa5! ♗d5 30.a3 bxa3 31.c4 ♗a8 32.b4+−.

29...♖f8 30.♔c1 g5! 31.♘e5 ♔g8 32.♖d7?

32.♘g6 ♖e8 33.♔d2±; 32...♖f6 33.f5±.

32...gxf4 33.gxf4 ♗d5 34.♘g6 ♖f6 35.♘e7+ ♔f8 36.♘xd5 exd5 37.♖xd5 ♖xf4 38.♖xa5 e3 39.♔d1 ♖f2 40.♖e5 ♖d2+ 41.♔c1 ♖e2 42.♔d1 ½-½

Einen Punkt gibt's für 24.♕c5.

T07.03: 24...♗f6!

24...c5? (24.. .c6? 25.♕f3+−) 25.♕xb5 ♕xb5 (25...♕c7 26.♘f3±) 26.♘xb5 d4 27.g3 ♖h5 28.c4 ♗f6 29.♖a6 ♔g7 30.h4 ♖d7 31.f4±.

25.g3

1) 25.♕xb5?? trifft auf 25...♗xd4+.

2) 25.♘xb5 c5 26.♘a3 ♔g7 27.h3 ♖h5 gibt Schwarz adäquate Kompensation für den Bauern, da sein Läufer stärker als der Springer ist.

25...♔g7 26.h4

26.♘xb5? trifft auf 26...♖dh8 27.h4? ♗xh4 (Michalewski im *CBM* 105).

26...♖hh8?!

Schwarz spielte etwas zu ehrgeizig, geriet später in Schwierigkeiten und verlor. Nach 26...c6 wäre seine Stellung völlig in Ordnung gewesen.

Drei Punkte gibt's für 24...♗f6.

T07.04: **20.♘xc6!**

20.b4? ♘b6 gibt Schwarz gutes Gegenspiel.

20...♗xc6 21.♘d4 ♗b7 22.b4!

Jetzt hat Weiß alles unter Kontrolle. (22.♖a1? ♘c5) Schwarz kann kaum eine Figur bewegen und muss sich mit der einfachen Drohung ♖d1-a1 gefolgt von ♗xa6 beschäftigen. Folglich versucht er, das Spiel gegen das weiße Zentrum zu verschärfen.

22...g5

22...♘b6? 23.♘xe6±; 22...f6? 23.♘xe6 fxe5 24.♘xg7+ ♔f7 25.♘f5±.

23.♖a1 gxf4 24.♗xf4 ♖g8 25.g3 ♗g5?

25...♖a8 26.♗e2 ♗g5 27.h4 ♗xf4+ 28.gxf4±.

26.♗xa6! ♗xa6 27.♖xa6 ♗xf4+

27...♘xe5 28.♘xe6 fxe6 29.♖xe6+ ♔f7 30.♖xe5+−; 28...♘c4+ 29.♔d3 ♗xf4 30.♘xf4+−.

28.gxf4 ♖g2+ 29.♔e3 ♘b6?! 30.♔f3 ♖d2

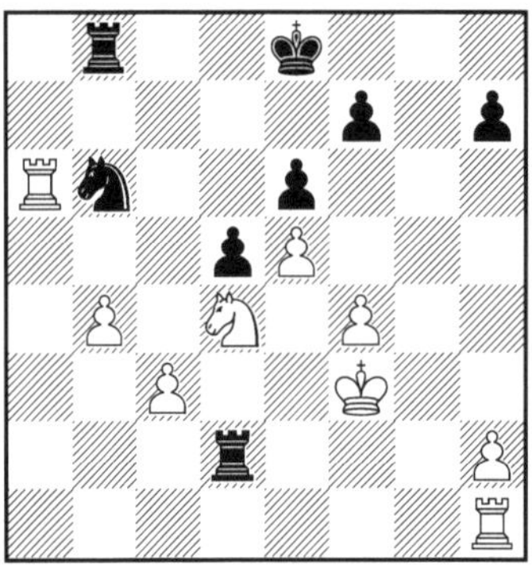

Der Beginn des Schlussangriffs.

31.♖g1! ♔f8 32.f5! ♖d3+

32...♖c8 33.♘xe6+ fxe6 34.♖xb6 ♖xc3+ 35.♔g4 exf5+ 36.♔xf5 ♖f2+ 37.♔e6+−.

33.♔e2 ♖xc3 34.fxe6 ♖c4

34...fxe6 35.♖a7 ♖e8 36.♖gg7+−.

35.♖a7 1-0

Einen Punkt gibt's, wenn Sie die Einleitung bis 22.b4 gesehen haben.

T07.05: **28.♔f2! ♗e8 29.♖h1**

Schwarz ist praktisch verloren, da er nichts tun kann, während Weiß seine Stellung langsam aber sicher verbessert. Die Hebel g6 und f5 würden Schwarz zu sehr schwächen.

29...♔h8 30.♖h3 ♕d7 31.♘df5 ♗f7 32.♕d2 ♘e8 33.♖ah1

Weiß verbessert seine Stellung immer mehr. Er hat alle Figuren entwickelt und hält h6 im Visier.

33...♖b7 34.♖g3 ♕d8 35.♘g4 (35.♔e2!?) **35...♗g8 36.♘h4 ♗h7 37.♘e3 ♘f7 38.♘ef5 ♘g5 39.♘g6+ ♔g8 40.♕d4 ♖f7**

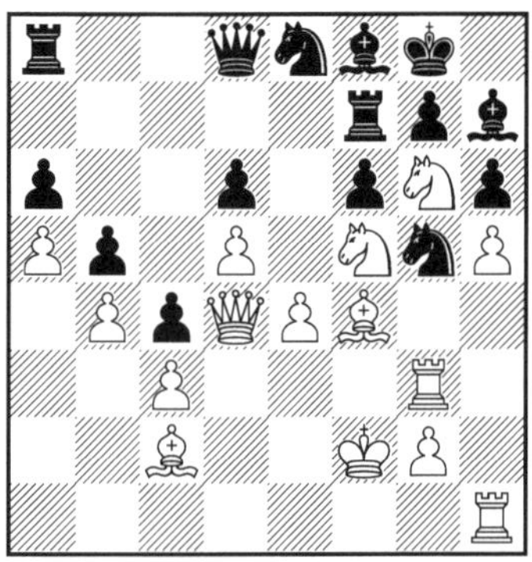

41.♔e1!

Weiß bringt seinen König zum Damenflügel.

41...♗xg6 42.hxg6 ♖b7 43.♔d1 ♖d7 44.♔c1 ♘c7 45.♕d2 ♗e7

45...♕e8 46.♗xg5! fxg5 47. ♖xg5 hxg5 48.♕xg5+-; 47...♗e7 48.♖gh5+-.

46.♕d1 ♗f8 47.♕h5 ♘e8 48.♔b2!

Weiß hat alle Zeit der Welt.

48...♖aa7 49.♘d4

49.♗xg5 fxg5 50.♖f3 ♘f6 51.♕xg5!+- hxg5? 52.♖fh3 ♘h5 53.♖xh5 ♕f6 54.♖h8#.

49...♕c8 50.♗xg5 fxg5 51.♖xg5

Sogar 51.♕xg5!?+- ist spielbar.

51...♘f6 52.♕h3 ♖d8 53.♘e6 ♖e8 54.♖f5 ♖xe6 55.dxe6 ♕xe6 56.g4 ♖e7 57.g5 ♘d7 58.♖hf1 ♕xg6 59.e5 ♕e8 60.gxh6 ♖xe5 61.hxg7 ♗xg7 62.♖xe5 1-0

Einen Punkt gibt's für 28.♔f2.

T07.06: 46.♕e3!

So verhindert Weiß nicht nur ♖a7, sondern hält auch den Königsflügel im Auge, um dort bei Gelegenheit eine zweite Front zu schaffen.

1) 46.♕a2?! ist auch besser für Weiß, aber nicht so gut wie die Partiefolge, da die weiße Dame jetzt nicht am Königsflügel aushelfen kann.

2) 46.g4? ist zu überhastet: 46...♖a7 47.♖b8 ♖a1+ 48.♔g2 ♕a7 49.♖xb5 ♘e4 50.♕e3 ♕xe3 51.fxe3 ♖a2+=.

46...♖b7 47.♔g2?!

Das sofortige 47.g4!? wäre sogar noch präziser. 47...h6 (47...♘e8 48.g5 ♕f8 49.f4 exf4 50.♕d4+ +-) 48.h4!

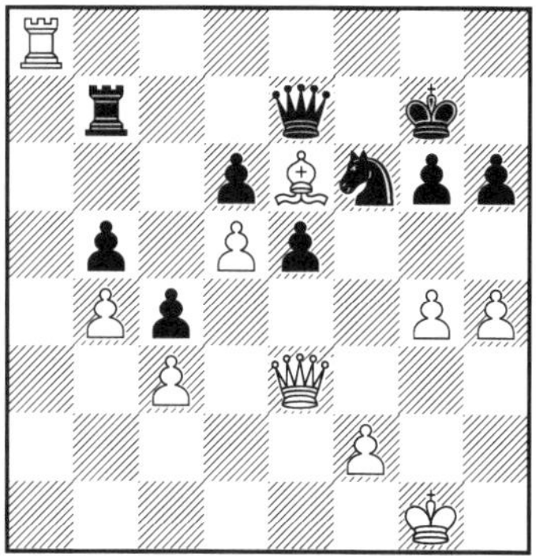

Nachdem Schwarz das Feld g6 durch h7-h6 geschwächt hat, kann Weiß versuchen, mit der Dame via g6 einzudringen.

1) 48...♘e8 49.h5! gxh5 50.gxh5 ♕f8 51.♕e4+-; 50...♘f6 51.♕g3+ +-.

2) 48...♖c7 49.h5

a) 49...g5 50.f3! ♖b7 51.♕f2 ♖c7 52.♕c2+-;

b) 49...gxh5 50.gxh5 ♘xh5? 51.♖g8+ ♔h7 52.♕e4#; 50...♘e8 51.♕g3+ ♕g5 52.♕xg5+ hxg5 53.♖xe8+-.

47...♕c7 48.h4 ♖b8 49.♖a7 ♖b7 50.♖a6 ♕e7

50...♖b8 51.f4 exf4 52.♕xf4 ♖b6 53.♖xb6 ♕xb6 54.g4 ♕a7 55.g5 ♘e8 56.♔h3+-.

51.♖a8 ♕c7?!

51...h5 52.♕g5 ♖a7 53.♖b8 ♖b7 54.♖c8 ♔h7 55.♖a8 ♔g7 56.g4 ♖a7 57.♖b8 ♖b7 58.♖xb7 ♕xb7 59.gxh5 ♘xh5 60.♕d8+-.

52.h5

52.f4!? exf4 53.♕d4 ♖b8 54.♖xb8 ♕xb8 55.g4+-.

52...♖b8

52...h6 53.hxg6 ♔xg6 54.g4 ♖b8 55.♖a1 ♕b6 56.♗f5+ ♔g7 57. ♖a7+ +-.

53.h6+ ♔h8 54.♕f3 1-0

Einen Punkt gibt's für 46.♕e3.

T07.07: 27...♘b8!

Schwarz leitet einen tief durchdachten Plan ein. Zuerst wird der Springer nach c6 verlegt. Das letztendliche Ziel besteht in der Zerschlagung des weißen Zentrums f4/e5 mit dem Hebel g6-g5. Um dies zu erreichen, wird der König zum Damenflügel gebracht und die Schwerfiguren werden in die b-Linie verlegt.

28.♘f2 ♘c6 29.♘e4 ♖h5 30.♖f3 ♖g8 31.♖bf1 ♔f8!

Judit beginnt mit dem zweiten Teil ihres Plans. Sie bringt den König nach a6, damit der schwache Bauer a5 gedeckt ist, wenn später der Königsflügel geöffnet wird.

32.♕e1 ♖f5 33.♕e2 ♖h5 34.♕e1 ♔e8 35.♘f2 ♔d7 36.♘g4 ♔c8 37.♔e4

Weiß kann seine Stellung schwerlich verteidigen. Vielleicht war die Königsflucht nach a2 eine Idee.

37...♔b7 38.♖d3 ♔a6

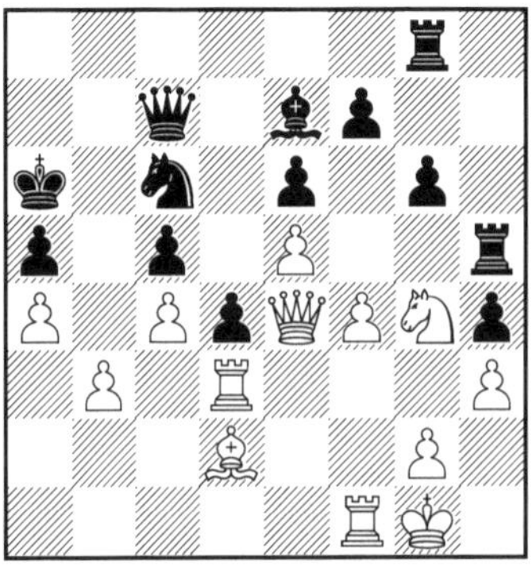

Der zweite Teil ist abgeschlossen. Der nächste Schritt besteht darin, die weißen Schwerfiguren an die Verteidigung des Bauern b3 zu binden.

39.♖df3 ♖b8 40.♖d3 ♖hh8 41.♕e2 ♖b7 42.♖ff3 ♖hb8 43.♕e1 ♖b6 44.♔h1 ♕c8 45.♕e2 ♖8b7 46.♕e1 ♕b8

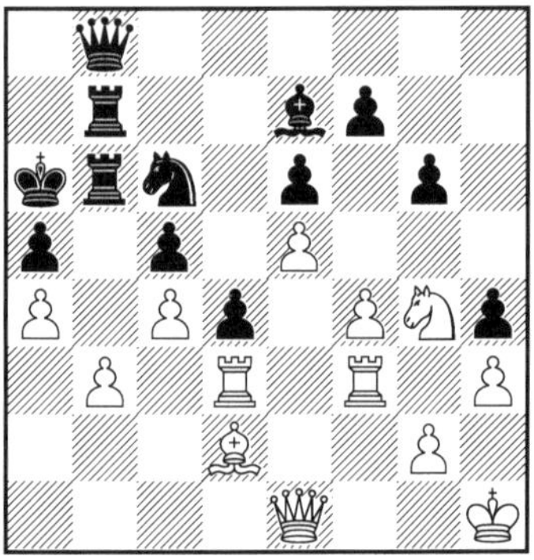

Der dritte Teil des Plans ist beendet. Besonders bemerkenswert ist die Position der schwarzen Dame. Diese erhöht den Druck auf b3, hält jedoch auch das Zentrum im Auge. Führt Schwarz jetzt noch den Hebel g6-g5 aus, so wird Weiß sein Zentrum nicht halten können.

47.♕d1 ♗d8 48.♔g1 g5! 49.♘h6 gxf4 50.♗xf4 ♗c7! 51.♘xf7 ♘xe5 52.♗xe5 ♗xe5 53.♘xe5 ♕xe5

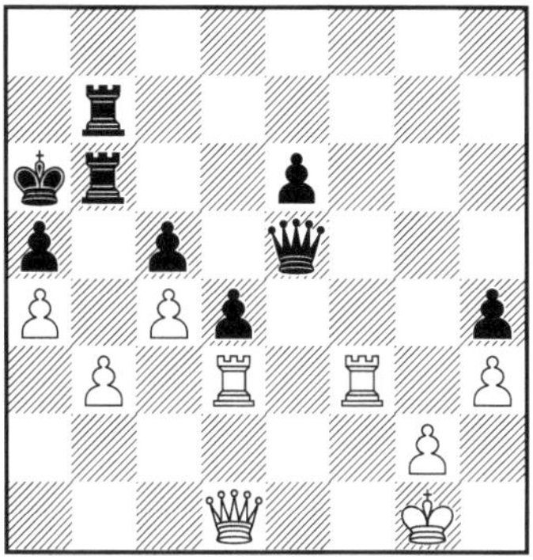

Schwarz hat eine Menge erreicht und sich praktische Chancen verschafft, aber objektiv gesehen sollte Weiß sich verteidigen können.

54.♖f8 ♕e4 55.♕d2 (55.♖gf3=) **55...♖g7 56.♖f4 ♕b7**

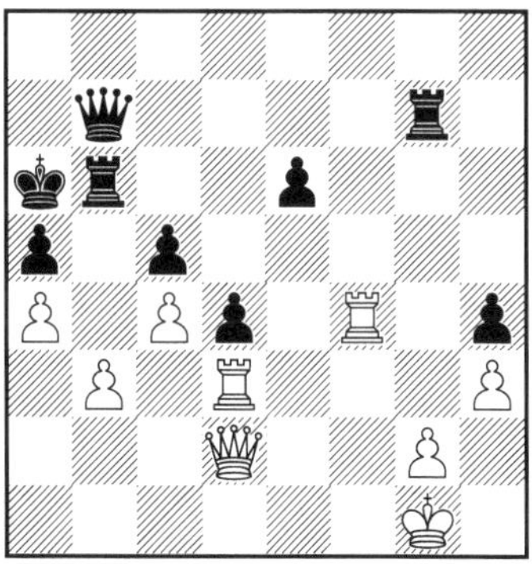

57.♖xh4

Verpasst die Chance, den Bauern mit 57.♕e2 e5 53.♖e4= zu blockieren.

57...e5 58.♕e2 ♖bg6 59.♖f3?

1) 59.♖d2 d3 60.♕f2 ♖xg2+ 61.♕xg2 ♖xg2+ 62.♖xg2 e4 63.♖h6+ ♔a7 64.♖d6 ♕f7 65.♖g3 ♕e7 66.♖gg6 e3−+.

2) 59.♖g4 ♖xg4 60.hxg4 e4 61.♖h3 ♕c6−+.

59...d3! 60.♕f2 d2 0-1

Einen Punkt gibt's für 27...♘b8 und einen weiteren für den Plan, den König zum Damenflügel zu bringen.

T07.08: **31.♘exd4 cxd4 32.bxa6 ♗xa6 33.♘xd4! ♗b7**

33...exd4 34.e5 d3 35.♖cc1 ♖b8 36.exf6 ♖xb4 37.♖xd2±.

34.♘f5 ♗xe4 35.♗xe4 ♘xe4 36.♖c4 ♘f6 37.a5 ♘e8 38.♘xh6 d5 39.♘xg4 f6 40.♖c6 ♔e7 41.♘e3 d4 42.♘f5+ ♔f7 43.a6 ♔g6 44.g4 ♘c7 45.b5 ♘xb5 46.♖b1 d3 47.♖xb5 d2 48.♘e3 d1♕+ 49.♘xd1 ♖xd1+ 50.♔g2 ♖d4 51.♔g3 ♖d3+ 52.f3 ♖a3 53.h5+ 1-0

Zwei Punkte gibt's, wenn Sie die Variante bis 33.♘xd4 berechnet haben.

Test 8

T08.01: **46.♖f7!**

Jetzt wird der schwarze Springer dominiert. Nach dem gierigen 46.♖xh7? könnte er mit 46...♘f6= entkommen.

46...♘h6 47.♖xh7 ♖xh5 48.♔c4 ♔d8

Versucht Schwarz, die Fesselung mit 48...♖h2 (mit der Idee ♘g4) abzuschütteln, zeigt sich immer die Überlegenheit des weißen Läufers; z.B. 49.♔d5

1) 49...♘g4 50.♖xh2 ♘xh2 51.♗d1 a5 52.♔xe5 a4 53.f4 a3 54.♗b3+−;

2) 49...a5 50.♗d7+

a) 50...♔b8 51.♗e6 ♘g4 52.♖xh2 ♘xh2 53.♔xe5+−;

b) 50...♔d8 51.♔d6 ♘g4 52.♖xh2 ♘xh2 53.f4 ♘f3 54.f5 ♘g5 55.♗c6 a4 56.♔xe5 a3 57.♗d5+−.

49.f3 ♖h2 50.♔d5 a5

50...♘g4?! wird mit 51.♖d7+ ♔c8 52.fxg4 ♖d2+ 53.♔xe5 ♖xd7 54.♗xd7+ ♔xd7 55.♔d5+− beantwortet.

51.♔e6 ♔c8 52.♖g7 ♖h3 53.♖g6

Der Turm macht Schwarz völlig bewegungsunfähig.

53...♔c7 54.♗e8 ♔d8 55.♗c6 ♔c7 56.♗d5 a4

56...♖h5 57.♔e7 ♖h3 58.♖c6+ ♔b8 59.♔d7 ♔a7 60.♔c7 ♖xf3 61.♖c5+−.

57.♔xe5 a3 58.♖c6+ ♔d8 59.♖a6 ♔e7 60.♖a7+ ♔f8 61.♖xa3 ♘g4+ 62.♔f5 ♘h2 63.♔f4 ♖e7 64.e5 ♖h4+ 65.♔g3 ♖h5 66.f4 ♘f1+ 67.♔g4 ♖h2 68.f5 ♖f2 69.f6+ ♔d8 70.♔g5 1-0

Zwei Punkte gibt's für 46.♖f7.

T08.02: **26.♗c7!**

26.♗d6?!

1) 26...♗d7? 27.♖xd8 ♖xd8 28.♕c7+−.

2) 26...♕f6 27.♖d1 ♖fe8 28.♕c5 h6±.

26...♗d7

26...♖de8? 27.♗d6 ♕f6 28.♖c1+−.

27.♗xd8 ♗xc6 28.♗xh4 ♖xa8

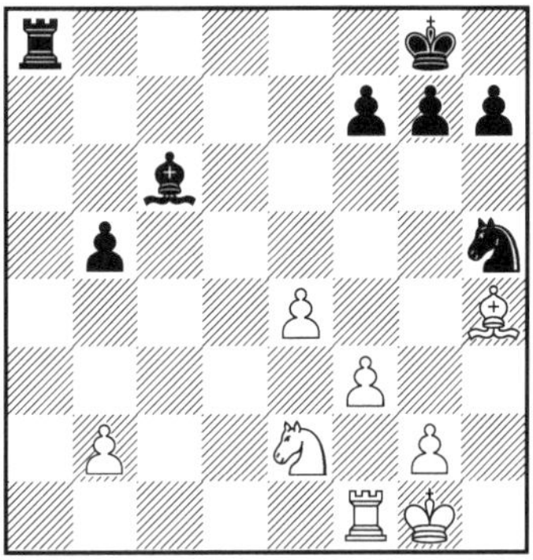

Jakowenko setzt die Domination der schwarzen Figuren auf lehrreiche Weise fort.

29.♖c1 ♗d7 30.g4! ♘f6 31.♗xf6 gxf6 32.♘f4

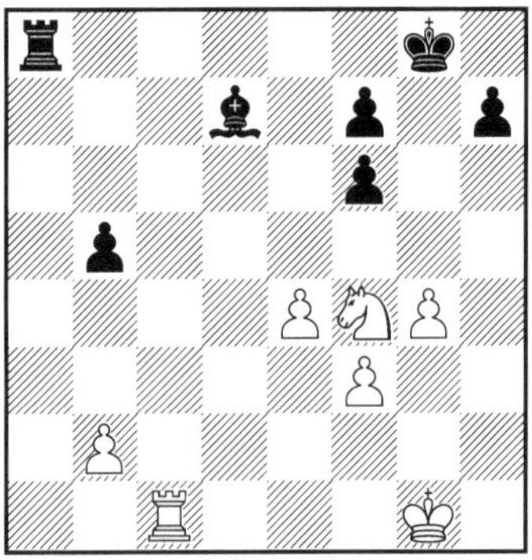

Weiß hat ein sehr gutes Andersson-Endspiel erreicht (siehe 04.11).

32...♔f8 33. ♘d5 ♔g7 34.♖c7 ♗e6 35. ♘f4 ♗c4?!

1) 35...♔h6 36.♖b7 ♖a1+ 37.♔f2 ♗c4 38.♖b8 f5 39.♖b6+ ♔g7 40.gxf5 +−.

2) 35...♔f8 36.♖b7 ♗c4 37.♘h5+−.

36. ♘h5+! ♔g6 37.♔f2!

Der weiße König stößt zur kämpfenden Truppe.

37...♖a1

37...♖a2? 38.♖c8! ♖xb2+ 39.♔g3 ♔h6 40.♖g8 f5 41.♘f6 fxg4 42.fxg4 ♖b3+ 43.♔f4+−.

38.♔g3 ♖g1+?!

38...♖a8 39.♖c6 h6 40.♖xf6+ ♔h7 41.♖b6+−.

39.♔f4 ♗e6 40.♖b7

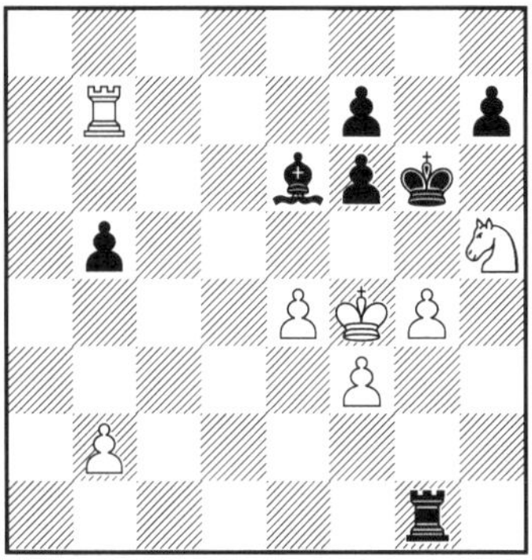

Schwarz kann nicht beide Schwächen verteidigen – den b5-Bauern und den König.

40...f5

40...♖c1 41.♖xb5 ♖c8 42.b4+−.

41.exf5+ ♗xf5 42.♖xb5 1-0

In Erwartung von 42...♗e6 43.♖g5+ ♔h6 44.♘f6+− gab Schwarz auf.

Zwei Punkte gibt's für 26.♗c7.

T08.03: 24.♗f5!

1) 24.♗xc6? ♖xc6 25.♖d7 ♖f8 26.♖f5 ♖a6 27.e4 h6 28.♖b5 ♖c8=.

2) 24.♗d5? ♘e5 kann nur für Schwarz besser sein.

24...♖c7 25.♖d7! ♖cc8

25...♖xd7? 26.♗xd7; 25...♖a7!? 26.♖c1!±.

26.♖xf7! ♔xf7 27.♗xc8+ ♔e7 28.♗f5

Weiß hat einen soliden Mehrbauern, den er auch zum Sieg verwertet.

28...g6 29.♗e4 ♘a7 (29...♘e5 30.♖c1±) **30.♗d3 ♘c6 31.♖c1 ♘e5 32.♗e4 ♔d6 33.♖d1+ ♔c7 34.♖d4 ♖d8 35.♔f2 h6 36.♗d5 g5 37.♖d2 ♖f8+ 38.♔e2 ♖d8 39.e4 ♖f8 40.♗e6 ♖f6 41.♖c2+ ♔d8 42.♗f5 ♖c6 43.♖xc6 ♘xc6 44.♔d3 ♔c7 45.♔c4 ♔d6 46.♔b5 h5 47.♗g6 h4 48.♗h5 ♘e5 49.♔xa5 ♔c5 50.♗e2 ♘d7 51.♗b5 ♘e5 52.♗e2 ♘d7 53.♗f3 ♘e5 54.♗h5 ♘d3 55.♗e2 ♘e5**

55...♘e1 56.♗f3 ♘d3 57.♔a6 ♘e5 58.♔b7 ♘d3 59.♔c7 ♘e5 60.♗g4 ♘d3 61.♗f5 ♘e5 62.♔d8 ♔d6 63.♔e8+−.

56.♔a4 ♘d7 57.♗g4 ♘e5 58.a3 bxa3 59.♔xa3 ♔d4 60.b4 ♔xe4 61.b5?! (61.♔a4 ist einfacher.) **61...♔d5?!**

61...♘c4+ 62.♔b3 ♔d4 63.♗e6 ♘b6 64.♔c2 ♔c5 65.♔d3 ♔xb5 66.♔e4+−.

62.♔b4 ♔d6 63.♗f3 ♔c7 64.♔c5 ♘d3+ 65.♔d4 ♘e1 66.♗e4 ♔b6 67.♔c4 1-0

Zwei Punkte gibt's für 24.♗f5.

T08.04: 25.♕xb2!

25.♗xe4? (25.♕xa6? ♗d4!−+) 25...♕c3 26.♗f2 ♗d4 27.♗xd4+ ♕xd4+ 28.♔h1 fxe4= 29.♕xa6? ♕f2 30.♖g1 e3 31.♕a5 e2−+.

25...♗xb2 26.♗xe4!

Ein weiterer wichtiger Abtausch.

26...fxe4 27.♘b5 ♖e8 28.a3! ♖d8 29.♗f2 ♖e8 30.♖e2 ♗c1

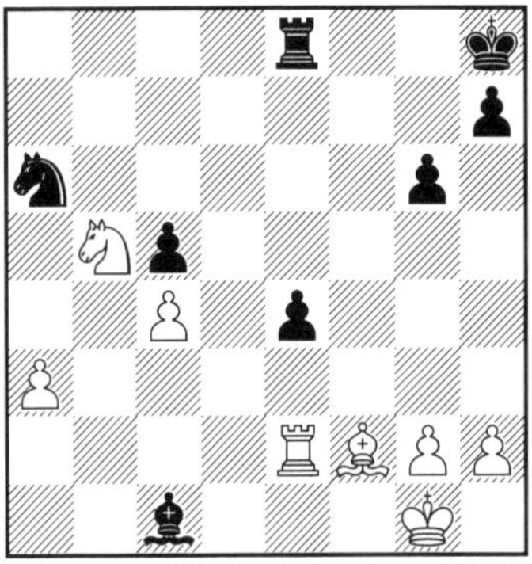

31.♗e3!

Nach Abtausch des Läufers kann Weiß einfach den e4-Bauern gewinnen.

31...♗xe3+ 32.♖xe3 ♘b8 33.♘c3 ♘c6 34.♖xe4 ♖a8 35.♘b5 ♘d4 36.♖e7

36.♘xd4 cxd4 37.♖xd4 ♖xa3 38.♔f2±.

36...♘c2

36...♘b3!? 37.♖a7 ♖xa7 38.♘xa7 ♘a5 39.♘b5 ♘xc4 40.a4±.

37.♖e2! ♘d4 38.♘xd4!

Jetzt kann Weiß abtauschen und den Turm hinter dem Freibauern postieren.

38...cxd4 39.♖a2 ♖a4 40.♔f2 ♔g7

40...♖xc4 41.a4

1) 41...♖c6 42.a5 ♖a6 43.♔e2 ♔g7 44.♔d3+−.

2) 41...♔g7 42.a5 ♔f6 43.a6 ♖c8 44.a7 ♖a8 45.♔e2 ♔e5 46.♔d3 ♔d5 47.♖a5+ ♔c6 48.♔xd4 ♔b7 49.g3

a) 49...♖d8+ 50.♖d5 ♖h8 51.♖d7+ ♔a8 52.♔e5+−;

b) 49...♔b6 50.♖a4

b*) 50...♖d8+ 51.♔e5 ♖a8 52.♔f6+−;

b)** 50...♔b7 51.♔e5 ♖e8+ 52.♔f6 ♔a8 53.♖h4+−.

41.♔e2 ♔f6 42.♔d3 ♔e5 43.h3 g5

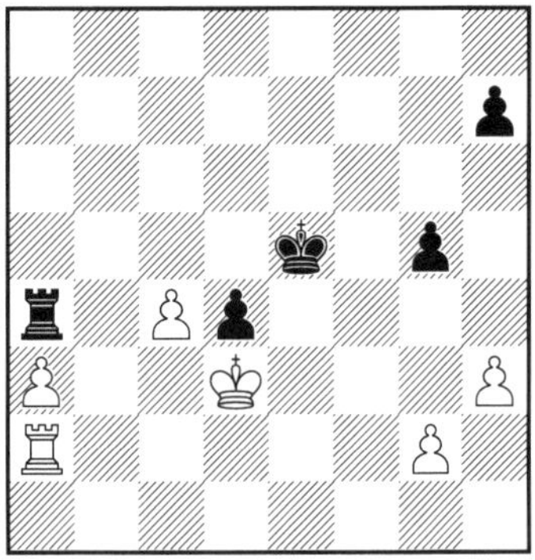

Weiß gewinnt durch Einsatz einer typischen Technik.

44.♖a1

Schwarz ist in Zugzwang, während der weiße Turm zwischen a1 und a2 pendelt.

44...h5 45.♖a2 h4 46.♖a1 ♔d6 47.♔xd4 ♔c6 48.♖a2 ♖a5 49.a4 g4 50.hxg4 ♖g5 51.a5 ♖xg4+ 52.♔e5 ♔b7 53.a6+ ♔a7 54.c5 ♖g5+ 55.♔f4 ♖xc5 56.♔g4 ♖c4+ 57.♔h3 ♖b4 58.♖a5 ♖c4 59.♖h5 ♔xa6 60.♖xh4 ♖c3+ 61.g3 ♔b6 62.♖d4 ♔c5 63.♖d8 ♖a3 64.♔h4 1-0

Zwei Punkte gibt's für 25.♕xb2.

T08.05: 37...♘g4!

Nach Abtausch des für die Verteidigung wichtigen Springers werden alle schwarzen Figuren aktiv. Der Turm dringt via b2 ein und der König geht nach e5 vor.

37...♖b4?! wird mit 38.h3 beantwortet.

38.♘xg4 ♗xg4 39.h3

39.♖e1 ♗c8 40.h3 ♔f6 41.♔h2 ♔e5 42.♗d3 ♖b4 43.g4 ♔f4−+.

39...♗e6 40.g4 ♖b2 41.♖e1

41.♖a1 ♗d5 42.♖a7+ ♔f6 43.♖xh7 ♖b1−+.

41...♗d5 42.h4 ♔f6 43.♔h2

43.♖c1 ♔e5 44.g5 ♔f4−+.

43...♖xf2+ 44.♔g3 e3 45.g5+ ♔g7 46.♗d3 ♖g2+ 47.♔f4 e2 48.♖b1 h6 49.♖b7+ ♔f8 50.♖b8+ ♔e7 51.♖b7+ ♔d8 52.♖b8+ ♔c7 53.♖b1 h5 54.♗a6 ♖g4+ 55.♔e5 0-1

Zwei Punkte gibt's für 37...♘g4.

T08.06: 24.♖de1!

Der Turm wird via e3 und h3 nach h6 gebracht, von wo er die verletzlichen schwarzen Schwächen aufs Korn nimmt.

In der Variante 24.g4? ♖g8 25.h3 ♔e7 26.♘xd5+ ♖xd5 27.♔f2 fxg4 28.hxg4 ♖xg4 29.♖h1 ♖g7 würden zu viele Bauern abgetauscht.

24...♔e7 25.♖e3 b5 26.♖b1 a6 27.♖h3

Das weiße Spiel an beiden Flügeln nimmt Schwarz jede Verteidigungsmöglichkeit.

27...♖f7 28.♖h6 ♘c6 29.♗d1! 1-0

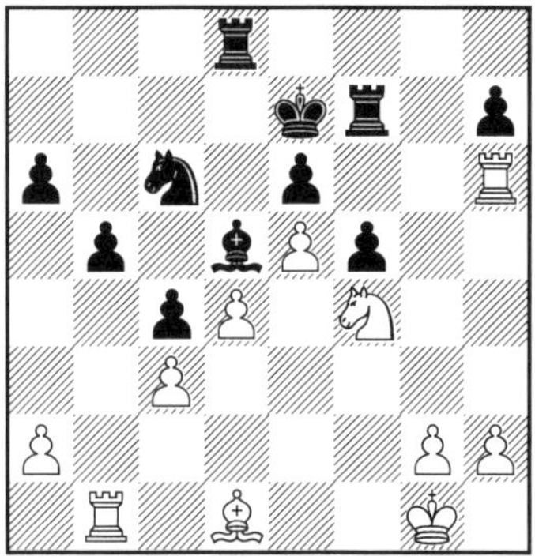

Schwarz gab auf, was auf den ersten Blick verfrüht erscheint, obwohl eine genauere Betrachtung erhellt, dass Schwarz keine Figur ziehen kann.

1) 29...♖g8? 30.♘xd5+ exd5 31.♖xc6+−.

2) 29...b4? 30.♘xd5+ ♖xd5 31.♗f3 bxc3 32.♗xd5 exd5 33.♖xc6+−.

3) 29...♖g7 30.a4! ♘a7 31.♔f2 ♖d7 32.♗f3 ♗xf3 33.♖xe6+ ♔f7 34.♔xf3+−.

Zwei Punkte gibt's für 24.♖de1.

T08.07: 39.♕f5!

Ohne Damen kann Weiß gefahrlos weiterspielen. Allerdings hat Schwarz aufgrund des reduzierten Materials noch gewisse Remischancen.

39.♘f1? ♖e1=; 39.♘f5? ♖e1+ 40.♔g2 hxg3 41.fxg3 ♕h5 42.♘h4 ♕g5=.

39...♕xf5

1) 39...♕g7? 40.♕d7+− (Stohl im *CBM* 125).

2) 39...f6!?

a) 40.♕d7? ♖xe3 41.♕c8+ ♔f7 42.♕xc7+ ♖e7=;

b) 40.♕xg5+ fxg5 41.gxh4 gxh4 42.♔g2±.

40.♘xf5 hxg3 41.fxg3 ♔h7 42.♔g2 ♔g6 43.♘h4+!? ♔g5 44.♖f2 ♖e7

44...♔g4? 45.♖xf7 ♗xg3 46.♖g7+ ♔xh4 47.♖xg3

1) 47...♖d8 48.♖g6 ♖xd4 49.♔f3! ♖c4 50.♖xc6+− (Stohl);

2) 47...♖e6 48.♖g7 ♔h5 49.♔f3 ♔h6 50.♖g2 ♔h7 51.♔f4 ♖e8 52.♖b2 ♖e6 53.♖b6 ♔g7 54.d5 ♖f6+ 55.♔e5+−.

45.♘f5 ♖e1

45...♖e4!? 46.♔h3 ♖e6 47.♘h4!? ♖e3 48.♖f5+ ♔h6 49.♖f3 ♖xf3 50.♘xf3 f5? 51.g4!+−; 50...♔g6 51.g4± (Stohl).

46.♖f3 ♖d1?! 47.♔f2

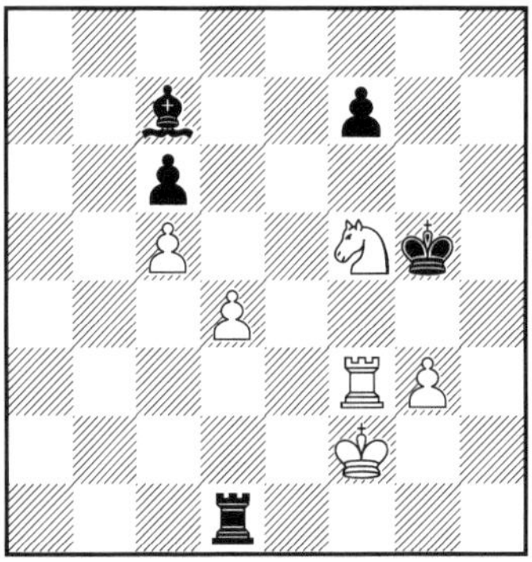

47...f6?

Schwarz sollte den gegnerischen Plan prophylaktisch mit 47...♗a5! stoppen.

1) 48.♘d6 ♖xd4 49.♘xf7+ ♔h5 50.♘e5 ♖d5 51.♖f5+ ♔h6.

2) 48.♔e2 ♖e1+ 49.♔d3 ♗d8 mit einigen Remischancen.

48.♔e2 ♖g1

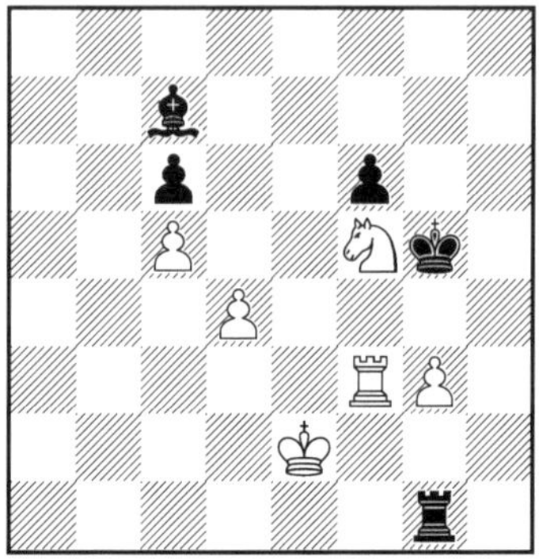

49.♔d3?

Hier ist ‘nichts überstürzen’ nicht der richtige Ansatz. Weiß sollte mit 49.♘e7! die Gunst des Augenblicks nutzen.

1) 49...♗xg3 50.♘xc6 f5 51.d5 ♔f6 52.d6 ♔e6 53.♖d3 ♔d7 54.♘a7 ♔e6 55.d7 ♗h4 56.♖d6+ ♔f7 57.♘c6+−;

2) 49...♖xg3 50.♖xg3+ ♗xg3 51.♘xc6 ♔f5 52.♔d3 ♔e6 53.♔c4 f5 54.d5+ ♔d7 55. ♘d4+−.

49...♖e1 50.♘e3

50.♖e3? ♖xe3+ 51.♘xe3 f5 52.♘c2 ♔g4 53.♘b4 ♔xg3 54.♘xc6 f4=.

50...♔g6?

Zu passiv. Nach 50...♖g1 wäre unklar, ob Weiß gewinnen kann.

51.g4! ♖a1 52.♔e4 ♖e1?!

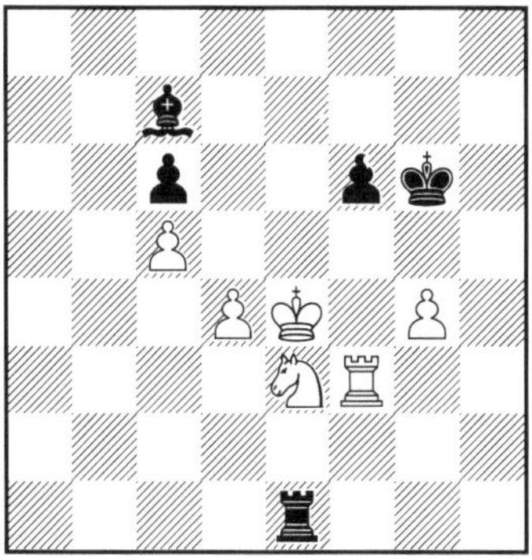

53.♖f1!

Sehr stark. Ohne Türme ist die weiße Aufgabe viel einfacher.

53...♖xf1

Es ist kaum möglich, den Abtausch mit 53...♖e2 zu vermeiden – wegen 54.♖a1 ♗h2 55.♔f3 ♖d2 56.♘f5 ♖b2 57.♖a7+−.

54.♘xf1 ♔f7

54...♔g5 55.♘e3 ♗f4 56.♔f3!? ♗h2 57.♘f5 ♗g1 58.♔g3 ♔g6 59.♔g2+− (Stohl).

55.♔f5 ♗a5 56.♘e3 ♗d2 57.♘g2 ♗c3 58.♔e4 ♔e6 59.♘f4+ ♔d7 60.d5 cxd5+ 61.♔xd5 ♗d2 62.♘e6 ♗c1 63.♘d4 ♗e3

63...♗f4 64.c6+ ♔e7 65.♘f5+ ♔d8 66.♘d6 ♗h2 67.♘b5 ♔e7 68.♔e4 ♔e6 69.c7 ♔d7 70.♔f5 ♗e5 71.g5 ♗xc7 72.g6+−.

64.c6+ ♔c8

64...♔d8 65.♘b5 ♔e7 66.♘d6 ♔d8 67.♘e4! ♔e7 68.♘xf6+− (Stohl).

65.♘b5 ♗f2 66.♔e6 ♗h4 67.c7 1-0

Einen Punkt gibt's für 39.♕f5.

T08.08: **27.♔f2!**

Aktiviert den letzten Truppenteil, der im Endspiel sehr wichtig ist.

27.♖c4? wird mit 27...♘b5 beantwortet.

27...♘b5 28.♘2c4 ♘xd6 29.♘xd6 ♔f8 30.♖c7 ♖a8 31.♔e3 ♖a6 32.♔d4 a4 33.♔c4

33.♖c8+ ♔e7 34.♖g8 g6 35.♔c5 b3 36.a3 ♖a5+ 37.♔c6 ♖d5?? 38.♖e8#; 37...♖a6+ 38.♔c7 ♖a7+ 39.♔b6+−.

33...b3 34.a3 ♖a5 35.♖c5 ♖a7 36.♔b5 ♗e2+ 37.♔b6 ♖a6+ 38.♔b7 h6 39.♘b5 ♖a5 40.♘c7 1-0

40.♔b6 gewinnt auch.

Einen Punkt gibt's für 27.♔f2.

Test 9

T09.01: Weiß wird Damentausch erzwingen, wonach sein Monsterspringer f5 das ganze Brett beherrscht.

48.♘d6+ ♔h8 49.♕c8+ ♔h7 50.♕f5+ ♕xf5 51.♘xf5 ♗d2 52.♔g2 ♗b4 53.♔f2 ♗f8

Die Abwartestrategie 53...♗c5+ 54.♔e2 ♗g1 reicht auch nicht aus; z.B. 55.♔d3 ♗f2 56.♔c4 ♗c5 57.♔b5 ♗f2 58.♘d6 ♔g7 59.♘c4 ♔f6 60.♘xb6 ♔e5 61.♔xa5 ♔f4 62.♔b5+−.

54.♔e3 f6 55.♔e4 ♔g8 56.♔d5 ♔f7 57.♔c6 ♔e6 58.♔xb6 ♔e5 59.♔xa5 ♔f4 60.♔b5 ♔xf3 61.a5 1-0

Zwei Punkte gibt's für 48.♘d6+.

T09.02: 29.g4!

Dies ist der richtige Weg zum Damentausch, da Weiß Zeit spart und mehr oder weniger zwangsläufig einen Bauern gewinnt. 29.♕c2?! ♖a2 30.♕b3 c5 31.d5 ♘c7 gibt Schwarz Gegenspiel.

29...♕xf5 30.gxf5 ♘d8 31.♘e5 c5 32.♘d7 ♖b4?

Dies führt zu einem verlorenen Turmendspiel. 32...♖c6 war die letzte Chance zu kämpfen.

33.dxc5 bxc5 34.♖xc5 ♖xc5 35.♖xc5 ♖b7 36.♖e5! f6 37.♘xf6+ gxf6 38.♖e8+ ♔g7 39.♖xd8 ♔h6 40.♖g8 ♖b5 41.e4 ♖b4 42.♖g4 ♔h5 43.h3 h6 44.♔g2 ♖b6 45.♖g6 ♖a6 46.♔g3 ♖b6 47.f3 ♖a6 48.♖g8 1-0

Zwei Punkte gibt's für 29.g4.

T09.03: 20.♘b5!

Da die Dame der wichtigste Verteidiger des geschwächten schwarzen Damenflügels ist, trifft der Textzug die Achillesferse.

20...♕xd2

20...d5 21.exd5 exd5 22.♗f1 ♕xd2 23.♗xd2 a4 24.♗a5 ♖d7 25.♗b6 ♗f8 26.♘a7 ♖a8 27.♗xc5 ♗xc5+ 28.♖xc5 ♖xa7 29.b4±.

21.♗xd2 ♗h6?

21...a4 22.bxa4 ♘e8 war zäher.

22.♘h5! ♗xd2?!

22...♘g4 23.♗xh6 ♘xh6 24.♘xd6 gxh5 25.♘xc8 ♖xc8 26.♗e2+−.

23.♘xf6+ ♔g7 24.♖xd2 ♔xf6 25.♘xd6 ♖d7

25...♖c7 26.e5+ ♔e7 27.♗b5+−.

26.♗b5 ♖xd6 27.♖xd6 ♘xe4 28.♖xc8 ♘xd6 29.♖c5 ♗d5 30.♗c6 ♔e5 31.♖xa5 ♔d4 32.♗xd5 exd5 33.♔f2 ♘b7 34.♖a7 ♘d6 35.♔e2 h5 36.♔d2 1-0

Zwei Punkte gibt's für 20.♘b5.

T09.04: 24...♕d4!

Schwarz tauscht die wichtigsten weißen Angreifer und Verteidiger ab. Danach geben ihm die chronischen Schwächen am weißen Damenflügel ein klares Plus.

24.. .♗f5? trifft auf 25.♘xf6 ♖xe3 26.♘h5+ ♔f7 27.♕g7+ ♔e6 28.♕xb7 gxh5 29.♕xc6+ ♔e7 30.♕c5+ ♔f6 31.♕xe3, wonach Weiß keineswegs schlechter steht.

25.♕xd4 ♘xd4 26.♘d6?

Weiß sollte die absehbare Gabel prophylaktisch mit 26.♖b2 oder 26.♖c1 verhindern, obwohl die strategische schwarze Initiative in beiden Fällen offensichtlich ist.

26...♘c2! 27.♖xe5 fxe5 28.♘c4 ♗e6 29.♖b2 ♗xc4 30.♖xc2 ♗xd3 31.♖d2 ♗f5 32.♔f1 ♖c8 33.♔e1 b5 34.♖d6?

Dies erlaubt einen direkten Durchbruch am Damenflügel. 34.♗f1 war nötig.

34...c5 35.bxc5 ♖xc5 36.♖b6 ♖c3?

Nach diesem Fehler endete die Partie später remis. Zum Gewinn geführt hätte die Alternative 36...♖c1+! 37.♔d2 ♖c2+ 38.♔e3 (38.♔e1 e4 39.♖xb5 e3−+) 38...♖c3+ 39.♔d2 ♖d3+ 40.♔c1 ♖xa3 41.♖xb5 ♖a1+ 42.♔d2 e4 43.♖a5 a3 44.♔c3 a2 45.♔b2 ♖b1+ 46.♔xa2 ♖g1−+.

Zwei Punkte gibt's für 24...♕d4.

T09.05: 18...♘e8!

Schwarz will mit f6 fortfahren, um den weißen Königsflügelangriff zu stoppen, während die statischen Schwächen erhalten bleiben.

19.♔h1 ♗e6

In Ibragimow – Alexandrow, Kherson 1991, geschah ganz ähnlich 19...f6 20.e4 ♗e6 21.♕e3 ♗f7 22.♖g1 ♖d7 23.♖g2 ♗g6 24.♖ag1 ♖ad8.

20.♖g1 f6 21.♖g3 ♖d7 22.♖ag1 ♖ad8 23.♗c1 ♗f5 24.e4 ♗g6 25.h4 ♘c7 26.♗f1 ♘e6 27.♖h3 ♗h5 28.♖hg3 ♔h8 29.♕e3 ♘d4 30.♗g2 ♖e8 31.♖h3 ♕a4!

Jetzt entscheidet die Infiltration der Dame die Angelegenheit.

32.♗f1 ♕d1 33.♗g2 ♕c2 34.f4 ♘e2 35.♖f1 ♖d1 0-1

Drei Punkte gibt's für 18...♘e8.

T09.06: 38...♕f3! 39.♗xf6!?

39.♗d4? trifft auf 39...♖xh4! 40.gxh4 ♕g4+ 41.♔h2 ♕xh4+ 42.♔g2 ♕g4+ 43.♔h2 ♕h5+ 44.♔g3 ♕g6+ 45.♔h2 ♗f3 46.♖g1 ♕h5+ 47.♔g3 ♕g4+ 48.♔h2 ♕h4#.

39...gxf6 40.♕d5 ♗d3?

Gestattet ein sofortiges Dauerschach.

40...♕g4 41.♕f7+ ♕g7 42.♕d5 ♕e7 sollte langfristig für Schwarz gewonnen sein.

41.♕f7+ ♔h8 42.♕f8+ ♔h7 43.♕f7+ ♔h8 44.♖c1 ♗c2 45.♕f8+ ♔h7 46.♕f7+ ♔h8 47.♕f8+ ½-½

Einen Punkt gibt's für 38...♕f3.

T09.07: 22...♖c1!

Zunächst tauscht Kramnik einen wichtigen Angreifer ab, um das resultierende technische Endspiel zu gewinnen.

Der gierige Ansatz 22...♗xa3?? scheitert an 23.♗f6 h5 24.♖e8+ ♔h7 25.♖h8#.

23.♖xc1 ♗xc1 24.♗f6 ♖a8 25.♖c4?!

25.♔f1 ♗xa3 26.♖e1 ♗c5 27.♖a1 ist zäher, dennoch sollte Schwarz langfristig gewinnen.

25...♗xa3 26.♗d4 ♗c5!

Das resultierende Turmendspiel ist leicht zu gewinnen, da der weiße Turm total passiv auf a1 bleiben wird.

27.♗xc5 dxc5 28.♖xc5 a3 29.♖c1 a2 0-1

Einen Punkt gibt's für 22...♖c1.

T09.08: 25.h4!

Der Rammbock bewegt sich vorwärts.

25...♖d7

25...♕f6? 26.♖e6

1) 26...♕xh4? 27.d6 ♖d7 28.♕d5 ♔f8 29.♕e5 ♔f7 30.♕b5+−;

2) 26...♕f7 27.h5 ♖d6 28.hxg6 hxg6 29.♕h6+−.

26.h5 gxh5 27.♖xf5 e5 28.♕g5+ ♖g7 29.♕xh5

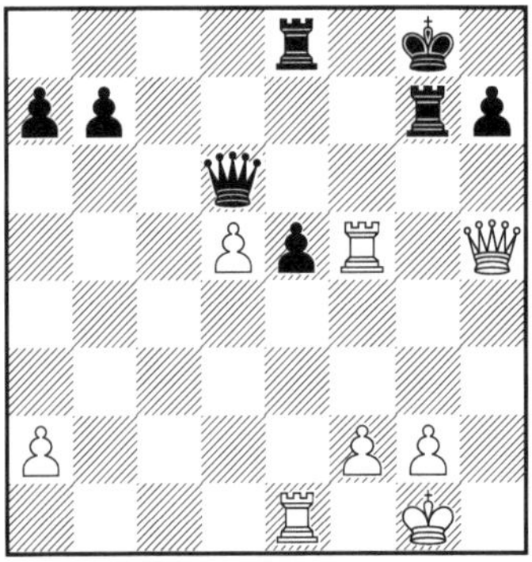

29...♖ge7?

Schwarz musste auf Damentausch spielen, um den Druck zu mindern. 29...♕g6! 30.♕f3 e4 (30...♕g4 trifft auf 31.♖exe5!+−.) 31.♕h3 (Krasenkow im *CBM* 141) 31...♕d6 32.♖e3±.

30.♕f3 ♖g7 31.♖f6 ♕d8 32.d6 e4 33.♕f5 ♖d7 34.♖e3 ♖xd6 35.♖g3+ ♔h8 36.♖g7! 1-0

Ein sehr schöner Schlusszug.

Einen Punkt gibt's für 25.h4!.

Test 10

T10.01: 19...♕h6!

19...♕c7?! 20.♗b2 ist nicht leicht zu spielen.

20.♕xh6

20.♘xe4?! ♕xh3 21.♘g5+ ♔f6 22.♘xh3 ♗xa3 23.♖xa3 ♖c3 gibt Schwarz mehr als genug Kompensation aufgrund der starken Initiative.

20...gxh6 21.♗b2?

21.♗xf8 ♖xc3 Hier wurde in Ekström – Gallagher, Samnaun 2004, Remis vereinbart. Nach 22.♗xh6 ♖xb3 stand Schwarz in Engelbert – Lanka, Hamburg 2002, etwas besser und schaffte den Gewinn.

21...♗g7 22.♘d1 ♗xb2 23.♘xb2 gc3?

Mit 23...♖c5 24.♖ad1 b5 ist die schwarze Initiative besser zu nutzen.

24.♖e3?

Der Tagesbefehl lautet: Springeraktivierung mit 24.♘c4 ♖xb3 25.f3; z.B. 25...♖b4 26.♘e5+ ♔e7 27.♖ab1 ♖xb1 28.♖xb1 ♗c8 29.f4 ♖d8 30.♖c1=.

24...♖xe3 25.fxe3 b5 26.♖c1 ♔e7 27.♖c5?

Der Springer sollte mit 27.axb5 axb5 28.♘d1 umgesetzt werden.

27...♔d6 28.b4 bxa4 29.♖a5 ♗b5 30.♘xa4 ♔xd5 31.♘c5 ♖c8 32.♘xa6?

32.♖a1 ♖c6 33.♖c1 ist zäher.

32...♔c4 33.♔f2 ♖c6! 34.♘b8 ♖b6 35.♖a8

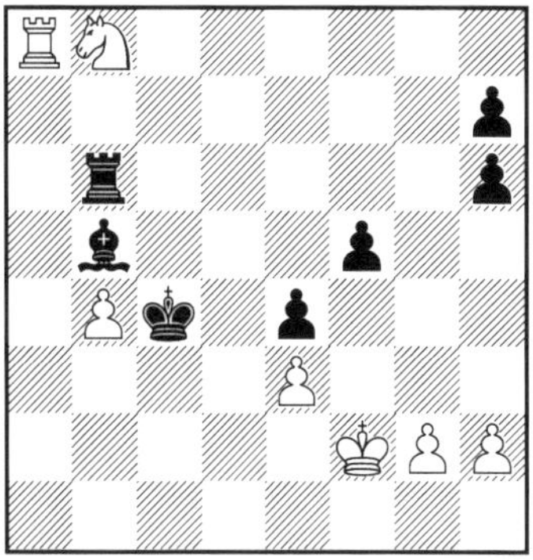

35...f4!

Dieser Durchbruch entscheidet die Sache.

36.exf4 ♔d3 37.♖a3+ ♔d4 38.♖a8 e3+ 39.♔f3 ♖e6 40.♖a1 e2 41.♔f2 ♖e8 0-1

Drei Punkte gibt's für 19...♕h6.

T10.02: 34.♕a8+?

Grünfelds Vorschlag 34.♖b1! ist viel stärker.

1) 34...dxc4 35.bxc6 bxc6 36.♖b8+ ♘g8 37.♖b7+−.

2) 34...cxb5 35.♖xb5

a) 35...dxc4? 36.♖xb7 ♖d1+ 37.♔h2 ♕e6 38.♖b6+−;

b) 35...b6 36.♕b8+ ♕d8 37.♖xb6 ♕xb8 38.♖xb8+ ♔g7 39.♖b7+ ♔g8 (39...♔h6 40.c5±) 40.cxd5 ♘xd5 41.g4±.

34...♔g7 35.bxc6 bxc6 36.♖b1 ♕e6?

Nach dem präziseren 36...♕e7 37.cxd5 cxd5 38.♖b5 ♕e6 sollte Schwarz sich halten können.

37.♖b7+ ♖d7 38.cxd5?

38.♖b6! ♕e7 39.♕xc6 ♖c7 40.♕b5 dxc4 41.♖c6 ♖xc6 42.♗xc6 ♕e6 43.♕c5 gibt Weiß praktische Gewinnchancen.

38...cxd5 39.♕c8 ♕f7 40.♖b8 d4 41.exd4 ♖xd4 42.♗c6 ♖d1+ 43.♔g2 ♖e1 44.♕h8+ ♔h6 45.♖b4 g5 46.h4 gxh4 47.♖xh4+ ♔g6 48.♕d8 ♕e6 49.♗b7 h5 50.♖h1 ½-½

Zwei Punkte gibt's für 34.♖b1.

T10.03: 23.♗xc6!

„Eine großartige Entscheidung. Nach diesem Abtausch wird die unterschiedliche Wertigkeit der Leichtfiguren offenkundig." (Nisipeanu im *CBM* 137)

23.♘e3? e4 24.♕e2 ♘e5= (Nisipeanu).

23...♖xc6 24.f4 ♖cc8

24...e4 25.♕d4+ ♔g8 26.♘e3 ist auch sehr gut für Weiß; z.B. 26...♖f8 27.♖f2 ♖a6 28.♖g2 ♖f7 29.h5 ♗c8 30.♔g1 h6 31.g4 fxg4 32.♘xg4 ♔h7 33.♘e3 ♗f5 34.♕d5±.

25.♕e3 ♕g7 26.♖f2! ♖d7?

Dies gestattet die entscheidende Aktivierung des weißen Springers.

26...d5! 27.♖fd2 ♖e8! bot viel bessere Chancen; z.B. 28.cxd5 ♗xd5 (28...♗d7!?) 29.♘xb4 ♗xb3 30.♕xb3 axb4 31.♕xb4 ♖g8 (Nisipeanu) 32.♖g2±.

27.♘d4! ♕g4 28.♖dd2 ♖e8 29.♘b5 d5 30.♘d6! ♖ed8 31.♕xe5+ ♕g7 32.c5 ♕xe5 33.fxe5 ♖c7 34.♖c2 d4 35.♖fd2 f4 36.gxf4 d3 37.gxd3 ♗f5 38.♘f7+ ♔g7 39.♖g2+ 1-0

Zwei Punkte gibt's für 23.♗xc6.

T10.04: 38...♘gf4!

Der absehbare Zug g6 wird die Harmonie der weißen Armee zunichte machen.

38...♖a8?? trifft auf 39.♘h6+ +−.

39.♘e3 g6 40.♗xa3 ♖xa3

40...bxa3! 41.h4 ♗h6 42.♘g4 ♗xg4 43.♖xg4 ♕d8 44.♖g1 a2−+ ist sogar noch stärker.

41.♕d1 ♗h6 42.h4 ♕h8!

Unterstreicht die Verletzlichkeit des weißen Königs.

43.♗c2 ♘f6 44.♘h3 ♘xh3 45.gxh3 ♗f4+ 46.♔g2 ♗xh3+ 47.♔xh3 ♔f8 48.♘g4 ♗g5 49.♘xf6 ♕xh4+ 50.♕g2 ♗xf6 51.♖h1 ♕g5+ 52.♕f1 ♕f4 53.♖h3 ♗g5 54.♔g2 ♗h4 55.♖f3 ♕g5+ 56.♔f1 ♕h5 57.♗d3 ♗g5 58.♗c2 ♖a1 0-1

Zwei Punkte gibt's für 38...♘gf4.

T10.05: 29.♕g5!

Mit 29.c5? spielt Weiß seinen Haupttrumpf zu früh aus – angesichts der Folge 29...dxc5 30.♖c1 ♖xd2 31.♖xc5 ♖xf2+ 32.♕xf2 ♕d6 33.♘xe5 ♖f8 34.♕c2 ♘d7 35.♘xd7 ♕xd7 36.♖xa5 ♕d4 mit guten Remischancen.

29...♖ee7

1) 29...h6 30.♕g6 ♖ee7 31.g4 ♘c6 32.g5 hxg5 33.♘xg5+−.

2) 29...♕c6 30.h5 ♕xe4 31.♖xd6 ♖f7 32.♕e3 ♕b7 33.♖d8+−.

30.c5!!

Jetzt ist der richtige Zeitpunkt gekommen.

30...dxc5

30...♕xc5 trifft auf 31.♖xd6 ♖xd6 32.♕xe7+−.

31.♖xd7 ♖xd7 32.♖xd7 ♘xd7 33.♕e7 h6 34.♕xe6+ ♔h8 35.g4 c4 36.♕e8+ ♔h7 37.g5 hxg5 38.♘xg5+ ♔h6 39.♕h8+ ♔g6 40.♕e8+ ♔h6 41.♘e6 1-0

Zwei Punkte gibt's für 29.♕g5.

T10.06: 38.♗h4! ♕c8

38...♕c7 39.♗g3 ♕xg3 40.♕xd7 ♗e5 41.♖e2+−.

39.♗f6 ♖f7?!

1) 39...♔g8 40.♕h5 ♕b7 41.♖g1+− (Le Quang im *CBM* 141).

2) 39...♗xf6 40.♕xf6+ ♖g7 41.♕xh6+ ♖h7 42.♕f6+ ♖g7 43.♖f5 ♔g8 44.♖g1 ♖xg1+ 45.♔xg1 ♖b1+ 46.♔g2 ♖b2+ 47.♔f3+−.

40.♗xg7+ ♖xg7 41.♖e6

Die weißen Schwerfiguren rücken an zum Schlussangriff.

41...♔g8 42.♕h5 ♕c7 43.♖xh6 gh7 44.gxh7 ♕xh7 45.♖g1+ ♔h8 46.♕e5+ 1-0

Einen Punkt gibt's für 38.♗h4!.

T10.07: 38.b3! ♕xa3

38...♗b5 39.bxc4

1) 39...♗c6 40.♕c1 ♗b5 41.♕g1 ♕xc4 42.♕e3 a4 43.♔f2+−;

2) 39...♗xc4 40.♘xh5+−;

3) 39...♗a6 40.♘d3 ♕xc4 41.♕xa5+−.

39.♕xc4 ♕d6 40.♕c3 ♗d5

40...♕e5 41.♕xc6+−; 40...a4 41.bxa4 ♗xa4 42.♘xh5 e5 43.g4 ♗d7 44.♘g3+−.

41.♕xa5 ♗xb3 42.♕a7+ 1-0

Einen Punkt gibt's für 38.b3!.

T10.08: 26.h5?

Von Karpow überhastet gespielt. 26.♕d3 ♖c8 27.h5! ist besser, da 27...♘f4? jetzt mit 28.gxf4 ♕g4+ 29.♔h1! exf4 30.♘h2 ♕h4 31.♗d2 ♗xd2 32.♖xd2 ♕xf2 33.♗f3± beantwortet werden kann.

Auch für 26.♘d2 gibt's einen Punkt.

26...♘f4! 27.gxf4 ♕g4+ 28.♔f1

Nach 28.♔h1 erhält Schwarz mittels 28...exf4 29.♗xc5 ♗xc5 30.♕xc5 ♖c8 31.♕a3 ♘xe4 32.♖f1 ♕xh5+ 33.♘h2 ♕xd5 34.♗f3 f5= gute Kompensation.

28...♕h3+ 29.♔g1 ♕g4+ 30.♔f1 ♕h3+ ½-½

Einen Punkt gibt's für 26.♕d3 oder 26.♘d2.

Test 11

T11.01: 25...♗f4 26.♗xc8 ♕c5!!

Die Pointe besteht darin, dass der weißfeldrige Läufer von Weiß keine lohnenden Ziele hat.

27.♔h1 ♗xe3 28.♗d7 ♖e7

28...♗xc1 29.♖axc1 ♖xe1+ 30.♖xe1 ♖d8 31.♗f5 ♖d2 ist sogar noch stärker.

29.♗xe3 ♖xe3 30.♖xe3 ♕xe3

„Die weiße Stellung bietet ein Musterbeispiel für schlechte Koordinierung. Schwarz hat freie Hand in den Linien d und e, und sein König steht viel sicherer." (McShane im *CBM* 82)

31.♗b5 ♕e2 32.♖g1 ♖d8 33.f4? 0-1

♘e4 zuzulassen verliert auf der Stelle, aber Schwarz stand sowieso überlegen.

Drei Punkte gibt's für 25...♗f4 26.♗xc8 ♕c5!!.

T11.02: 33...h4!

Überraschenderweise steht Schwarz besser, da sein Angriff sehr schwer zu parieren ist. 33...g5? trifft auf 34.g3 g4 35.♗e2 – „und Weiß entkommt aus der Fesselung." (Le Quang im *CBM* 141)

34.b4?!

34.♖a7? ♘h5 35.♖xb7 ♘g3−+ (Le Quang);

34.g3!? hxg3 35.hxg3 ♘h5

1) 36.♔g2?! trifft auf 36...♕e5 37.f4 ♕xe4+ 38.♖f3 ♘f6 39.♖d8 (39.♗d3? ♕d4 40.♔f1 ♘g4 41.♔e2 ♕g1−+)

39...♘g4 40.♖dd3 ♔g7 mit starkem Druck.

2) 36.g4 ♘f4 37.♖a7

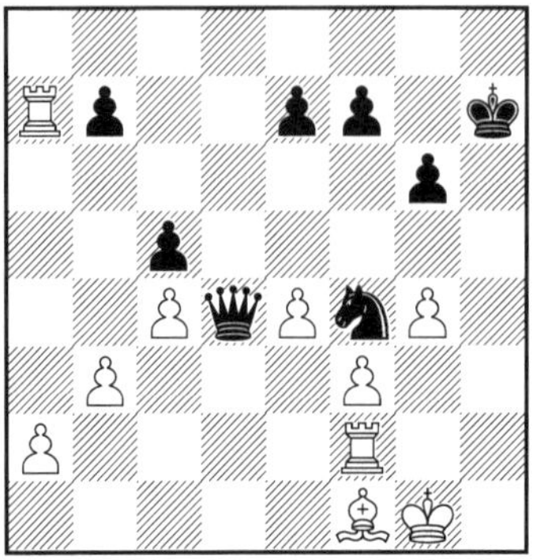

37...♔h6!!

„Dieses Königsmanöver ist wirklich schön und zwar besonders dann, wenn man es am Brett findet!“ (Le Quang)

38.♖xb7 ♔g5 39.b4 ♕a1!

a) 40.♖h2 40...♕e1 41.♖xe7 ♕g3+ 42.♔h1 ♕xf3+ 43.♔g1 cxb4 (Le Quang) mit starker Initiative.

b) 40.bxc5 ♘h3+ 41.♔g2 ♕d4 42.♖bb2 ♔h4 43.c6 ♕d6 44.♔h1 ♘xf2+ 45.♖xf2 ♔g3−+.

c) Wir fügen Le Quangs Analyse die Variante 40.♔h2 ♕h8+ 41.♔g1 ♕h4 42.♗g2 ♕g3 43.♔f1 ♘xg2 44.♖xg2 ♕xf3+ 45.♔g1 cxb4 hinzu.

34...cxb4 35.♖a5 ♘h5?!

Noch überzeugender ist 35...e6! 36.g3 ♘h5.

1) 37.♔g2? trifft auf 37...h3+ 38.♔g1 ♘xg3!.

2) Nach 37.gxh4 ♘f4 38.♖b5 ♕a1 39.♖xb4 ♘h3+ 40.♔g2 ♘xf2 41.♔xf2 ♕d4+ 42.♔e2 b6 (Le Quang) sollte Schwarz die Festung auf lange Sicht aufbrechen können.

36.♖d5 ♕e3 37.♖d3 ♕a7 38.♖d5 ♘g3 39.c5?

Weiß sollte den Bauern mit 39.♖dd2 e6 40.♖c2 ♕d4 41.♖cd2 ♕c5 42.♖c2 ♔g7 zu behalten versuchen. (Le Quang) Zwar wird sich der schwarze König annähern, aber die Sache ist noch nicht erledigt.

39...e6 40.♖d7

40.♖g5? ♘xf1 41.♔xf1 ♕a3 42.♖c2 f5−+.

40...♕xc5 41.♖xf7+?

41.♖dd2 war die letzte Chance, noch Widerstand zu leisten.

41...♔h6 42.♖xb7

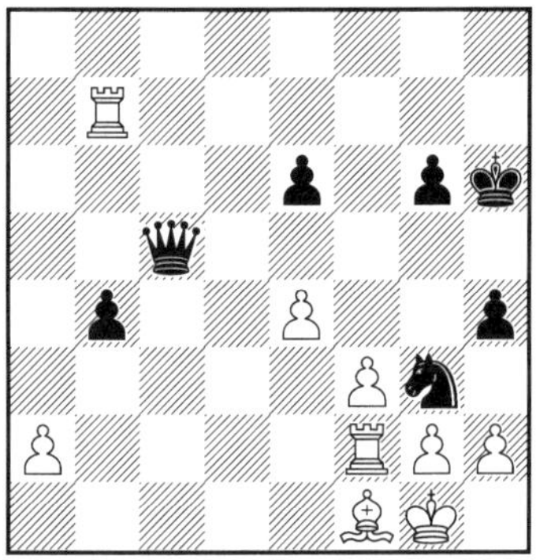

42...♘h1! 0-1 Ein verblüffender Abschluss!

Zwei Punkte gibt’s für 33...h4!.

T11.03: 58.♘b3!

Der Springer strebt nach d4, von wo aus er das Spiel kontrollieren wird.

Der Routinezug 58.♘f3? ist schlecht wegen 58...♗g6+ 59.♔d4 ♖d1+ 60.♔e3 ♖d3+ 61.♔f4 ♖c3 62.♘d2 ♗f7=.

58...♖d1+

58...♗xc4+ 59.♔d2 ♖f1 60.♘d4 (Atalik im *CBM* 141) 60...♖b1 61.♘f5+ ♔h7 62.♖xh5+ ♔g8 63.♘d4±.

59.♔e2 ♖b1 60.♘d4 ♗xc4+ 61.♔d2 d5 62.♘f5+ ♔h7 63.♖xh5+ ♔g6 64.♖g5+ ♔f6 65. ♘e3 ♖b2+ 66.♔d1 ♗e2+ 67.♔c1 ♖xb5 68.♔d2!

68.♘xd5+? ♔f7 69.♖f5+ ♔e6 70.♖f2 ♖xd5 71.♖xe2+ ♔f5 72.♖e8 ♔g4 73.♖g8+ ♔h5= (Atalik).

68...♖b2+ 69.♔c3 ♖b5 70.♘xd5+ ♔f7 71.♖e5 ♗g4

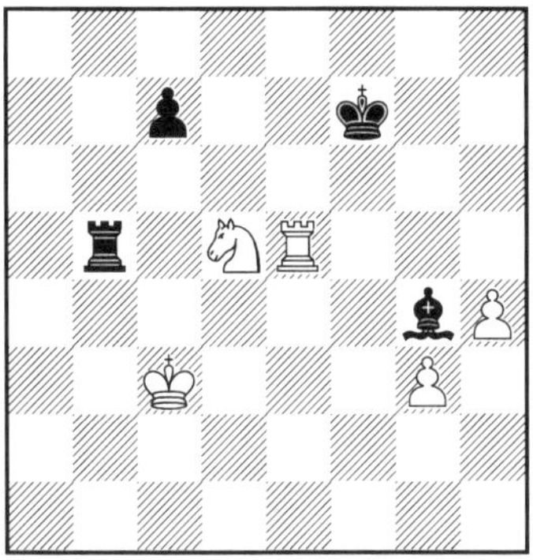

72.♖e7+

Nakamura findet eine präzise taktische Lösung.

72... ♔f8 73.♖e4 ♗f5

73...♖xd5 74.♖xg4 ♖h5 75.♖c4 c5 76.♖e4+−; 75...♖h7 76.♔d3+−.

74.♘xc7 ♖c5+ 75.♖c4 ♖e5

75...♖xc4+?! 76.♔xc4 ♔g7 77.♔d4 ♔g6 78.♔e5+−.

76.♖f4 ♔e7 77.♔d4 ♖a5 78.♘d5+ ♔e6 79.♘c3 ♖a8 80.g4 ♗h7 81.♔e3 ♖c8 82.♘e2 ♔e5 83.♖a4 ♖b8 84. ♘d4 ♖b1 85.♖a5+ ♔f6 86.♔f4 ♖f1+ 87.♘f3 ♗c2 88.♔g3 ♖b1 89.♖a6+ ♔g7 90.♘d4 ♗d3 91.♖d6 ♔f7 92.♔f4 ♖a1 93.h5 1-0

Zwei Punkte gibt's für 58.h4!.

T11.04: 26.♘f3!

26.♕h4 gewinnt auch, aber ist nicht so überzeugend; z.B. 26...♗d5 27.♘g5+ ♔e7 28.♘dxe6 ♗xe6 29.♖e3 ♖f6 30.♕xb4+ c5 31.♕h4 ♘c7 32.♖ae1 ♖b8 33.♘e4 +−.

26...♔g8

26...♘f6 27.♘e5+ ♔e8 28.♘xf6+ gxf6 29.♕g6+ ♔d8 30.♘xc4+−.

27.♕h4 ♖xf3

27...♖f5 28.♘eg5 ♔f8 29.♕xc4+−.

28.♕h7+ 1-0

Zwei Punkte gibt's für 26.♘f3.

Einen Punkt gibt's für 26.♕h4.

T11.05: In Endspielen mit Turm und Springer auf beiden Seiten ist die geringste Initiative häufig der entscheidende Faktor. Darüber hinaus spielt konkrete Berechnung oft eine wichtige Rolle.

70...♖xb3?

70...♔d5! war erforderlich.

1) 71.b4 ♘e7 72.♖a7 ♘f5 73.♔g5 ♖c8 74.♖a5+ ♔d6 75.♖c5 ♖b8=.

2) Das nach 71.♘e3+ ♔xd4 72.♖xc6 ♔xe3 resultierende Turmendspiel tendiert wegen des vom Bauern e3 garantierten Gegenspiels zu Remis.

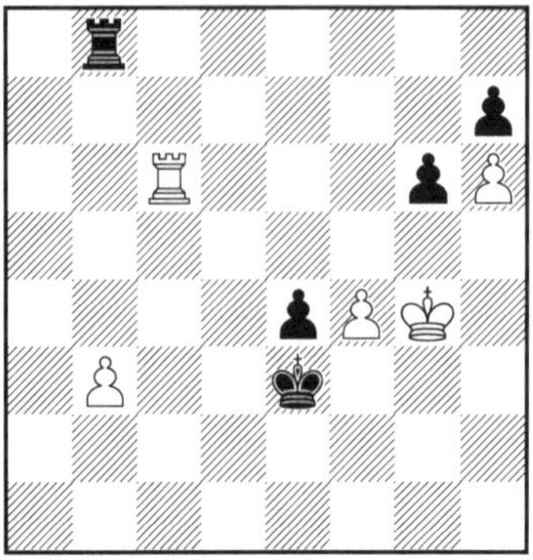

73.♖c7 ♔f2 74.♖xh7 (74.♖c2+ ♔e3 75.♖c7 ♔f2=) 74...e3 75.♖e7 e2 76.♔g5 ♖xb3 77.h7 ♖h3 78.♔xg6

a) 78...e1♕? 79.♖xe1 ♔xe1 80.f5 ♖g3+ 81.♔f6 ♖h3 82.♔g7 ♖g3+ 83.♔h8 ♖f3 84.f6 ♖xf6 85.♔g7+−;

b) 78...♖g3+ 79.♔f6 ♖h3 80.♔g7 ♖g3+ 81.♔f8 ♖h3 82.♔g8 ♖g3+ 83.♖g7 e1♕ 84.♖xg3 ♕e8+=.

71.d5!! ♔xd5 72.♖xc6 ♔xc6

72...♖b1!? ist relativ am besten. (72...♖b2 73.♖c7+−)

Aber langfristig sollte Weiß gewinnen; z.B. 73.♖c8 ♖g1+ 74.♔h4 ♖h1+ 75.♔g5 ♖h5+ 76.♔f6

1) 76...♖f5+ 77.♔g7 ♖xf4 78.♔xh7+−;

2) 76...♖xh6 77.♖d8+ ♔c6 78.♔e5 ♖h4 79.♖d1+−; 79.♔xe4? g5=.

73.♘d4+ ♔d5 74.♘xb3 e3

74...♔c4 75.♘d2+ ♔d3 76.♘f1 e3 77.♘g3 e2 78.♘xe2 ♔xe2 79.f5+−.

75.♘c1 1-0

Schwarz gab auf im Hinblick auf die mögliche Folge 75...♔e4 76.♘e2 ♔d3 77.♘g3 e2 78.♘xe2 ♔xe2 79.f5 gxf5+ 80.♔xf5 ♔e3 81.♔f6 ♔e4 82.♔g7 ♔f5 83.♔xh7 ♔f6 84.♔g8+−.

Einen Punkt gibt's für 70...♔d5.

T11.06: 21...♘e8!

„Es ist wichtig, *diesen* Springer nach f6 zu bringen (auf g7 stand er nur im Wege), denn der andere erfüllt auf d7 eine sehr wichtige Verteidigungsfunktion.“ (Carlsen im *CBM* 142)

22.♖dc1 ♘ef6 23.♔f1?

1) 23.♘d1? ist auch schlecht wegen 23...g4 24.hxg4 hxg4 25.♘xg4 ♘xg4 26.fxg4 ♗h4! (Carlsen).

2) Aber 23.♔h1 g4 24.♖g1 (Carlsen) ist besser, um den schwarzen Angriff zu stoppen.

23...♔f7 24.♔e1?! g4 25.♔d1 gxh3 26.gxh3 ♖g8 27.♔c2 ♕g2 28.♖h1 ♕xe2 29.♘xe2 ♖g2 30.♔d3 ♘b6 31.♖bg1 ♖bg8 32.♖xg2 ♖xg2 33.a5 ♘xc4 34.♗c1 b5 35.axb6 ♘xb6 36.♘f1 ♘h7 37.h4 ♘f8 38.♗d2 ♘g6 39.♗e1 ♘a4 40.♖g1 ♖xg1 41.♘xg1 ♗xh4 42.♗d2 ♔e7 43.♘h3 ♔d7 0-1

Einen Punkt gibt's für 21...♘e8.

T11.07: 36...a3! 37.♘xa3

37.bxa3 ♖xc3 38.♖b1 ♖xc4 39.♖xb8 ♖c2+ −+.

37...♕a5 38.c4

38.♖b1! ♕a4 39.♕d1 ♗e3! 40.♖xe3 ♖xb2+ 41.♖xb2 ♖xb2+ 42.♔xb2 ♕xd1−+ (Dembo im *CBM* 142).

38...♕a4 39.♖d3 ♖xb2+ 40.♕xb2 ♖xb2+ 41.♔xb2 ♕b4+ 0-1

Einen Punkt gibt's für 36...a3.

T11.08: 48.♖b6! ♖d8

48.. .♖a6? 49.♖b7+−; 48...♖d7 49.♖xa5+−.

49.♖xa5! ♕e7

49...♖xa5 50.♖b7 ♖d7 51.♖b8+ +−.

50.♖xa7 ♕xa7 51.♖xb4 ♔h8 52.a4 ♕d4 53.♖b7 ♖g8 54.g3 ♕d2 55.♔g2 ♕c3 56.♕f7 ♕d3 57.♕g6 ♕c3 58.♖b5 ♕d2 59.a5 ♕a2 60.♕g4 ♕c2 61.a6 1-0

Einen Punkt gibt's für 48.♖b6.

Test 12

T12.01: 14.d5!

Nach dieser sehr starken Idee wird Schwarz bald dominiert.

14...cxd5 15.c4 e6?!

15...♗g7 16.cxd5 0-0 17.0-0 ♗f5 18.♗e3±.

16.♗b2 ♗g7 17.♘c6! bxc6 18.♗xg7 ♖g8 19.♗e5 ♗d7 20.0-0

Schwarz kann sich kaum bewegen. Der Rest ist einfach.

20...♖b8 21.♕a4 ♖b7

21...dxc4 22.♖fb1 ♖xb1+ 23.♖xb1 ♘b5 24.♖d1 c3 25.♗xc6 ♗xc6 26.♖xd8+ ♔xd8 27.♗xc3+−.

22.♖ab1 ♕c8 23.♖xb7 ♕xb7 24.♖f2 d4 25.♕a5 ♔d8 26.♗e4 1-0

Drei Punkte gibt's für 14.d5 cxd5 15.c4.

T12.02: 20.♘b4!

Ein starkes Manöver, nach welchem alle weißen Figuren sehr kraftvoll werden und sich ein klarer Angriffsplan am Damenflügel bietet.

20...♗f7 21.♘c6 ♖e8 22.♕d3 ♖c8 23.♕e4! ♖c7 24.a4 h5 25.h3 ♕e6 26.♕xe6 ♗xe6 27.♖e1 ♗c8 28.a5 bxa5 29.♗xa7 ♔f7 30.♗b6

30.♘d8+!? wäre technisch besser, da Weiß den Springer behält: 30...♔e8 31.♗b6 ♖d7 32.♘e6 ♗e5 33.♘c7+ ♔f7 34.♗xa5+− (Roiz im *CBM* 111).

30...♖xc6 31.bxc6 a4 32.♖ed1 a3 33.♗d4 ♗xd4 34.♖xd4 ♗e6?

34...♖a5 35.♖a1 ♖a6 36.c7 ♖a7 37.f3 ♗e6 38.♔f2 ♖xc7 39.♖xa3 ♖xc4 40.♖xc4 ♗xc4 41.h4 ♔f6 42.♖a7±.

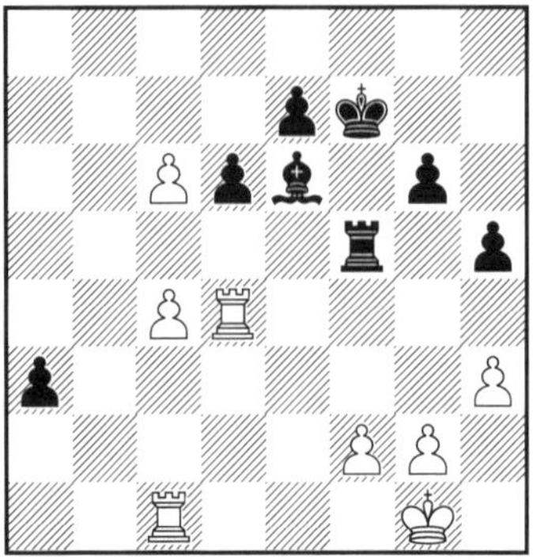

35.♖d5!! ♔e8

35...♗xd5 36.cxd5 ♖xd5 37.c7 ♖c5 38.♖xc5 dxc5 39.c8♕+−.

36.♖xf5 gxf5 37.♖a1 ♔d8 38.♖xa3 ♔c7 39.♖e3 ♗xc4 40.♖xe7+ ♔xc6 41.f3 1-0

Einen Punkt gibt's für 20.♘b4.

T12.03: 51.♔f2

Der weiße König wird nach b3 verlegt und dann folgt die Turmverdopplung in der a-Linie. Hiernach wird Schwarz die Invasion nicht stoppen können.

51...♔e7 52.♕f1 ♔f7 53.♔e3 ♔g6 54.♕h1 ♔f7 55.♔d3 ♔e7 56.♔c2 ♕g8 57.♕a1 ♕f8 58.♖d1 ♖db7 59.♖h1 ♔f7 60.♖b3 ♕e7 61.♕a2 ♕d7 62.♖a1 ♕e7 63.♕d2 ♔g6 64.♕h2 ♔f7 65.♖1a2 ♕d7 66.♕h5+ ♔f8 67.♕h1 ♔f7 68.♕d1 ♔g6 69.♖d2 ♖d8 70.♕h1 ♔f7 71.♖da2 ♖db8 72.♖a1 ♕e7 73.♖6a2 ♖d7 74.♕d1 ♔g6

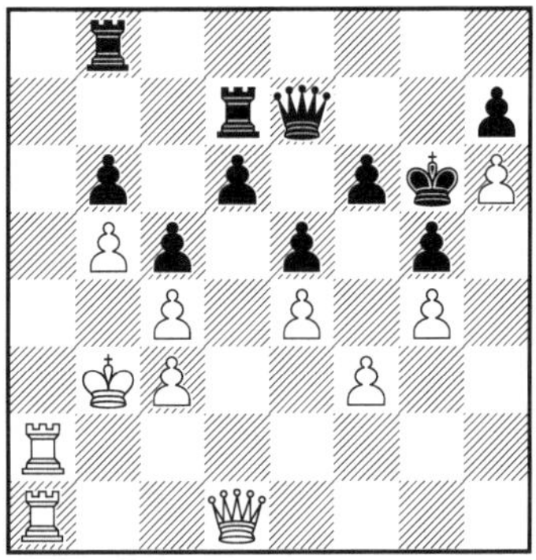

75.♕h1?!

75. ♕d5!? ♔xh6 76.♖a8 ♖xa8 77.♖xa8

1) 77...♖b7 78.♖c8 ♕f7 79.♕xf7 ♖xf7 80.♖b8 ♔g6 81.♖xb6 ♖d7 82.♖b8!?; 82.♖a6 h5 83.gxh5+ ♔xh5 84.b6+−;

2) 77...♖d8 78.♖xd8 ♕xd8 79.♕f7 ♕h8 80.♕c7 ♔g6 81.♕xb6 h5 82.♕xd6 h4 83.b6 h3 84.b7 h2 85.b8♕ h1♕ 86.♕xh8 ♕xh8 87.♕xc5 ♕h1 88.♕d5

a) 88...♕b1+ 89.♔a4 ♕c2+ 90.♔b5 ♕b3+ 91.♔c6 ♕b8 92.c5+−;

b) 88...♕xf3 89.c5 ♕xg4 90.c6 ♕g1 91.♕g8+ ♔h6 92.♔c4 ♕f1+ 93.♔c5

♕g1+ 94.♔d6 ♕b6 95. ♕f7 ♕d8+ 96.♕d7 ♕f8+ 97.♕e7 ♕c8 98.c7 ♕a6+ 99.♔d7 ♕d3+ 100.♕d6 ♕b5+ 101.♔e7+−.

75...♔f7 76.♕b1 ♖db7 77.♕d3 ♔g6

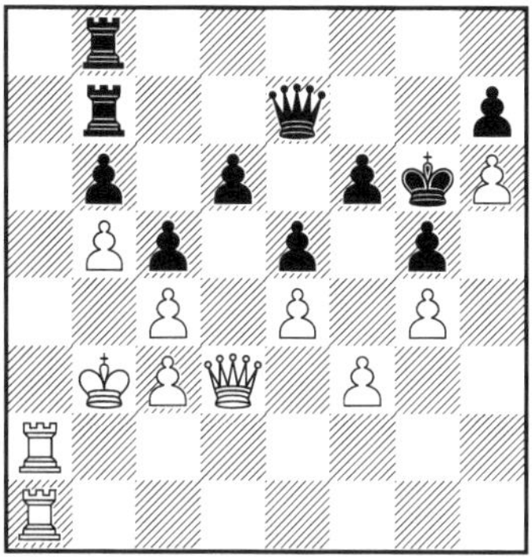

78.f4?!

Ziemlich spektakulär, aber objektiv nicht das Beste. Besser war die Einleitung der Invasion mit 78.♕d5 ♔xh6 79.♖a8 ♕c7 80.♕c6

1) 80...♖xa8 81.♖xa8 ♕xc6 82.bxc6 ♖c7 83.♔a4 ♖xc6 84.♔b5 ♖c7 85.♔xb6 ♖f7 86.♔c6 ♔g6 87.♖g8+ ♔h6 88.♔xd6+−;

2) 80...♕e7 81.♖1a7 ♖xa7 82.♖xb8 ♖a3+ 83.♔c2 ♕a7 84.♕xd6 ♕a4+ 85.♔d2 ♖a2+ 86.♔e3+−.

78...gxf4?

Der Sargnagel auf h6 musste entfernt werden. Nach 78...♔xh6! hat Schwarz Überlebenschancen.

(78...exf4?? 79.e5+ ♔f7 80.exd6 ♕e6 81.♖e2+−)

79.♖h1+ ♔g7

1) 80.♖ah2? ♔h8 81.fxg5 fxg5 82.♖xh7+ ♕xh7 83.♖xh7+ ♔xh7 84.♕xd6 ♖g8 85.♕xe5 ♖g6 86.♕e8 ♖bg7 87.e5 ♖g8 88.♕f7+ ♖8g7 89.♕f8 ♖g8 90.♕f5 ♖8g7 91.♔c2 ♖e7 92.♔d3 ♔g7 93.♔e4 ♖f7 94.♕c8 ♖f8=;

2) 80.fxg5 fxg5 81.♕h3

a) 81...♔g8? 82.♕h6 ♖d8 (82...♕f8 83.♕xg5+ ♖g7 84.♕d2±) 83.♖f1 ♕g7 84.♕e6+ (84.♕xd6!?) 84...♔h8 85.♖af2±;

b) 81...♔h8 82.♕h6 ♖d7 83.♖f2 ♖g8 84.♖d1 ♖dd8 85.♖f6 ♕g7.

79.♕h3 ♔f7 80.♖a8 ♕e6

80...♖d8 81.♕h5+ ♔g8 82.♖1a6 ♖bd7 83.♖xd8+ ♕xd8 84.♕f5 ♖b7 85.♕e6+ ♔f8 86.♔c2 f3 87.♔d3+−.

81.♕h5+ ♔f8

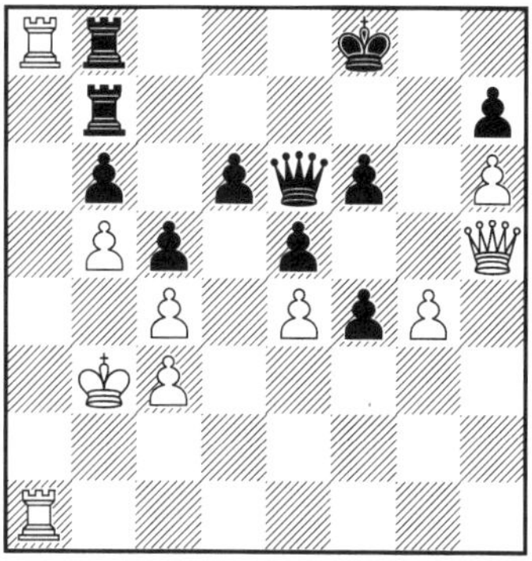

82.♕f5!?

Gute Technik, denn das resultierende Turmendspiel kann wegen der schwarzen Passivität durch Zugzwang entschieden werden.

82.♖xb8+ ♖xb8 83.♖a7 ♔g8 84.g5 gewinnt auch, ist aber komplizierter; z.B.:

1) 84...♕e8 85.♕h4 ♕g6 86.gxf6 ♔h8 87.f7 ♖f8 88.♖d7 d5 89.♕e7 ♕xh6 90.♖d8+−;

2) 84...f5 85.g6 ♕xg6 86.♖g7+ ♕xg7 87.hxg7 fxe4 88.♕h6

a) 88...♖e8 89.♕xd6 ♔xg7 90.♕xb6 e3 91.♕xc5 e2 92.♕g1+ ♔h8 93.b6+−;

b) 88...♖b7 89.♕xd6 ♖f7 90.♕xb6 f3 91.♕b8+ ♔xg7 92.♕xe5+ ♖f6 93.♕e7+ ♔g6 94.♕xe4+ ♔g5 95.♕e3+ ♔g4 96.♕g1+ ♔h4 97.♕f2+ ♔g4 98.♔a4+−.

82...♕xf5 83.gxf5 ♖xa8

83...f3 84.♔c2 f2 85. ♖xb8+ ♖xb8 86.♔d3 f1♕+ 87.♖xf1 ♖a8 88.♖g1 ♖a7 89.♖g2+−, Schwarz ist in tödlichen Zugzwang geraten und muss die Invasion des weißen Turms via a2 oder g7 erlauben.

84.♖xa8+ ♔f7 85.♔c2 ♖e7 86.♔d3 ♖e8 87.♖a7+ ♔g8

87...♖e7 88.♖a6

1) 88...d5 89.cxd5 ♖b7 90.♖a8 ♔e7 91.♔e2 c4 92.♔f3 ♔d6 93.♖c8 ♖c7 94.♖f8 ♔e7 95.d6+ ♔xd6 96.♖xf6+ ♔c5 97.♖e6+−;

2) 88...♖b7 89.♖a8 ♖e7 90.♖h8 ♖e8 91.♖xh7+ ♔g8 92.♖b7 ♖a8 93.♖xb6 ♖a2 94.♖xd6 f3 95.♔e3 f2 96.♖d1+−.

88.♖g7+ ♔f8 (88...♔h8 89.♖b7+−) **89.♖xh7 ♔g8 90.♖a7 ♔h8 91.h7**

Starke Prophylaxe gegen die Aktivierung des schwarzen Turms.

91...♖b8 92.♔e2 ♖d8 93.♔f3 ♖c8 94.♔g4 ♖d8 95.♔h5 f3

95... ♖b8 96.♔g6 ♖f8 97.♖d7 ♖a8 98.♖xd6 f3 99.♖d3 f2 100.♖f3 ♖a2 101.♔xf6 ♔xh7 102.♔e6 ♔h6 103.f6+−.

96.♔g6 1-0

Zwei Punkte gibt's für den Plan der Königsverlegung nach b3 gefolgt von der Invasion der Schwerfiguren.

T12.04: 29.f5! gxf5 30.♕g3+ ♔f8 31.♗c2?

Die falsche Zugfolge, denn sofort 31.♕f4 hätte gewonnen.

31...♕e7?

Beide Spieler verpassen die verblüffende Lösung 31...♖a8!! mit Remischancen in den Abspielen:

1) 32.♖xa8 ♕xa8 33.♕c3 ♘d8 34.♗xf5 ♕a7;

2) 32.♖xb7 ♕c8 33.♖xf7+ ♔xf7 34.♕g5 ♕f8.

32.♕f4!

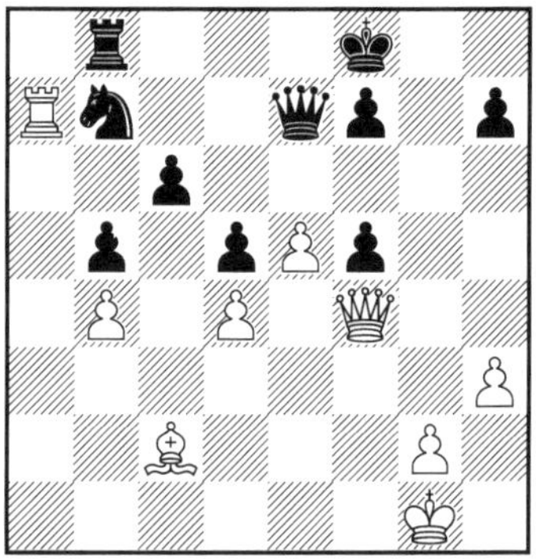

„Weiß kann es sich erlauben, den b4-Bauern zu opfern, da die bevorstehende Dameninvasion für Schwarz tödlich enden wird.“ (Postny im *CBM* 102)

32...♕xb4 33.♗xf5 c5 34.♕h6+ ♔e8 35.♕c6+ ♔f8 36.♕h6+ ♔e8 37.♕c6+ ♔f8 38.♕c7 ♕xd4+ 39.♔h1 ♕f4 40.♕xb8+ ♔g7 41.♖a1 ♕xf5 42.♕xb7 b4 43.♕xd5 1-0

Einen Punkt gibt's für 29.f5.

T12.05: 14.Dd4!

„Wunderbar! Die Zeit war reif für die Entwicklung der Dame, und diese verursacht große Probleme für Schwarz!" (Marin im *CBM* 125)

14...Dxd4

14...Sd7 15.dxe6 fxe6 16.Dg4+ Kh8 17.Sg5± (Marin).

15.Sxd4 Ta6

15...Lxc3 16.bxc3 exd5 17.Tfb1± „würde die beiden geopferten Bauern bald mit offensichtlichem Vorteil zurückerobern." (Marin)

16.Sdxb5 Tb6 17.Tfd1 e5 18.Sa3

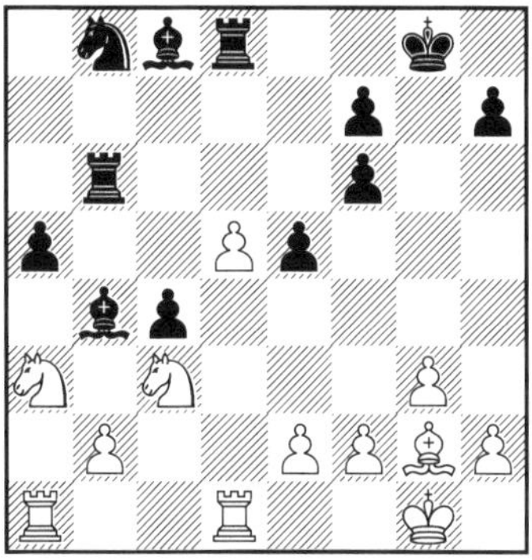

18...La6?!

18...Lxa3!? 19.Txa3 Txb2 20.Tb1 Txb1+ 21.Sxb1 f5 22.Txa5 Sd7 23.Sc3 Sb6 24.f4 e4 25.Kf2 Lb7 26.d6±.

19.Sa4 Tb7 20.Tdc1 Tc7 21.e4 f5

21...Sd7 22.Lf1 Tdc8 23.b3±.

22.exf5 Sd7 23.Lf1 Tdc8 24.Sc2 Lf8?! 25.Se3 e4

25...Sc5 26.Sxc5 Txc5 27.f6 h6 28.Td1 Lb7 29.Lxc4 Txc4 30.Sxc4 Txc4 31.d6 Tc8 32.d7 Td8 33.Txa5+−.

26. Sc3 Sc5 27.Td1 Sb3 28.Ta4 Lb4 29.d6 Tb7 30.Scd5 Kf8 31.Sxb4 Lb5 32.Ta2 axb4

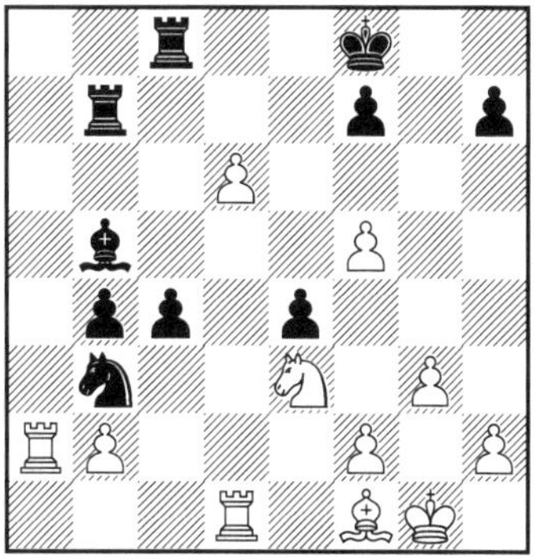

33.Lxc4! Lxc4 34.Sxc4 Kg7

34...Txc4 35.Ta8+ Kg7 36.d7+−.

35.Se3 Td8 36.Td5 Tb6 37.Ta4 Sc1 38.Sc4 Tb7 39.Tc5 Sd3 40.Tc7 Tb5 41.g4 Td5 42.Taa7 Tf8 43.h4 h5 44.g5 Se1 45.f6+ Kg6 46.Kh2 Tf5 47.Ta5 Txf2+ 48.Kg1 e3 49. Se5+ Kh7 50.Txf7+ Txf7 51.g6+ Kh6 52.gxf7 Txf6 53.d7 1-0

Zwei Punkte gibt's für 14.Dd4.

T12.06: 25.Lxc5!

„Die weiße Strategie hatte zum Ziel, einen guten Läufer zu behalten, der dem Springer beim Kampf an beiden Flügeln überlegen ist. In diesem Sinne mag der obige Abtausch eigentlich verfehlt erscheinen. Im Hinblick auf die konkreten und forcierten Varianten ist es jedoch genau der richtige Zeitpunkt für diesen Abtausch, um die Koordinierung der schwarzen Figuren zu stören und die Schwäche e6 sogar noch anfälliger zu machen." (Berg im *CBM* 137 extra)

Nach 25.f4?! ♘bd7 26.♕c2 b6 27.♗a3 ♘f8 steht Weiß besser, aber Schwarz kann noch kämpfen.

25...♖xc5 26.f4 e5

26...♖cc8 27.♘xe6 ♘d7 28.f5 ♘c5 29.♖d6+−.

27.♘f5!

Nun wird die Invasion der weißen Schwerfiguren die Sache entscheiden.

27...♘c8 28.♖d2 ♕f8?

28...b5 29.♕d1 ♖c7 30.cxb5 axb5 31.fxe5 fxe5 32.♖d5+− (Berg).

29.♖d7 ♘e7 30. ♘d6 ♖b8 31.b4! ♖c6 32.fxe5 ♘c8 33.c5 ♘ xd6 34.exd6 b6 35.♕e4 1-0

Zwei Punkte gibt's für 25.♗xc5.

T12.07: **28.♘b1! f5 29.♘a3 ♗d7 30.♖a6 ♘c8 31.♕xc4!**

Schwarz ist verloren. Ihm fehlt ein Bauer, er ist ohne Gegenspiel und der Versuch, sich taktisch zu befreien, ist zum Scheitern verurteilt.

31...♕xc4 32.♘xc4 ♗b5 33.♖c6! ♗xc6 (33...♘e7 34.♗b3+−) **34.dxc6 ♘d8 35.b5 f4 36.♗d2 ♖f7 37.♗a4 ♘xc6 38.bxc6 ♖a7 39.♗b3 ♔f8 40.♗a5 ♗f6 41.♘fd2 ♖a6 42.c7 1-0**

Zwei Punkte gibt's für 28.♘b1.

T12.08: **25.a3!**

Das Rufzeichen ist nicht für den Zug allein, sondern für den damit eingeleiteten Plan. Schwarz hat große Probleme mit der latenten weißen Drohung, den Damenflügel zu öffnen, da auch seine Schwächen am Königsflügel schutzbedürftig sind.

25...a5 26.♔c2 ♗b7 27.♖b1 ♖a8 28.♘c3 ♔d6 29.♘f1 ♗a6 30.♘e3

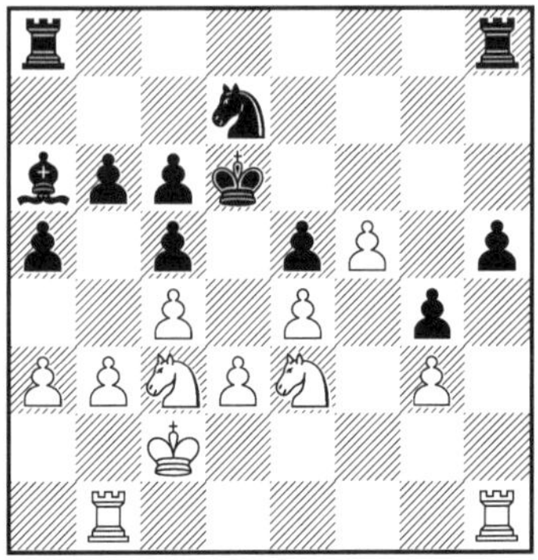

30...b5?

Dies beschleunigt den Untergang. Schwarz sollte nicht an dem Flügel spielen, an dem Weiß das Spiel zu öffnen versucht. Allerdings ist auch reines Abwarten nicht ausreichend. Schwarz sollte prophylaktisch spielen; z.B. 30...♘f6 31.♘g2

1) 31...♔c7?! 32.♘h4 ♔d6?! 33.♘g6 ♖he8 34.b4!±;

2) 31...♖hb8 32.b4 axb4 33.axb4 b5 34.cxb5 ♗xb5 35.bxc5+ ♔xc5 36.♖hc1 ♔d4 37.♘e2+ ♔c5 38.♔d2+ ♔d6 39.♘c3 ♗a6, und Schwarz kann noch kämpfen.

31.cxb5 ♗xb5

31...cxb5 32.a4 b4 33.♘cd5 ♖h7 34.♖h4 ♖g8 35.♖bh1 ♖g5 36.♖xg4!+−.

32.♘a4!?

32.♘xb5+ cxb5 33.a4! ist auch sehr stark; z.B.:

1) 33...♔c6 34.axb5+ ♔xb5 35.♔c3+−;

2) 33...b4 34.♖h4

a) 34...♖ae8 35.♘c4+ ♔c7 36.♘xa5+−;

b) 34...♘f6 35.♘c4+ ♔e7 36.♘xe5+−.

32...♔e7 33.♖h4 ♖ab8?! 34.♘b2 1-0

Und Schwarz gab auf, da er zu viele Schwächen hat. Es könnte folgen:

1) 34...♔f6 35.♖bh1 ♔g5 36.♘xg4+−;

2) 34...♖be8 35.♖bh1 ♘f6 36.a4 ♗a6 37.♘bc4+−.

Einen Punkt gibt's für den Plan, nach entsprechender Vorbereitung mit a3 nebst b4 eine zweite Front zu schaffen.

Test 13

T13.01: 13.♘b1!

13.c4?! d4 14.♗xb7 ♖b8 15.♗g2 ♘c5 gibt Schwarz dagegen gute Kompensation.

13...♗b4

13...♖e8 14.♘c3 d4 15.♘b5 ♘c5 16.c3 ♕d7 17.♗g5±.

14.c3 ♗d6 15.♘a3 ♗xa3 16.♖xa3 ♖c8 17.♖b3

Eljanow verstärkt den weißfeldrigen Druck auf originelle Art weiter.

17...b6 18.♖b5 ♘c5?! 19.d4 exd4 20.♕xd4 ♘fe4 21.♗f4 ♘d6 22.♗xd6 ♕xd6 23.♗xd5 ♖fd8 24.♖d1 ♕g6 25.♕g4 25.♔g2!? (Eljanow in ChessBase MEGABASE)

25...♕xg4 26.hxg4 ♘xa4 27.♖d4 ♘c5 28.♖xb6 ♔f8 29.g5 ♖b8 30.♖xb8 ♖xb8 31.♖f4 ♔e7 32.♖xf7+ ♔d6 33.c4 g6 34.♖xh7 ♖xb2 35.♖g7 a4 36.♖xg6+ ♔e5 37.♖g7 a3 38.♖a7 a2 39.g6 1–0

2 Punkte für 13.♘b1.

T13.02: 17...♕h4!

17...f5? 18.♘b5 fxe4 19.f4 spielt Weiß dagegen in die Karten.

18.g3

Die Alternativen verlieren den Bauern e4:

18.f4 ♗xc3 19.♕xc3 ♘xe4; 18.h3 ♕g3 19.f4 ♗xc3 20.♕xc3 ♘xe4.

18...♕f6! Dieser Doppelangriff ist die Pointe.

19.♗d4 ♕xf3 20.♗g2 ♕f6 21.♗xe5 dxe5 22.♕d6 ♘d7 23.♖f1 ♕d8

24.♘d5 ♗xd5 25.exd5 ♖a6 26.♕a3 exd5 27.♗xd5 ♘f6 28.♖bd1 ♕b6+ 29.♔h1 ♘xd5?!

29...♕c7!? (Ris)

30.♖xd5 ♕e3?

30...♖e8 (Ris) war klar besser für Schwarz.

31.♖d7! ♕e4+ 32.♔g1 ♕e3+ 33.♔h1 ♕e4+ 34.♔g1 ♕e3+ ½–½

1 Punkt für 17...♕h4.

T13.03: **34...♘h7!**

Dieser Rückzug löst den Knoten am Königsflügel.

35.♕h2 ♖fb8 36.c4 ♕d8 37.♘e3 ♗g5 38.♕e2 ♗f4 39.♘g2 ♗g3 40.♕e3 ♘g5 41.♔f1 ♕h8 0–1

2 Punkte für 34...♘h7.

T13.04: **59...♔c5!!**

Der entscheidende Bodycheck.

Nicht jedoch das gierige, direkte 59...♔b5? 60.♔d6 ♘c6 61.♔d5 ♘xa5 62.♔d4 ♘b3+ 63.♔xd3 ♘xd2 64.♔xd2 ♔b4 65.♔c2=; auch 59...♔b3? ist wegen 60.♔b6 verfehlt: 60...♘d5+ 61.♔xa6 ♔c2 62.♗g5=.

60.♗e3+

Auf 60.♔b7 folgt der nächste Bodycheck: 60...♔b5 61.♗xb4 ♔xb4 62.♔xa6 d2 63.♔b6 d1♕!!+; 60.♔d7 ♘c6 61.♔e6 ♘d4+ 62.♔e5 ♘f3+−+.

60...♔b5 61.♔d6 ♘c2!

Der entscheidende Huftritt.

Denn nach 61...♘c2! 62.♗d2 ♘a3 63.♔d5 folgt ein weiterer Huftritt: 63...♘c4−+. Erneut ist das gierige 61...♔xa5? verfehlt: 62.♔c5 ♔a4 63.♗d2 a5 64.♔c4 ♔a3 65.♔c3 ♔a2 66.♗c1 ♔b1 67.♗d2=.

0–1

2 Punkte für 59...♔c5.

T13.05: **33.♖d6! ♔g7**

33...h5 34.♘d3+−.

34.♘e6+ ♔g6 35.♘d8 ♖f8 36.g4 c5

36...♖xd8 37.♖xd8 ♘xe4 38.♔g2+−.

37.b3 ♖ee8 38.♘xb7

1–0

1 Punkt für 33.♖d6.

T13.06: **20.♘g2!**

20.dxc5 ♘xc5 21.♗c2 ist ebenfalls klar besser für Weiß.

20...cxd4?!

20...♗d6!? 21.h4 h5 22.♘g7+ ♔e7 23.gxh5 ♗xd3+ 24.♔xd3±.

21.exd4 ♗d6 22.h4 h5 23.♘g7+ ♔e7 24.gxh5 ♗xd3+ 25.♔xd3 ♔d7 26.♘e3 ♘b6 27.♘g4 ♖h8 28.♖he1 ♗e7 29.♘f5 ♗d8 30.h6 ♖c8 31.b3 ♖c6 32.♘ge3 ♗c7 33.♖bc1 ♖xc1 34.♖xc1 ♗f4 35.♖c5 ♔e6 36.♘g7+ ♔d6 37.♘g4 ♘d7 38.♖c2 f5 39.♘xf5+ ♔e6 40.♘g7+ ♔d6 41.♖e2 ♔c6 42.♖e8 ♖xe8 43.♘xe8 ♘f8 44.♘e5+ ♗xe5 45.dxe5 ♔d7 46.♘f6+ ♔e6 47.h5 ♔xe5 48.♘d7+ ♘xd7 49.h7 ♘c5+ 50.♔e2

1–0

2 Punkte für 20.♘g2 und einen für 20.dxc5.

T13.07: **23.e5!**

Ein schöner Feldfeger.

23...fxe5?

23...♖xe5 24.♘e4 ♘d7 25.♗xe5 ♘xe5 26.♕g3± (Besenthal auf der ChessBase Website).

24.♘e4 ♘h7 25.♕g3 ♖d7 26.♗xe5 ♕f8 27.♔h2 b5 28.♘xc5 ♖d2 29.♘e6

1–0

2 Punkte für 23.e5.

T13.08: **67.♘xe5?** Das direkte Schlagen ist zu gierig.

Der c-Freibauer muss unverzüglich vorrücken, damit der Läufer direkt gewonnen werden kann, ohne den schwarzen König zu weit hineinzulassen: 67.c5! ♔f4 68.c6 ♗d6. Nun gibt es zwei Gewinnzüge:

69.♘f6 (69.♔xd2? ♔xe4=) 69...d1♕+ 70.♔xd1 ♔e3 71.♔c2 ♔d4 72.♘e8 ♔c5 73.c7 ♗xc7 74.♘xc7 ♔d4 75.♘b5+ ♔xe4 76.♔c3 ♔d5 77.♘a3 e4 78.♘c4 ♔c5 79.♘xa5 e3 80.♘b3+ ♔b6 81.♔d3+−;

69.♘c5 d1♕+ 70.♔xd1 ♔e3 71.♔c2 ♔d4 72.♘a6 ♔xe4 73.♔c3! ♔f3 74.c7 ♗xc7 75.♘xc7 e4 76.♘e6 e3 77.♔d3 ♔f2 78.♘d4+−.

67...♔f4!

Aktivität ist das Gebot der Stunde.

Das passive 67...♔f6? verliert auf lange Sicht, z.B. 68.♘f3 ♔e6 69.♘xd2 ♔e5 70.♔e3 ♗c5+ (70...♗xd2+ 71.♔xd2 ♔xe4 72.♔c3 ♔e5 73.♔d3 ♔d6 74.♔d4 ♔c6 75.c5 ♔c7 76.♔d5 ♔d7 77.c6+ ♔c8 78.♔c5 ♔c7 79.♔b5 ♔c8 80.♔xa5+−) 71.♔d3 ♗b4 72.♘b3 ♗e1 73.c5 ♗b4 74.♔c4 ♔xe4 75.c6 ♗d6 76.♘d4 ♔e5 77.♘b5+−.

68.♘d3+

68.♘f3?? d1♕+ 69.♔xd1 ♔xf3−+.

68...♔xe4 69.♘xb4 ♔d4!!

Schirows aktiver König rettet den Tag.

69...axb4? 70.♔xd2 ♔d4 71.a5 ♔xc4 72.a6 b3 73.a7 b2 74.♔c2+−; 69...d1♕+? 70.♔xd1 ♔d4 71.♔c2 ♔xc4 72.♘d3 ♔d4 73.♘b2+−.

70.♘a2

70.♘c6+ ♔xc4 71.♘xa5+ ♔b4=.

70...♔xc4 71.♔xd2 ♔b3 72.♘c3 ♔b4!

Nicht jedoch 72...♔a3? 73.♔c2 ♔b4 74.♔b2 ♔c4 75.♘a2+−.

Nun kann Weiß sich nicht aktivieren, ohne den Springer zu opfern.

73.♔c2 ♔a3 74.♔d3 ♔b3 75.♔d2 ♔b4 76.♔d3 ♔b3 77.♔d4 ♔b4 78.♔d5 ♔xc3 79.♔c5 ♔d3

79...♔d3 80.♔b5 ♔d4 81.♔xa5 ♔c5 82.♔a6 ♔c6 83.♔a7 ♔c7=

½–½

2 Punkte für 67.c5.

Test 14

T14.01: 61.♕e7!

Nun ist Schwarz erstaunlich hilflos. Bei Weiß harmonieren Dame und Springer wunderbar.

61.♕f8? ♕d1+ 62.♔h2 ♕d7=.

61...♕d1+ 62.♔h2 ♘d4

62...e5 63.♕e6+ ♔g7 64.♕xe5+ ♔g6 65.♕xb5+−.

63.♘f4+ ♔h6 64.♕f6+

1–0 angesichts von

64...♔h7 65.♕f7+ ♔h8 (65...♔h6 66.♕g6#) **66.♘g6#**

2 Punkte für 61.♕e7.

T14.02

45.c4!

Der richtige Hebel, denn nach 45.f4? exf4 46.gxf4 g5 hat Schwarz Gegenspiel.

45...bxc4 46.♘xc4 ♔g7?!

46...♘g8! 47.♕xc6 ♕xb4 48.♘d6±.

47.♘d6 ♔h7 48.♔g2 ♔g7 49.♔f1 ♔h7 50.♔e2 ♔g7 51.♔d3 ♘g8 52.♘e8+ ♔h8 53.♔c4 h5 54.gxh5 ♕h6 55.♕xc6 ♕d2 56.hxg6 ♕e2+ 57.♔c5 ♕xf2+ 58.♔b5 ♕xg3 59.♕d7 ♕xg6 60.♔a5 ♕g3 61.b5 ♕c3+ 62.♔a6 ♕a3+ 63.♔b7 ♕g3 64.b6 ♕g6 65.♔a7 f5 66.exf5 ♕g3 67.f6 ♕a3+ 68.♔b8

1–0

1 Punkt für 45.c4!.

T14.03: 83.♕c8+?

Nun kann der schwarze König zu seinem Bauern entkommen.

Nach 83.♕a5+! führen die Damenschachs in allen Fällen zum Erfolg: 83...♔c4 (83...♔c6 84.♕d5+ ♔b6 85.♕xd6+ ♔a7 86.♕xb4 f1♕ 87.b8♕+ ♔a6 88.♕4b6#; 83...♖b5 84.♕c3+ ♔b6 85.♔xd6 f1♕ 86.b8♕+ ♔a6 87.♕a8+ ♔b6 88.♕cc6#; 83...♔d4 84.♔xd6 ♖xb7 85.♕d2++−) 84.♕d5+ ♔c3 85.♕f3+ ♔c4 86.♔xd6 ♖xb7 87.♕xb7 f1♕ 88.♕a6++−; 83.b8♕? ♗xb8= (83...♖xb8? 84.♕d5+ ♔b6 85.♕xd6+ ♔a7 86.♕a3+ ♔b6 87.♕b2++−); 83.♕a7+? ♖b6 84.♕a3+ ♔c6 85.♕f3+ (85.♕xd6+? ♔xb7−+) 85...♔c7 86.♔d5=.

83...♔d4!

83...♔b6? 84.♔xd6+−.

84.♕h8+ Nun besucht die Dame noch die andere Ecke, aber es reicht nicht zum Gewinn.

84.♕c1 ♗g3 (84...♖xb7? 85.♕d2+ ♔c4 86.♕d5+ ♔c3 87.♕f3+ ♔c4 88.♕xb7 f1♕ 89.♕a6++−) 85.♕d2+ ♔c4=; 84.♔xd6 f1♕ 85.♕c5+ ♔d3 86.♕xb4 ♕f8+ 87.♔c7 ♕xb4 88.b8♕=.

84...♔e3 85.♕c3+

Die Dame könnte auch noch eine weitere Ecke aufsuchen, aber auch das würde nicht reichen:

85.♕a1 ♖xb7 86.♔xd6 ♔e2=; 85.♕h1 ♔e2 86.♔xd6 f1♕=.

85...♔e2 86.♕c2+

86.♔xd6 f1♕ 87.♕xb4 ♕f8+ 88.♔c7 ♕xb4 89.b8♕=.

86...♔f3 87.♕d3+

87.♔xd6 f1♕ 88.♕c3+ ♔g2 89.♕xb4 ♕f8+ 90.♔c7 ♕xb4 91.b8♕=.

87...♔g2 88.♕xd6

88.♕xd6 ♖xb7 (Selbst 88...f1♕?! 89.♕xb4 ♕e2+! ist theoretisch remis.) 89.♕c6+ ♔g1 90.♕xb7 f1♕=.

½–½

2 Punkte für 83.♕a5+.

T14.04: Das Duell Turm gegen Läufer und Springer ist sehr reizvoll. Haben die Leichtfiguren die statische Kontrolle, so machen sie oft langsam aber sicher und systematisch Fortschritte. Ist dagegen wie im vorliegenden Fall der Turm am Ruder, so geht es oft dynamisch zur Sache:

73.♖c6?

Danach kann Schwarz den b-Bauern retten und überleben.

Nach 73.♖b7! ♗d8 74.♖d7 ♗f6 75.♖d6 ist der Läufer dagegen ausgetanzt und Weiß gewinnt, z.B. 75...♔g6 76.♖xb6 ♔f7 77.♖b8 ♗e5 78.♖c8 ♘e8 79.b6 ♘f6 80.b7 ♘d7 81.♔e4 ♗g3 82.♔f5 ♘b8 83.g5 ♔g7 84.♖e8 ♗d6 85.g6 ♗g3 86.♖e7+ ♔g8 87.g7 ♘c6 88.♖e4 ♗c7 89.♔f6 ♗d8+ 90.♔g6 (90...♗e7 91.b8D+ und Matt in 3 Zügen) 73.♖d7? ♗e1! 74.♖d6 ♗a5=.

73...♗d8 74.♔e4 ♔g8 75.♖d6

75.♔d5 hilft angesichts von 75...♔f7 76.♖d6 ♔e8 77.♖h6 ♔f7 78.♔c6 ♘e6= auch nicht.

75...♗c7 76.♖d7

76.♖c6 ♘e8=.

76...♗g3 77.♔d5 ♔h7 78.♖b7 ♗f2 79.♔c6 ♔g6 80.♖xb6 ♗xb6 81.♔xb6 ♘e6 82.♔a5 ♔g5 83.b6 ♘d8 84.♔a6 ♔xg4 85.b7 ♘xb7

½-½

2 Punkte für 73.♖b7 ♗d8 74.♖d7 ♗f6 75.♖d6.

T14.05: **20...♗d7!**

Der Beginn einer sehr starken Umgruppierung der Läufer.

21.♕e2 ♗c6+ 22.♔f1 ♕d7 23.♔g1

23.♘e4 wird mit 23...♗e7 24.♘f2 ♗d6 25.♔g1 f5 beantwortet.

23...e4 24.dxe4 ♗d4+ 25.♔g2 f5 26.♖f1 ♖e8 27.♖ae1?

27.h3 ist zäher.

27...b5!

Nunn erhöht den Druck auf die Schwächen.

28.♕h5 g6 29.♕g5 b4 30.♘d1 ♗xe4+ 31.♔h3 ♔g7 32.c3 ♗f6 33.♕c1 f4+ 34.g4 ♕d3+

0–1

2 Punkte für 20...♗d7.

T14.06: **21...♘c7! 22.a5 ♘a6 23.axb6 ♘b4 24.♕b2 axb6 25.♖a1 ♘d6 26.♘db1?**

Weiß sollte sich mittels 26.♖xa8 ♖xa8 27.♖a1 entlasten, um den Schaden zu begrenzen.

26...♖xa1 27.♕xa1 b5 28.cxb5 c4 29.♗xc4 ♘xc4 30.♗f2 ♗e3 31.♗xe3 ♘xe3 32.♕a7 ♘xg2 33.d6 ♘f4+

0–1

2 Punkte für 21...♘c7.

T14.07: 33.♘c6!

Durch diesen Abtausch wird der Vorposten f5 frei.

Sowohl 33.♕xb5?! ♕a6 34.♕d7 ♕c8 35.♕xc8 ♖xc8 36.♖d1, als auch 33.♕f3?! f5 34.♘c6 sind besser für Weiß, aber nicht so überzeugend wie die Partiefortsetzung.

33...♘xc6 34.♖c1 ♗h6 35.♖xc6 ♕d7 36.♘f5 ♗f8 37.♕c2 ♕f7 38.♖c7 ♕g6 39.♖g7+ ♗xg7 40.♘e7+ ♔f7 41.♘xg6 hxg6 42.♕c7+ ♔g8 43.♕xd6

1–0

2 Punkte für 33.♘c6, 1 Punkt für 33.♕f3 bzw. 33.♕xb5.

T14.08: 21...♖cf8! 22.♖xf8 ♗xf8!

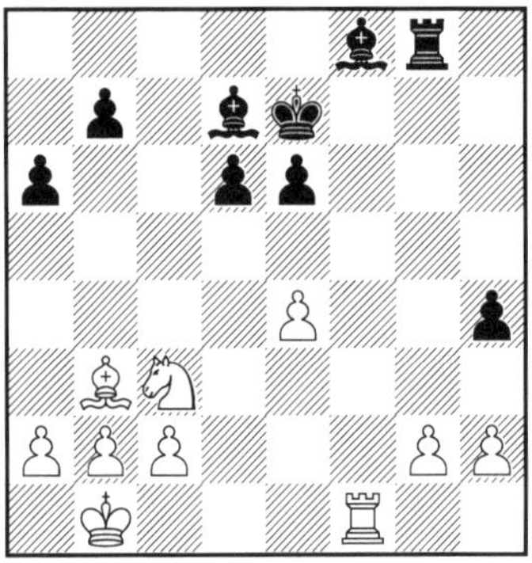

Schwarz will genau ein Turmpaar tauschen, um dem weißen Gegenspiel den Zahn zu ziehen. Botwinnik hat dank seiner überlegenen Läufer mehr als genug Kompensation für den Bauern.

23.♖f2 ♗h6 24.♗c4 ♗e3 25.♖e2 ♗g1 26.g3 hxg3 27.hxg3 ♖xg3 28.a3 ♗e8 29.♔a2 ♗h5 30.♖e1 ♗d4 31.♖h1 ♖g5 32.♔b3 ♗e5 33.♗d3 ♗g6 34.♖h4 ♖g3 35.a4 ♗f6 36.♖h1 ♖g4 37.♖e1 ♗e5 38.♘d1 ♖f4 39.♘c3 ♖f3 40.♘b1 ♗g3 41.♖g1 ♗xe4 42.♘d2 ♗d5+ 43.♔a3 ♖f2 44.♘e4 ♗h2 45.♖g6 ♗xe4 46.♗xe4 d5 47.♗d3 ♗e5 48.♖g8 ♔d7 49.b4 ♗f6 50.♖g1 ♖h2 51.♔b3 ♔d6 52.♖d1 ♔e7 53.c4 ♖b2+ 54.♔a3 dxc4 55.♗xc4 ♖c2 56.♗b3 ♗b2+ 57.♔a2 ♖f2 58.♗c4 a5 59.bxa5 ♗c3+ 60.♔b3 ♗xa5 61.♗b5 b6 62.♔c4 ♔f6 63.♔d4 ♖f4+ 64.♔e3 ♔e5 65.♖h1 ♖e4+ 66.♔d3 ♖g4 67.♖h5+ ♔d6 68.♖h8 ♔e5 69.♖h5+ ♔f4 70.♖h3 ♖g8 71.♖h4+ ♔e5 72.♖h5+ ♔d6 73.♖h4 ♖g3+ 74.♔e4 ♗d2 75.♗d3?

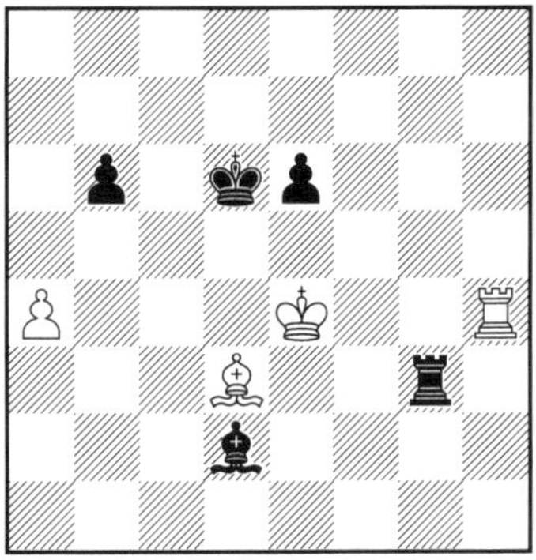

75.♔d4 war angesagt.

75...♗g5? 75...♔c5! zog das Netz zu.

76.♖h5? 76.♖h1 war weitaus zäher.

76...♔c5

0–1

1 Punkt für 21...♖cf8 22.♖xf8 ♗xf8.

Quellenverzeichnis

Bücher

Dvoretsky, Mark, *Dvoretsky's Endgame Manual*, Russell Enterprises, Inc., Milford 2003

Fischer, Bobby, *My 60 Memorable Games*, Simon and Schuster 1969

Kasparov, Garry, *On My Great Predecessors*, Volumes 1-5, Everyman 2004-2006

Meyer, C.D., and Müller, K., *The Magic of Chess Tactics*, Russell Enterprises, Inc., Milford 2002 and as ChessBase Fritztrainer DVD, Hamburg 2009

Müller, Karsten, *Karsten Müller - Schachtaktik*, Joachim Beyer Verlag, Eltmann 2016

Müller, Karsten, *Karsten Müller - Positionsspiel*, Joachim Beyer Verlag, Eltmann 2017

Müller, Karsten und van Delft, Merijn, *Karsten Müller - Verteidigung*, Joachim Beyer Verlag, Eltmann 2016

Müller, K., and Pajeken, W., *How to Play Chess Endgames*, GAMBIT 2008

Rowson, Jonathan, *Chess for Zebras*, GAMBIT 2005

Soltis, Andy, *The Wisest Things Ever Said about Chess*, Batsford 2008

Stohl, Igor, *Instructive Modern Chess Masterpieces*, GAMBIT 2001

Volokitin and Grabinsky, *Perfect your Chess*, GAMBIT 2007

Electronic Works and Databases

ChessBase MEGABASE 2011

Chess Endgames 1-10, Fritztrainer DVDs by Karsten Müller, ChessBase, Hamburg 2005-2012

Magazines and Periodicals

Chess Informant

ChessBase Magazine

Chess Vibes Openings by Merijn van Delft and Robert Ris weekly internet newspaper

Chess Today daily internet newspaper by Alexander Baburin et al.

New in Chess Magazine

Endgame Corner at ChessCafe.com by Karsten Müller

Karsten Müller

Karsten Müller – Schachtaktik

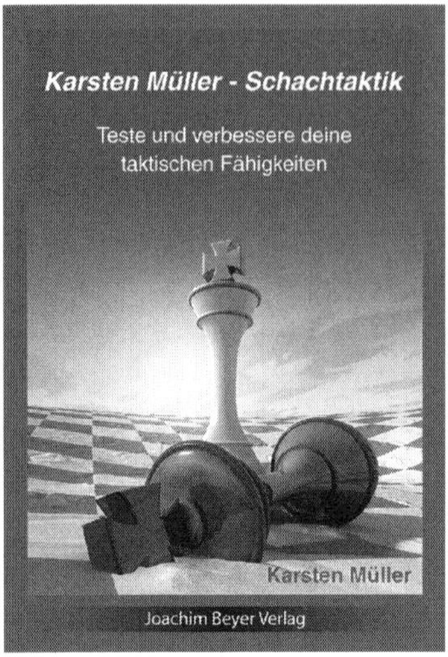

Teste und verbessere deine taktischen Fähigkeiten

268 Seiten, gebunden, Leseband

Unter den Übungs- und Testbüchern nimmt GM Karsten Müllers Schachtaktik einen hervorragenden Platz ein, wie man aus dem Erfolg der englischen Erstauflage ableiten darf. Das nun erstmals in deutscher Übersetzung erhältliche Werk versammelt insgesamt 565 Denksportaufgaben aus dem Bereich der Taktik, wobei sämtliche Phasen der Schachpartie berücksichtigt werden. Der erste Teil des Buchs stellt alle erdenklichen Elemente und Motive der Schachtaktik in kurzer Form vor und verknüpft diese jeweils mit einer Reihe von lehrreichen Übungen, die sich vornehmlich an fortgeschrittene Anfänger richten. Der zweite Teil bietet Testaufgaben variierender Schwierigkeit, die den ambitionierten Vereinsspieler bis hin zum Meister ansprechen. Die Beispiele sind überwiegend der zeitgenössischen Turnierpraxis entnommen und befinden sich häufig auf großmeisterlichem Niveau. Kurze Hinweise (Lösungshilfen) zu den Tests werden in einem separaten Kapitel angeboten. Zwischen den beiden Hauptteilen des Buchs präsentiert der Autor außerdem eine kleine Auswahl der schönsten Kombinationen der Schachgeschichte sowie einige taktische „Perlen“ aus jüngeren Turnieren.

Da die Taktik ein essentielles Element des Spiels darstellt, ohne die ein Erfolg nicht möglich ist, erscheint deren Einübung und Verinnerlichung von überragender Bedeutung für jeden aufstrebenden Spieler. Diesem wird durch das vorliegende Buch eine wertvolle Hilfe an die Hand gegeben, um sich auf jegliche Herausforderung taktischer Natur vorzubereiten.

Großmeister Dr. Karsten Müller wurde 1970 in Hamburg geboren. Er studierte Mathematik und promovierte 2002. Seit 1988 spielt Karsten Müller für den Hamburger SK in der Bundesliga und errang den Großmeister-Titel 1998. Der weltweit anerkannte Endspiel-Experte wurde 2007 als „Trainer des Jahres“ vom Deutschen Schachbund ausgezeichnet.

Unter den zahlreichen Publikationen zählen „Bobby Fischer“ (New In Chess) und die 14-teilige DVD-Reihe „Schachendspiele“ (ChessBase), sowie die Co-Produktion mit Frank Lamprecht „Grundlagen der Schachendspiele“ (Gambit) als Belege seiner erfolgreichen Schaffenskraft.

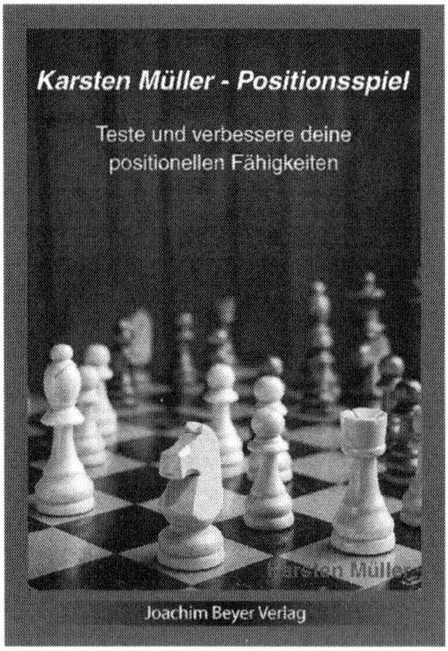

Karsten Müller

Karsten Müller – Positionsspiel

Teste und verbessere deine positionellen Fähigkeiten.

332 Seiten, gebunden, Leseband

Das Positionsspiel unterscheidet sich grundlegend vom Kombinationsspiel, das durch taktische Manöver einen schnellen Materialgewinn oder das Matt anvisiert. Das Positionsspiel zielt hingegen darauf ab, die Stellung allmählich zu verbessern, bis diese für einen entscheidenden Schlag reif ist. Bei dieser Schritt-für-Schritt-Strategie ist in der Regel keine präzise Berechnung oder abschließende Bewertung der Abspiele möglich. Zudem besteht oft eine Wahl zwischen verschiedenen gesunden Fortsetzungen, die dem Spieler eine schwierige Entscheidung abverlangt. Meist kann diese Entscheidung nur aufgrund eines tiefen Verständnisses des Stellungsspiels getroffen werden, zuweilen lediglich intuitiv aus einem Positionsgefühl, das erst durch eine mehrjährige Spielpraxis ausgebildet und erworben werden muss.

Das vorliegende Werk will die Fähigkeiten des Spielers im Stellungsspiel verbessern, den Positionsblick schärfen und helfen, ein Gefühl für die richtigen strategischen Entscheidungen zu entwickeln. Zu diesem Zweck präsentiert der Autor eine Vielzahl von sorgfältig ausgewählten, instruktiven Übungs- und Testaufgaben. Der Leser ist aufgefordert, sich mit diesen intensiv zu befassen und die Lösungen zu erarbeiten, die nachstehend im Buch angegeben werden (häufig weiter ausgeführt bis zum Partieende). Zahlreiche dem Positionsspiel zugehörigen Motive werden thematisiert: Schlechte Läufer, Domination, Unterminierung, Prophylaxe, Blockade, positionelle Qualitätsopfer, Farbkomplex-Schwächen, u.a.m. Sicherlich richtet sich dieses Trainingsprogramm an den fortgeschrittenen Spieler, der bereits auf ein solides Grundwissen zurückgreifen kann. Wer dieses Training seriös absolviert hat, wird im Kampf am Brett merklich besser gewappnet sein bei der Konfrontation mit positionellen Problemstellungen, deren Bewältigung für eine erfolgreiche Spielführung unabdingbar ist.

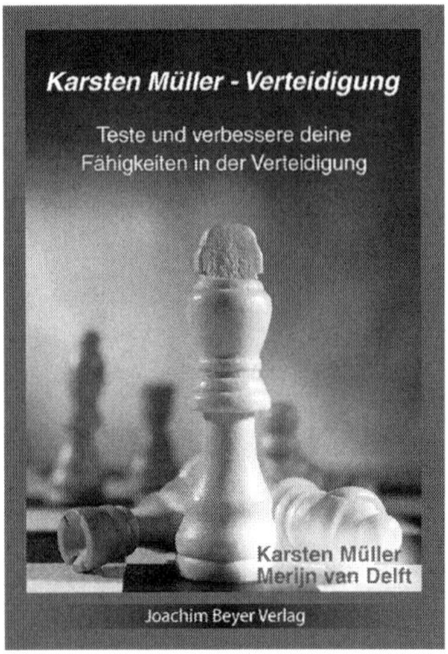

Karsten Müller / Merijn van Delft

Karsten Müller – Verteidigung

Teste und verbessere deine Fähigkeiten in der Verteidigung

260 Seiten, gebunden, Leseband

Die Verteidigungskunst hat in der Schachliteratur generell weniger Aufmerksamkeit erfahren als das Angriffsspiel.

Die Autoren haben sich in diesem Buch der Verteidigung in besonderer Weise angenommen, indem sie den Leser nicht nur anhand instruktiver Beispiele in die einzelnen Themen einführen, sondern ihn gleichzeitig motivieren, als Löser von ausgewählten Übungen und Denksportauf- gaben an die „Grenzen seiner Komfortzone" zu gehen. Zu den behandelten Themen gehören:

Prinzipien und Methoden des Verteidigers

Verteidigung gegen einen Königsangriff

Neutralisierung einer Initiative

Rettung des Remis

Passive oder aktive Verteidigung

die Entwicklung von Gegenspiel

aber auch sonst nur stiefmütterlich behandelte Fragen wie die der Verteidigung gegen den Minoritätsangriff. Einem der findigsten und zähesten Verteidiger unter den Weltmeistern, Tigran Petrosjan, ist ein eigenes Kapitel gewidmet, zudem ist die deutsche Ausgabe um ein neues Kapitel mit aktuellen Beispielen und Testaufgaben erweitert worden. Die Übungen richten sich an versierte Vereinsspieler, bei der ernsthaften Beschäftigung mit diesen „Herausforderungen" winkt als Lohn, die eigenen Fähigkeiten in der Verteidigung erheblich verbessert und gefestigt zu haben. Nur derjenige, der auch die Verteidigung beherrscht und bis zum Partieende nicht aus den Augen verliert, wird letztlich beim Kampf am Brett Erfolg haben!